21世纪经济管理新形态教材·国际经济与贸易系列

国际商法

（第2版）

周新军　刘晓蔚 ◎ 主　编

刘　睿　梁　晨　叶　芬 ◎ 副主编

清华大学出版社
北京

内 容 简 介

本书系统介绍了大陆法系、英美法系、国际条约和惯例及中国有关商事方面的法律规定。全书共分七章，主要包括国际商法导论、合同法、国际货物买卖法、产品责任法、代理法、商事组织法和国际商事争议解决的法律制度。

本书凝结了作者多年的教学经验，结合思政进课程和国家"一带一路"建设，根据国际商事关系中发生的实际案例紧密结合知识难点设置相应的问题，每一个案例分析题都与国际经济贸易要处理的复杂问题的具体情景相联系；扩展阅读材料则反映了国际商事法律方面的各种学术观点，有利于培养学习者的批判性阅读能力。学习者通过扫描书中的二维码还可获取即测即练题、案例分析思路，方便及时检验、巩固知识点的学习。

本书适用于高等院校国际经济与贸易专业、法学专业、工商管理专业的本科生及研究生学习。

图书在版编目(CIP)数据

国际商法/周新军，刘晓蔚主编. —2 版. —北京：清华大学出版社，2024.1
21 世纪经济管理新形态教材. 国际经济与贸易系列
ISBN 978-7-302-64747-8

Ⅰ.①国… Ⅱ.①周… ②刘… Ⅲ.①国际商法－高等学校－教材 Ⅳ.①D996.1

中国国家版本馆 CIP 数据核字(2023)第 193661 号

责任编辑：高晓蔚
封面设计：汉风唐韵
责任校对：宋玉莲
责任印制：杨 艳

出版发行：清华大学出版社
  网 址：https://www.tup.com.cn, https://www.wqxuetang.com
  地 址：北京清华大学学研大厦 A 座 邮 编：100084
  社 总 机：010-83470000 邮 购：010-62786544
  投稿与读者服务：010-62776969, c-service@tup.tsinghua.edu.cn
  质量反馈：010-62772015, zhiliang@tup.tsinghua.edu.cn
印 装 者：大厂回族自治县彩虹印刷有限公司
经 销：全国新华书店
开 本：185mm×260mm 印 张：21   字 数：441 千字
版 次：2014 年 5 月第 1 版 2024 年 1 月第 2 版 印 次：2024 年 1 月第 1 次印刷
定 价：59.80 元

产品编号：094188-01

前　言

　　2015年11月30日,习近平同志在气候变化巴黎大会开幕式上发表重要讲话,强调:
"要提高国际法在全球治理中的地位和作用,确保国际规则有效遵守和实施,坚持民主、平
等、正义,建设国际法治。"中国共产党第十九届中央委员会第四次全体会议通过的《中共中
央关于坚持和完善中国特色社会主义制度、推进国家治理体系和治理能力现代化若干重大
问题的决定》强调:"加强国际法研究和运用,提高涉外工作法治化水平。"这为新时代我国
国际法学的发展和涉外法治人才的培养指明了方向。

　　自2014年我们编写的《国际商法》出版以来,国内和国际形势发生了很大的变化。中国
已经成为世界第二大经济体,2020年中国外贸总额全球第一位,达到32.16万亿元。随着
我国进一步实行对外开放、推进"一带一路"建设,我国也面临巨大的国际压力与挑战,一些
国家动辄毫无国际法依据地对我国进行单边制裁和所谓的"长臂管辖"。在国际环境日趋复
杂、不稳定性及不确定性明显增加的形势下,如何适用国际商事法律保护我们的国家、企业
和个人利益,促进国际经济贸易发展,是国际商法教材必须予以回应的新问题。同时,2020
年我国通过并颁布了《中华人民共和国民法典》(以下简称《民法典》),《民法典》合同编大量
借鉴了有关国际公约和示范法及两大法系关于合同立法的先进经验,从而使得合同编规则
与世界立法趋势保持一致。《民法典》合同编不仅具有国际化视野,而且具有时代特征,这
也对我们进行国际商法教材的修订提出了更高的要求。

　　本书在编写体例上采取比较的方法,阐述了资本主义两大法律体系及国际条约有关商
事方面的法律规定,国际化特色鲜明;同时融入了思政元素——编者在近几年的教学实践
中进一步收集整理了案例资料,尤其是与中国企业有关的案例,引导学习者认识我国企业
在"走出去"的过程中面临的问题。编者在案例整理中紧密围绕我国"一带一路"建设的实
践需要,并在书中设置相应的思考题,以问题为导向,引导学习者在维护中国企业合法利益
的立场上进行自主学习和深度思考,培养学习者的契约精神、勇于担当的责任意识和爱国
主义情怀,把知识传授和能力培养、价值观引导紧密融合。

　　编者在与学习者的课堂互动中对传统英美法系、大陆法系及国际公约中的规定也有了
更加深入、精准的认识。本教材进一步强化以发挥学习者学习自主性为导向、以批判性阅
读为中心的教学理念,精心安排并以二维码形式嵌入相应的拓展阅读资料、视频资料和测
试题等,实现线上线下课程资源结合,从而丰富教材内容。思考题和拓展阅读资料等所涵
盖的内容反映了所在章节的理论重点、难点,从深度和广度上培养学习者的批判性阅读与

思维能力;案例分析题的设计与国际经济贸易实践紧密联系,把理论知识的学习与解决实际问题的能力培养结合起来。本书充分利用现代网络技术,以数字资源平台支持教材的课程资源,实行有效的安全管理,方便适时更新;即练即测,扫码做题,自助评分,验证学习效果。

本书旨在帮助学习者深入掌握国际商事领域重要的国际条约和国际惯例,以及西方国家两大法系在商事领域的重要法律和我国有关涉外经济贸易的法律规定,从而开拓学习者的国际视野,并使其能够灵活运用这些知识去分析和解决实践中发生的国际商事纠纷,为学习者今后从事与国际商事相关的工作打下坚实的专业基础。

本书凝结了编者多年的教学心得。本书第一主编周新军教授主持的"国际商法"课程获得 2012 年广东省精品资源共享课立项,并于 2016 年通过课程建设验收;主持的"国际商法专题研究"课程获得广东省 2018 年研究生示范课程建设项目立项并完成结项;主讲的"国际商法"本科课程 2020 年获批广东省线下一流课程。

本书第一章由叶芬编写;第二章、第四章由周新军编写;第五章由刘晓蔚编写;第三章、第六章由刘睿编写;第七章由梁晨编写。全书由周新军审阅统稿。

本书在编写过程中参考了大量的国内外文献,且均在参考文献中列出,若有遗漏之处,请原作者谅解且与编者联系,在此表示感谢。

由于编者水平和时间有限,若有错误与不当之处,敬请读者批评指正,意见和建议可发送至 996232807@qq.com。

周新军

2023 年 10 月于广州白云山

目 录

第一章

国际商法导论

 **学习目标**

通过学习本章内容,学习者能够领会国际商法主要的法律渊源和历史发展趋势;并通过对大陆法系、英美法系的历史发展及法律结构特点的学习,能够在国际商事法律服务中充分认识到不同法律体系的法律差异,运用国际商法知识防范我国对外开放、"一带一路"建设中可能发生的法律风险。

 **引导案例**

法律风险成为中国企业"走出去"最为常见的风险,格力电器在美被罚 9100 万美元

2021 年 10 月 29 日,一份美国司法部发布的公告引起关注。公告称,中国企业珠海格力电器股份有限公司(以下简称格力电器)及其子公司已与美国司法部达成延迟起诉协议。根据协议条款,珠海格力和中国香港格力同意接受总额为 9100 万美元的罚款,并同意向因公司有缺陷的除湿机而引起火灾的任何未获赔偿的受害者提供赔偿。

2021 年 10 月 31 日,伴随在美涉诉赔偿事件的发酵,格力电器进行公开回应。格力电器相关负责人发给《中国经营报》记者的回应显示,"我司于 2012 年收到事故投诉,于 2013年 6 月向美国消费品安全委员会(Consumer Product Safely Commiittee,CPSC)申报。由于申报不及时,2016 年我司和 CPSC 达成民事和解,支付 1545 万美元。"其中称,"2017 年,DOJ(为美国司法部消费者保护处、美国加利福尼亚中区联邦检察官办公室,统称 DOJ)就此同一事件要求我司承担责任。经过多轮谈判,近期我司和 DOJ 达成协议,支付 7575 万美元。如我司遵守协议约定,DOJ 将在 3 年期结束后终结案件。"

近年来,我国企业在积极"走出去"的同时,因对东道国产业环境、当地的文化和政策法规缺乏足够认识而引发的教训很多,诸如首钢集团有限公司、华为技术有限公司、格力电器等大型企业均有受挫经验。由于东道国有着与我国不同的法律传统,且在经济、政治、文化等方面与我国存在诸多差异,我国企业在外发展很可能会出现"水土不服"。中国企业、公民等各类行为主体及海外华人如何科学运用国际法体系和东道国法律正当维护自己的权益,在此过程中如何统筹国内法治和涉外法治? 这是中国在经济全球化时代所面临的重要课题。

几点思考：

（1）企业"走出去"必须熟悉东道国法律环境，懂得防范和规避法律风险。例如，在"一带一路"沿线国家及地区中，既有大陆法系国家，也有英美法系国家；既有宗教国家，也有世俗国家；既有法律体系高度完善的国家，也有法律制度极不健全的国家，法律环境千差万别。国内企业在进行海外投资时，必须充分了解这个国家的宏观法律环境和相关部门法，全面地认识法律的差异性，甄别法律风险，从而制定合理的发展战略和风险应对策略，最大限度地维护自己的合法权益。

（2）强化各类行为主体的合规意识，主动遵守东道国的政策法规。但若行为主体合法利益受到侵害或不合理的处置，应主动且及时地寻求有效的救济渠道和可利用的法律空间。

（3）我国涉外法律的域外效力为企业、公民等各类行为主体参与国际活动提供了基本的法律保障，但距实际需要仍有差距，在很多重点领域中仍有缺位。我国应加强涉外法治体系建设，使涉外权益的保护从被动转向主动，从事后应对转向事前防范，从分散化走向体系化。

（资料来源：格力电器回应在美涉诉赔偿 9120 万美元：涉申报不及时，问题已过 8 年[EB/OL]. 中国经营报，https://baijiahao. baidu. com/s?id=1715187127073850166&wfr=spider&for=pc,2021-11-01。

亚布力中国企业家论坛."一带一路"沿线国家存在的法律风险你真的完全了解吗？一带一路·观察[EB/OL].(2020-01-04)https://www.sohu.com/a/364649531_99947734,2020-01-04.

环球杂志. 法律博弈成大国竞争常态，中国应该怎么做？[EB/OL]. https://mp. weixin. qq. com/s/n2UUtiN76-AZUzSzkiudDeA. 环球杂志社,2021-09-27.）

导言

全球化的加速和深化推动着世界各国之间日益密切的联系和交往，跨国民商事关系以一种前所未有的规模和数量不断地扩展。调整跨国商事关系的国际商法的重要性愈益凸显。近几年，国际上频频发生针对我国的贸易战，我国的跨国民商事交易面临前所未有的压力与挑战。在当前复杂的国际局势下，我们必须深入掌握和利用好国际商事法律，在对外经济贸易活动中减少盲目性，维护我国企业的正当权益。本章通过对国际商法的产生、发展，以及大陆法系和英美法系的历史发展、法律结构的阐述，帮助人们理解国际商事法律的复杂性、分歧性，为将来开展国际商事法律服务工作做好准备。

第一节　国际商法的产生和发展

预习思考题

1. 什么是国际商法？国际商法的调整对象是什么？

2. 国际商法的法律渊源有哪些？

3．国际商法的历史发展阶段有哪些？不同阶段有什么特点？

一、国际商法的概念

国际商法（international commercial law），是调整国际商事交易（commercial transaction）和商事组织（business organization）的各种关系的法律规范（legal norm）和惯例（usage）的总和。

这意味着国际商法调整的对象是国际商事关系。包含以下两层含义。

第一，此处的"国际"一词，主要是指"跨越国界"（transnational）的意思。从某当事人的角度来看，上述商事关系是一种涉外民事关系，即其主体、客体、法律事实三个要素中，至少有一个要素与外国有联系，包括下列三种情形：

（1）国际商事关系的双方（或多方）当事人的国籍不同，或者双方当事人的营业地处于不同的国家。前者一般称为国籍标准，后者则称为营业地标准。

（2）国际商事关系的客体是位于国外的物。此处的物，既包括货物等有形物体，也包括专利、商标、版权等无形财产权。

（3）产生、变更或消灭商事关系的事实发生在国外。例如，某国两方当事人订立旅游服务合同，该旅游点是在外国。

第二，国际商法调整的是国际商事关系，包括国际商事交易和国际商事组织关系。此处的"商事"如何界定？有国内学者认为，应将营利性作为衡量是否构成商事关系的标准。只要是主体双方或一方基于营利性目的而形成的社会关系，都属于商事关系。[①] 联合国国际贸易法委员会（United Nations Commission on International Trade Law，UNCITRAL）1985 年起草的《联合国国际贸易法委员会国际商事仲裁示范法》（以下简称《国际商事仲裁示范法》）对"商事"一词通过注释的形式作了广泛的解释，强调不能仅指民法法系国家国内商法典调整的关系或商人们之间的交易，商事性质的关系包括但不限于下列交易：任何提供或交换货物或服务的贸易交易；销售协议；商事代表或代理；保付代理；租赁；建造工厂；咨询；工程；许可；投资；融资；银行业；保险；开采协议或特许；合营企业或其他形式的工商业合作；客货的航空、海上、铁路或公路运输。我国没有完全采纳上述《国际商事仲裁示范法》对"商事"的界定，仅按照我国法律属于契约性和非契约性商事关系所引起的争议适用 1958 年的《承认和执行外国仲裁裁决的公约》（也称《纽约公约》），不包括外国投资者与东道国政府之间的争端，即未包括特许协议之类的争端。可见联合国《国际商事仲裁示范法》与我国相关法律所规定的"商事"仍没有超出"私人间营利性交易活动"的范围，并不包括国家间的、国家与私人间的和非营业性的活动。[②] 这样的商事关系主体双方才能平

---

① 蒋大兴．商事关系法律调整的研究：类型化路径与社会分工[J]．中国法学，2005，(3)．

② 姜世波．国际商法理论问题研究[M]．北京：中国人民公安大学出版社，2005．

等。概言之，此处的商事关系是指私人间的营利性交易活动。

根据国际商法的调整对象，国际商法所涉及的范围主要包括公司法、代理法、票据法、海商法、保险法等内容。然而，随着国际经济贸易的扩大发展和商事交易的多样化、复杂化，国际货物买卖在基础上开拓了许多新的领域，如国际技术转让、知识产权转让、国际投资、国际融资、国际工程承包、国际服务贸易等。这些交易已远远超出了传统商法调整的范围，现在国际商法的调整对象和范围比传统的商法广泛得多，内容也越来越丰富。

二、国际商法的法律渊源

法学所讲的法律渊源，主要是指法律规范借以表现的形式。

国际商法主要有两方面的渊源：一是国际条约和国际贸易惯例；二是各国商事立法。

（一）国际条约

国际条约是指两个或两个以上的国家，为确定相互之间的权利、义务而达成的协议。条约对缔约国有约束力。各国通过缔结条约，就可以将某些强制性的法律规范加之于当事人，当事人必须予以遵守。由于许多商事方面的多边条约或公约中所作出的规定，往往反映了商品经济的一般规律，通常被认为属于商业活动应予遵守的规范，因此也会得到非缔约国的遵守。

国际条约是国际商法的主要渊源。它的主要特征在于形式稳定、内容固定，以书面形式并经过国际法上条约制定、签署和批准等严格的程序将各国调整国际商事关系的国内法协调统一起来，使人们较容易了解条约的规范内容。它可划分为两个种类：一是统一实体法规范的国际公约。例如，调整国际货物买卖的 1980 年《联合国国际货物销售合同公约》，调整国际货物海上运输的 1978 年《联合国海上货物运输公约》，调整国际票据法律关系的《关于本票、汇票的日内瓦公约》，1967 年《世界知识产权组织的公约》等，这些公约能够被各个国家和地区普遍批准与接受，就可以用来解决各缔约国之间在这些领域的法律冲突。二是统一冲突法规范的国际公约。例如，1985 年《国际货物销售合同法律适用公约》《产品责任法律适用公约》，欧洲经济共同体主持制定的 1980 年《关于合同之债的法律适用公约》等，如果这些公约能够被各个国家和地区普遍批准和接受，各缔约国之间在这些领域的法律冲突规则就可以实现协调统一。

（二）国际贸易惯例

国际贸易惯例是指各国商事组织在商事贸易交往中，在重复类似行为而逐渐形成的习惯做法的基础上发展为惯例，再由制法机构如国际商会等组织精心制定颁发的、以当事人意思自治为基础、由当事人在具体交易中自愿适用的制度。它不是法律，不具有法律的普遍约束力，但是如果有关当事人在合同中采用了某种国际贸易惯例,则该惯例对合同当事人就具有确定的约束力。目前,在国际贸易中影响最大的国际贸易惯例是由国际商会制定并经多次修订的《2020 年国际贸易术语解释通则》(Incoterms Rules or International Commerical Terms 2020)和《跟单信用证统一惯例》(Uniform Customs and Practice for Documentary Gredits,UCP 600)。这两套国际贸易惯例在世界上已经得到绝大多数国家和地区的承认,在实践中起着举足轻重的作用。

构成一项国际贸易惯例,应具备以下两个要件:一是在国际贸易业务中广泛运用,具有国际社会普遍承认的性质;二是要有确定的规则或内容,具有行为规范的性质。

(三)各国国内的民商法

各国国内的民商法是国际商法的重要补充。由于国际经济贸易关系的多样性、复杂性,现有的国际公约、惯例不可能满足实践中的所有需要;而且,国际商法尚处于形成和发展阶段,其体系和内容尚不完善,因而在处理某些国际商事纠纷时,还需要借助法律冲突规则的指引,适用有关国家的民法或商法。同时,某国的国内民商法在国际商事活动中由于当事人的选择而被适用的情形也普遍存在,国内法在国际商法中仍占有重要地位。有鉴于此,我们在学习和研究国际商法的过程中,除必须了解有关的国际条约和国际贸易惯例以外,还应当了解有代表性的某些国家民商法的有关规定,特别是某些发达国家比较成熟的有关民商事关系的国内法规。

三、国际商法的历史发展阶段

商法是随着商品经济的产生、发展而逐步形成的。早在古代罗马法中就出现了调整商事关系的法律,但当时还没有制定专门的商事法,近代欧洲各国的商法主要源自中世纪形成的商人习惯法。

(一)中世纪商人习惯法

中世纪商法主要指 11—16 世纪在欧洲,特别是地中海沿岸、亚得里亚海沿岸、波罗的海和北海沿岸,由于商业复兴而在一些自治城邦中普遍发展起来的商人法。

11—12 世纪前后,一些新城市由商人组成的组织公社取得城市特许状,成为在政治上存在于领主制度之外的独立的自治体。这些工商业发达的自治城市的市政当局授予常驻市场的商人以专营权和特权,普遍建立起了专为商人解决商业纠纷、提供服务的特别法院——商人法院,由市场或集市的商人们推选或由行会首脑选择几名行会的商人成员来担任法院的法官,根据已形成的商事习惯订立自治规约来解决商事纠纷。一些赶集串市的商人,常常是"泥土满足"地来法庭进行诉讼,所以这种法院被叫作"泥足法院",实际上是今日仲裁制度的雏形。

在 12—16 世纪出现了巨大的国际性集市,如意大利的威尼斯、英国的利物浦、比利时的根特、德国的科隆等,既是商业汇集中心地,也是金融清算场所。在罗马法商业习惯和法规影响下,适用于商人社会的"民间法"——商人习惯法便发展起来。这些国际性集市还允许外国商人从其本国公民中选择法官,订立特别法规定互惠办法及条件和范围,允许外国人来投资建厂和设行并依所在地法独立经营,由此形成了集市间大致统一的商事规则。商事法院日积月累的大量判例形成一种全欧洲普遍适用的国际性的商业法律规范和贸易惯例,即共同法,从而形成了一种区别于传统法律及程序的纠纷解决机制。

中世纪商法本质上属于习惯法,是商人按照自己商业交易习惯形成的行业行为规范,具有自律性的特征,仅在商人间适用,是名副其实的商人法;"公平、迅捷、安全"成为商事法律原则,反映出商事活动营利性、敏捷性和保护交易安全的要求。这样,在巨大的国际集市上就大体形成了统一的商法。

(二)国内化、法典化和体系化的近代商法

16 世纪后,随着资本主义商品经济的迅速发展,以及产业革命的胜利、企业制度的创新、封建割据势力的衰落,统一的民族国家逐渐形成,早期的自治城邦不复存在,商人团体逐渐消亡,这就形成了民族国家制定统一法律和商人习惯法向成文法转变的条件。欧洲的法国和德国率先进行本国商事法律统一运动,其后各国纷纷效仿,制定了具有独立部门法性质的商法典,由此推动了商法国内化、法典化。

近代商法法典化运动中最具代表性的当数大陆法系的法国商法和德国商法,英美法系则以英国商法和美国商法为代表。

1. 统一及系统化调整商行为的《法国商法典》

法国在中世纪由诸多君主和主教分而治之,不同的区域根据地方特色制定各种不同的法律制度。为了改变这种状况,法国在国王路易十四时代开始从事在全国范围统一商法的工作。1673 年的《陆上商事条例》被称为近代法国商事立法的起源,内容包括商人、票据、破产、商事裁判、管辖等,在适用上仍受商人习惯法的支配,由商人担任法官的商事法院司法。1681 年,路易十四又颁布了《海事条例》,主要适用于海商,其内容包括海上裁判所、海员和船员、海事契约、港口警察和海上渔猎,加强了王室对海事贸易的控制。《海事条例》后来成为海商法的蓝本。

1808 年施行的《法国商法典》,由拿破仑(Napoléon Bonaparte)主持制定,内容有通则、海商、破产、商事法院四部分。该法典开创了民商分立的先河,奠定了民商分立的基础;以商行为作为立法的理论基础,摒弃了中世纪以来商法只适用于商人阶层的传统观点,只要

从事的活动属于商行为,就适用商法;内容全面,涉及商活动且具系统性;该法典影响广泛,许多欧洲、亚洲和中南美洲国家都仿效《法国商法典》制定了本国商法。

2. 逻辑结构更为严谨的《德国商法典》

德国自 1871 年德意志帝国建立后,1897 年公布了《德意志帝国商法典》,即通常所指的《德国商法典》,共四编 905 条。

《德国商法典》具有两个方面的特点:一是新商法以商人为立法基础,同一行为,商人为之适用商法,非商人为之适用民法或其他法律;二是《德国商法典》逻辑结构极为严谨,并以抽象法律概念为基础,不注重实践,语言难懂,条文烦琐。《德国商法典》得到不少国家的效仿,例如,奥地利,泰国,北欧的瑞典、丹麦、挪威,都以《德国商法典》的有关规定为依据制定了国内商法。

3. 成文化倾向明显的英国商法

英国商法表现为普通法、衡平法、制定法及习惯法的综合。普通法遵守的是"遵循先例"原则,而衡平法的基本含义是公平、合理、正义,正是商法所信奉的价值理念。因此,英国近代商法的规范主要是衡平法,例如,英国著名的商事信托制度就是由衡平法的保护而逐渐确立起来的。英国商法也是由习惯法形成的"商人"法,商业事务是由商人自己称为"商法"或"lex mercatoria"的法律加以调整,商事习惯在商事活动中具有重要地位,只要经过证实的当事人提出的商事习惯,法官就予以采用。曼斯菲尔德伯爵(Lsth Earl of Mansfield)在 1756—1783 年担任王座法院首席法官时,将原来的商人法整个纳入普通法系,奠定了英国现代商法的基础。

英国在 19 世纪后开始制定了一些单行商事法,如 1862 年的《公司法》、1882 年的《票据法》、1905 年的《商标法》、1909 年的《保险法》、1914 年的《破产法》、1925 年的《财产法》等,特别是 1893 年的《货物买卖法》,表明英国商事立法成文化的明显倾向。

4. 承袭英国法律、统一州法的美国商法

美国的法律在传统上承袭了英国法律,采用习惯法和判例法,商事法以英国普通法为基础。19 世纪之后,商事立法开始在美国盛行。1892 年美国正式成立了"统一州法全国委员会(The National Conference of Commissioners of Uniform State Laus,NCCUSL)",统一各州立法并着手制定统一的商事法规。

近代各国商法中所规定的具体制度总体上并无大的差异,各国商法的基本原则、基本制度是相同的,都遵循中世纪商人法形成的基本操作和原则,如公司的有限责任、票据的无因性、保险的补偿原则、破产的有限性等。当然,各国商法也呈现出地域性和差异性,大陆法系形成了法国法律体系和德国法律体系,英美法系也出现了英国法律体系和美国法律体系。这些差异在某种程度上削弱了商法的国际性。

（三）向国际化、统一化方向发展的现代国际商法

由于现代贸易日益呈现出全球化、一体化的趋势，单凭一国、一地的惯例和法律难以解决商事活动纷争，于是在各国民商法律体系之外，一些统一的国际商事惯例和商事习惯得到了发展。例如，1860 年欧美商界人士共同制定了理算海损的统一规则，1974 年更名为《约克-安特卫普规则》，其他的如 1924 年《统一提单的若干法律规则的国际公约》、1930 年《统一汇票本票法公约》、1931 年《统一支票法公约》、1933 年《商业跟单信用证统一惯例和做法》、1933 年《统一国际航空运输某些规则的公约》、1936 年《国际贸易术语解释通则》。

第二次世界大战以后，特别是 20 世纪 60 年代以后，现代商法日趋朝着国际化和统一化方向发展。商人们通过国际商会等机构创设或统一了大量的商法规则；并且各国通过国内立法制定出与多数国家相一致的法律规范，使各国商事法律规范趋向统一；国际社会通过制定大量的调整有关国际商事关系的国际公约，推动了国际商法的统一化进程。如 1980 年《联合国国际货物销售合同公约》、由国际商会制定并经多次修订的《国际贸易术语解释通则》等。这样逐渐通过国家间缔结或参加的条约及国际惯例统一了部分国际贸易涉及的相关法律规则。

第二节　大陆法系的形成与发展

预习思考题

1. 什么是法系？法系划分的标准是什么？

2. 大陆法系经历了怎样的形成发展过程？

3. 罗马法的主要内容及起源、发展演变的历史过程是怎样的？罗马法在欧洲复兴的原因是什么？

4. 罗马法对大陆法有哪些影响？为什么说大陆法系是在罗马法的基础上发展起来的？

5. 大陆法系有什么特点？

一般来说，法系的划分通常考虑以下几个方面因素作为划分法系的依据：

第一，特定法律形成和发展的历史渊源。对于欧洲大陆国家来说，自罗马法时代以来，它们就具有大致相同的以罗马法为发展源头的历史，如 1804 年的《法国民法典》和 1900 年的《德国民法典》都是深受罗马法影响而制定的，通过这两个重大的历史事件可以找到欧洲大陆国家法律发展的源头。

第二，占主导地位的法律思想方法。这在普通法和大陆法系国家中非常明显。在普通法国家中，人们信仰经验主义，故凡未经验检验者，皆在虚无缥缈、不可相信之列。而在大陆法系国家中，人们追求对法律的条理化理解，使法律必然成为抽象的规范整体。"在大

陆,就制度进行抽象思维;而在英美则进行具体的个案思维……前者有一种对于科学体系的偏爱,后者则对于一切简单的概括抱有深刻的怀疑。"[①]

第三,特别的法律制度由于有其突出的独自性,被认定具有构成某一种法律样式要素的力量。如普通法系中的代理、对价等制度。

第四,法律渊源的种类和解释,连同法院组织和司法程序的独特性,也是样式构成标志之一。

第五,在政治学说、经济学说方面或者宗教信仰方面的思想意识,也是法律秩序样式构成的要素。宗教法及社会主义法律体系都证明了这一点。

总的来说,法系是指根据法在结构、形式、历史传统等外部特征及法律实践的特点、法律意识和法在社会生活中的地位等因素对法进行的基本划分,是对若干国家和地区具有这些共性或共同传统的法律的总称。为了强调在各种法之间存在的相似之处和区别,将法归类成系,简化为少数类型,便于对当代世界各国法的介绍与理解。当代世界上的法,虽然为数众多,但可以分成数目有限的法系,只阐述这些法分属的几个法系的一般特征,就能了解当代世界大多数国家的法律。各种划分方法都不否认以罗马-日耳曼法律为传统或以英国普通法为传统的两个法系的区别。

这样看来,在当今世界范围,站在中国的立场上,从了解外国法的角度讲,有二个大的法系是主要的,它们把世界上大多数国家的法律制度都囊括进去了。这就是大陆法系(民法法系)和英美法系(普通法法系)。

一、大陆法系的形成发展过程

大陆法系(continental law system,continental family)也称为民法法系或"罗马—日耳曼法系",它是指以欧洲大陆法国和德国为代表,在罗马法的基础上,融合各种有关的法律成分,逐渐形成的世界性的法律体系。

拓展阅读

大陆法系是在西方近代化过程中,欧洲各国复兴罗马法,依照法国立法模式制定自己的成文法典,并将其强制推行到自己的殖民地,或其他国家敬仰近代法国的立法水平并自愿模仿,而逐步形成的。欧洲大陆国家多属于该法系,此外还有曾是法国、德国、葡萄牙、荷兰等国殖民地的国家及因其他原因受其影响的国家,如非洲的埃塞俄比亚、津巴布韦等,亚洲的日本、泰国、土耳其等,加拿大的魁北克省、美国的路易斯安那州、英国的苏格兰等。

大陆法系是在罗马法的基础上,融合了日耳曼法、教会法、地方习惯法、封建王室法、中世纪商法和城市法等形成而来,其中罗马法是大陆法系最为重要的历史渊源,故大陆法系

①　茨威格特,克茨.比较法总论[M].潘汉典,米健,高鸿钧,等译.北京:法律出版社,2003:109.

又称为罗马法系。

（一）罗马法及其发展是大陆法系的立法基础

拓展阅读

即使是从世界范围讲，罗马法也仍然是最伟大的古代法律遗产。古罗马的辉煌在于它疆域辽阔的大帝国，更在于它立足于古典人本思想而建立的法律体系，可以说全世界每个法庭的现场，都或多或少地反射着古罗马法的经典幽光。德国著名法学家鲁道夫·冯·耶林（Rudoff von Jhering）在其著作《罗马法精神》一书中说："罗马帝国曾三次征服世界，第一次以武力，第二次以宗教，第三次以法律。武力因罗马帝国的灭亡而消失，宗教随着人民思想觉悟的提高、科学的发展而缩小了影响，唯有法律征服世界，是最为持久的征服。"

罗马法是罗马共和国及罗马帝国时期所制定的法律规范的总称。随着罗马帝国在欧洲大陆的统治，罗马法的精神原则也在欧洲大陆传播开来。虽然罗马法反映的是罗马帝国的现实，但它却是大陆法系的立法基础及现代西方的法学渊源和法律先导。罗马法自身的发展经历了以下几个阶段：

1. 以《十二铜表法》为标志，罗马法由习惯法向成文法发展

从公元前8世纪起至公元前450年止，即从罗马城邦开始形成起至罗马共和国初期止，古罗马完成了从原始社会向奴隶制国家的过渡。由于习惯法大多是习惯与惯例，没有以明确的条文固定下来，内容和含义模糊不清，解释权操纵在担任审判者的贵族手里，成为法官们欺压平民以保障贵族利益的工具，平民对此极不满意，要求制定成文法。终于在公元前449年颁布了古罗马第一部成文法典，因将法条铸于铜表，以示人民，所以被称为《十二铜表法》。《十二铜表法》的颁布标志着古罗马法进入成文法阶段。

2. 随着市民法和万民法的统一，罗马法成为世界性的法律

从共和国后期到帝国初期（约公元前3世纪—公元前39年），在罗马的市民法占据统治地位的同时，万民法也开始兴起。市民法是民众大会和元老院所通过的带有规范性的决议及其他一些习惯法的规范，它适用于拥有公民权或市民权的罗马公民，在罗马居住的外国人及罗马的臣民是受不到这种法律保护的。随着罗马社会的发展，市民法无法统一调整更多较为复杂的社会关系。公元前367年，罗马设立最高裁判官，可以通过发布告示等方式创制新的法律，推动了罗马法的发展。公元前242年设立的专门审理罗马市民与异邦人及异邦人与异邦人之间纠纷的最高外事裁判官，他们不再囿于传统法，以公平正义的理念审理纠纷，形成了万民法。它是"各民族共有的法律"，是罗马处理公民与异邦人或异邦人之间纠纷的"国际法"。万民法以市民法为基础，同时还参照了各国的习惯法，是罗马法发展到较高阶段的产物。直至212年，卡拉卡拉皇帝授予罗马帝国全部自由民以罗马公民权，消除了帝国北部居民的公民和非公民区别，从此市民法、万民法的区别不复有实际意义，两者逐

步统一。

3.《国法大全》标志着罗马法体系的最终完成

395 年,罗马帝国分裂为东西两个国家。467 年,日耳曼人一举征服西罗马帝国,罗马法失去了国家正统地位。西欧开始步入封建社会。东罗马帝国皇帝查士丁尼(Justinian the Great)为了振兴罗马帝国的声威、维护自身的统治,一方面发动对西方的战争,另一方面对罗马法进行系统的整理和编纂。528 年,查士丁尼任命十人委员会进行法典编纂,先后制定出《查士丁尼法典》《法学阶梯》和《学说汇纂》三部法律汇编;在查士丁尼死后,法学家将他新颁发的敕令附于《查士丁尼法典》之后,称之为《新律》。这四部法典被后世统称为《民法大全》或《国法大全》。

《国法大全》中《查士丁尼法典》的内容是过去的法律或敕令,亦称为《旧法典》。《学说汇纂》主要是罗马历代法学大家著述之编纂,所有法律解说与评论及其来源,其中都有详细说明。《新律》主要是指自查士丁尼修正法制以至退位的 30 余年中新颁布的敕令,基本属于公法、行政法范围;私法方面只是变更了继承制度的一些规定。最能代表罗马法体系的,当属查士丁尼的《法学阶梯》(*The Institutes of Justinian*),共分 4 卷 98 篇。第一卷主要是关于人的规定;第二卷是关于物和遗嘱继承的规定;第三卷是对无遗嘱继承和契约债务的规定;第四卷是对侵权行为所生债务及诉法的规定。

《国法大全》的编纂不仅反映了罗马国家全盛时期罗马法的全貌,更标志了罗马法体系的最终完成。这部法典是古代最完备、最发达、影响最大的法典。它为大陆法系的发展奠定了基础,成为罗马法学研究者的主要研究对象。后来的《法国民法典》采用了《国法大全》中的四种法律文献之一《法学阶梯》的人法、物法和诉讼法的三编制结构体系,确定了所有权绝对化、契约自由、过失责任三项基本原则,并与继承查士丁尼所编《学说汇纂》的总则、物权、债权、亲属和继承的五编制的《德国民法典》一起,共同构成大陆法系的两大支柱和源流。且大陆法系中的编纂成文法典的传统、公法与私法的分类、法的概念术语(如法、法律、法学、民法等)、法律原则和原理及法人、法律行为、契约、侵权行为、代理、时效、他物权、占有、不当得利、无因管理等法律制度,都可从罗马法中寻迹出历史原型。所以说罗马法是大陆法系的立法基础。

罗马法对后世欧洲地区的许多国家产生了深刻的影响。除了 1804 年《法国民法典》以《法学阶梯》为蓝本、充分地吸收和继承了罗马法,以及 1900 年的《德国民法典》对《学说汇纂》及其罗马法理论的广泛而深刻的继受外,英国普通法中契约原则、遗嘱制度均来源于罗马法,衡平法尤其受罗马法的影响。根据良心和正义审判案件的衡平法,注重现实方面的公平原则,正与罗马法的万民法正义观念如出一辙。可见,衡平法亦吸收了罗马法的精神,采纳了部分罗马法的原则。罗马法在欧洲的继受是一个多方面的现象,其他国家如比利时、西班牙、芬兰、荷兰、波兰、瑞士、日本、旧中国等,都不同程度地受到了罗马法的影响。各个国家或地区依据自身发展的实际情况,对罗马法进行按需所取,并与本国或地区的原有法律相融合。因此,需求的不同导致继受内容和程度的差异。

（二）罗马法的复兴和发展（12 世纪到 16 世纪）

罗马法的复兴是从大学对罗马法的学术研究开始的。1110 年，意大利波伦亚创建欧洲最有名最古老的大学波伦亚大学，设立法学院，教授法学。因为当时意大利和法国等欧洲国家处于封建割据的混乱、分裂状态，没有统一的国家法典，这使得学者们将罗马法作为了研究对象。这是因为：尽管罗马帝国覆没了，但帝国的影响还在，《国法大全》中本身就有《法学阶梯》这本系统的法学教科书，对法律哲学、法律原则、法律规则都做了系统阐述；罗马法的发达程度是其他任何法所不能比拟的。人们对罗马法推崇备至，法学与罗马法学成了同义语，形成了罗马法热。因此，罗马法学在意大利很快繁荣起来。此后，德国、法国、荷兰、英国等国派人前往波伦亚大学留学，盛况空前。据记载人数最多时达 1 万人，并形成了注释法学派和评论法学派。注释法学派运用经院主义的方法，如修辞、语法、逻辑等对罗马法进行注释，使得罗马法更加合理化、体系化，推动了罗马法向意大利之外的传播；而评论法学派则把罗马法的研究推向一个新的阶段，它使罗马法切入了欧洲社会的生活，使罗马法的继受有了坚实的理论和现实的基础。

此后，掌握了罗马法的概念、术语、方法及立法、司法等诸方面原则的法学家们，又进一步发展了罗马法，使罗马法成为一种内容适中、原则统一、结构完备、体系健全的欧洲大陆的普通法，深刻地影响了欧洲各国的法制。这些都促进了大陆法系的形成。

中世纪中后期罗马法的复兴标志着大陆法系开始形成。17 世纪以后，欧洲爆发了一系列资产阶级革命，其政权要求建立一整套适应资产阶级需要的法律制度，罗马法的有关私法体系，被西欧大陆资产阶级民事立法成功地借鉴与发展。法国 1804 年颁布《法国民法典》，深受《法学阶梯》影响，将结构分成人、财、物三部分，且在内容上物权、债权受到的影响更大。1900 年施行的《德国民法典》更多受《学说汇纂》影响。法国、德国两国的民法体系，又被瑞士、意大利、丹麦、日本等众多国家直接或间接地加以仿效。正是在全面继承罗马法的基础上，形成了当今世界两大法系之一的大陆法系，亦称为罗马法系或者民法法系。

随着大陆法系各主要国家对外影响的扩大，大陆法系的范围不断扩展，成为一个延续至今、影响国家众多的重要法系。

罗马法是大陆法系最重要的历史渊源，它构成了大陆法系的基础。但是，罗马法并不是大陆法系唯一渊源，中世纪西欧大陆的其他一些法律，如地方习惯法、教会法和商法等，也对大陆法系的形成具有不同程度的影响。当然，这些法律本身也与罗马法有着密不可分的相互影响、相互渗透和相互融合。

二、大陆法系的结构与法律渊源

从《十二铜表法》开始，罗马国家就有了制定成文的、规范化法律的习惯，并把它作为国家法律生活的必备条件。同时，很早时期，罗马就有了"公法"与"私法"这种有关法的基本分类的概念。在《学说汇纂》中,法学家乌尔比安(Domitius Ulpianus)总结道:"公法是关于罗马国家的法律,私法是关于个人利益的法律。"

继承罗马法传统的大陆法系同样强调成文法的作用,它在结构上强调系统化、条理化、法典化和逻辑性。它沿用了罗马法公法和私法的划分理论,把各种法律规则分门别类地归纳在一起,并根据现代法律发展的状况,进一步把公法再细分为宪法、行政法、刑法、诉讼法和国际公法;把私法再细分为民法、商法等。在此基础上,大陆法系各国把分门别类的法律编纂成法典,例如,法国先后颁布了五部法典:民法典、民事诉讼法典、商法典、刑法典和刑事诉讼法典,其他大陆法系国家也制定了类似的法典。由制定成文的法律、公私法的划分和法典编纂所勾画出的法律结构,形成了大陆法系共同的特征与风格。

大陆法系各国都强调成文法(制定法)的作用,但成文法并不是大陆法系国家唯一的法律渊源。大陆法系国家除了成文法之外,还有其他重要的法律渊源。

(1)制定法。制定法是大陆法系国家的主要法律渊源。几乎所有的大陆法系国家都编纂了法典,并公布了成文宪法。大陆法系国家的法律包括宪法、法典、法律和条例等。

(2)习惯。一般来说,大陆法系国家都承认习惯是法的渊源之一。某些法律往往必须借助于习惯才能为人们所理解,立法者在法律中所使用的某些概念也必须参照习惯才能搞清楚它的含义。至于那些与法律相抵触的习惯,法院是不予承认的,因而也就不能成为法的渊源。

(3)判例。大陆法系国家原则上不承认判例具有与法律同等的效力。一个判决只对被判决的案件有效,对日后法院判决同类案件并无约束力。但也有一些例外的情况,有的国家规定法官应受某种判例的约束。例如,联邦德国规定联邦宪法法院的判决在"联邦公报"上发表后即具有约束力,并承认由"经常的判例"所形成的规则即属于习惯法规则,法官应予以实施。瑞士联邦法院宣布某一州的法律违宪的判决都有约束力。这是在进入20世纪以后,判例在大陆法系国家所起的作用日益重要的一种反映。

(4)学理。一般来说,学理不是法的渊源。但是,在大陆法系发展的过程中,学理起着重要的作用,"注释学派""自然法学派"的理论,都曾对大陆法系的形成有重大的影响。由于大陆法系的法学家基本上是大学法学院的教授,这就形成了大陆法系法和法学发展的一个重要特点,即法学家的学说、观点在法律体系的形成和法学进步中贡献巨大。例如,法国近代民法学家图利埃、迪兰顿、奥普利和劳等人的作品,奠定了法国近代民法学的体系,并对其他大陆法系国家的民法学理论产生了巨大的影响。萨维尼、普赫塔、温德海得、耶林和祈克等法学家关于民法总论、民事权利、法人、法律行为、占有、所有、债、合同、亲属、家庭、继承、代理和时效等的学说,构建了一个比法国民法学体系更加学理化、科学化和系统更为完善的近代民法学理论,不仅指导诞生了《德国民法典》,而且影响了大陆法系各主要国家,一直持续至今。

学理的作用主要表现在以下几个方面:第一,学理为立法者提供法律理论、法律词汇和法律概念,通过立法者的活动,制定成为法律;第二,学理对法律进行解释,并对判例进行分析和评论;第三,通过法学家的著作,培训法律人员,影响法律实施的过程。

拓展阅读

第三节　英美法系的形成和发展

预习思考题

1. 什么是普通法和衡平法？二者有何区别？

2. 如何看罗马法与英美法系的关系？

3. 英美法系的法律渊源是什么？在英国法和美国法中的"先例约束力原则"的内容是什么？

4. 在美国,联邦法和州法的关系是怎样的？

案例 1-1

1615年,民事诉讼高等法院的首席法官爱德华·科克,因处理"考特利诉格兰威尔"一案与衡平法院大法官爱尔斯密(1540—1617年)发生了分歧。案情是:被告在清偿债务时,领取了收据,因收据丢失,普通法院作出被告败诉的判决。后来被告找到了收据,改向衡平法院请求救济,衡平法院又判决原先的被告胜诉,实际上等于宣布普通法院判决无效。

问题:

1. 普通法与衡平法有什么不同？

2. 普通法和衡平法的来源相同吗？说普通法是判例法,衡平法不是判例法,这种说法对吗？为什么？

3. 当普通法与衡平法发生冲突时,如何解决？

4. 如果当事人想援引衡平法获得救济,是否应该向衡平法院起诉？

5. 了解普通法与衡平法的关系对处理我国企业与英美法系国家企业之间民商事纠纷有怎样的意义？

一、英美法系的形成与发展

英美法系又称普通法系(common law system)或判例法系,是指以英国中世纪的法律,特别是以普通法为基础和传统产生、发展起来的,包括英国、美国及模仿它们的其他国家的法律的总称。美国早期承袭英国普通法,但后来在法制建设方面有许多突破,形成了自己的特点,故人们将其与英国并列为普通法系的代表,称英美法系(Anglo-American law system)。这一法系的范围,除英国(苏格兰不属于该法系)和美国外,还包括曾受英国殖民统治的许多国家和地区,包括加拿大、澳大利亚、新西兰、爱尔兰、印度、巴基斯坦、马来西亚、新加坡、缅甸、利比亚、利比里亚、尼日利亚和中国香港地区,南非、斯里兰卡、菲律宾的法律则兼具大陆法系和英美法系的特点。

作为英国法的主要法律渊源,普通法(common law)是 12 世纪前后以令状制为基础、由普通法院创立并发展起来的通行于全国的一套法律制度。在"普通法法系"中不仅有普通法,还有衡平法和制定法。

1. 普通法的形成及其主要特征

普通法的形成与英国判例法传统的形成同步,是英国判例法传统形成的直接结果或产物。

（1）普通法的形成

拓展阅读

普通法是通用于整个英格兰的、普遍有效的法律,是英国在中世纪时期形成并扩展到美国及其他曾受英国殖民统治的国家和地区的一种法律制度,它来源于习惯法,实际上表现在法官的判决中,以判例的形式出现。

1066 年前,英国实行的是分散的、地方性的习惯法,没有全国统一的法律。1066 年威廉公爵征服英国,建立了中央集权的王朝,其特点是王权比较强大。因此,英国能够比较早地建立起一套全国性的、集中管理的适用习惯法的法院体系,这对英国普通法的形成有重大意义。由威廉建立的国王法院的权力在 12 世纪以后继续得到加强,从亨利一世(1100—1135 年在位)起,国王开始派遣官员到各地区的地方法院巡回审理案件,通过长期的巡回审判形式,不仅逐步将司法权从封建主手中收归中央,形成了国家统一的司法权,而且它使英国各地分散的习惯法逐渐得以统一,国王法院所适用的法律很快就成为普遍适用于整个国土的法律,在此基础上以判例法形式形成了全国普遍适用的普通法。可见,普通法的形成是中央集权和司法统一的直接后果。

这种巡回审判实践中所适用的法律是逐步通过自己的判例形成的,因而形成英国判例法传统。由于这种法律适用于全英格兰,因而称为普通法。这种法院和法官也通称为普通法院和法官。因此普通法不同于地方习惯,是与衡平法、制定法相对应的一种法律。

（2）普通法的主要特征

普通法的发展同令状(writ)制和民事诉讼形式(forms of action)密切联系,由此形成的"遵循先例""程序优先于权利"等原则最能体现普通法的特征。

① "遵循先例"(stare decisis)。英国法官在审理案件时对司法先例不仅仅是参照和可以遵循,而是必须遵循,且先例不只是示范的模式,也是对后来案件具有法律约束力的判例。

遵循先例实质是以相似的方法处理相似的案件,并遵循既定的法律规则。判例的约束力是与法院的等级结构相联系的。其一,上级法院的判例对下级法院有约束力。在英国,各个法院均要受较高等级法院判例的绝对约束,较高等级法院的判例只有在被更高等级的法院变更或被制定法变更时,才会丧失其约束力,这是总的原则。具体说:英国上议院的判决对任何等级的英国法院有约束力;上诉法院的判决对高等法院和它以下的法院具有约束力；高等法院的判决对郡法院具有约束力。其二，同一法院或同一级法院的判例具有约束力。上议院可以在特定条件下不必遵循自己先前的判决。英国最高法院的上诉法院和高等法院也受本院及同一级的固有法院判例的约束，除非先前判例明显违背现实法律精神或继续适用会导致明显不公正，才有权拒绝遵循这种先例。其三，下级法院的判例对上级法院没有约束力。即在英国，较高等级的法院不受比其等级低的法院判例约束。相反，如果下级法院的判例违反法律或不公正，上级法院有权予以变更，作出与它不同的判决。

② "程序优先于权利"（remedies precede rights），是指一项权利能否得到保护和实现，首先要看当事人所选择的程序是否正确，如果程序错误，必然导致权利的丧失。权利的行使和救济必须依照法律程序来进行，权利因程序的存在而存在，程序甚至比权利本身更重要。

这与英国普通法以令状制度为基础有关。"令状"是指国王发布的成文命令或批准令。诺曼征服后，国王要求臣民必须申请并获得国王签发的令状方能起诉。至亨利二世时，已基本形成"无令状则无权利"（Where there is no writ there is no right）的原则。

令状有许多种类，其中原始令状即开审令状最为重要，它是诉讼成功的前提。如果当事人申请不到相应的令状或错误选择了令状，其诉讼请求就得不到法院的受理，其权利也就得不到保护或实现。不同的令状载有不同的实体法规则。每一种令状都和一定的诉讼形式或诉讼程序密切联系。也就是说，适用于这类开审令状的诉讼形式可能并不适用于另一类开审令状。因此，原告在申请发出令状时，必须认真选择最适合自己的那一类开审令状。

除正确选择令状外，诉讼形式也十分严格。不同程序中原告、被告的称呼都有不同规定，如果在一种程序中应用不正确的称呼，就可能导致败诉。在诉讼中，原告还必须提出构成要件的足够重要的事实，缺少其中一项，诉讼也不得成立。如果被告全部或部分地否定原告提出的主要事实，在否定的限度内形成事实上的争论，则要由陪审团作出评断。如果原告提出的事实有一个不能得到证明或被告对其中一项反证成功，原告就要败诉。

可见，英国普通法必须通过各种程序方可作出判决，而如何作出判决则要看程序进行得是否符合法律要求。所以，英国的法官与律师都将注意力集中在诉讼程序上，因为程序正确才能实现实体权利。

1875 年以后，英国虽然进行了诉讼制度的改革，废除了令状制度，简化了诉讼程序，程序法的地位有所下降，实体法的地位有所提高，但古老的传统观念依然根深蒂固，"正当程序"（due process）原则仍得到充分强调，法院判决也往往会由于程序上的疏漏而被推翻。

2. 衡平法（equity law）的形成及其与普通法的关系

衡平法是英国法的又一重要渊源。由于早期普通法传统拘泥于令状主义，无法给予普通法程序规范中所未涉及的信托、借贷、保险等新形式的纠纷中当事人以及时有效的法律救济。因此从 14 世纪前后起,由枢密院法官通过自由心证,依据"良心"与"公正"原则发出禁令或特别履行令,来给予当事人普通法以外的救济手段,从而逐渐形成的判例规则被称为衡平法。

拓展阅读

到 16 世纪,英国都铎王朝加强了君主专制,国王亲自受理新产生的无法通过普通法法院实现的许多权利的争讼,后交由王室咨询机关即枢密院负责司法事务的大法官受理。大法官在审理案件时,享有很大的自由裁量权,既不受普通法诉讼程序的约束,不实行开审令状制,不实行陪审,也可以不遵循普通法的先例,而主要是以"正义"或"自然法公平"作为判案的根据,实际就是以大法官个人所认为的"公平""正义"原则独自处理。这种不经普通法法院所作的特殊审理就称为衡平。

1474 年,大法官开始以自己名义直接接受申诉。到 16 世纪,大法官法庭(chancery)发展成为独立于国王和御前会议的常设机构,即与普通法法院并列的、同样是王室法院的衡平法院(court of equity),所作出的判决也就形成一批与普通法并列的另一种法律——衡平法。这样,在普通法之外,又产生了衡平法;在普通法院之外并存着衡平法院。

衡平法的兴起,首先是由于当时普通法极为机械的令状制和诉讼形式不适应社会发展。例如:合同关系迅速增多,但有关合同本身执行的法律却严重缺乏;普通法在民事诉讼中提供的补救(remedy)仅限于损害赔偿,不能满足当事人的需求。衡平法的很多内容都是关于合同、财产包括信托财产制(trust system)方面的,体现了资本主义生产和交换关系的需要。此外,衡平法的兴起也适应了当时都铎王朝加强专制统治的需要,利用衡平法院,受理民事案件,以制约普通法院,因为后者站在反对专制君主的国会一方、与王室相抗衡。

在最初几个世纪,大法官主要根据"公平""正义"原则作出判决,享有较大的自由裁量权。17 世纪初,英国普通法和衡平法,或者说普通法法院和衡平法院之间的冲突加剧,其实质是普通法法院和英王之间的冲突。衡平法因其判决主要依靠大法官的"良心"和个人素质,很不稳定,标准也不统一,所以到 17 世纪便受到批评。最终国会、国王和法院相互妥协,逐步形成两种法律、两种法院相互并存和协调发展的局面,衡平法院应根据确定的原则以判例的形式来判决,即大法官要受确定的原则和前例的约束。于是,衡平法也渐渐像普通法一样采取了遵循先例原则,衡平法逐渐实现了规范化和条理化。

1873 年英国颁布《最高法院组织法》,设立了一个由上诉法院和高等法院组成的最高法院,将普通法院与衡平法院合并到新设立的最高法院,最高法院的各个部门都可提供普通法补救和衡平法补救;如果对同一诉讼发生普通法和衡平法原则上的冲突,仍是以衡平法效力优先。这种合并只是司法行政上的合并,并非实体规则上的融合。

3. 制定法(statute law)

与判例形式的普通法与衡平法相对应,英国自中世纪起,也产生和发展了另一种法律渊源，即由国家立法机关制定的成文法，即制定法，包括国王、国会和其他拥有立法权的机关颁布的法律。

最早的制定法，来自中世纪国王的立法权，其内容主要包括涉及国家基本制度的《大宪章》、指导官吏政务的诏令、晓谕全国共同遵守的规则及通过国会制定的条例等。其中1215年的《大宪章》被奉为英国"宪法的基石"，是英国早期最重要的制定法文献。

英国制定法随着国会的崛起和地位的加强而逐渐具有最高权威地位。1265年在伦敦召开的包括贵族、僧侣和首次邀请的骑士和市民代表参加的会议，被视为英国国会的开端。1343年，国会正式划分为上下两院。1414年开始，法案必须由下院向国王提出，征得上院同意后方可成为法律，国王对法案拥有否决权。直到资产阶级革命后，国会才真正成为拥有唯一立法权的国家最高立法机关。

自工业革命以来，英国的社会问题越来越复杂，由判例法从个案到个案缓慢演进来解决问题显然无法适应这种情况。而议会以制定法的形式不仅能快速应对社会问题，还能以普遍性的方式来推进和实现社会变革。因此，英国的制定法在19世纪呈爆炸式增长。

就英国法的整体而言，如果没有判例法就不能成为体系，因为英国的民法、刑法、诉讼法等基本法律均是在判例法的基础上形成的，即使是宪法中的许多原则也都是以判例和惯例的形式加以规定的。直到国会成为唯一立法机关之后，发展至今天才有所改变，但制定法的地位与效力高于判例法。当两者在适用上发生冲突时，以制定法为依据；判例法的发展不能否定制定法的效力，相反，制定法却可以修改包括普通法和衡平法在内的判例法。而判例法传统对制定法的适用具有一定影响。由于判例法传统使法官已习惯于以先例作为审理案件和作出判决的依据，英国制定法在适用上往往先由某些法官据此判案制成判例，经过法官解释的制定法才会为法官所接受并普遍遵循，成为司法实践中"真正的法"。

4. 英国法和罗马法的关系

拓展阅读

在12—15世纪英国普通法的形成过程中，罗马法对它的影响是较小的。这一时期的英国普通法主要在借用罗马法有关术语、概念和原则的基础上，将各地极其混乱、不统一的习惯法变成了整个英格兰王国可以适用的普通法，且在吸收了商人法中所含的罗马法内容后趋于完善。

16世纪兴起的衡平法和商法则在不同程度上吸收了罗马法。衡平法的理念、原则及方法都深受罗马法影响。衡平法院法官审理案件的依据是良心和正义观念，注重公平，与罗马法裁判官借助万民法的正义观念如出一辙。在制定法方面，19—20世纪前半期英国颁布的大量单行法中，都留有罗马法的痕迹。例如：在财产分类上采用了罗马法的动产和不动产的分类；在1893年颁布的《商品买卖法》、1894年颁布的《海商法》中也都有罗马法的印记。

英国法虽然受到罗马法及和罗马法密切联系的教会法的影响,但这种影响是在普通法的基础上发生的,并没有大到足以改变英国法独立于罗马法的发展方向。中世纪末期,英国之所以没有进入"接受罗马法"运动的行列,首先是因为英国在诺曼征服后就已建立中央集权和全国性的王室法院,即普通法法院。这些在普通法影响下成长起来的法官构成了一种顽固地坚持普通法传统以维护既得利益的社会力量。到 17 世纪初,在与英王进行的斗争中,站到国会一边的普通法法官及普通法传统势力的排他性就更加强大了。其次,英国的普通法法院在相当长时期内是处理地方法院案件之外特殊案件的法院,同时每一类案件又都各有自己特殊的诉讼形式,这些因素也都阻碍了英国对罗马法的接受。

5.美国法的历史发展

美国法同与英国法并列为普通法系的核心,其法律制度与英国法之间存在历史渊源关系。但美国法在继承和改造英国法的基础上,逐渐形成了与英国法有很大区别的独具特色的法律体系。

独立战争以前,英属北美 13 个殖民地都施行英国法律。因此,英国、美国两国法律有许多共同之处。例如:两国都以判例作为法的主要渊源;都有普通法与衡平法之分;美国法在法律语言、法律概念和推理方法等方面,都与英国法有相同之处。但美国的路易斯安那州由于曾在西班牙和法国的统治下,其法制属于大陆法系,加入联邦后,路易斯安那州原有的法制被保留了下来。独立战争大大削弱了英国法传统的影响,到 19 世纪中叶以前,美国在固有的英国法传统的基础上,产生了一种靠近大陆法系的倾向——各州宪法和联邦宪法都采用成文宪法制。《美利坚合众国宪法》成为美国从联邦到各个州所有的立法的总渊源,它在一定程度上影响着其法律渊源的结构。总之,在美国独立以后,美国的法律基本上是独立发展的。在与英国法的关系上,美国的立法部门越来越多地修改和发展英国的普通法,制定全新的法律;美国的法院已很少引证英国的判决;即使在采用英国普通法时,也将它改造成美国的普通法。美国法作为英美法系中一个重要支系的地位确立了下来,以至于人们今天必须把这个法系称为"英美法系"。

美国法后来的发展在第二次世界大战后达到了令人瞩目的程度,既代表和引导了英美法系的发展,又对大陆法系及其他法系和法律产生了重要的影响。美国法虽以判例为基础,但其制定法的比重和作用比普通法大得多,而英国法最基本的部分仍是普通法。

由于美国是联邦制国家,各个州在立法方面有很大的权力,导致美国各州的法律存在差异,不利于州际之间的交往。为使各州法律趋向统一,美国政府于 1892 年成立了统一州法全国委员会 (NCCUSL),它与另一个私人组织美国法学会(American Law Institute,ALI)相配合,起草、制定带有范例性质的统一法和样板法(model law)。NCCSUL 1952 年拟定的《统一商法典》(*Uniform Commercial Code*,UCC)是其中成效最为显著的,该法典已被除路易斯安那州以外的所有各州采用。美国法学会则通过重述(restatements),如《合同法重述》《侵权法重述》等,将传统判例法的领域(契约、代理、不法行为等)以法典的形式予以重申,让各州法院尊重它的意见,以实现司法上的统一。

美国编纂的法典与大陆法系的法典是不同的。首先,大陆法系法典的内在具有结构和逻辑上的联系。美国 UCC 的总则部分规定了商法的基本原则,是各章的总纲,各章以货物买卖为中心展开,体现了法典的内在结构逻辑上的联系,这与大陆法系的法典法有类似之处。但《统一商法典》在条文、术语和渊源方面与大陆法系是不同的,前者受普通法影响,是判例法与制定法的结合,有些庞杂和含糊,不像大陆法系那样精练明晰、逻辑严密。其次,UCC 一旦为州所采用,所有相同领域的旧法即停止生效,所以法典的采用,意味着法律的一个新的起点,这与大陆法系法典的颁布的效力是相同的。但 UCC 的采用并不意味着各州商法的完全统一,这是因为:①不少州在采用时根据自己的情况作了不同程度的修改;②该法典本身在一些章中,规定了供法院适用时可以选择的条款;③各州的解释不尽相同,由此而产生的判例不同,判例法仍然是各州商法的重要渊源,联邦宪法不要求一州遵守他州的判例;④商人在商业活动中可以适用各州不同的商事习惯和惯例,并以当事人的协议补充法典的缺漏。这与大陆法系颁布法典意味着在全国发生统一的效力不同。

二、英美法系的结构和特点

英国、美国两国均以判例法作为法的主要渊源,但在发展过程中各自形成了不同的特点。

(一) 英国法

1. 英国法律的分类

英国法律基本分类是普通法、衡平法,没有公私法之分的历史传统。这主要是因为:从普通法开始,王室法院就垄断了中央的司法权,王室法院所审理的案件及通过判例法所创造的普通法都被认为是有关王室利益的,也就谈不上有公私法之分;对国会来说,这种划分法会导致国王高于法律之上,因而都否认公私法之分,不愿承认公法不同于私法,再加上英国又没有像法国那样有普通法院和行政法院之分,也不利于公私法的划分。

普通法与衡平法虽然同是判例法,但两者在救济方法、诉讼程序、法院的组织系统、法律术语等方面均有较大的差异。总的来说,衡平法比较灵活、通融。普通法与衡平法各自保持独立平行的地位,但是当二者之间发生冲突时,以衡平法优先。虽然 1873 年、1875 年的《司法法》将普通法法院和衡平法院合并,却不意味普通法和衡平法的合并,两种法律尽管相互渗透,但仍具有较大差异。

2. 英国法的渊源

(1) 判例法(case law)。它是英国法的主要渊源,是由高等法院的法官以判决的形式发展起来的法律规则。判例法的重要特点是,法官在判决中所涵盖的判决理由必须得到遵循,即对作出判例的法院本身和对下级法院日后处理同类案件具有约束力。

(2) 成文法(statute law),也称制定法,是英国法的另一重要渊源,是指包括由立法机关即议会制定的法律和由行政机关依据法律制定的条例。按照英国的传统理论,判例法是基础,成文法只是对判例法所作的补充或修正。成文法必须经过法院判决加以解释和适用,才能发挥作用。人们援引的法律往往是那些适用成文法规定后的判例,而不是成文法规定本身。

(3) 习惯。在当今英国法律中,习惯所起的作用已极小。只有那些在 1189 年时已经存在的地方习惯才有约束力。

(二) 美国法

1. 美国法的结构

美国法与英国法一样,同样存在普通法与衡平法的区别。

一方面,美国建国后选择性地接受了英国普通法,只采用了适合它们情况的那一部分。美国各州在采用普通法时都根据各自需要作了补充和修改。在美国,普通法是所有法源中法律位阶最低的,立法机关有权视其所需,废止或修改普通法;普通法也可被宪法条文或在行政机构之权限内制定的行政法则取代。

美国独立后,起先联邦和各州都继续采用衡平法,后为统一法律制度,1789 年的《司法条例》规定衡平法的案件统一由联邦法院兼管,不另设衡平法院。现在,美国仅有亚拉巴马、阿肯色、特拉华、密西西比和田纳西 5 个州设有单独的衡平法院。因此,讲美国法渊源时一般忽略衡平法这一法源。

另一方面,与单一制国家类型的英国不同,美国是联邦制国家,其法律还分为联邦法与州法两大部分。除联邦宪法和法律外,各州有各州自己的宪法和法律。联邦法律高于州法律,但联邦法律只能在联邦宪法授权的范围规范各州的法律事务,不能超出此范围随意改变或推翻州的法律。州法律是美国法律体系的基础部分,在规范和管理社会生活中发挥着重要作用。在美国的法律体系中,不同种类的法律效力如下:制定法高于普通法,联邦法律高于各州法律,宪法高于其他法律,立法机关制定的法律高于行政机关颁布的规章。

2. 美国法的渊源

(1) 判例法

在英国形成的"遵循先例"原则,在美国虽同样适用却另具特色。美国联邦法院、州法院中的下级法院,分别受其上级法院,特别是受其最高法院判例的约束。但是,美国联邦和州的最高法院不受其先前确立的先例的约束,它们有权推翻过去的先例,并确立新的法律原则。联邦法院在审理涉及州法院办理的案件时,必须受该州法院判例的约束,但以该判例不违反联邦法为原则。

美国的判例数量很大,为熟悉、统一各州判例法,ALI把商法与部分民法的判例法编纂成各种判例法汇编,称为《法律重述》。《法律重述》本身不是法典,没有法律效力,但由于其包含的都是公认的判例法原则,因此经常被司法机关参考引用。

（2）制定法

美国的制定法分为联邦法和州法。在联邦法中,美国宪法占有非常重要的地位,是一切法律之源。凡是违反宪法的法律或判例,美国各法院均有权不予执行。自19世纪末以来,美国联邦和各州都加强了立法活动,特别是在社会立法、经济立法方面,出现了制定法取代普通法的趋势。

美国联邦和各州都有制定法。美国各种法源从最高到最低完整的法律位阶为：①美国联邦宪法；②联邦法规、条约和法院规则；③联邦行政机构法则；④州宪法；⑤州法院规则；⑥州法规；⑦州行政机构法则；⑧州普通法。如果处于同一法律位阶的两种法源发生抵触,则依循后来制定的法源。

美国法律制度的发展是制定法与判例法相互作用的结果。一方面,立法机关可以通过制定法,改变判例中某些已经过时的法律规则,使法律适应社会经济与政治发展的要求；另一方面,制定法又必须经过法院判例的解释才能起作用。因此,在美国真正起作用的不是法律条文本身,而是经过法院判例予以解释的法律规则。若法院判例不适应社会发展,则通过制定新的成文立法来调整。

(三) 英国法与美国法的比较

由于英美法系的一脉相承,英国法与美国法在以下几个方面具有相似性。

（1）在法律渊源上都以判例法为主。英美两国的法律渊源主要为判例法,都确立了"遵循先例"原则。成文法是对判例法的修正或补充,被法官在判决中加以解释和运用后,才被吸收到法律体系中。

（2）在法律结构上,英国法与美国法都将法律分为普通法和衡平法。

（3）重视程序法。"救济先于权利",如果权利缺乏适当的救济方法,就不能得到法律的保护,权利也就根本不能存在。只有启动诉讼程序,权利才能得到保护,如果不通过诉讼程序,实体权利存在与否难以确定。

尽管英美两国的法律渊源、结构分类、基本制度、原则与概念等方面具有基本的相似性,但两国的法律也存在许多区别。美国法较少受到封建因素影响,在灵活性、制定法的数量和作用等方面远超英国法。同时由于国家结构的不同,英美两国的立法统一性等方面也存在不同。

第四节　两大法系的关系、演变与发展趋势

预习思考题

1. 英美法系与大陆法系有何区别？
2. 两大法系的演变与发展趋势如何？

一、两大法系的区别

由于历史和文化传统等方面的差异,英美法系和大陆法系主要存在以下几个方面的差别。

拓展阅读

（一）法律渊源（法律表现形式）不同

大陆法系以法典式的成文法为主,判例一般不被认为是法的渊源,不承认判例有拘束力。而在英美法系中,判例是法的一个重要渊源,即判例法,承认判例具有拘束力。英美法系国家和地区也有制定法,甚至制定法愈来愈多,但判例法仍然是其法律渊源的主体,制定法一般表现为单行法并且受到判例法解释的制约。

（二）两大法系在法律的法典化及其影响方面不同

大陆法系沿袭了罗马法以来的传统,注重成文法典的编撰。大陆法系的结构单纯,有比较系统、完整的民法、商法、刑法、诉讼法等法律法典,包括基本原则和细则,形式完整、自成一体、内容严谨,具有高度的体系性。而英美法系的法律结构是由许多形式不同、来源不一的法律集合而成,其中主要是判例法和制定法两种,缺乏综合性、系统性的规定,没有形成严谨的体系。

在大陆法系国家,法典的含义意味着否定法官判决作为法律渊源的可能性,并且法典的颁布生效便是法律制度上的一个新起点,在法典适用的范围一切旧法皆无效。在英美法系国家的法典往往只是将一个法律部门的判例法所体现的原则加以汇编以便于使用,成文法和法典的颁布,并不意味着在其涉及范围的一切旧法皆失效,因判例是法律的渊源,先例具有约束力。

（三）立法权归属不同

在大陆法系国家,立法权主要由立法机关（制定基本法律）和行政机关（制定行政法规、规章）行使,法院不参与立法,有关判决对于之后的审判仅具有参考价值,不具有法律约束力。在英美法系国家,由于"遵循先例"原则的存在,司法机关与立法机关、行政机关一样,

享有制定法律规则的权力。法院判例与制定法一样具有法的效力。在程序法制定上,英美法系各国大多由立法机关授权法院单独或会同其他机关制定,而大陆法系国家制定程序法是立法机关的权力。

（四）法律分类上的差别

大陆法系在传统上将公法与私法的划分作为法律分类的基础,在此基础上进一步划分法律部门,这样分类能够体现基本法律原则和概念的一致性、严谨性。英美法系则以普通法和衡平法为基本分类。普通法的法律规范,不像大陆法系的法律规范那么抽象,它以解决诉讼为目的,而不是为了给未来提出一般的行为准则。

（五）诉讼程序方面不同

大陆法系国家的法官主导整个庭审活动,通过讯问当事人、询问证人等方式查清案情,具有较强的主动性。而英美法系国家采用对抗制,法官只负责引导案件审理的进行,即民事诉讼中由双方律师、刑事案件中则由公诉人与被告律师担当主要角色,律师比较活跃、重要,而法官则充任一个消极的、中立的裁定者的角色。案件事实主要靠双方当事人及其代理律师和辩护律师通过言辞辩论逐步澄清。

在大陆法系各国经合议庭裁判的案件,其各法官意见如何,对外不发表,其裁判书是法官们的集体作品。裁判书一般是以法院名义出具,不写法官的名字和意见。而英美法系国家的裁判书,是记载于裁判报告即法官的意见书,由法官署名,可对社会公开,社会可知法官们对案件所持的态度。

（六）法律思维及推理方式不同

大陆法系直接采用演绎推理方式,从成文法中寻找依据,然后从抽象到具体,适用于个案,整个审判过程被严格地限定在形式逻辑的三段论中。而英美法系则首先采用归纳推理方式,从众多判例中找寻、提炼适用于案件的法律规则,然后再进一步推理。英美法系的法官引证判例审理案件,运用归纳式思维,注重类比推理。

二、两大法系的演变与发展趋势

进入 20 世纪后半叶,大陆法系对英美法系成果的吸收加快,更加注重程序法的内容和判例在司法审判中的指导地位,更加注意发挥法官的作用,立法方式更加灵活。地区性法律体系（如欧盟法）和世界贸易组织（World Trade Organization,WTO）法国际性法律等,带动了大陆法系与英美法系的趋同化发展及完善。

两大法系之间相互融合的趋势具体表现在以下三方面。

（一）大陆法系开始吸收英美法系的某些做法

1. 大陆法系各国接受美国法的情况更加普遍。例如,法国学习美国的经验,确立了违宪审查制度,对法律实行审查。大陆法系各国在民法、刑法、商法、知识产权法等各个领域,在立法形式和内容等方面也都受到了美国法的巨大影响。

2. 开始注重判例的作用。实践证明,法院的判决对于弥补立法空白、克服立法缺陷具有重要作用。"二战"以后,大陆法系各国开始关注司法判例的作用。例如:在法国,行政法院的判决已经具有了法律约束力。对《法国民法典》所规定的"私生活"的具体内容由法院的判例来完成界定;在意大利,近几年最高法院在发布判例时,在判决主文之前增加"判决要旨",不仅是对法律的阐明和解释,还弥补法律规范中存在的缺漏,甚至体现了法律的创造;日本近几年不断涌现的指导适应各种各样法律关系的"判例百选",以及韩国各级法院在制作判决书时参照大法院(最高法院)判例的情况普遍存在,这些情况表明大陆法系开始注重判例的作用。

但相对于普通法的"遵循先例"是一个普遍原则而言,大陆法系中的判例法仅于某些国家、个别法律部门的特定案件中适用,尚未作为一种普遍的法律制度而确立。因此,大陆法系的"判例法"远远不是严格的普通法意义上的判例法。

3. 在完善法律规定方面,更加注意发挥法官的作用。例如,《法国民法典》"为他人行为责任"仅规定父母责任、雇主责任、教师和手工艺师傅责任几种情形,对于精神病人、未成年人的犯罪及一些新型的社会关系(由某些教育救助组织或其他第三人照管某些无家可归的未成年人生活而形成的抚养关系)这些特殊人群引起的损害不能适用。对此,1991年,法国最高法院以《法国民法典》的"另一部分有关为他人行为负责的表述"为依据,判决精神病人职业救助中心对其监管下的精神病人引起的损害承担无过错责任。由于法官的作为,无过错责任适用的领域得到扩展。

（二）英美法系加强了成文法的制定

以议会立法为主的制定法不仅体现了民主的要求,同时也以其逻辑的严密性、体系的完整性和理解的便利性而成为现代法律的主要载体。当前,英美法系国家的制定法正呈现出大膨胀的趋势,一些领域的立法,如美国对于行政程序的立法,即《联邦行政程序法》(Administrative Procedure Act,APA),甚至走在了大陆法系国家的前面。

（三）法律的国际化趋势加快了两大法系的融合

欧盟法和 WTO 法对两大法系各成员国法律产生重要影响。欧洲联盟(European Union,EU,原欧洲共同体)自建立以来,一直致力于欧洲私法的统一。2007 年年底部分完成的欧盟民法典草案(Draft Common Frame of Reference,DCFR),旨在转化欧盟的指令、实现 EU 成员国民法的欧洲化和整合因转化 EU 指令而出台的为数众多的有关民法债法等特别法。WTO法，是作为成员国必然遵守的世界经济贸易的游戏规则，与大陆法系、英美法系各国的民事立法、商事立法、知识产权立法等共同规范各成员国的行为，在二者发生冲突和矛盾时，各个成员国的法律必须服从WTO的法律，这些因素在客观上都影响了两大法系。

近几十年来，随着经济全球化的加速发展，各种类型的国际组织，如WTO和EU的造法功能不断加强，出现了法律的国际化趋势。在这种大背景下，不同法系国家之间的制度移植活动不断深入，客观上加快了法律融合。

总之，两大法系正朝着逐步融合、接近的方向发展，但两者法律渊源的基本特征没有改变，将大陆法系称为法典法，将英美法系称为判例法，基本上还是正确的。

案例分析 即练即测

第二章

合 同 法

 学习目标

通过对大陆法系、英美法系及国际条约中合同成立、合同效力、违约及违约责任、合同终止知识体系的学习,学习者能够增强在签订合同时对合同进行严格审查的责任意识,提高在国际经济贸易活动中的风险防范能力;注意大陆法、英美法、国际条约以及中国法在违约形态划分和救济措施上的不同特点,在遇到违约情况时能正确运用不同法系的合同法规则寻找恰当的救济途径,树立学习者在国际经济贸易活动中的契约精神和维护我国当事人合法利益的爱国主义情怀。

引导案例

华为新加坡 WiMax 项目被判赔超亿元的深刻教训

2017 年新加坡高等法院在原告创新科技有限公司(Creative Technology Ltd,以下简称创新公司)及其全资子公司 QMax 通信有限公司(QMax Communications Pte Ltd,以下简称 QMax 通信公司)与被告华为国际有限公司(Huawei International Pte Ltd,以下简称华为公司)合同纠纷一案中作出判决,认定华为公司在与创新公司的全球微波互联接入(worldwide interoperability for microware acess,WiMax,属于 3G 技术)项目合同中存在误述(misrepresentation)和过失性的失实陈述(negligent misstatements),构成对合同的违约,因此应当承担相应的违约责任。

法庭判决华为公司应向创新公司支付超过 1560 万新元的损害赔偿,并返还创新公司在合同下已支付给华为公司的款项约 930 万美元及利息。不包括利息在内,上述两项相加总和就已超过 1.2 亿元。

案情简介:2009 年,创新公司在收购了宽带基础设施公司 QMax 通信公司后,希望能够使用 WiMax 技术建设一张无线宽带网络。此后华为公司参与了创新公司的招标,提交了一份包含设计、建设和运营一张覆盖新加坡的 WiMax 网络的提案。

经过几轮谈判,创新公司告诉华为公司,其预算为 2000 万美元。华为公司表示可以通过部署 225 个基站实现全国范围覆盖来满足预算。

但是,随后华为公司表示"225"这个数字"只是表达意见而已",并且公司代表已经警告创新公司,虽然华为公司可以满足其预算,但这将意味着一张质量较差的网络。

2018 年 8 月,新加坡高等法院作出最终裁定,要求华为公司向创新公司及其子公司 QMax 通信公司在之前的赔偿基础上另外支付 230 万新元(约 1149 万元人民币)。

在此案件中,涉及多方面的国际商事法律问题。首先是国际合同的法律适用问题,是适用合同方面的国际条约还是适用国内法?如果适用国内法,是适用新加坡法律还是中国法律?新加坡法律属于什么法系?其误述的认定标准是什么?误述的法律后果是什么?这一系列问题都需要中国企业在签订合同和履行合同时审慎注意并加以防范。

几点思考:

(1) 国际化企业必须重视合同签订的流程和风险控制。新加坡 WiMax 项目出现判决中所说的严重失误实属不应该,中国企业应引以为戒、尽量避免。在合同签订时必须谨慎表述进行承诺,否则很可能因为虚假陈述败诉而被判巨额赔偿,可能会导致企业重大损失。

(2) 参与"一带一路"的中国企业,相关业务人员不仅要懂技术、懂商务,还要懂法律。从项目谈判开始到合同签订、履行及解除,各个阶段都有需要了解和注意不同法系的法律制度,如果没有提前掌握,在项目出现问题时就会处于被动。

(资料来源:潘辉文. 华为新加坡 WiMax 项目被判赔超亿元的深刻教训[EB/OL]. (2017-09-13)[今日头条], https://www.toutiao.com/i6465182355253363213.

电子工程世界. 额外多赔 230 万! 华为与新加坡创新合同纠纷迎来终审[EB/OL](2018-08-29),http://m. eeworld. com. cn/ic_article/203/21012. html.)

 导言

2018 年 12 月 1 日,华为公司首席财务官(chief financial officer,CFO)孟晚舟在加拿大转机时,在机场被扣留,随后在温哥华被捕。孟晚舟事件从发生到结束,并非孤立的事件,它是中国企业进行国际商事活动的一个风险事件缩影。在近几年的世界经济舞台上,中国以"一带一路"的发展势头,开展境外业务,而美国则在多个领域开始了对中国经济发展的阻碍与遏制,据媒体 2020 年 8 月 3 日报道,英国首相约翰逊为了完善国内的网络建设,表达了想与华为公司进行 5G 科技合作的意愿,并且已经购买了华为公司 2 万套基建设备,然而就在两国合作即将达成的关键时刻,英国宣称"华为设备会危害国家安全",单方面撕毁了与华为公司之间的合作协议。从中兴事件到华为事件,除了国家间的博弈之外,我们更应当注意,中国企业在进行国际商事活动时,在国际合同的签订、履行等环节中存在诸多的法律风险,我们应深入了解不同法系合同法方面存在的法律冲突,并进行有效的风险防范。

第一节　合同法概述

预习思考题

1. 各国法律对合同的定义有何共同之处?

2. 各国合同法在体系方面有何差异?

当今世界,无论社会制度、法系、种族、语言、文化等如何不同,都几乎毫无例外地使用着合同。从生产至分配及流通领域的每个环节,是一个又一个紧密相关的合同,使社会生活处于相对稳定的状态。在现实生活中,合同的使用相当普遍。例如,买卖货物、出租房屋、购买财产或人寿保险、运输货物、聘用人员等,都要签订合同。有位西方学者说,现代社会是"合同社会",离开合同寸步难行。此话也许有点夸张,但是,合同确确实实在当代社会生活的各个层面发挥着重要作用。

一、合同的概念与特征

(一)大陆法系

大陆法系对合同的基本观点是,合同是债的一个种类。债是一个总概念,在此之下,合同、侵权行为、代理权的授予、无因管理、不当得利均是产生债的原因,这些都是特定的民事主体之间的权利义务关系。

法国法学家波蒂埃在其 1761 年《合同之债(续)》一书中对合同进行了这样的定义:合同是"由双方当事人互相承诺或由双方之一的一方当事人自行允诺给予对方某物品或允诺做或不做某事的一种契约"。该定义强调的重点是,合同义务必须在当事方自由订立合同时才产生,即合同不是由法律直接强加给当事人的,而是在受约束的当事人之间的协议中产生的。或更慎重地说,是法律上视为签订"协议"的行为产生的。

《法国民法典》第 1101 条基本上采用了波蒂埃的上述定义,它规定:"契约是一种协议,依此协议,一人或数人对另一人或另数人负担给付、作为或不作为之债务。"此定义同样强调协议,即当事人们之间就有关义务达成了一致意见。同时,此定义将合同视为债的一个种类。

《德国民法典》未正面就合同进行定义,它把合同纳入法律行为、债务关系的范畴,其第305 条规定:"以法律行为发生债的关系或改变债的关系的内容者,除法律另有规定外,必须有双方当事人之间的契约。"

(二)英美法系

英美法系国家对合同定义的理解与大陆法系国家有所不同,特别是英美法系的传统理论。

在英国合同法中,诺言(promise)具有非常重要的地位。英国《不列颠百科全书》对合同进行了这样的定义:"合同是依法可以执行的诺言。这个诺言可以是作为,也可以是不作为。"

美国也有相似的定义。ALI《第二次合同法重述》第 2 条规定,"合同是一项或一组这样的诺言:它或它们一旦被违反,法律就会给予救济;或者是法律以某种方式确认的义务的履行。"

英美法系上述关于合同的传统定义是由英国早期的"诺言之诉"发展而来的。英美法系强调判例法的作用,其合同法的理论主要是由法官创制和发展的。在审理案件的过程中,法官关心的主要是如何为当事人提供救济。在特定的案例中,违反约定的通常只是一方,法官所直接观察到的是该方当事人违反了自己许下的诺言,而不是双方之间发生的抽象的权利义务关系。①

除上述关于合同的传统定义外,英美法系还有关于合同的现代定义。

1979 年版美国《布莱克法学辞典》对合同进行了这样的定义:合同是"两个或两个以上的人创立为或不为某一特定事情的义务的协议"。这个定义与大陆法系的定义比较接近,意味着合同不再是一方当事人的行为,而必须是 2 个或 2 个以上当事人达成的合意。

英国《牛津法律大辞典》对合同下的定义是:合同是二人或多人之间为在相互间设定合法义务而达成的具有法律强制力的协议。此定义一是强调协议,二是强调法律强制力,比较全面。

从英美法系以上定义来分析,它们均比强调诺言的传统定义更准确、更全面,它们都不约而同地强调协议,与大陆法系的定义比较接近。因为诺言仅仅是一方的意思表示,仅仅强调了单方当事人的义务,未能抓住合同最为本质的特征——双方当事人之间的合意。从另一角度来看,上述现代定义比较强调合法性(legality),英国《牛津法律大辞典》的定义直接用了"合法"的字眼。

(三)中国法

2020 年 5 月 28 日颁布的《中华人民共和国民法典》(以下简称《民法典》)第 464 条第 1 款规定:"合同是民事主体之间设立、变更、终止民事法律关系的协议。"其第 2 款规定:"婚姻、收养、监护等有关身份关系的协议,适用有关该身份关系的法律规定;没有规定的,可以根据其性质参照适用本编规定。"

根据以上合同的定义来分析,合同主要具有以下几个方面的特征。

(1)合同是当事人意思表示一致的协议。这是合同最本质的特征。不管双方(或多方)当事人在磋商协议的过程中有过什么意见分歧,但是到最后,在受要约人表示承诺时,他们就有关的主要问题已经达成了合意,这样才建立了合同关系,否则就谈不上合同及赖之而存的权利义务关系。合同区别于单方法律行为,单方法律行为成立的基础条件是当事人的单方意志,如被代理人的事后追认行为,而合同是基于双方(或多方)当事人的合意得以成立的。

(2)合同当事人是地位平等的民事主体。所谓民事主体,是指合同双方当事人地位平等,彼此独立,相互间不存在隶属关系、领导与被领导的关系及命令与服从的关系等,双方

---

① 王军.美国合同法[M].北京:中国政法大学出版社,1996.

都可以从自身的利益出发表示自己的自由意志。

(3) 订立合同的目的是产生某种民事法律关系的效果,所谓民事法律关系即民事权利义务关系,产生某种民事法律关系的效果包括设立、变更、终止民事权利义务关系等几种情况。

从以上阐述可以看出,不同法系、不同国家对合同的定义各有不同。但是,我们同时也可以看到,中国法和法国法的合同定义及英美法系的现代定义有相通之处:它们都认为当事人之间存在协议,即当事人之间就有关问题达成了合意。而这一点,恰恰是合同的本质特征。

二、各国合同法及其体系

所谓合同法,是调整平等主体之间因合同发生的社会关系的法律规范的总称。在现代各国民事法律制度中,合同法是重要的组成部分。一般认为,合同法主要调整财产流转关系,规制交易行为。合同法主要包括以下一些内容:合同的成立、合同的履行、合同的效力、合同的担保、合同的转让与变更、违反合同的救济方法、合同的消灭、合同的解释等。

在不同法系、不同国家,合同法的体系不尽相同。

(一)英美法系

在英美法系国家,合同领域的法律原则主要包含在普通法之中,这是几个世纪以来由法院以判例形式发展起来的判例法。除印度以外,英美法系各国均无系统的、成文的合同法。所以,英美法系的合同法主要是判例法、不成文。虽然,英国、美国等普通法系国家也制定了一些有关某种合同的成文法,如英国 1893 年的《货物买卖法》、美国 UCC 等,但它们只是对货物买卖合同及其他一些有关的商事合同作出具体规定,至于合同法的许多基本原则,如合同成立的各项规则等,仍需依据判例法所确立的法律原则行事。

美国合同法是由判例法和制定法共同构成的,其中判例法是美国合同法的主要渊源。在美国判例法发展的过程中,学者的著述发挥了非常重要的作用。学者的著述本身并不是法律,它对法院的审判没有任何约束力,而仅有参考作用。然而,学者著述将篇幅浩繁而杂乱无章的判例,归纳成以一定的原理为依据的有机整体,使判例中表现出来的顺应时代要求的新倾向得到及时的归纳总结,法官经常参考学者的一些观点,从而影响判例法的发展。

在美国合同法领域,ALI 主持整理、发表的两次《合同法重述》,具有相当重要的影响。该学会于 1933 年发表了其第一项研究成果——《合同法重述》,后来被称为《第一次合同法重述》。该重述以条文的形式,归纳和总结了合同法领域的判例法中存在的原理、原则和具体规定。1981 年又发表了《第二次合同法重述》,对前者补充了若干新的制度,对"契约自由"等问题重新作了解释。以上两部合同法重述尽管对法院的审判活动没有强制的约束力,但是在法官从以往的判决找不到明确的答案时,往往就会援引或参考它们的规定。

美国 NCCUSL 和 ALI 共同主持制定的 UCC,是美国合同法的一个重要组成部分。该商法典公布于 1952 年,以后又作过多次修订,现已为美国除路易斯安那州以外的所有各州所通过和采用。有人称之为"49 个半州适用 UCC",因为保留大陆法系传统的路易斯安那州,是部分采纳 UCC,对 UCC 某些内容持保留态度。UCC 制定者最重要的宗旨之一,是缩减成文法的篇幅,将《统一买卖法》中过去大部分留由普通法去解决的许多合同法原则包含进去,使重要原则都条文化,避免过去由于同一类判例多如牛毛、判决又常常各有出入所造成的不确定性,增加法律规则的透明度。该法典的第一篇(article one)是"总则",第二篇(article two)是"买卖"(sale),这两篇中的许多规定是合同法的一般规则,其适用实际上不局限于货物买卖合同。对于美国绝大部分已通过立法采纳了该法典的州来说,该法典的规定是法院必须遵循的法律,故其法律效力高于前述《第一次合同法重述》和《第二次合同法重述》。

(二)大陆法系

从全球范围来看,大陆法系的合同法在成文化、法典化等方面都走在前列,较早地建立了合同立法的体系。大陆法国家的民法理论把合同作为产生债的原因之一,把有关合同的法律规范与产生债的其他原因,如侵权行为等法律规范并列在一起,作为民法的一编,称为债务关系法或债编。

在世界历史上第一部资产阶级民法典——《法国民法典》中,立法者把有关合同的内容集中在第三卷"取得财产的各种方式"作出规定,该卷第三编的标题为"契约或约定之债的一般规定"。其内容包括合同有效成立的要件、债的效果、债的种类、债的消灭等,这些均属合同法的一般原则。此外,该卷在其后各编中再进一步对各种有名合同作出具体规定,包括买卖、互易、合伙、借贷、委任、保证、和解等合同。

20 世纪初,大陆法系又一民事立法的典范——《德国民法典》诞生了。该法典设有"总则"一编,以法律行为的概念,对有关合同成立的共同性问题作出规定。而在其后的各种债务关系篇章,实际上是合同法各论,分别对买卖、互易、使用租赁、使用借贷、合伙、保证、和解等 18 种有名合同作出了具体规定。《德国民法典》比《法国民法典》又前进了一大步,前者对合同法的规范相当科学严谨、系统完整,而且专门为解决合同中的某些共同性问题设立了诚实信用的原则。德国民法中合同法的严谨概念、科学编制体系及合乎社会发展规律的原则性规定,堪称其他大陆法系国家合同立法的楷模。

(三)中国

中国合同法的体系充分借鉴吸收了成文法法典化的模式。1986 年颁布的《中华人民共和国民法通则》(以下简称《民法通则》)是我国调整民事关系的基本法,其中在"债权"一节中对合同作出了规定,适用于各种合同。随着我国市场经济的发展,《民法通则》中这些较为粗略的规定已经不能满足社会经济发展的需要,1999 年,中华人民共和国第九届全国人民代表大会第二次会议通过了《中华人民共和国合同法》，从该年 10 月 1 日起施行。《合同法》分为总则、分则、附则三大部分，一共 23 章 428 个条目，对合同关系作了较为全面的规定。2020 年 5 月 28 日颁布的《民法典》则把包括合同法在内的所有民事法律纳入《民法典》中，第三编专门对合同作了规定，其中第一分编"通则"包含 8 章，其内容是适用于各种合同的一般性规则，包括一般规定、合同的订立、合同的效力、合同的履行、合同的保全、合同的变更和转让、合同的权利义务终止、违约责任。第二分编"典型合同"包含 19 章，分别就买卖、供用电水气和热力、赠与、借款、保证、租赁、融资租赁、保理、承揽、建设工程、运输、技术、保管、仓储、委托、物业服务、行纪、中介、合伙 19 类典型合同作出专门的规定。

（四）有关的国际条约

合同法是各个主权国家制定的调整本国国内各种合同关系的法律规范，一般来说，它们没有域外效力。在国际商事交往中，由于各国合同法及其他法律的差异和冲突，对包括国际贸易在内的国际商事活动带来许多法律障碍，严重影响国际经济贸易的发展。在此背景下，19 世纪后半叶起，国际上兴起了各种各样的统一私法运动，包括统一国际合同法的工作。

国际合同，是指在合同关系的主体、客体和法律事实 3 个要素中，至少有 1 个要素与外国有联系。1994 年 3 月 17 日，美洲国家组织第五届美洲国家间关于国际私法特别会议第三次全体会议通过的《美洲国家关于国际合同适用法律的公约》对国际合同的定义是："如果合同当事人在不同的缔约国有其惯常居所或者营业地或者合同与一个以上国家有实际联系，则合同便为国际合同。"①此定义与前面所述的定义意思一致，同样强调国际合同须有国际因素。

《国际商事合同通则》（以下简称《合同通则》）前言的注释对国际合同作了如下表述："一份合同的国际性可以用很多不同的标准来确定。……《合同通则》并未明确规定这些标准，只是设想要对'国际'合同这一概念给予尽可能广义的解释，以便最终排除根本不含国际因素的情形，如合同中所有相关的因素只与一个国家有关。"此概念很清楚，除了纯粹的国内合同之外，合同只要有一点国际因素，都视为国际合同。

100 多年来，许多国际组织、法律界和贸易界人士，为国际合同法的统一作出了艰苦的努力，逐步取得了一项又一项的重大成果。迄今为止，国际统一合同法的主要成果是：联合国国际贸易法委员会制定的《联合国国际货物销售合同公约》(*United Nations Convention on Contracts for the International Sals of Goods*，CISG)、国际统一私法协会制定的《国际商事合同通则》、欧洲合同法委员会制定的《欧洲合同法原则》。

1980 年维也纳联合国大会通过了 CISG。由于该公约吸纳了不同法律体系买卖法和合同法中的合理成分，较好地平衡了国际货物买卖合同中买方和卖方的利益，具有科学性、合

---

① 徐国建.国际统一合同法问题研究［M］//王保树.商事法论集（第 1 卷）.北京：法律出版社，1997：494.

理性和实用性,得到各国贸易界、法律界的普遍认同。迄今为止,已有74个国家加入了该公约,实践中适用该公约的合同越来越多。

在CISG的101条规定中,有许多条文是关于合同的成立、合同的履行、违约救济方法的规定。从国际合同法的角度来看,该公约统一了不同法系、不同国家在上述重大问题上的合同法规范,其影响实际上远远超出了货物买卖合同领域,对国际统一合同法的发展作出了重大贡献。

第二节 合同的成立

预习思考题

1. 各国对于要约条件的规定有何不同?试分析商品标价陈列、广告、招标和投标是否属于要约?

2. 要约与要约邀请有何不同?什么是要约的约束力?

3. 各国以及CISG与《合同通则》关于要约撤销的规定有何不同?在要约的撤销问题上两大法系的规定有哪些分歧?CISG是如何折中调和的?

4. 按美国UCC的规定,在哪些条件下,即使是无对价支持的要约也是不可撤销的?

5. 构成承诺的条件有哪些?各国及国际条约对于逾期承诺与附条件或变更的接受的效力是如何规定的?

6. 什么是英美法系的镜像一致规则?

7. 各国及国际条约有关承诺的生效规则是否相同?

8. 在承诺撤回问题上,大陆法系、英美法系、CISG、中国法是如何规定的?

案例 2-1

我国某对外工程承包公司5月3日以电传请意大利某供应商发盘出售一批钢材。我方的电传中声明:要求这一发盘是为了计算一项承造一幢大楼的标价和确定是否参加投标之用,我方必须于5月15日向招标人送交投标书,而开标日期为5月31日。意大利供应商于5月5日用电传就上述钢材向我方发盘。我方据以报价,并于5月15日向投标人递交投标书。5月20日意大利供应商因钢材价格上涨,发来电传撤销其5月5日的发盘。我方当即表示不同意撤盘。乃至5月31日招标人开标,我方中标,随即电传通知意大利供应商我方接受意方的5月5日发盘,但意大利供应商坚持该发盘已于5月20日撤销,合同不能成立。

问题:

1. 根据英美法系、大陆法系及CISG分别进行分析,该工程承包公司与意大利某供应商之间是否成立了合同?

2. 如何运用要约撤销规则维护我国当事人的合法权益？

3. 中国企业在从事涉外经济贸易合同的签订时,应如何防范类似的风险？

案例 2-2

2000 年 6 月 5 日,本案被申请人向申请人发盘出售 1 万吨菜籽粕,质量标准为:油蛋白在 38% 以上,水分在 12.5% 以下,船上交货价(free on board,FOB)单价中国张家港 78 美元/吨。同年 6 月 7 日,申请人接受被申请人的发盘,并要求被申请人将合同和信用证条款传真给申请人,被申请人于 6 月 9 日将已盖有公章的 SF0610 售货合约传真给了申请人。申请人收到被申请人传真的售货合约后,删除了原合约上"不接受超过 20 年船龄的船舶"的要求,并将"运费已付"修改成"运费按租船合同支付",委托意大利米兰公司签字盖章后于当天传真给被申请人。6 月 14 日,被申请人传真给申请人中国香港办事处,称申请人单方面修改合同,被申请人不能予以确认,将暂缓执行合同,并要求申请人暂缓开出信用证。6 月 22 日,被申请人向申请人发函称,双方之间的合同为无效合同,申请人所开出的信用证只能作废。同年 6 月 23 日,申请人回函给被申请人进一步解释,由于合同为 FOB 条件,对船龄和运费支付的修改将不会对被申请人履行合同产生任何影响;同时告知被申请人,申请人已将合同项下的货物转卖给了意大利的下手买家,并提醒被申请人,若不履行交货义务将构成违约。同日,被申请人回函坚持称双方之间的合同无效。由于双方对合同的成立与履行产生争议,经协商不能解决,申请人遂于 2001 年 7 月 23 日向中国国际经济贸易仲裁委员会(China International Economic and Trade Arbitration Commission,CIETAC)提请仲裁。

本案仲裁庭经开庭审理后查明认定以下事实:按照 *INCOTERMS 2000* 的规定,在 FOB 条件下,作为买方的申请人必须自行负担费用,订立运输货物合同,故船龄及运费支付问题与作为卖方的被申请人无关,申请人对合同中关于船龄及运费支付条款的修改并不影响被申请人的权利和义务。本案合同适用 CISG。

问题:

1. 按照 *INCOTERMS 2000* 的规定,在 FOB 条件下,谁负担运输费用、订立运输货物合同？船龄及运费支付的修改是否影响作为卖方的被申请人的权利义务？被申请人是否对上述事宜及时作出了反对？为什么？

2. 按照 CISG,受要约人对要约人的要约作出变更,会产生什么法律后果？

3. 本案中申请人的接受是否构成承诺？为什么？

4. 中国企业在订立国际货物买卖合同时,应当如何解决意在承诺但对要约作了变更的法律问题？

合同是双方当事人之间意思达成一致的结果,合同成立,是指合同订立过程的完成,即双方当事人经过平等协商对合同的基本内容达成合意。双方当事人取得意思达成一致的

过程称为交易磋商。在交易磋商过程中，由当事人一方提出要约，另一方对要约表示承诺，即为双方意思达成一致，合同即告成立。所以要约与承诺是合同成立的两个重要步骤，这两个步骤缺一不可。如《德国民法典》第 145～148 条，《瑞士民法典》第 5 条，《荷兰民法典》第 185 条，都规定只有通过要约和承诺才能订立合同。

一、要约（offer）

要约指一方向另一方提出的愿意按一定的条件同对方订立合同并表明经受要约人承诺，要约人即受约束的意思表示。提出的一方称为要约人（offeror），其相对方为受要约人（offeree）。要约可用书面形式，也可通过口头、行为表示。

要约是一种法律术语，在我国的对外贸易中通常称为发盘、放盘或发价、报价。然而两者又有区别：商业交易中的发盘虽然也属于要约行为，但如果这种发盘行为不严格按照法律上

对要约的条件来进行，则不能产生要约的法律效果。因此，在我国的外贸习惯中，将发盘分为实盘（offer with engagement）和虚盘（offer without engagement）。实盘对发盘人有约束力，是法律上的一项要约，虚盘对发盘人不具有约束力。所以虚盘相当于法律术语中的"要约邀请"（invitation of offer），在国际贸易中也称为"邀请洽谈"或"磋商邀请"。

（一）要约的构成条件

CISG 第 14 条规定："向一个或一个以上特定的人提出的订立合同的建议，如果十分确定并且表明发价人在得到接受时承受约束的意旨，即构成要约。"《合同通则》第 2.2 条对要约的定义如下："一项订立合同的建议，如果十分确定，并表明要约人在得到承诺时受其约束的意旨。即构成要约。"

综上所述，并根据各国法律规定和国际条约，一项有效的要约必须具备以下几个要件。

（1）要约必须表明要约人愿意按照要约中提出的条件同对方订立合同的意旨，即要约人必须表明自己愿意受要约内容的约束与对方订立合同。首先，要约的目的是进行交易，即只有以订立合同为目的的意思表示才可能构成要约。因此，凡不是以订立合同为目的的意思表示，就不能称为要约。

其次，要约人必须表明自己愿意受要约内容的约束。要约人发出要约的目的在于同受要约人订立合同，即要约一经受要约人承诺，合同即告成立，不须再经要约人的同意。在贸易实践中，要约人不一定在要约的内容里使用"要约""实盘""要约人愿受此项要约约束"等字眼。因此，受要约人应该审查要约建议的内容，明确要约人是否有愿意受要约约束的意思。如果不具备该条件，就不能认为是一项有效的要约，而是构成一项要约邀请。因此，在法律上有必要把要约与要约邀请加以区别。

虽然邀请要约也是为了成立合同,但它本身不是要约,而只是邀请对方向自己发出要约。例如,在商业活动中,有些公司向有关当事人寄送报价单(quotation)、价目表(price lists)和商品目录(catalogue)等,其内容可能包括品质规格、价格、交货期等,但这些都不是要约。其目的是吸引对方向自己报出订货单,此种订货单才是真正的要约,经承诺后才能成立合同。如果寄送报价单或价目表的一方不予承诺或接受,那么,即使订货单的内容与报价单或价目表相符,合同也不成立,寄送报价单或价目表的一方也不受约束。由此可见,要约与要约邀请的主要区别是法律后果不同:要约一经承诺就成立合同,而对要约邀请的同意不构成合同成立,只有自己承诺才成立合同。

实践中,可以从以下几个方面进行区分。

① 根据法律的规定进行区分。有些国家法律会对此作出明确规定。例如,我国《民法典》第 473 条明确规定:"拍卖公告、招标公告、招股说明书、债券募集办法、基金招募说明书、商业广告和宣传、寄送的价目表等为要约邀请。""商业广告和宣传的内容符合要约条件的,构成要约。"从而在法律上明确规定了哪些意思表示属于要约邀请,哪些意思表示属于要约。

② 根据当事人意思表示采用的词句进行区分。如果当事人发出的意思表示明确表示受约束,则构成要约;如果表达出即使对方同意也仍然不受约束的意思,则构成要约邀请。

③ 根据交易习惯进行区分。某些行业惯例可以认定某些意思表示属于要约或者要约邀请。比如:出租车司机将出租车停在路边等待顾客上车,应视为要约;在商店,顾客询问商品价格,一般认为属于要约邀请。

(2) 要约必须具备明确的条件。即订立合同的建议必须十分明确地包括拟将订立合同的主要内容,此建议一旦被承诺即为合同成立。一般说来,要约应当对将来协议的条款有十分明确的表述,越详细越被视为确定。但这也不是绝对的,即使某些重要条款在要约中可能尚未确定,也不能据此就判定该要约是不确定的,尚需参考其他有关情形。虽然大部分国家在对要约进行定义时都要求要约应具备确定性,但是这些国家却很少规定判断确定性的标准。CISG 则作了明确规定,第 14 条规定:"向一个或一个以上特定的人提出的订立合同的建议,如果十分确定并且表明发价人在得到接受时承受约束的意旨,即构成要约。一个建议如果写明货物并且明示或暗示地规定数量和价格或规定如何确定数量和价格的,即为十分确定。"《合同通则》也对此进行了明确规定,《合同通则》第 2.2 条注释 1 规定:"一项要约是否合乎要求不能以一般性条款来确定。即使重要条款,诸如对所交付的商品或所提供的服务的准确描述、价格、履约时间或地点等,在要约中可能尚未确定,也不能判定该要约是不确定的。"在这种情况下,注释 1 同时规定,只要符合《合同通则》相关规定(第 4.1 条"当事人意图"、第 4.8 条"补充空缺条款"、第 5.2 条"默示的义务"、第 1.8 条"惯例和习惯做法"),那么要约仍然是确定的。

(3) 要约必须由要约人向受要约人发出。有些国家或国际条约规定,受要约人应当是 1 个或 1 个以上特定的人。所谓特定人(particular of person)是和公众(public)相对的。

CISG 第 14 条第 2 款规定：“非向一个或一个以上特定的人提出的建议，仅应视为邀请做出发价，除非提出建议的人明确地表示相反的意向。”在此问题上，有些国家法律并不要求要约必须符合这一条件。关于要约是否需向特定人发出的问题，往往牵涉到广告（advertisement）是否构成要约，关于普通的商业广告，原则上不认为是要约，而仅视为邀请要约。然而英国、美国法院的一些判例主张，要约既可向某一人发出，也可向某一群人发出，甚至可向全世界发出。只要广告的文字明确、肯定，足以构成一项允诺，亦可视为要约。

在此问题上，北欧各国法律的规定不同，其强调要约必须向一个或一个以上的特定人发出，广告原则上仅是要约邀请。

《合同通则》对此未作规定，不以“向特定人发出”作为构成要约的一项因素。《欧洲合同法原则》第 2.201 条的标题为“要约”，规定如下：

（1）一项建议一旦符合下列要件即构成要约：它意欲在对方承诺后即形成合同，并且它含有相当确定的条款以形成合同。

（2）要约可以向一个或者多个特定的人或者向公众作出。

（3）一项由职业性供应人以公开的广告或价目表或者以商品展示的方式作出的以特定价格供应商品或服务的建议，被推定为是按此价格出售商品或提供服务的要约，直至库存商品售罄或者供应人提供此项服务的能力告尽。

由此可见，《欧洲合同法原则》不以“向特定的人发出”作为构成要约的一项因素，而且该规定不仅独具匠心地对“职业性供应人”的订约建议明确规定为要约，还进一步规定了具体的解决问题的办法——直至库存商品售罄或其能力告尽。此举既可防止职业商人以其广告或价目表不是要约为理由，而推卸其与消费者订立合同的责任，同时又对职业商人订立合同的责任合理地规定了一个上限，以保护其合法权益。

（4）要约必须送达受要约人才能生效。要约是一种意思表示，按照大多数国家的法律，要约须于到达受要约人时方能生效，从而使受要约人取得对该要约作出承诺的权利，因为受要约人只有在知道要约的内容后，才可能决定是否予以承诺。因此，在要约到达受要约人之前，受要约人即使知道要约内容并作出接受，也不能构成承诺。如果受要约人以外的第三人知道要约内容并予以接受，亦不能构成承诺。

（二）要约的撤回

一项要约，一旦被发出并到达受要约人，就具有约束力。

“要约到达生效”这一法律原则，大陆法系与英美法系是一致的。《合同通则》第 2.2 条（1）款就此明确规定：“要约于送达受要约人时生效。”

要约的撤回与要约的撤销是两个完全不同的概念。

要约的撤回（withdrawal of offer），是针对未发生效力的要约而言，是阻止要约生效的行为，即在要约已被发出但尚未到达受要约人的这段时间里，要约人通知对方取消此项要约，使其不发生效力。

对此问题,CISG 在第 15 条规定:"一项发价,即使是不可撤销的,得予撤回,如果撤回通知于发价送达被发价人之前或同时送达被发价人。"《合同通则》第 2.3 条(2)款也规定:"一项要约即使是不可撤销的,也可以撤回,如果撤回通知在要约送达受要约人之前或与要约同时送达受要约人。"撤回要约的实用价值在于:要约人发出要约之后,在迅速地发现了要约有误的情形下,或是在国际市场该种商品价格或外汇汇率突然发生了不利于己方而需要取消要约的情形下,要约人可用更快的通信方式通知对方。若此撤回通知能赶在要约送达之前或同时送达受要约人,均可成功地撤回要约。

然而,伴随着通信方式的飞跃发展和电子合同的普及,一单击鼠标要约几秒钟就到达了对方的电子邮箱,在此种情形下撤回要约几乎是不可能的了。

在英美法系中,由于对价规则的存在,一般可以在受要约人做出承诺之前随意撤销要约,所以对于要约撤回和撤销的区分并不明显。即使要约人在提出自己的要约时,已经明确地给受要约人指定了承诺时间,或者说要约将在一定期限内保持有效,这个要约仍然可以依照要约人的意思予以撤回。

(三) 要约的撤销

要约的撤销(revocation of offer),是针对已发生效力的要约而言,是消灭要约效力的行为。即在要约已到达受要约人之后,要约人通知对方取消该项要约,从而使要约的效力归于消灭。撤销要约的实用价值类似撤回要约,主要起因于交易的重要条件发生了不利于要约人的剧变。

要约人在发出要约之后至对方承诺之前的这段时间内,能否撤销要约或变更要约的内容,两大法系及国际统一合同法在此方面的规定有所不同。

1. 英美法系

英美法系普通法认为,要约人在受要约人发出承诺之前,任何时候均可撤销要约或变更要约的内容,撤销的通知要在承诺作出之前送达。即使要约人在要约中规定了有效期限,其也有权在期限届满之前撤销要约。上述法律原则建立于对价原则之上,其理念是:一个人所作的允诺之所以有约束力,是由于取得了对方的某种对价。只有取得对方的某种对价,才可以提供所谓的"不可撤销的要约"。如果受要约人没有付出任何对价,那么要约人也就没有义务保证不变更或不撤销合同。例如,要约人在要约中申明,若受要约人支付 100 英镑,则该项要约在 10 天之内不予撤销,若受要约人支付了此金额,双方就成立了保证该项要约于 10 天内有效的担保合同,要约人就必须受此约束。但是如果受要约人没有付出任何对价,那么要约人也就没有义务保证不变更或不撤销要约。

显然,上述原则使受要约人缺乏应有的保障,受要约人有可能会蒙受因信赖该要约而与第三方订立合同所造成的损失。

为适应当代商品经济发展的需要,美国 UCC 第 2-205 条规定:"如果商人在签名的书面函件中提出出售或买进货物的要约，且函件保证该要约将保持有效，则即使无对价，在要约规定的有效时间内，或如果未规定时间，在合理时间内，要约不可撤销。在任何情况下，此种要约不可撤销的时间都不超过 3 个月。而且，如果此种保证条款载于受要约人所提供的表格上，则该条款必须由要约人另加签名。"

由此可见，在货物买卖合同中，美国在一定条件下承认在无对价要约的情况下，要约人在其要约确定的期限内或合理期限内不得撤销要约。构成不可撤销要约的一般条件是：①要约人必须是商人（merchant）；②要约人欲与受要约人订立货物买卖合同；③要约需以书面函件提出，并由要约人签名；④函件保证该要约将保持有效。而且，如果此种保证条款载于受要约人所提供的表格上，则该条款必须由要约人另加签名。

美国 UCC 的上述规定，彻底地改变了普通法关于"没有对价要约即无约束力"的规则，无疑是适应商品经济发展的重大突破。但需要指出的是，确定的要约只是英美法系中"对价理论"的例外，若不是确定的要约，要约人依然可以在受要约人发出承诺以前随意撤销要约。是否采用"确定的要约"，由于需要要约人签名，因此选择权和主动权还是在于要约人。

2. 大陆法系

《德国民法典》第 145 条规定："向另一方要约订立合同的人，因要约而受约束，但事先排除约束的除外。"因此，有观点认为：若在要约中规定了有效期，则在该期限内不得撤销或更改；若未规定有效期，则依通常情形可望得到答复以前，不得撤销或更改其要约。[①] 这种理解混淆了要约约束力与要约撤销或撤回问题。

我们认为，要约具有约束力与要约是否可以撤销应该分别考虑，约束力是指经对方承诺合同就成立从而受约束，而撤销或者撤回是另一个问题（即意思表示是否可撤销的问题）。例如，CISG 第 14 条中表明受约束才构成要约，另外要约仍然可以撤回和撤销，可见有约束力与可撤销是可以并行的。根据《德国民法典》第 130 条规定："在向另一方作出意思表示时，如果另一方不在场，意思表示以其到达另一方时发生效力。如果撤销（或撤回）的通知先于或者同时到达另一方，则意思表示不发生效力。"由此可见，意思表示在德国法中是可撤销（或撤回）的，要约作为意思表示的一种，当然也适用该撤销规则。而且，《德国民法典》第 183 条也表明要约是可撤销的，该条规定："事先同意（允许），可以在未采取法律行为之前撤销，但该允许所依据的法律关系另有其他意思的除外。撤销可以向当事人的一方或者另一方表示。"可见，在受要约人没有采取承诺的法律行为之前要约是可以撤销的。

法国法在要约约束力的问题上没有任何明文法律规定，因此，在法国，关于要约的约束力问题主要见诸相关判例中。基于对交易安全的考虑，法国合同审判实践原则上确认要约人在一定期间内要受要约的约束。法国法非常重视要约中是否明确指定期限，并分别就不同的情况确立了不同的处理方法。

如果要约中明确指定了期限,法院在司法实践中对要约人的要求是十分严格的,基本上不允许要约人撤销或变更要约的内容。法国最高法院第三民事法庭在 1972 年 5 月 10 日判决,要约人必须在预定期间内承担义务,受其要约的约束。法国最高法院第一民事法庭在 1958 年 12 月 17 日判决,如果受要约人已经在要约的有效期间内表示承诺,即使要约人在此之前通过任何方法撤销要约,要约人撤销要约的行为无效,合同成立。然而,如果要约中并没有明确规定期限,法庭一般倾向于根据要约人发出要约的不同情况加以区分对待。例如,在上述前提下:如果要约是向公众作出的,法庭一般允许要约人自由撤销要约;但是如果要约是向特定人发出的,法庭则通常会参照承诺人作出承诺所需的合理时间,自行为之日起确定一个期限(法国最高法院社会法庭 1972 年 3 月 22 日判决)。最后,虽然要约中并未明确规定期限,但是如果要约人过早地撤销此类要约,根据法国最高法院第一民事法庭 1958 年 10 月 8 日的判决,法庭采取的做法是责令要约人向对方承担损害赔偿责任,但不认为合同已经成立。[①]

3. 有关国际条约

如前所述,两大法系对要约可否撤销问题的分歧较大,难于协调。《合同通则》在此问题上完全继承了 CISG 的原则。

首先,《合同通则》和 CISG 以英美法系的规定作为原则,"在合同订立之前,要约得予撤销,如果撤销通知在受要约人发出承诺之前送达受要约人"。(《合同通则》第 2.4 条(1)款,CISG 第 16 条(1)款)也就是说,要约人撤销要约的权利至受要约人发出承诺时即为终止。这种处理可能会给要约人带来不便,因为他并非始终知悉是否尚可撤销要约,但这是基于保护受要约人的合法利益,应当缩短可撤销要约的期限。

其次,《合同通则》和 CISG 又以大陆法系多数国家的规定作为例外,明确规定:

"但是,在下列情况下,要约不得撤销:(a)要约写明承诺的期限,或以其他方式表明要约是不可撤销的;或(b)受要约人有理由信赖该项要约是不可撤销的,而且受要约人已依赖该要约行事。"(《合同通则》第 2.4 条(2)款,CISG 第 16 条(2)款)

以上(a)款规定了要约不可撤销的情形。例如,明确声明是"确定的要约"(firm offer),"此要约直至收到贵方的答复均有效",等等,此外,还可从要约人的其他表示或行为推断出来要约不可撤销。(b)款所言受要约人的信赖,既可源于受要约人的行为(例如,他立即为生产做准备、购买或租用设备等),也可源于要约本身的性质(例如,对某项要约的承诺需要受要约人进行广泛且费用昂贵的调查,或某项要约的发出意在允许受要约人继续向第三方发出要约)。从法理来分析,受要约人基于对该要约的信赖已采取了行动。例如,以承诺该要约为基础马上付款购买配套生产设施,而要约人却突然撤销该要约,这对受要约人是不公平的,有违诚实信用和公平交易的原则,因而是不可取的。

因为受对价原则的影响,英美法系普通法认为,要约原则上对要约人无约束力,任何时

---

① 尹田.法国现代合同法[M].北京:法律出版社,1995:51.

候均可撤销要约或变更要约的内容；而受合同自由思想的影响，大陆法系国家的法律普遍确认要约原则上对要约人具有约束力，特别是已规定了有效期的要约，即使某些要约可被撤销，也要受到诸多的限制。简言之，英美法系对要约撤销的规定更为宽松，大陆法系则对要约撤销行为限制更多，更为严格。

CISG 为了调和两大法系的矛盾，协调关于要约撤销问题的分歧，平衡要约人与受约人的利益，巧妙地融合了两大法系的相关规定。具体而言，CISG 是以英美法系的规定为原则，大陆法系的规定为例外，即以要约的可撤销为原则，不可撤销为例外。

CISG 以英美法系的规定作为原则表现在：在合同订立之前，要约得予撤销，如果撤销通知在受要约人发出承诺之前送达受要约人。

同时，CISG 又以大陆法系多数国家的规定作为例外，规定在某些情况下，要约不得撤销。此例外是基于对受要约人的保护而设定的，对于平衡要约人与受约人之间的利益关系有重要意义。

（四）要约的终止

要约的终止，是指要约失去效力，要约人不再受该要约的约束。

根据各国法律及国际统一合同法，在下述情况下要约失去效力。

1. 要约的期限已过

（1）要约如果明确规定了有效期，则在此期限终了时，要约自行失效。

例如，《德国民法典》第 148 条规定："要约人对要约规定有承诺期限的，只能在该期限内作出承诺。"同时第 146 条规定："没有根据第 147 条至第 149 条的规定及时承诺的，要约的约束力即告消灭。"

又如法国，虽然对要约的终止没有明文法律规定，但是在审判实践中，对于规定有期限的要约，可因期限的届满而失去效力。

（2）要约如果没有规定承诺期限，分两种情形：①口头要约若未得到当即承诺，要约当即失效，如《德国民法典》第 147 条第 1 款；②若当事人以函电方式发出要约，许多大陆法系国家（包括德国、瑞士、日本等）的民法典都规定，在隔地人之间发出要约而又未规定承诺期限者，如不在相当期间内或"依通常情形可期待承诺达到的期间内"作出承诺，要约当即失效，如《德国民法典》第 147 条第 2 款。至于这段时间到底以多少天为适当，属于所谓"事实问题"，应由法官根据两地距离的远近、要约与承诺所采取的方式来决定。

英美法系普通法主张，若要约没有规定承诺的期间，应在"合理时间"（reasonable time）内承诺，超过此时间，要约即告失效。何谓合理时间，也是"事实问题"，要视要约方法及要约标的物而定。倘若要约人以电报发出要约，而承诺人以邮递作出承诺，此时显然不合理。又如，一个要约为出售易腐物品，或一个要约为出售市场起落迅速之股票（share），在经过一段很短时间之后，要约便会失效。

例如,在美国某案中,被告在 6 月间申请认购原告公司股份,并将定金(deposit)付入原告银行。直至 11 月底,原告才配股给被告,并要求被告付清尚欠股份之剩余数额,但为被告所拒。原告于是向法院控告被告违约,结果,原告被判败诉。法庭认为被告拒绝付款有理由,因原告拖延 5 个月后才接受被告要约是不合理的。因为在原告接受这个要约以前,被告之要约已过时失效。[①]

在美国的另一判例中,波士顿市政府于 1837 年 5 月在当地报纸刊登一悬赏广告,称“任何人如能通知或逮捕某处之纵火犯,给予奖励若干”。此悬赏广告在当地连续登载一星期,但从来未登载撤回此悬赏之通知。4 年后,即 1841 年 1 月,原告将该纵火犯逮捕并依法判刑,原告于是要求支付赏金而为市政府所拒,于是发生诉讼。法院判决认为,此悬赏广告虽未再刊登广告将之撤回,但经过 4 年之时间,此悬赏广告要约显然已失效力,因而判决原告败诉。[①]

2. 要约被要约人撤回或撤销

当事人如果根据适用法律的规范,成功地撤回或撤销了其原先发出的要约,该要约即被消灭。撤回要约,必须通知要约相对人或承诺人,方可生效。不论用何种方式直接或间接通知相对人,撤回通知必须到达要约人,否则不生效力。

3. 要约被受要约人拒绝或被受要约人提出反要约

要约拒绝是指受领要约之相对人,明白地表示不为承诺的意思表示。一般而言,要约的拒绝与否,相对人并无义务通知要约人,其保持沉默即足已视为拒绝要约,或要约人在某种情况下,可推测得知。

英美法系认为,反要约的效果为拒绝原要约,原要约不再有效力。承诺人表示愿意接受要约,但提出一项新条件,即为反要约。从法律观点而言,反要约可以产生对原要约拒绝的作用,使原要约失效。

其他如不依要约规定的条件为承诺者,其承诺亦属无效。例如,要约人可以规定承诺必须以一种特别的方法为之,要约相对人如用其他方法承诺,即属无效。例如,甲向乙提出一项要约,要约中规定乙一定要用电报表示承诺,但乙未依要约中规定条件去做,而以普通信函表示承诺,乙的此项承诺便属无效,甲的要约因而终止。

《合同通则》第 2.5 条参照 CISG 第 17 条作出规定如下:“一项要约于拒绝通知送达要约人时终止。”

对此规则,两大法系是一致的。例如,《德国民法典》第 146 条规定:“向要约人拒绝要约的……要约的约束力即告消灭。”该条暗含了一个条件,即要求受要约人必须向要约人作出拒绝接受要约的意思表示。如果受要约人只是向第三人说“我要拒绝要约”,则还不构成

---

① 杨桢.英美契约法论[M].第 3 版.北京:北京大学出版社,2003:33.

第 146 条意义上的拒绝要约。① 需注意，上述拒绝可以是明示的，也可以是默示的。后者指受要约人的答复似有承诺的意思，但对要约作了实质性的添加、限制或修改。这种默示的拒绝应视为反要约。

4. 要约人或受要约人死亡、破产

大部分国家的法律规定，要约人或受要约人任何一方死亡、破产，该要约即归于消灭。但是，也有一些国家的法律规定，尽管发生死亡或无行为能力的情况，要约仍然是可承诺的。例如，德国、荷兰等国在民法典作出这样的规定。而英美法系则普遍认为，要约人及要约相对人有一方死亡时，要约则失去效力。例如，在 Jordan v. Dobbins 一案中，原告为一百货公司，被告生前向原告提出一长期有效之购物要约（standing offer），保证送货付钱。原告连续数月送交被告住所若干货品，因未取得货款，方发现被告已死亡。于是原告基于契约关系控告死者之遗属付款。法院判决原告败诉，所持理由乃为虽原告不知要约人死亡，但要约人一旦死亡，则要约相对之承诺能力即消失。在本案中，虽要约相对人不知要约人已死亡，但其承诺仍为无效，双方之间自无契约可言。法院判决认为要约相对人只要尽心，应不致未注意到要约人是否活着之事实，而后行使其承诺权。倘若承诺人在接到要约人死亡通知以前，已为承诺之表示时，则其所构成之契约，仍属有效。

《德国民法典》第 130 条第 2 款规定："表意人作出意思表示后死亡或者成为无行为能力人的，不影响意思表示的效力。"第 153 条进一步规定："合同的成立，不因要约人在承诺前死亡或者丧失行为能力而受影响，但可以认定要约人另有其他意思的除外。"

然而，有学者却认为，这些规则都是残缺不全的，并且其处理依赖于案件的具体情况，特别是依赖于当事人的个人品格和能力。例如，一位艺术家作出的一项要以特定金额进行画像的要约，一旦该艺术家或其主题、肖像人死亡，便很难通过承诺而订立合同。② 这种观点与法国的司法实践相符。在法国，如果要约人在发出要约后死亡，依照司法实践的做法，应依据要约是否规定有期限，作出不同的处理：如果要约没有规定期限，则要约人的死亡可以导致要约的失效；与此相反，如果要约存在明确的期限，则要约人死亡后，其要约继续有效，要约产生的义务由要约人的继承人承担。③

二、承诺（acceptance）

承诺是指受要约人同意按照要约的全部条件订立合同的意思表示。CISG 第 18 条第 1 款规定："被发价人声明或做出其他行为表示同意一项发价，即是接受。"要约一经承诺，合同即告成立。

---

① 梅迪库斯. 德国民法总论[M]. 邵建东，译. 北京：法律出版社，2000：277.
② 克茨. 欧洲合同法（上卷）[M]. 周忠海，等，译. 北京：法律出版社，2001：34-35.
③ 尹田. 法国现代合同法[M]. 北京：法律出版社，1995：52.

拓展阅读

（一）一项有效的承诺应具备的条件

1. 承诺必须由受要约人作出

受要约人包括其本人及其授权的代理人。除此之外，任何第三者即使知道要约的内容并对此作出同意的意思表示，都不是承诺，不能成立合同。

同时，各国关于承诺发出的方式都是基本相同的，即向要约人发出通知，而对于面谈的，则即时向要约人表达承诺的意思表示。但是，在讨论承诺的方式问题上，一个不可避免的问题是：沉默与可推断之行为是否具有承诺的效力？此处所谓的"沉默"，有别于通过可推断之行为所作的表示，也有别于通过解释而被补充的表示，仅仅是指表意人没有发出任何表示的情形。① 因此，受要约人的沉默可以作出两种截然相反的推定：可能表示同意接受要约，也可能表示拒绝接受要约。一般情况下，各国法律及相关公约都不认为沉默可以构成承诺。只有在当事人约定或法律另行明文规定的情况下，才能产生相应的法律效力。CISG 第 18 条第 1 款明确规定"缄默或不行动本身不等于接受"。同时，该条第 3 款也确认了通过行为进行承诺的做法。该款规定："如果根据发价或依照当事人之间确立的习惯作法或惯例，被发价人可以做出某种行为。如与发送货物或支付价款有关的行为，来表示同意，而无须向发价人发出通知，则接受于该项行为做出时生效。"

《合同通则》的规定基本与 CISG 相同，认为在要约人对承诺方式没有特定要求时，通知和行为都可以是适当的方式。同时，通则再次重申，缄默和不作为本身不构成承诺，除非有习惯作法或惯例。

我国《民法典》第 480 条规定："承诺应当以通知的方式作出；但是，根据交易习惯或者要约表明可以通过行为作出承诺的除外。"可见，按照中国的规定，一般情况下，承诺的方式应为明示，但在某些特定的情况下也可以以可推断之行为方式作出，沉默不构成承诺。

2. 承诺必须与要约的内容一致

对此，传统的普通法要求非常严格，实行所谓"镜像规则"（the mirror image rule），即承诺必须像一面镜子一样，反照出要约的内容，不容许有丝毫差异，否则即视为反要约。

大陆法系的法律原则与上述规则相似。例如，《德国民法典》第 150 条第 2 款规定："将要约扩展、限制或者作其他变更的承诺，视为拒绝原要约而发出新要约。"所谓扩张，就是增加新条款；限制，是指取消原要约中的某些条款；变更，是指改变要约中的部分内容。按照该条规定，无论哪种情况，均视为拒绝原要约而为新要约。

在商事交易的实践中，受要约人有时会在承诺中对要约作出一些微小的附加、修改或限制，如果因为这些无关宏旨的变更，就使得合同不能成立，势必有碍于贸易发展。此外，镜像规则与在商业活动中进行讨价还价的商人的合理愿望相违背，它使那些想寻找借口来

---

① 梅迪库斯.德国民法总论[M].邵建东，译.北京：法律出版社，2000：260.

推翻实际上已达成交易的人有机可乘。于是,美国 UCC 对传统的"镜像规则"作出重要的革新,其第 2-207 条(1)、(2)款规定如下:

(1) 一项明确且及时的承诺表示,或一项合理时间内寄送的书面确认书,即使对原要约或原先同意的条款规定了追加的或不同的事项,仍起承诺的作用,除非该承诺明示规定,以同意该追加的或不同的事项为条件。

(2) 追加事项应被解释为对合同追加的建议。在商人之间,这些追加事项构成合同的一部分,除非具备下列情况:①该要约明确表示,承诺限于该要约的条件;②追加事项实质性地(materially)改变了要约;③对追加事项的异议通知已经发出,或者在收到追加事项通知后的合理期间内发出。

上述两款是相互独立的。第(1)款规范承诺是否有效的问题:只要受要约人不以要约人同意其追加事项为条件,则承诺有效,该合同成立。第(2)款规范在合同成立的情况下,在商人之间,追加事项是否构成合同的一部分的问题:只要属①、②、③三种情形中的任何一种,追加事项即不成为合同的一部分,应以要约所含的条件成立合同。

CISG 第 19 条(1)款首先肯定了各国传统的法律原则,强调作为原则,承诺的内容应与要约一致,对要约意在表示承诺但载有添加、限制或其他变更的答复,即视为对该要约的拒绝,并构成反要约;然后在(2)款中规定,作为一种例外,承认一定条件下的带有变更的承诺:"但是,对要约意在表示承诺但载有添加或不同条件的答复,如果所载的添加或不同条件没有实质性地改变该项要约的条件,除非要约人毫不延迟地反对这些不符,则此答复仍构成承诺。如果要约人不反对,则合同的条款应以该项要约的条件及承诺通知中所载的变更为准。"《合同通则》第 2.11 条继承了 CISG 的原则。上述规定在一定程度上吸收了美国 UCC 第 2-207 条的合理成分,但并非照搬,两者之间有一点不可忽略的差异。

根据美国 UCC 的规定,即使要约人对承诺中所载的追加事项持反对态度,只要该承诺不以要约人同意其追加事项为条件,就不影响该承诺的有效性,不妨碍合同的成立,而只能阻止这些追加事项成为合同的一部分。

而根据《合同通则》和 CISG 的规定,要约人对带有变更的承诺的反应具有决定性作用,只要他毫不延迟地反对那些不符之处,就可以否定带有变更的承诺的效力,从而否定合同的成立。

关于什么是"实质上变更要约的条件"(alter the terms of the offer materially),CISG 第 19 条(3)款作出了明确的界定:"有关货物价格、付款、货物的质量和数量、交货地点和时间、一方当事人对另一方当事人的赔偿责任范围或解决争端的添加或不同条件,均视为在实质上变更要约的条件。"也就是说,含有对以上 6 个方面等条款的添加或不同条件的承诺,属"实质上变更要约"的承诺,是无效的承诺,构成反要约。

拓展阅读

3．承诺必须在要约的有效期间内进行

在要约未规定有效期的情况下,承诺必须在"依通常情形可期待得到承诺的期间内"(大陆法系),或是在"合理时间内"(英美法系)作出。

英美法系认为,如果其为对话,承诺必须立即表示,如当时未表示承诺者,要约失去其效力,相对人亦不得在稍后承诺;如双方当事人为非对话者,于通常情形下,可期待承诺到达的合理时间内而为承诺的才有效,过此合理期间的承诺,不构成有效的承诺,不能成立合同。合理时间的确定可参照交易习惯、交易性质及要约所使用的通信方法的迅速程度等因素予以确定。超过上述时间的承诺,一般视为新的要约。

《合同通则》第 2.7 条对"承诺的时间"明确规定:"要约必须在要约人规定的时间内承诺,或者如果未规定时间,应在考虑了交易的具体情况,包括要约人所使用的通信方法的快捷程度的一段合理时间内作出承诺。对口头要约必须立即做出承诺,除非情况另有表明。"

CISG 亦有相似规定,其中第 18 条(2)款规定:"如果表示同意的通知在发价人所规定的时间内,如未规定时间,在一段合理的时间内,未曾送达发价人,接受就成为无效,但须适当地考虑到交易的情况,包括发价人所使用的通信方法的迅速程度。对口头发价必须立即接受,但情况有别者不在此限。"

《德国民法典》第 148 条规定:"要约人对要约规定有承诺期限的,只能在该期限内作出承诺。"而第 147 条则对没有规定承诺期限的情况进行规定,要求承诺应在合理期限内作出。

传统的法律原则主张,承诺逾期送达要约人则无效。英美法系也有同样的原则,即超过期限或相当期限才到达的承诺,视为新要约,承诺无效,不构成契约。除非要约人接受这一迟到承诺。

在此问题上,CISG 第 21 条与《合同通则》第 2.9 条采取了灵活规定,旨在促成更多的国际商事交易。CISG 第 21 条具体规定如下:

(1)逾期承诺仍应具有承诺的效力,如果要约人毫不延迟地告知受要约人该承诺具有效力或就该承诺的效力发出通知。

(2)如果载有逾期承诺的信件或其他书面文件表明,它是在传递正常即能及时被送达要约人的情况下发出的,则该逾期承诺仍具有承诺的效力,除非要约人毫不延迟地通知受要约人:此要约已经失效。

第(1)款针对受要约人自己造成的逾期承诺。例如,受要约人发出承诺时,按正常传递速度计算,在到达要约人时已超过承诺的有效期限。在此情形下,如果要约人有意成立该合同,他毫不延迟地告知对方该承诺有效,则该逾期承诺即为有效,合同于逾期承诺送达要约人时成立。

第(2)款则针对不可预料的传递延迟导致的逾期承诺,在此情形下,受要约人对能及时送达承诺的信赖应得到保护,其结果是逾期承诺视为有效,除非要约人毫不延迟地拒绝。

综上所述,逾期承诺是否具有承诺的效力,取决于承诺迟到的原因以及要约人的反应:

在受要约人自己造成的逾期承诺的情形下,要约人马上表态认可承诺,该逾期承诺即为有效;在传递延迟导致逾期承诺的情形下,该逾期承诺本应有效,但如果要约人立即表态反对,合同即不成立。在碰到上述情形时,我国外经贸企业负责订立合同的有关人员应当依据我方成交意图、国际市场行情变化等因素,及时作出反应,切不可凭据想象当然行事,以致贻误商机。

4. 承诺的传递方式必须符合要约所提出的要求

有些要约要求受要约人以电报或传真等快速传递方式承诺,受要约人应依此行事,否则承诺无效。例如,英美法系认为,承诺的方式一定要符合要约所规定的要求为之,倘若要约人规定承诺必须以某一特定方式为之,而承诺人以有别于要约人规定以外的方式为承诺者,则此一承诺即为无效。例如,在美国一判例中,甲向乙要约购买面粉若干数量,要约中要求乙之承诺必须交由甲递送要约之马车原车带回。乙未照甲之要求办理,自己以为如用信函为承诺反而可以更快到达甲手中。结果适得其反,乙之承诺信函比原马车更晚到达,而甲之面粉已另外处理。乙主张甲、乙间之契约存在,法院判决认为甲、乙双方间无契约存在可言。其理由除乙之承诺迟于甲之要约规定之承诺期间到达外,其承诺方式更违反甲之规定方式,其契约无效。

如果要约未对承诺的传递方式作出规定,承诺一般应按要约所采用的传递方式。但是,如果受要约人采用比要约所指定或所采用的方式更为快捷的通信方式承诺(例如,要约指定采用航空邮寄,但受要约人在有效期内采用电报、传真或电子邮件方式),这个承诺在法律上是有效的。

(二) 承诺生效的时间

根据大多数国家的法律和国际统一合同法的规定,承诺一旦生效,合同即为成立,故承诺生效的时间事关重大。在此问题上,两大法系的分歧比较大。

(三) 英美法系的"邮箱规则"(mail-box rule,又称"投邮生效规则")

英美法系关于承诺生效时间的一般规则是,一项承诺于发出时生效,即"投邮生效"原则,又称"投邮主义""发信主义"。

此项规则有利于受要约人,尽管承诺在发出后未被要约人收到,它也被视为有效。例如,以书信或电报作出承诺时,只要受要约人把书信投入邮局信箱,或把电报稿交给电报局,承诺立即生效。即使表示承诺的信函在传递过程中丢失,只要受要约人能证明确实已向邮局、电报局交足邮资,写妥地址,合同仍视为成立。其理由是:要约人曾默示地指定对方所在地的邮局作为他收受承诺的代理人,故一旦受要约人把承诺交到邮局,就等于交给了要约人,承诺即时发生效力。即使由于邮局的原因使含有承诺内容的信函遗失,那也应由要约人负责,与受要约人无关,不得因此而影响合同的成立。然而实际上这些均是表面的理由,真正的理由是为了缩短要约人可撤销要约的时间,均衡要约人与受要约人之间的利益。前已述及,英美法系由于固守对价原则,要约人在其要约被承诺之前,随时得以撤销要约,导致受要约人的利益处于不稳定状态。承诺采取"投邮生效"规则,要约人可撤销要约的时间实际上所剩无几,在一定程度上均衡了两方当事人之间的利益关系。

英国、美国的法院采纳邮箱规则的另一个理由是,这一规则固然有利于受要约人而不利于要约人,但要约人有权在要约中规定,承诺通知必须送达才生效。因此,要约人只要这样规定,就可使自己处于有利地位。[①]

但需要指出的是,发信主义仅就邮寄而言,系指承诺人将其承诺的表示信件投入邮筒或送交邮局内的邮政人员。就电报而言,承诺人的承诺电文,亦须交付电报局或电报办事处负责收受电报的人员,方能生效。而双方当事人于对话为要约与承诺时,承诺人的承诺必须使要约人听到后方可生效,从而缔结契约。如果双方当事人以非对话为要约或承诺,即双方当事人分住两地,而使用电话、电传打字机或传真即时同步传递双方的要约与承诺,在此情况下,承诺人的承诺必须清楚地传到要约人之手,否则不生承诺之效。由此可见,在英美法系的实务中,发信主义和到达主义是兼而有之的,只是两者适用的情形不同,发信主义以文本邮寄为主,到达主义则是以对话或其他即时通信方式为主。

(四) 大陆法系关于承诺生效的规则

大陆法系各国关于承诺何时生效的法律原则各有差异,以下分别介绍德国、法国的有关原则。

德国法采取"到达生效"原则(receive of the letter of acceptance rule),即承诺在到达要约人时才生效,合同在此时成立。《德国民法典》第130条规定:"对于相对人以非对话方式所作的意思表示,于意思表示到达于相对人时发生效力。"根据这一法律原则,受要约人承担从发出承诺至到达要约人时止这段时间的风险,如果承诺函电在传递过程中遗失,承诺不生效,合同不能成立。

《法国民法典》对承诺生效时间未作明确规定。关于承诺生效问题,从《法国民法典》的规定来看,不同类型的合同采取的规则也不一样。比如:第1985条关于委托合同的规定,采取的是投邮主义;但在第932条关于赠与合同的规定中,采取的则是到达主义。

审判实践对待该问题更是缺乏原则性的规则或处理方法。虽然法国最高法院在1932年3月21日试图通过判例确立到达主义的一般原则地位,但是"后来采取相反做法的判例陆续出现,使问题又回到原来的状态。"[②]因此,与到达主义相比较,投邮主义在法国得到了更广泛的运用,这种现象体现了法院倾向于侧重保护承诺人的利益,特别是在诸如劳动合同等合同中,为了保护较弱一方当事人的利益,采取投邮主义的做法的确是值得肯定的。因此在法国,承诺生效一般推定为适用"投邮生效",即承诺于发出时生效。

---

①　王军.美国合同法[M].北京:中国政法大学出版社,1996:66.
②　尹田.法国现代合同法[M].北京:法律出版社,1995:65.

（五）国际统一合同法的规定

CISG 与《合同通则》都采取到达生效规则。《合同通则》第 2.6 条（2）款规定如下："对一项要约的承诺于同意的表示送达要约人时生效。"

采纳到达生效原则优先于投邮生效原则的理由是：由受要约人承担传递风险，比由要约人承担更合理。因为是由前者选择通信方式，他知道该方式是否容易出现特别的风险或延误，他应能采取最有效的措施，以确保承诺送达目的地。此处的送达，是指递送到被通知人的营业地或通信地址（《合同通则》第 1.9 条（3）款）。

此外，作为一种例外，《合同通则》第 2.6 条（3）款规定："如果根据要约本身，或依照当事人之间建立的习惯做法或依照惯例，受要约人可以通过做出某行为来表示同意，而无须向要约人发出通知，则承诺于做出该行为时生效。"

关于承诺何时生效的问题，我们非常赞同一位德国著名法学家的下述见解："现在我们必须认识到，关于承诺究竟应在发信的时刻还是只能在收信的时刻生效的探讨，在当代社会已经越来越没有什么意思了。因为在当代信息传播技术的条件下（比如，在广泛使用传真技术（还应加上电子技术——引用者注）的情况下），即使发信人和收信人各自的住所相距遥远，发信和收信的行为也可以同时发生。"①

（六）承诺的撤回

撤回承诺是受要约人阻止承诺发生效力的一种意思表示，发生在商品行情等因素起变化之时。

在英美法系规定下，除非要约人之要约内有特别指明之承诺方式外，一般以书信或电报为要约者，其承诺亦必须以书信、电报或其他类似方式为承诺，而其生效乃采发信主义，即信件或电报一经投入邮筒或送交电报局时，双方之契约即已成立，已如前述。则已成立之契约，其效力业已拘束双方当事人，已没有撤回契约的可能。因为英美法系普遍认为，受要约人不享有撤回权可以防止承诺人在发出承诺之后根据市场行情变化投机取巧，用电话等方式快速撤回承诺，导致交易的不确定性。所以，一般认为，英美法系中没有撤回承诺的规定。

在承诺生效问题上采取"到达主义"的国家实际上均承认了承诺撤回的可能性。《德国民法典》第 130 条第 1 款明确规定："在向另一方作出意思表示时，如果另一方不在场，意思表示以其到达另一方时发生效力。如果撤回的通知先于或者同时到达另一方，则意思表示不发生效力。"因此，在需受领的、向非对话人发出的意思表示，表意人可以努力采取措施，阻止意思表示到达受领人处。表意人也可以发出撤回的意思表示，如果撤回表示至少与被撤回的意思表示关于或同时到达受领人处，撤回行为可以阻止前一项意思表示生效。

---

① 梅迪库斯.德国民法总论［M］.北京：法律出版社，2000：225.

对于法国而言,由于在承诺生效问题上缺乏统一的处理原则,因此在法国应根据不同的案件,具体问题具体分析,对于采用"受信主义"(即"到达主义")作为承诺生效原则的案件适用承诺撤回的规定。

由于《合同通则》和CISG基本上采取承诺到达生效的规则,故其承诺是可以撤回的。例如,受要约人以信件、电报等方式发出承诺通知,从发出至到达对方有时间距离,当他意欲撤回承诺时,可用更快的通信方式阻止承诺发生效力。

《合同通则》第2.10条和CISG第22条同样规定如下:"承诺可以撤回,只要撤回通知在承诺本应生效之前或同时送达要约人。"德国等一些国家的法律也持此原则。

然而,在人类社会进入21世纪,电子合同的使用不断扩大的今天,适用于上述关于撤回承诺规定的情形将日益减少。因为在成立电子合同的情形下,发出承诺与承诺的到达几乎是同一时刻,前后相差不过几秒钟,故撤回承诺变为不可能。

第三节 合同的效力

预习思考题

1. 什么是有效合同?什么是无效合同?什么是效力待定合同?什么是可变更或可撤销合同?它们有何区别?

2. 英美法系是怎样规定醉酒者、吸毒者订立的合同效力的?是否合理?有无借鉴意义?

3. 在关于错误对合同效力影响的问题上,英美法系与大陆法系的主要区别是什么?

4. 结合各国法的有关规定,分析因欺诈而订立的合同应该属于无效合同还是可撤销合同?

5. 胁迫与不正当影响是一回事吗?

6. 法国法是怎样规定合同损害的?

7. 表见代理与无权代理之间有何联系与区别?

案例 2-3

原告是一位监护人,负责监护一位小女孩。他筹措了一定数额的贷款,为女孩支付教育费用。女孩长大成年并结婚后,她的丈夫曾经许诺偿还监护人的贷款,但后来未履行其许诺。双方涉诉(1840年)。在审理中,监护人提出,女孩的丈夫负有责任履行他的诺言,他的许诺是有约束力的。

问题:

1. 什么是对价?本案是否有对价?

2. 请按英美法系的规定进行分析,该许诺是否具有约束力?

3. 中国的企业在与英美国家的企业签订合同时需要注意什么问题?

案例 2-4

(1861年)原告向被告发出要约,愿以2000英镑的价格购买被告的一块土地。被告先是表示拒绝,后又写信给原告,愿以1250英镑的价格将该地卖给原告。原告收到信后很快回信表示同意,同时被告也发现了信中的错误,并立即通知原告说,前信中将出售土地的价款2250英镑错误写为1250英镑。但原告拒绝接受被告随后的解释,并请求法院发布特定履行令,强制履行买卖土地的合同。

问题:

1. 英国合同法中错误有几种?本案中的错误属于英国合同法的哪种错误?

2. 英国合同法对错误的救济方式有哪几种?

3. 法院是否应满足原告发布强制履行令的要求?

4. 学习了英国法关于错误对合同效力影响的法律规定,对解决中英之间企业、自然人之间发生的合同效力纠纷有何启示?

案例 2-5

(1990年)被告拥有的一处房产通过拍卖出售给了原告,在拍卖过程中,拍卖师对该处财产作了不真实的陈述,并且拍卖商又予以确认。后来原告发现实情,以虚假陈述为由起诉被告,请求撤销合同。被告辩护(除了其他理由之外)说,这里的虚假陈述并不重要,因为没有任何理性的投标人会让这个陈述影响他的投标。

问题:

1. 何为虚假陈述?

2. 本案应如何处理?说明理由。

3. 我国企业在与英美法系国家当事人进行经济贸易往来中,如何应对虚假陈述的法律风险?

案例 2-6

甲、乙两个公司签订了一份船舶买卖合同,双方约定乙公司分5期、用美元付款向甲公司购买一条货船。第一期付款时,正遇上美元贬值10%,甲公司威胁乙公司说,除非乙公司同意今后的每期付款增加10%,否则就要毁约。由于乙公司急需用船,只好同意每期付款增加10%的要求。2008年11月,甲公司交货,乙公司在甲公司交货后继续付款至全部付清。2009年7月,乙公司在协商未果的情况下向法院起诉,要求追回多付的10%的款项。

回答下列问题:

1. 本案甲公司的行为是否构成胁迫?

2. 本案中的变更付款条款可以要求撤销吗?请说明理由。

3. 我国企业在从事涉外经济贸易中如何运用国际商法的知识应对英美法系中商业上的胁迫,维护自身权益?

案例 2-7

15 周岁男孩李某非常喜欢看漫画书,要求其父给他买一些漫画书后遭到拒绝,找其父要 300 元钱也被拒绝。于是,李某背着其父母向其表哥胡某借得 300 元钱,自行在商店购买了一些价值 300 元的漫画书。回家后,经过盘问,李某承认漫画书是自己借钱购买的。于是,李某的父亲带着李某和漫画书到商店要求退掉漫画书,拿回 300 元钱,遭到商店拒绝。

问题:

1. 李某签订的合同效力如何? 理由? 商店能否拒绝李某的父亲退还钱款的要求? (按照英美法、法国法、德国法、中国法进行分析)

2. 如果李某的祖父经李某父亲的同意送给李某压岁钱 1 万元,李某拿这钱买了一台电脑,按照中国法,其行为是否要经过其法定代理人的追认才有效? 按照德国法,李某的行为是否符合德国法的零用钱条款? 其行为是否有效?

一、合同的效力概述

合同的效力是指合同的法律效力,指用法律的标准评价已成立的合同,以便确认合同是否能够对当事人乃至第三人产生约束的效果。

合同的成立与合同的生效常常是紧密联系在一起的,依法成立并符合法律规定生效要件的合同,自成立时起自然就生效。但有时两者是不一致的,合同的成立不能当然意味着合同肯定能够对当事人产生约束力,在合同成立却不能对当事人产生约束力的情形下,合同生效的时间就会晚于合同成立的时间。例如,效力待定合同虽已成立,但效力处于待定状态,依法须经过特定程序判断其是否生效,因此,该类合同成立之时并未生效。由此可见,合同的成立与合同的效力是两个不同的概念。合同成立是指合同订立过程的完成,即当事人之间建立合同关系协议的达成,这个过程解决了合同是否存在的问题;而合同的效力则是指合同成立后对当事人产生的约束力,有效的合同一成立就具有法律约束力,无效的合同虽然完成了成立的步骤但不会发生法律效力,合同的效力解决的是国家对合同关系所持态度的问题。

根据法律对合同评价的结果不同,可以把合同的效力分成若干形式或类型,如有效、无效、效力待定、可撤销或可变更等,与这些效力形式相对应的合同则分别被称为有效合同、无效合同、效力待定合同、可撤销或可变更合同等。

（一）有效合同

有效合同是指能够依法在当事人之间产生法律约束力的合同。它具备法律对法律行为所要求的全部有效要件。例如，当事人具有相应的民事行为能力，当事人意思表示真实，合同内容不违反法律和社会公共利益，符合法律或当事人对合同形式的规定或约定。具备这些要件的合同，就是有效合同，产生法律上的强制执行力。

（二）无效合同

所谓无效合同是指已经成立，但不符合或者违反了法律所规定的某些效力要件，从而不能在当事人之间产生预期的法律效力的合同。无效合同从合同成立起，对合同当事人就没有约束力，当事人也不能通过承认其效力而使其变得有效。无效合同是法律对合同的否定性评价，无效合同对当事人没有约束力，并不意味着不在当事人之间产生其他的法律后果，当事人虽然不受违法合同的约束，但要对违法订立无效合同的行为承担法律责任。

（三）可撤销或可变更合同

可撤销或可变更合同是指已经成立的合同，但通常由于在当事人的意思表示方面存在瑕疵，因此法律赋予因该瑕疵而可能遭受损失的一方当事人对该合同予以撤销或变更的权利，它又被称为相对无效合同。主要是在当事人之间因当事人意思表示不真实，通过行使撤销权或变更权从而使其归于无效或者变更其内容的合同。这种合同虽然已经成立，但由于当事人意思表示方面的瑕疵，致使合同效力处于不稳定状态。如果当事人行使撤销权，合同可能被撤销，使合同自始无效；如果当事人不行使撤销权而主张变更合同，合同内容可能变更；如果当事人不行使撤销权或变更权，合同自始有效。

当事人对撤销权或变更权的行使，直接决定合同效力的有无或者存废变更。例如，我国《民法典》第 147 条规定："基于重大误解实施的民事法律行为，行为人有权请求人民法院或者仲裁机构予以撤销。"第 148 条规定："一方以欺诈手段，使对方在违背真实意思的情况下实施的民事法律行为，受欺诈方有权请求人民法院或者仲裁机构予以撤销。"

（四）效力待定合同

效力待定合同是指虽然已经成立，但因其不完全符合有效合同的某些要件，因此其是否产生相应的法律效力，尚未确定。这种合同的效力往往取决于享有某种权利的人的追认与否，所以也有人称之为可追认的合同。

它不同于无效合同：主要区别是无效合同自始无效，而效力待定的合同还有产生效力的可能，如权利人的确认。

它也不同于可撤销合同，主要区别在于：可撤销合同的效力如何由当事人自己决定；

而效力待定合同的效力由合同当事人以外的第三人决定。例如,限制行为能力人未经法定代理人许可与相对人订立的与其能力、智力或者精神健康状况不相适应的合同,经法定代理人追认后,该合同有效。还有无权代理人签订的合同、无处分权人与相对人订立的处分他人财产的合同,其效力取决于有权确认合同效力的第三人的追认。

（五）不可强制执行的合同

拓展阅读

不可强制执行的合同是指由于某种原因,法院不予强制执行的合同,如英美法系中欠缺对价的简式合同。这类合同并非无效,而是不能强制执行。

二、合同有效的条件

（一）存在对价或约因

对于合同有效成立,英美法系国家要求存在对价,而大陆法系的一些国家则要求存在约因。

1. 英美法系的对价原则。

拓展阅读

对价(consideration)是英美法系的一个独特概念。其定义是:"合同一方得到的某种权利、利益、利润或好处,或是他方当事人克服自己不行使某项权利或遭受某项损失或承担某项义务。"[①]法官在解释对价时,主要强调双方当事人各有得失、相互给付(counterpart),即"我给你某物,是为了你给我他物"。

英美法系普通法将合同分为签字蜡封合同(deed contract under seal)和简式合同(simple contract)两大类。前者以遵守特定的形式为合同生效的条件,这是英国早年沿用下来的一种合同形式,需要举行隆重庄严的仪式,主要是经双方签字、盖章、蜡封、交付的环节,否则就不发生法律效力。后者不以特定的形式作为合同生效的条件,这种形式的合同只有具备对价,法院才给予强制执行的支持。

因此,对于简式合同,对价是判断双方之间有无法律上的权利和义务的主要依据。一方做出许诺,另一方提供了对价,法院就有了强制执行此合同的依据。

根据英美法系判例所确立的法律原则,一项有效的对价必须具备以下条件:

（1）对价必须是合法的。凡是以法律所禁止的东西作为对价的,都是无效的。例如,贩卖毒品的合同,因作为对价的标的物是违法的,对价无效。

（2）对价必须是待履行的对价或已履行的对价,但不能是过去的对价。

所谓待履行的对价,是指双方当事人允诺在将来履行的对价。例如,双方当事人于某

---

① Chitty on Contracts,25 Edition. 1980：82.

年4月签订了一项合同,约定卖方于6月交货,同时买方于卖方交货时付款。在这个合同中,交货和付款都属于待履行的对价,都是有效的对价。

所谓已履行的对价,是指当事人中的一方以其作为要约或承诺的行动,已全部完成了他依据合同所承担的义务,只剩下对方尚未履行其义务。[①] 这里有两种情况。一种情况是,当事人一方的行为是作为要约作出的。例如,卖方主动向买方发货,当买方接受货物时,买卖合同即告成立,但这时卖方已履行了交货义务,对此,买方有义务支付合理的价金。另一种情况是,当事人一方的行为是作为承诺作出的,在这方面最常见的例子是悬赏广告,若拾得者把失物交还失主,合同即告成立,拾得者的行为属于已履行的对价,失主有义务给付约定的报酬。

所谓过去的对价,是指一方在对方作出允诺之前已全部履行完毕的对价,它不能作为对方后来作出的这项允诺的对价。这里的通常情形是某人过去曾为他人做过某些事情而使后者得到某种好处,日后,后者为了表示感谢,允诺给予某种报答。英美法系认为,这种允诺属于无偿的允诺,无偿的允诺除非是以签字蜡封形式做成,否则是没有拘束力的。例外情况是一方吸引对方去做、请求对方去做的,以及在紧急情况下做出的过去的对价则是有效的对价。

(3)对价必须具有某种价值,但不要求充足、相等。对价必须是真实的,必须具有某种价值,但不一定是金钱上的价值,也可以是其他东西。一位叔父许诺给不吸烟的侄子一定奖励,虽然他可以从中得到某种精神上的满足,但也没有什么经济价值可言。不过,法院承认,这没有关系,他们都已经得到了他们协商想要得到的东西,不管这种东西是什么,那就是对价。对价虽然必须具有一定价值,但法律并不要求每项交易都是等价交易。也就是说,对价不是等价,因为交易活动的本质就在于,双方当事人通过协商达成一致,从而实现自主意志,满足各自的愿望。因此,交易标的物的价值是多少,完全由当事人自行作出判断。至于当事人达成的交易对双方或一方来说是不是一笔好交易,法院没有必要,甚至没有权力加以干预。法院总是假定,双方当事人已经协商解决了对价的适当性问题。[②]

(4)已经存在的义务或法律上的义务不能作为对价。凡属原来合同上已经存在的义务,不能作为一项新的允诺的对价。例如,签订的雇佣合同中有关于职业操守、义务等规定,那么这种义务的履行不构成一项新的对价。

另外,凡属履行法律上的义务的,也不能作为对价。例如,警察在办案过程中解救一被绑架儿童,该儿童的家属即使有相关的悬赏广告,也不足以作为对价,因为警察本身有法律上的责任。

(5)对价必须来自受允诺人(promisee)。该条件是指,只有对某项允诺付出了对价的人,才能要求强制执行此项允诺。例如,甲向乙许诺,若乙为他完成某项工作,他将付给丙一笔钱。在这种情况下,如果乙完成了该项工作后,甲拒绝向丙付款,则丙不能对甲起诉申

---

① 冯大同.国际商法(新编本)[M].北京:对外经济贸易大学出版社,1991:72.

② 何宝玉.英国合同法[M].北京:中国政法大学出版社,1999:138.

请执行。因为作为对甲的许诺的对价是来自乙而不是来自丙,丙并没有提供任何对价。

英美法系传统的对价理论,在一些问题上已经不适应当代社会生活的需要。在西方平版印刷公司诉威努玛制造公司案(1921年)中,双方当事人在书面合同约定,由卖方以确定的价格向买方供应以后5年内所需的全部罐头标签。第一年,即1916年,双方以商定的价格履行了合同。但是在第二年中期,卖方提出,由于劳动力和原材料价格上涨,要求在原价格的基础上每1000张提高0.35美元。买方表示认可,并且以提高后的价格支付了1917年交付货物的款项。随后,卖方交付了1918年买方所需的货物,但买方却未如数付清价款。此批货物按原合同价格计为6700美元,按提高后的价格为9400美元。卖方提起诉讼,但买方不同意承担6700美元以外的任何合同义务。初审法院作出了对卖方有利的判决,判令买方支付9400美元。然而上诉审法院撤销了初审判决,其理由是:买方允诺支付提高后的价款缺乏对价支持。卖方按最初商定的价格交货是已经确定的法律义务,买方允诺支付较高的价款后,卖方没有相应地遭受法律上的损害(legal detriment)。[①]

在上述判例中,双方当事人试图简单地通过变更原合同的方法去改变合同条款。然而依据对价理论,必须提供一项新的和独立的对价支持。本案的卖方未提供任何新的对价,故该合同变更无效,上诉审法院判决卖方败诉,其只能取得6700美元货款,而不是经变更价格后的9400美元。

鉴于此,美国UCC在一些规定中,突破了对价理论,作出有利于商品经济发展的新规定。例如,第2-201条明确规定,关于改变现存合同的协议,即使没有对价也具有约束力。此规定改变了过去修改合同必须有新对价支持的规则。第2-205条规定,在货物买卖中,在一定条件下可以承认无对价的"确定的要约"(firm offer)。

此外,美国法为了防止在某些情况下由于缺乏对价而产生不公平的结果,还形成了一项所谓"不得自食诺言"的原则(promissory estoppel)。其含义是,如允诺人在作出允诺时,应当合理地预料到受允诺人会信赖其允诺而作出某种实质性的行为或者放弃去做某种行为,并已在事实上引起了这种结果,只有强制执行该项允诺才能避免产生不公平的后果,那么,即使该项允诺缺乏对价,亦应予以强制执行。近年来,英国法院的少数判例也有改变对价原则中不合理因素的趋势。

总而言之,英美法系对对价原则的态度正在逐渐演变之中,总的倾向是采取比较灵活的做法,以使传统法律原则适应现代商业的发展需要。

2. 法国法的约因

约因(cause),又称为原因,是法国法合同有效成立的要素之一。一方面,《法国民法典》第1108条明确规定"债的合法原因"是合同的有效条件之一。另外,第1131条又规定:"无原因的债,基于错误原因或不法原因的债,不发生任何效力。"第1133条进一步对何谓"不

拓展阅读

---

① 斯道克顿.货物买卖合同[M].徐文学,译.太原:山西经济出版社,1992.38.

法原因"进行规定:"如原因为法律所禁止,或原因违反善良风俗或公共秩序,此种原因为不法原因。"

尽管存在上述规定,但债的约因仍然是法国民法中一个非常不确定的概念。在对约因进行定义之前,有必要明确两个与约因具有密切关系的概念:近因与远因。所谓近因,是指当事人订立合同的理由,即通过合同所希望直接得到的东西(比如,通过出卖房屋而收取价金);所谓远因,是指当事人通过合同所希望达到的最终"目的"(比如,以出卖房屋获得的价款炒股票)。从上述定义中不难看出:近因具有客观性,通过对合同性质的分析就可以揭示;远因则因人而异,具有个别性、主观性的特点。①

法国的最传统观点认为约因就是近因,两者之间没有任何差别,即约因是指订约当事人产生该项债务所追求的最接近、最直接的目的。在双务合同中,存在着两个约因,即双方当事人之间存在相对给付的关系。例如:在买卖合同中,卖方的交货义务,是以买方付款为约因;而买方的付款义务,则以卖方交货为约因。远因对于合同的成立是没有任何意义的。这种理论在法国民法的研究历史上被称为"客观原因论",其特点是排除对当事人心理状态(远因)的个别研究,而仅仅以合同的经济因素为依据进行研究。

然而,"客观原因论"明显忽视了社会利益保护的需要。在实践中,对某些合同,如果仅予以客观的观察,其完全是正常的;然而,如果对之予以主观的分析,就会发现其所要达到的目的却是违法的或违背道德的。②这里可以举两个例子说明"客观原因论"的局限性。首先是买卖毒品的合同。毒品本身显然就是法律所禁止的标的物,因此当然可以直接按照"客观原因论"的观点,认为买卖毒品的合同是无效的。但是,如果当事人购买一幢一直被正常使用的房屋,用于开设赌场,此时当事人开设赌场的目的只属于动机的范畴,"客观原因论"是不能对此加以适用的。有鉴于此,"主观原因论"在法国逐步兴起,渐渐取代"客观原因论",成为主流理论。

"主观原因论"对约因的外延进行了补充,认为约因不仅包括近因,也包括远因。尽管法国法院已经明确了上述原则在司法实践中的适用,但似乎仍然没有实质性地解决运用"主观原因论"时的困难。一方面,上面提到的"决定性动机"原则显然违背了心理学的基本原理,忽视了决定性动机与次要动机之间相互转化的可能性;同时在实践中,由于法官难以确定何谓"决定性动机",因此法官往往一旦发现某个不道德或违法的动机,就将其认定为"决定性动机"。另一方面,"共同动机"原则会导致无效合同的适用范围大大缩小,不符合"主观原因论"重在保护社会利益的需要,同时该原则容易导致合同的有效性为一方当事人所控制。

可见,在法国,如何在司法实践中正确适用约因理论,仍然任重道远。

3. 国际统一合同法的有关规定

CISG 第 4 条明确规定:"本公约除非另有明文规定,与以下事项无关:(a)合同的效

---

① 尹田.法国现代合同法[M].北京:法律出版社,1995:152.
② 尹田.法国现代合同法[M].北京:法律出版社,1995:158.

力，或其任何条款的效力，或任何惯例的效力；（b）合同对所售货物所有权可能产生的影响。"就是说，上述问题需由适用的国内法来调整。

《合同通则》第3.1条"未涉及的事项"明确规定，"通则不涉及由以下原因而导致的合同无效：（a）无行为能力；（b）无授权；（c）不道德或非法。"以上3项涉及合同效力条件的问题，通则不作规定，留由适用的国内法解决。

《合同通则》第3.2条规定："合同仅由双方的协议订立、修改或终止，除此别无其他要求。"在该条的注释中又明确指出，成立合同无须对价，无须约因，所有合同只须双方同意。

（二）合同形式符合法律规定

合同可分为要式合同与不要式合同两类。前者是指必须按照法定的形式或手续订立的合同，后者是指法律不要求按特定的形式订立的合同。当代西方发达国家在合同形式问题上，都采取"不要式原则"（principle of informality），即当事人可采取任何方式订立合同，只是对某些特殊种类的合同，才要求以法律规定的特定形式订立。

西方国家要求某些合同须按法定形式成立，其目的和作用有二：一种是作为合同生效的要件；另一种是作为证明合同存在的证据。

1. 英美法系

英美法系普通法将合同分为签字蜡封合同和简式合同两大类。

签字蜡封合同以遵守特定的形式为合同生效的要件，是无须对价支持的要式合同。英国现在已经废除签字蜡封合同的形式，代之以契据。它是由当事人签名的一种书面形式，当事人如果想使合同成为"契据"，其签名由证人证明，并且证人也签名。根据英国的制定法和判例规则，以下几种协议必须采取契据的形式：注册公司章程、转让英国船舶或其份额的合同、转让土地的合同及土地权益在三年以上的土地租借合同、无偿的许诺或赠与。[①]

简式合同以存在对价关系为条件。简式合同一般是不要式合同，当事人可以自由选择用口头形式或者书面形式订立合同，但是简式合同不等于不要式合同。有一些简式合同必须以书面形式订立，其作用有的是作为合同有效成立的条件，有的是作为证据上的要求。依照英国法律，遵行某些特定的形式是合同有效的前提的情形并不多，它们包括汇票与本票、海上保险合同、债务承认、卖方继续保持占有的动产权益转让合同。另外，还有一些合同要求以书面文件作为证据，否则法院不予强制执行，此类包括保险合同、土地买卖合同和金钱借贷合同。这种要求特定合同形式的情形主要在1677年《防止欺诈法》（*Statute of Frauds*）中作了规定。美国沿用了英国的《防止欺诈法》，要求下列合同必须以书面形式作为证据：不动产买卖合同；从订约时起不能在一年之内履行的合同、为他人担保债务的合同、价金超过5000美元的货物买卖合同。此外，美国UCC第2-201条也有关于合同形式的要求。

---

① 崔广平. 合同法诸问题比较研究[M]. 成都：四川大学出版社，2001：114.

2．法国

在法国法上，某些合同需按照法定形式订立，其目的和作用有二。

一种是以法定形式作为合同的有效要件，其要求的形式多是公证书。比如，《法国民法典》第931条规定的生前赠与合同，"生前赠与行为应以通常契约的方式，在公证人前做成之；且应在公证人处留存契约的原本，否则赠与契约无效。"①

另一种是以某种法定形式作为证据，未具备特定形式的合同。虽然有效，但是该合同在法庭上不能用证据加以证明，或者只能通过有限的证明方式加以证明。②《法国民法典》第1341条规定："一切物件的金额或价额超过150法郎者，即使为自愿的寄托，均须于公证人前做成证书，或双方签名做成私证书。证书做成后，当事人不得主张与证书内容不同或超出证书所载以外的事项而以证人证之。亦不得主张于证书做成之时或以前或以后有所声明的事项而以证人证之，虽争执的金额或价额不及150法郎者，亦同。前项规定不妨碍商法所定规则的适用。"

3．德国

在德国法上，合同形式有法定和约定两种。在多数情况下，当事人所约定的是法定形式的一种，只不过有时在严格程度上低于法定形式罢了。《德国民法典》第125条规定："缺少法定形式的法律行为无效。缺少法律行为所规定的形式的，在发生疑问时，同样无效。"

据此，首先，不遵守法律所规定形式的法律行为原则上是无效的。在例外情况下，某些要式法律行为的形式瑕疵可以因履行而得到补正。例如，《德国民法典》第313条规定："当事人一方以转让或者受让土地所有权为义务的合同，需经公证人公证。未遵守上述形式订立的合同，在完成转让和登记入土地登记簿后，其全部内容为有效。"

其次，不遵守约定形式的法律效果依当事人的意思而定。当事人的意思必须通过解释予以查明。如果通过解释仍不能确定当事人的意思，而当事人又无相反意思，则该法律行为无效。③

4．国际统一合同法

在合同形式上，《合同通则》和CISG都采取了十分开放的态度。CISG第11条规定："销售合同无须以书面订立或书面证明，在形式方面也不受任何其他条件的限制。销售合同可以用包括人证在内的任何方法证明。"我国现已撤回对该条的保留，无形式要求的原则已得到越来越多国家的认可。同样，《合同通则》第1.2条规定："通则不要求合同必须以书面形式订立或由书面文件证明。合同可通过包括证人在内的任何形式证明。"虽然本条只提及了书面形式的要求，但这还可延伸到其他的形式要求。该原则不仅适用于合同的订立，同时还适用于合同订立后经当事人同意所进行的合同的修改或终止。本条的第一句考

① 罗结珍译.法国民法典[M].北京：北京大学出版社，2010，还可参见第1250、1394、1396-1397、2127条。
② 崔广平.合同法诸问题比较研究[M].成都：四川大学出版社，2001：108.
③ 陈卫佐.德国民法总论[M].北京：北京法律出版社，2007：272，283.

虑了这样一个事实,即一些法律体系把形式要求看作实质要件,而其他的法律体系则仅将之作为证明文件。本条第二句旨在进一步表明:当采用形式自由的原则时,就意味着口头证据在司法程序中的可接受性。

由此可见,各国合同立法在合同形式上以不要式主义为一般原则,而以要式合同为例外规则。有关合同的国际公约、通则在合同形式上无任何特殊要求,完全由当事人自由选择。

各国合同立法在合同形式上之所以采取不要式原则:一是因为合同形式选择的自由是合同自由原则的具体表现;二是因为在保证交易安全的前提下,适应不断发展的社会经济越来越强烈地要求交易便捷的结果。

(三)合同当事人具有缔约能力

所谓当事人的缔约能力,是指合同当事人据以独立订立合同并独立享有合同权利、履行合同义务的主体资格。从事合同行为的当事人可以分为自然人、法人和非法人的其他组织。依据不同的当事人和不同的合同,法律对其资信状况、认知能力、独立承担责任的能力有不同的要求,当事人订立合同必须具有相应的缔约能力,其缔约能力对合同的效力有着重大的影响。一般而言,合同当事人只有具备了法律所要求的缔约能力,其所订立的合同才可能具有法律效力;同时,也只有具备相应缔约能力的主体资格,才有可能成为合格的合同主体。

1. 自然人

关于自然人的缔约能力,各国法律基本上有对未成年人、酗酒者、吸毒者、精神病患者施加一定限制的规定,但在具体规定上存在一定的差异。

1)英国法关于自然人缔约能力的规定

(1)成年人

在英国,1970 年以前的法律规定,年龄不满 21 周岁的人属于未成年人。由于年满 21 周岁成年的年龄规定明显偏高,于是从 1970 年 1 月 1 日起,根据《1969 年家庭法律改革法》的规定,成年人的法定年龄降低到 18 周岁。因此,年满 18 周岁的成年人具有完全行为能力。

(2)未成年人

根据《1969 年家庭法律改革法》第 1 条规定,年龄不满 18 周岁的自然人称为未成年人。1987 年 6 月 9 日后,又适用《1987 年未成年人合同法》。[①] 这些法律特别是《1987 年未成年人合同法》,对未成年人订立合同的有关问题作出了相应规定。

英国有关未成年人合同缔约能力的法律规则,并没有在不同年龄的未成年人之间加以区别。从理论上说,这些规则既适用于婴儿,也适用于年龄较大但尚未满 18 周岁的青年人。

---

① 何宝玉.英国合同法[M].北京:中国政法大学出版社,1999:28.

不过,普通法有关未成年人合同能力的案例,主要是针对年龄较大的未成年人,如 14 岁以上的孩子。涉及年龄很小的未成年人的案例很少发生,即使发生了,通常也是由父母协商解决,而不一定通过合同法的诉讼来解决。

未成年人缔结合同的一般规则是:未成年人没有缔约或订立合同的能力,未成年人订立的合同,对未成年人一般没有约束力;如果对方当事人是成年人,则对成年人有约束力。但在某些情况下,合同对未成年人有效力不同的约束力。按照合同对未成年人的效力,未成年人订立的合同可以分为以下三类。

① 对未成年人肯定有约束力的合同,主要包括未成年人购买生活必需品(如服装、食品等)的合同、未成年人的学徒合同、教育合同和其他对未成年人有益的服务合同等。

② 未成年人可以撤销的合同,即未成年人在达到成人年龄时或者在成年后的一段合理的时间内可以撤销的合同。这类合同通常是指未成年人订立的,对未成年人具有持续或永久利益,同时对未成年人产生持续义务的合同,称为"积极的无效合同"。它主要包括未成年人购买或租用土地的合同、未成年人的婚姻合同、未成年人购买股票的合同及未成年人的合伙合同等,这些合同在撤销以前对成年人有约束力。未成年人在签订合同后,若他在成年后或在成年后一段合理时间内不撤销合同,该合同即对未成年人具有约束力。

③ 经确认才有约束力的合同,即未成年人在达到成年加以确认后,才能具有约束力的合同。否则合同就不能针对未成年人强制实施,但未成年人有权要求强制执行。这种合同也称为"不确认就不能强制实施的合同",又称为"消极的无效合同"。

即使合同对未成年人没有约束力,但合同并不一定是无效的。如果合同已经支付了款项或者已经转移了财产,则只有在未成年人表明存在对价总体失败的前提下,未成年人才能收回款项或财产。在 1929 年 Pearce v. Brain 中,未成年的原告用自己的摩托车交换了被告的一辆旧汽车,后来原告在开车时汽车损坏,要求被告返还摩托车,法院判决:不允许未成年人再换回自己的摩托车,因为双方换车属于有对价的交换,原告已经得到了旧汽车,不存在对价总体失败的情形。①

(3) 精神病人、酗酒者、吸毒者

英国普通法的规则规定,精神病人应当受他订立的合同的约束,但如果他能够表明由于他的精神状况,他不能理解自己在干什么,并且对方当事人意识到了他这种无行为能力的状况,他就可以不受合同的约束。英国《1983 年精神健康法》规定,精神病人由保护法院的法官们负责照管。这些法官对于他们照管的精神病人的财产享有广泛的权利,他们可以代表这些病人订立合同,并且强制实施精神病人已经订立的合同。该法案亦适用于酗酒者。

对酗酒者或吸毒者的缔约能力,英国在判例中确认的检验标准是,醉酒者或吸毒者证明自己醉到或者中毒到不知道自己在做什么,并且对方当事人也知道这一点,合同对醉酒

---

① 何宝玉.英国合同法[M].北京:中国政法大学出版社,1999:283.

者或吸毒者没有约束力,否则就应受合同的约束。

《1979年货物买卖法》第3条规定,对于未成年人订立的有关购买生活必需品的合同有效的规定,可以适用于精神病人和酗酒者,他们也必须为这些日常生活必需品支付一个合理的价格。

除了购买生活必需品的合同外,普通法的一般规则是:精神病人或者称为精神不健全者缔结的合同为可撤销的合同。不过,精神病人要行使撤销权必须承担双重举证责任,一是证明自己在订立合同时,确实已达到了不能辨认自己行为的程度,他不知道自己在干什么,二是证明对方当事人在订立合同时知道他的精神处于不正常状态。

2) 美国法关于自然人缔约能力的规定

(1) 成年人

美国绝大多数州都制定法律,把成年人的标准定在年满18周岁。成年人具有完全行为能力,所订立的合同是有效合同。

(2) 未成年人

18周岁以下的人是未成年人,没有订立合同的能力,如果未成年人与他人订立了合同,未成年人可以撤销合同。未成年人与他人订立合同是否成立,是否有效,决定权掌握在未成年人手中。当合同的履行对未成年人有利时,未成年人可以请求强制执行合同,要求另一方当事人受合同的约束;反之,当合同的履行对未成年人不利时,未成年人就可以主张撤销合同,使自己不受合同的约束。未成年人对合同撤销权的行使既可以在其成年之前,也可以在其成年之后;行使此种权力的方式既可以是书面的,也可以是口头的,还可以是用行为表示的。[①] 未成年人对合同的撤销权可由其本人行使,也可以由其父母或其他监护人行使。未成年人撤销合同必须把整个合同都撤销,不能仅仅撤销使其承担义务的那一部分。

未成年人对其撤销合同的权利既可以行使,也可以放弃。未成年人对其撤销合同的权利的放弃被认为是对合同的确认。未成年人在成年之前不能对合同作有效的确认,也就是说未成年人在成年之前所作的放弃其撤销合同的权利的表示是无效的,因为该确认行为或表示行为本身就是可以撤销的。未成年人对合同的确认一般认为应在成年后的合理时间内作出,确认的方式同样既可以是书面的,也可以是口头的,还可以是用行为表示的。

(3) 精神病人

美国早期的判例认为,一个人只有达到精神错乱和疯狂的程度,才被认为丧失了缔约能力。美国现代的法律则认为,由于精神上的缺陷所造成的能力丧失可以有多种原因,其中包括思维和行为迟钝、精神病、大脑损坏、老年性大脑退化及饮酒和吸毒等。仅仅证明当事人有丧失能力的表现还不能足以说明他已经不具有缔约能力,要证明当事人不具有缔约能力还必须有证据证明当事人不能正确理解交易的性质和后果,或者不能有效地控制自己的行为。这两个检验标准分别被称为认识标准(cognitive)和意志标准(volitional test)。这

---

① 王军.美国合同法[M].北京:中国政法大学出版社,1996:73.

两个标准都被《第二次合同法重述》采纳。所谓认识标准,是指如果一个精神上有缺陷的人不能正确理解其交易行为的性质和后果,他就不具备缔约能力。这一标准在《第二次合同法重述》第 15 条规定为:"他不能以合理的方式理解该交易的性质和后果。"所谓意志标准,是指如果一个精神上有缺陷的人虽然能够理解其交易行为的性质和后果,但他不能有效地控制自己的行为,也就不具备缔约能力。意志标准在《第二次合同法重述》第 15 条第 1 款规定为:"如果由于精神病患或缺陷⋯⋯他不能就该交易以合理的方式行事,而另一方当事人有理由知道这一情况",则该当事人不具备缔约能力。该规定在采纳意志标准时附加了一个条件,即另一方当事人有理由知道有精神病患或缺陷的一方不能以合理的方式行事,依然与之订立合同。采纳认识标准不附加条件,而采用意志标准却有附加条件,这说明认识标准是主要的和基本的标准,而意志标准是例外的和补充的标准。①

在美国,精神病患者订立的合同,在早期都被认为是无效合同,在现代的大多数州都被认为是可撤销的合同,撤销权由无缔约能力的精神病患者一方行使,涉及精神上无缔约能力的人对合同的撤销权、否认权和确认权,法律上的规则与关于未成年人合同的相关规则通常是相似的。

(4) 酗酒者、吸毒者

对于醉酒者订立的合同,根据《第二次合同法重述》第 16 条的规定,一方由于醉酒而不能以合理的方式理解合同的性质和内容,并作出合同行为,可使合同成为可撤销的合同,但另一方必须有理由知道他正在与一个醉酒者订立合同。在通常情况下,另一方是有理由知道这一点的,因为一个人喝醉了是容易被人看出来的。适用于醉酒人的法律规则也同样适用于因吸食毒品而丧失缔约能力的人。一个人若是完全丧失表达真实缔约意图的能力,则在醉酒、吸毒乃至神志不清之后订立的合同应该是不可执行的。然而在现实生活中,想要以醉酒、吸毒为理由而避免执行一份合同很少能获得成功。因为法院通常认为醉酒或吸毒是一个人受不良生活习惯影响的主动行为,所以根本不值得同情,并且也不应该在法律上对其网开一面,②除非存在《第二次合同法重述》第 16 条规定的情形。

3) 法国法关于自然人缔约能力的规定

(1) 完全行为能力人

《法国民法典》第 1123 条规定:"任何人,非经法律宣告无能力者,均得订立契约。"根据《法国民法典》第 1108 条的规定,合同当事人必须具有缔约能力是合同有效成立的根本条件之一。《法国民法典》第 414 条规定:"年满 18 岁为成年,满 18 岁的人有能力实施其享有的各项权利。"年满 18 周岁的人为成年人,具有完全行为能力,所订立的合同是有约束力的。

(2) 无缔结契约能力的人

《法国民法典》第 1124 条规定,"下列之人,在法律规定的范围内,无缔结契约的能力:

---

① 王军.美国合同法[M].北京:中国政法大学出版社,1996:84.
② 李响.美国合同法要义[M].北京:中国政法大学出版社,2008:250.

没有解除亲权的未成年人；本法典第 488 条意义上受保护的成年人。"

因此，在法国，确认合同当事人是否具有缔约能力的标准主要有两个：一是年龄标准，二是精神状态标准。没有缔约能力的人按照上述标准分为以下两种。

① 没有解除亲权的未成年人

法国于 1964 年 12 月 14 日通过第 64-1230 号法律修改了未成年人通过解除亲权以获得法律行为能力的规定。未成年人为无实施法律行为能力的人，未成年人只有通过解除亲权而依法获得行为能力。根据第 413-1 条、第 413-2 条和第 413-3 条的规定，未成年人结婚，依法当然解除亲权，即使未婚，在年龄达到 16 周岁时，也可以解除亲权。应父母或其中一人的请求，如有正当理由，监护法官得在听取未成年人本人的意见后，宣告解除亲权。如解除亲权的请求仅由父母中一人提出，法官在听取另一方的意见之后，作出判决，但另一方处于不能表示意思的状态除外。无父无母的未成年人，应亲属会议请求，得依相同方式解除亲权。第 413-6 条进一步规定："已经解除亲权的未成年人，如同成年人，有实施一切民事生活行为的能力。"有鉴于此，第 1124 条规定未解除亲权的未成年人在法律规定的限制范围，无缔结契约之能力。但也允许在一定条件下，确认合同有效。例如，第 1308 条："已从事职业的未成年人，不得主张取消其在从事该职业中所承担的约定义务。"未成年人对职业合同及职业范围的合同均有缔约能力，其缔结的这类合同不得撤销。

② 受法律保护的成年人

第 488 条中"受保护的成年人"应当指的是第 425 条所规定的成年人。《法国民法典》第 425 条规定："凡是经医疗认定因精神或身体官能损坏，不能表达自己的意思，无法自行保障其利益的成年人，均可获得本章规定的某一种法律保护措施之利益。除另有规定之外，实行法律保护措施，既是保护当事人的人身，也是保护其财产利益，但可明文将其限于两种任务之一种。"

由此可见，精神紊乱的成年人在法国被称为"受法律保护的成年人"或"丧失行为能力的成年人"。根据第 1124 条的规定，受法律保护的成年人在法律规定的限制范围，无缔约契约之能力。

《法国民法典》原来有成年人禁治产和准禁治产制度，可以通过法院进行司法拟制，宣告有精神病、相对精神不正常或生活浪费的成年人为禁治产人或准禁治产人，在宣告期间，被宣告人在任何场合一律没有行为能力或限制其行为能力，至 1968 年 1 月 3 日法国第 68-5 号法律的颁布，才废除了旧法中的禁治产和准禁治产宣告制度，舍弃无行为能力的司法抽象拟制，转为完全依个案审查其行为能力的有无。[①]

《法国民法典》第 1125 条规定："有能力缔结契约的并受约束的人，不得以与其缔结契约的相对人无能力而主张契约无效。"因此，无行为能力人订立的合同，只有无行为能力人或其法定代理人才有权提出撤销请求，而有行为能力的合同另一方当事人"不得以与其缔

---

① 李飞.浪费人制度疏证[J].河南财经政法大学学报,2020(2)：161.

结契约的人无能力而主张契约无效"。

4）德国法关于自然人缔约能力的规定

（1）完全行为能力人。

行为能力是指有效地实施法律行为的能力。《德国民法典》第 2 条规定"满 18 周岁为成年"，成年人为完全行为能力人，完全行为能力人所缔结的合同为有效合同。

（2）限制行为能力人。

《德国民法典》第 106 条规定："根据第 107 条至第 113 条的规定，已满 7 周岁未满 18 周岁的未成年人，其行为能力为限制行为能力。"这一规定意味着第 107 条至第 113 条的规定所涉及的未成年人均是指已满 7 周岁未满 18 周岁的未成年人。

《德国民法典》第 108 条第 1 款规定："未成年人未取得法定代理人必要同意订立合同的，合同的有效性取决于法定代理人的追认。"限制行为能力人可以在一定范围自己有效地实施法律行为。但限制行为能力人所订立的合同，除法律特别规定外，并不是当然无效，其效力取决于该限制行为能力人的法定代理人是否追认。因此，该合同为效力待定合同。

到给予追认或拒绝追认时为止，合同处于效力待定状态。合同因法定代理人给予追认而发生效力。根据第 108 条第 2 款的规定，合同另一方当事人催告法定代理人表示追认的，追认只能在接到催告后 2 星期内表示；过期不作表示的，视为拒绝追认。

合同未经追认前，合同另一方当事人有权撤销。如果合同另一方当事人知道其为限制行为能力人，只有当限制行为能力人违背真实情况，伪称已经取得法定代理人的同意时，始得撤销；如果合同另一方当事人在订立合同时，明知其未取得同意，合同另一方当事人不能撤销。

除法律另有规定外，追认的效力追溯到法律行为实施之时（第 184 条第 1 款）。即，原先处于效力待定的合同，因法定代理人追认而视为自合同订立时起发生效力；若法定代理人拒绝追认，则合同最终不发生效力。

第 108 条第 3 款进一步规定，若限制行为能力人成为完全行为能力人，其追认代替法定代理人的追认。只有他自己可以给予追认或拒绝追认；合同相对人也只能催告他就追认做出表示。

根据上述规定，作为限制行为能力人的未成年人的民事行为必须取得其法定代理人的同意，否则为效力待定的合同。然而，并非未成年人的所有法律行为都是效力待定的，都必须取得法定代理人的追认。在例外情况下，其作出的法律行为是自始有效的。例外情况如下。

① 根据《德国民法典》第 107 条规定，若已满 7 周岁的限制行为能力人因某一意思表示而纯获法律上利益，那么，限制行为能力人自己可以有效地作出该意思表示或实施相应的法律行为而无须法定代理人的追认。

② 《德国民法典》第 110 条规定："如果未成年人以金钱履行合同中的给付义务，而其金钱系法定代理人为此目的或者为未成年人的自由处分而给与，或者系第三人经法定代理

人同意而给予的,未成年人未经法定代理人同意而订立的合同自始有效。"这就是德国民法中著名的"零用钱条款"。这一条款赋予已满7周岁的未成年人在一定情况下的金钱自由处分权,既有利于促进交易,也有利于未成年人的生活便利。

③ 根据《德国民法典》第112条第1款规定,如果法定代理人取得监护法院的许可,授权限制行为能力人独立经营,限制行为能力人对于其经营范围的法律行为的行为能力不受限制。但法定代理人需取得监护法院许可始得采取的法律行为除外。

④ 根据《德国民法典》第113条第1款,法定代理人授权限制行为能力人从事劳务或者劳动的,限制行为能力人对于缔结或者废除获得许可的劳务或者劳动关系,或者为履行由此种关系产生的义务的法律行为,具有完全行为能力。但法定代理人需取得监护法院许可始得订立的合同除外。

(3) 无行为能力人

① 未满7周岁者、精神病患者

《德国民法典》第104条规定,"未满7周岁者和因精神错乱不能自由决定其意志者,但按其性质此种状态仅为暂时性的除外,为无行为能力人"。

第105条进一步规定:"无行为能力人的意思表示无效。在无意识或者暂时性精神错乱状态时作出的意思表示无效。"

② 酗酒者、吸毒者

酗酒者并不是《德国民法典》第104条第2项所称无行为能力人,因为醉酒的状况是一种暂时的精神错乱状况。毒瘾发作和癫痫病发作也属于这种暂时的精神错乱状况。意思表示可以有效地送达这类人(酗酒者、毒瘾发作者和癫痫病发作者等),这是他们区别于无行为能力人的地方。但是,依照第105条第2款,在丧失知觉或暂时的精神错乱的状况下作出的意思表示也无效。据此,若一个喝醉酒的人已经达到暂时精神错乱的情况下将100欧元赠与他人,则其赠与意思表示无效。[①]

2. 法人

法人是指拥有独立的财产,能够以自己的名义享有民事权利和履行民事义务,并且按照法定程序成立的法律实体。法人的缔约能力是通过其法定代表人或者工作人员来实现的。民事交往中最常见的法人是公司。根据各国公司法的规定,公司必须通过授权的代理人才能订立合同,如该公司的董事长,是公司法定代表人,而且其活动范围不得超出公司章程的规定。非法人的其他组织的缔约能力也是通过其负责人或者工作人员来实现的。各国合同法都肯定法人或非法人的其他组织的法定代表人、负责人在其职权范围内订立合同的效力,但其超越权限订立合同会对合同的效力产生什么影响呢?

(1) 英国法关于法人缔约能力的规定

英国将公司分为普通公司和商业公司。前者是根据国王、国会的法令而设立的,除在

---

① 陈卫佐.德国民法总论[M].北京:法律出版社,2007:251-252.

接受不动产方面受些限制外,其行为能力几乎不受限制,因而享有广泛的缔约能力。后者的行为则不得超越公司章程所载的范围,因而其缔约能力由其章程决定。[①] 英国在 1885 年巴罗尼斯诉瑞沃公司一案中确立了"越权行为规则",指的是法人团体必须在法律所确认的合同能力的范围订立合同,如果公司超越法定合同能力范围缔结契约,则构成越权行为,并导致合同无效的结果,即使该公司的股东于事后同意批准,仍不能使其生效。确立越权合同无效制度的目的在于保护投资者及公司债权人的权益,以及避免企业随意浪费或发生倒闭的情况。随着社会的发展,该判例规则发展为只适用于下列两种情况:一是与注册公司缔结契约的当事人没有诚意(比如,当事人在缔结契约时明知公司已超越行为能力范围);二是在董事会没有批准该项交易的情况下。

由于"越权行为规则"不利于保护相对人的利益,因此现代立法中,1989 年英国《公司法》完全抛弃了该规则,规定公司章程对公司的能力不产生任何限制。判例法也对其进行了重大修改,具体体现在:一是对公司的目的作放宽解释,只要公司董事认为某项业务有利于公司,且法律上并无明文禁止,从事该业务即不导致公司越权;二是对善意的第三人进行保护,放弃推定与公司订立合同的人已注意到公司目的条款的理论。[②]

(2) 美国法关于法人缔约能力的规定

美国通过立法与判例双重否定了"越权行为规则"。《标准合同法》第 7 条规定:法人的任何行为及法人对动产或不动产的任何获得或转让行为,只要是依法实施的,就不会被认定为无效。该规定被大多数州模仿。判例也规定了一个合同即使被认定为越权合同,除非双方均不打算履行合同,才能导致合同无效。

(3) 法国法关于法人缔约能力的规定

关于法人的缔约能力,法国采取了公司能力无限制原则,法人可为一切合同行为,不存在因法人超越经营范围导致所签合同无效的问题。[③] 法国 1901 年的法律规定,公益社团除取得不动产外,其权利能力几乎不受限制。非公益社团除受章程限制外,还不得因赠与、遗嘱等方式取得财产。法国进一步在 1978 年第 78-9 号法律文件中规定:有限责任公司经理与股份有限责任公司的董事拥有在任何情况下以公司名义进行活动的最广泛的权利。公司对经理不属于公司目的范围的行为也应负责,除非有充分的证据证明第三人知道或根据当时的情况不可能不知道该行为超出公司的目的范围。公司章程对经理行为的限制不得对抗善意的第三人。

法人的缔约能力归根结底取决于法人的章程,但外界人士并不一定都知悉法人的章程。因此,法国遵循了 1972 年《欧洲共同体法》,为与公司订立合同的外界人士设立了一项保护制度。该法第 9 条规定,若符合下列条件,与公司订立合同的相对人对于公司越权订立合同,有权要求公司履行,并可起诉主张合同有效,而公司则没有这种权利。这些条件包

① 李先波.缔约能力制度比较研究[J].中国法学,2001,(1):107.
② 陈静娴.合同法比较研究[M].北京:中国人民公安大学出版社,2006:87.
③ 陈静娴.合同法比较研究[M].北京:中国人民公安大学出版社,2006:86.

括：①与公司缔约的相对人能提出善意且非明知章程限制的证明；②相对人阅读过该公司的章程，但依合理的情况无法了解其重大意义；③此项合同必须是与该公司的董事签订的。

（4）德国法关于法人缔约能力的规定

德国法认为，法人是由法律制度认可其独立法律人格性质的人和团体（或其他组织），它与其成员的法律人格完全分立。法人具有完全的权利能力，是权利和义务的承担人，并以由其机构作出行为的方式在法律往来中出面。

德国法表面上严格限制法人的行为能力范围，实质上有条件地肯定法人超越权限的行为。就作为合伙机构进行活动的人们的权利作出的种种限制不得对抗善意第三人。上述机构超越章程所规定的权限所实施的法律行为，以及超出合伙及目的范围的法律行为对第三人有效。

综上所述，关于法人的缔约能力，大部分国家法律都规定了法人的缔约行为不得对抗善意第三人。英美法系在现代判决中，抛弃了"越权行为规则"。英国法对公司的目的作了放宽解释，并注重对善意第三人的保护。而美国也通过立法与判例双重否定了"越权行为规则"。德国法表面上严格限制法人的行为能力范围，实质上有条件地肯定法人超越权限的行为。而我国《民法典》第505条则规定，当事人超越经营范围订立的合同的效力，不得仅以超越经营范围确认合同无效。上述国家对法人的缔约能力采取的是有限制的自由，这在保护善意第三人的基础上，促进了社会资本的流通，发挥了社会的最大效能。而法国却采取了公司能力无限制原则，法人可为一切合同行为，不存在因法人超越经营范围导致所签合同无效的问题。为了社会市场公平交易，法国遵循了1972年《欧洲共同体法》的原则，以保障善意第三人的合法利益。

（四）合同具有合法性

1. 英美法系的原则

对英美法系来说，合法性是指合同的目的或目标必须是合法的，合同标的（subject matter）、合同的成立和履行也必须合法，而不能是非法的。此要求强调合同不能是成文法所禁止的，不能违反普通法，不能与公共政策相抵触。

根据英美国家的相关判例法，下列三类协议是非法的。

（1）违反成文法的协议。这方面涵盖的范围广泛。例如，法律要求需要有执照（license）才能开业的专业人员，如医师、律师、药剂师等，无执照却擅自与他人订立协议从事专业服务，即属此类。又如，贷款人收取高于法定利率的高利贷协议，限制贸易的协议，均视为违法。

（2）违反公共政策的协议（agreement in violation of public policy）。公共政策是英美法系中富有弹性的概念，一般包括联邦及各州的法规政策或目标，以及公众利益、社会环保要求等等。具体说来，如不合理地限制贸易、限制竞争的协议，显失公平的协议，贿赂或扰乱政府官员的协议,均属此类。

(3) 不道德的合同(immoral contract)。这是指违反社会公认的道德标准,若法院予以承认会引起正常人愤慨的合同。

凡属类似以上列举的非法协议,均是无效的,其法律后果既不产生权利,也不产生义务,当事人不能要求履行合同,也不能要求赔偿损失。法院原则上也不允许以无效合同提起诉讼。

2. 大陆法系的原则

在大陆法系,各国都在民法典中对合同违法、违反公共秩序和善良风俗等问题作出明确规定。

《法国民法典》在总则第 6 条明确规定:"个人不得以特别约定违反有关公共秩序和善良风俗的法律。"第三卷第三编第二章"契约有效成立的要件"中,又进一步把违法、违反公共秩序等问题与约因、标的与客体联系在一起,加以规定。其中主要的规定有:"得为契约标的者,以许可交易之物为限。"(第 1128 条),"无原因之债,或者基于错误原因或不法原因之债,不发生任何效力。"(第 1131 条),"如原因为法律所禁止,违反善良风俗或公共秩序,此种原因为不法原因。"(第 1133 条)。从上述规定可见,按照法国法,构成合同非法的主要是两种情形:一是交易的标的物不合法,如贩卖毒品等违禁品的合同;二是合同的约因不合法,即合同所追求的目的不合法。

德国法注重于法律行为和整个合同的内容是否有违法情事。《德国民法典》第 134 条规定:"法律行为违反法律上的禁止者,无效。"同时,第 138 条规定,违反善良风俗的法律行为亦无效。由于上述两个条文从体系上来说属于《德国民法典》第三章"法律行为"部分,因此,上述规定不仅适用于合同,也适用于合同以外的其他法律行为。

(五) 合意必须真实

此要件强调,双方当事人是在正常情形下达成合意的,此合意是他们意思的真实表示。此要件通常集中体现在影响合同效力的几个重要因素,诸如是否存在错误、欺诈、胁迫、显失公平、不正确说明、不正当影响等。如果确实存在上述情况,依据各国法律规定,受不利影响的一方当事人有权主张合同无效或主张撤销合同。

1. 因错误而订立的合同及其效力

因错误而订立的合同是指当对订立合同的条件产生误解,并依此误解作出与其意不一致的表示而订立的合同。如果当事人的本来意思与表示出来的内容不一致,就会影响到合同的效力。各国法律对错误的称谓、分类及其对合同效力的影响等都有不同的规定。

(1) 英国法对错误的规定

传统的英国合同法理论将错误分为不影响合同效力的错误与影响合同效力的错误两类。不影响合同效力的错误通常包含两种情况:一是一方当事人对合同事实产生了错误认识,但与对方当事人的语言和行为无关;二是一方当事人虽然产生了错误理解,但没有依据这一错误认识而作出许诺或者承诺。除此之外,英国的判例还表明一方当事人产生的单方错误原则上是不影响合同效力的。[①]

不影响合同效力的错误主要包括:一方当事人意思表示的错误、一方当事人在判断上发生的错误、一方当事人对自身的履约能力估计的错误、在凭说明的买卖中对说明的含义理解发生的错误等。影响合同效力的错误是指当事人对合同的错误理解足以影响到双方当事人之间真实协议的存在,或者双方虽然存在真实的协议,但双方在重要问题上出现了影响到合同效力的误解。影响合同效力的错误主要包括:在合同性质上发生的错误、双方当事人对合同标的物的认定存在的错误、双方当事人对合同标的物的存在发生共同的错误等。英国合同法中论及的错误,通常都是指影响合同效力的错误。[②]

英国普通法一般不轻易承认当事人的错误会影响合同的效力,只有构成影响合同效力的错误才能使合同无效,其他错误原则上都不影响合同的有效性。实际上,机械地运用普通法的规则,会造成一定的不公平。为了追求公平和正义,英国法院越来越倾向于采用衡平法规则处理错误。衡平法允许法院根据案件的具体情况,通过自由裁量给予法院认为适应的救济。但并不是每一项错误都会产生衡平法救济。一项错误要获得衡平法救济,错误必须是根本性的,具体包括对合同标的物的质量或者价值产生的严重错误等。

衡平法对错误的基本救济主要有三种:一是拒绝发布特定履行令,不强制要求履行当事人错误签订的合同;二是有条件地撤销合同;三是改正合同。

特定履行令是一项衡平法的救济,是法院发布命令,强制当事人履行某种义务。在涉及因错误而签订合同的案件中,法院在决定是否授予特定履行令时,一般都要全面地考虑错误的性质和签订合同过程中的各方面因素,只有在认为确属适当的情况下,才会发布特定履行令。英国判例表明,如果错误由原告自己造成,或者原告明知被告在签订合同时出现了错误,或者发布强制履行令将对被告造成过分的损害,法院一般就会拒绝发布特定履行令,不强制要求实施当事人错误订立的合同。

有条件地撤销合同只适用于在签订合同的过程中双方当事人出现的共同错误,是指法院在判决撤销合同的同时为撤销合同施加一定的条件,以确保在双方当事人之间实现公正。请求撤销合同的当事人必须有违背衡平法上良心的事项,但是如果权利义务的履行已涉及第三人,法院将不允许当事人撤销合同。

改正合同是指法院应当事人的请求对合同中出现的用语错误或遗漏等进行修改完善。改正合同并不是法院直接对合同进行修改,而是对双方当事人已经同意的改正的批准,这种改正合同相当于变更合同。

---

① 何宝玉.英国合同法[M].北京:中国政法大学出版社,1999:451.
② 何宝玉.英国合同法[M].北京:中国政法大学出版社,1999:452.

（2）美国法对错误的规定

美国《第二次合同法重述》第151、152条表述错误是"合同当事人对客观事实的一种误解"，是在认识上就"合同赖以订立的基本假定"发生的错误。

美国有关错误的原理和原则是在英国衡平法院的判决中发展出来的。美国一般把错误只分为共同错误和单方错误两种。

所谓共同错误，是指当事人的双方对于构成他们之间交易基础的事实在认识上发生了共同的错误。根据《第二次合同法重述》第152条，受到不利影响的一方要想以共同错误为由否认合同的有效性，必须证明错误是重大的，如该错误涉及了合同赖以订立的基本假定，即涉及双方交易的本质，以及该错误对双方同意的对于履行的互换有重大的影响，这种重大的影响表现为使双方同意的对履行的互换变得严重不平衡，以致实现互换的结果是不公平的。在这种情况下，当事人可以以共同错误为由主张撤销合同。

所谓单方错误，是指合同当事人一方对构成合同双方交易基础的事实在认识上发生的错误。法院一般不允许合同一方以单方错误为由主张合同无效。例如，当合同一方对合同中的数字计算发生了错误从而导致了不利于该方的结果时，法院通常会拒绝接受该方关于合同因错误而无效的主张。这种原则也会有例外：一种情况是，如果一方的错误是由他方造成的，合同可以因一方的错误而无效；另一种情况是，另一方在订立合同时意识到了错误方的错误而保持沉默，错误即使是单方错误，合同也因此无效。①

此外，在美国，当事人发生错误时有疏忽，常常被法院作为拒绝救济的理由，如果法院认为，对方由于信赖合同已有效成立而积极准备履约，从而改变了他的地位，以致难以恢复原状或不能恢复原状，有错误的一方就不能撤销合同。美国法院的态度是，宁愿让错误的一方蒙受自身错误所造成的后果，而不把损失转嫁给对方。

（3）法国法对错误的规定

在法国合同法中，错误作为同意的瑕疵，是指合同的订立是基于对实际存在的事实的一种相反的认识，亦即至少有一方当事人对行为的基本条件发生认识上的错误。② 法国学者把错误分为重大错误和次要错误两大类。重大错误包括障碍性错误和无效性错误，两者都能够对合同的效力产生重大影响，次要错误对合同的效力不发生影响。

《法国民法典》第1110条规定了两种使合同无效的错误：一种是对标的物本质的错误，另一种是对当事人的错误。对当事人的错误，按照法国法的规定，如果仅仅是在认定谁是订立合同的对象上产生错误，是不能构成合同无效的原因的。但是，如果对订约对象的考虑是订立该合同的主要原因，而在订约时错认了订约对象，那就可以作为合同无效的原因。例如，在承包、雇佣、借贷等合同中，对方当事人的身份、能力、技能和品格等对当事人决定是否同其订立合同具有重大意义，对此如果发生错误，就可能导致合同无效。

① 王军.美国合同法[M].北京：中国政法大学出版社，1996：169.
·② 尹田.法国现代合同法[M].北京：法律出版社，1995：70.

在法国合同法中,除上述对标的物本质及一定条件下对当事人的错误之外,当事人的其他错误一般不能成为合同无效的原因。

（4）德国法对错误的规定

《德国民法典》第 119 条第 1 款规定:"表意人所作意思表示的内容有错误,或者表意人根本无意作出此种内容的意思表示,如果可以认为,表意人若知悉情事并合理地考虑其情况后即不会作出此项意思表示,表意人可以撤销该意思表示。"同时《德国民法典》第 120 条规定:"意思表示由传达人或者传达机构传达不及时,可以在第 119 条关于因错误而作的意思表示所规定的同样条件下撤销。"根据这两条规定,德国法上的错误可以分为意思表示的内容错误和意思表示的传达错误,均可产生撤销合同的后果。第 119 条第 2 款又规定:"交易中认为很重要的有关人的资格或者物的性质的错误,视为意思表示内容的错误。"

2. 因欺诈而订立的合同及其效力

民法中的欺诈(fraud)是指在民事交往中一方当事人故意捏造虚假情况,或者掩盖事实的真实情况,致使另一方当事人陷于错误的认识,并且基于这种错误的认识进行了意思表示。因欺诈而订立的合同是指当事人一方故意实施欺诈行为而与对方订立的合同。欺诈在不同国家有不同称谓:在英美法系国家称为虚假陈述,在德国称为故意(恶意)欺诈,在法国和我国称为欺诈。欺诈违背了民法诚实信用的基本原则,不利于社会正义和善良风俗的形成,因而各国民法对欺诈无一例外地采取了否定评价的立法模式。

（1）英美法系关于虚假陈述的规定

在英国,一方当事人就有关事项作出的不真实的陈述,不一定都能构成可诉的虚假陈述。一项陈述构成可诉的虚假陈述并承担相应的责任,必须满足下面三个基本要求:①这种陈述必须是合同一方当事人向另一方当事人进行的陈述;②这种陈述必须是对事实的陈述,而不是对法律的陈述或意见的陈述;③这种陈述必须诱使另一方当事人签订了合同。而且合同法中讨论的虚假陈述,必须具有三个特征:①它是双方当事人在协商签订合同之前所作的虚假陈述,在其他时间所作的虚假陈述,不在此列;②这种陈述实际上未被纳入合同条款之中,否则,只可根据合同提起违约之诉;③陈述的内容与事实不符,是不真实的陈述。

拓展阅读

虚假陈述必须是合同的一方当事人向意欲订立合同的对方当事人作出的不真实陈述,因此,合同的一方当事人如果是因为听信了某个第三人的虚假陈述而订立合同的,一般不能影响合同的有效性,或者说,至少不能因此影响他与对方当事人之间的法律关系。比如,一个人听某个第三人说他刚刚从一家公司的股票上赚了一大笔钱,就赶紧跑去购买这家公司的股票,事后证明,那位第三人只不过是向他吹牛。那么,在这种情况下 他不能因为第三人说了假话而要求将股票退回去。①

不过,在一些特殊情况下,这个规则也不是绝对的。对此,至少存在 2 点例外:①长期

---

① 何宝玉.英国合同法[M].北京.中国政法大学出版社,1999:494.

以来的判例表明，如果作出陈述的合同当事人是为了有意引导旁听的第三人签订合同，而故意作出了不真实的陈述，也可能构成虚假陈述；②债权人推定知道第三人对债务人进行了虚假陈述。

根据《1967 年虚假陈述法》的相关规定，虚假陈述可以被分为三类：欺诈性虚假陈述（fraudulent misrepresentation）、疏忽性虚假陈述（negligent misrepresentation）和完全无意的虚假陈述（wholly innocent misrepresentation）。

所谓欺诈性虚假陈述，是指当事人一方在订立合同之前，为了吸引对方订立合同而对重要事实所故意作出的不真实的陈述。英国法对于欺诈性虚假陈述在处理上是相当严厉的，蒙受欺诈的一方可以要求赔偿损失，并可撤销合同或拒绝履行其合同义务。

所谓疏忽性虚假陈述，是指当事人一方在订立合同之前，因为疏忽的过失而作出了能够吸引对方订立合同的不真实的陈述。英国法规定遭受疏忽性虚假陈述影响的一方当事人有权请求损害赔偿，并可撤销合同，法官或仲裁员有自由裁量权，他们可以宣布合同仍然存在，同时裁定以损害赔偿代替撤销合同。

所谓完全无意的虚假陈述，是指当事人一方为了订立合同，在订立合同之前，既非故意，也没有疏忽，而是在完全无意的情形下所作的不真实的陈述。受到完全无意的虚假陈述影响的一方当事人可以撤销合同，法官或仲裁员同样有自由裁量权，他们可以宣布维持原合同并裁定以损害赔偿代替撤销合同。

对待疏忽性虚假陈述和完全无意的虚假陈述的主要区别在于：在完全无意的虚假陈述下，受到虚假陈述影响的当事人一方无权主动要求损害赔偿，而只能由法官或仲裁员根据具体情况酌定是否可以以损害赔偿代替撤销合同；在疏忽性虚假陈述下，受到虚假陈述影响的当事人一方既可以要求损害赔偿，也可以要求撤销合同。

对于当事人在签订合同过程中的沉默或者不披露信息，英国合同法的基本规则是：沉默一般不构成虚假陈述，但当事人的某种影响到信用的行为却可能构成虚假陈述。美国关于虚假陈述的规定同英国法的规定基本相似。

（2）法国法关于欺诈的规定

《法国民法典》第 1116 条第 1 款规定："如当事人一方不使用欺骗手段与伎俩，另一方当事人显然不会与之缔结契约，在此程度，欺诈为契约无效之原因。"根据这个条款的规定，欺诈必须具备下列条件。①欺诈行为的存在。②欺诈行为应为一方当事人所实施。根据法国最高法院判例确定的原则，欺诈行为应系直接由一方当事人实施，如欺诈行为系第三人实施，则当事人仅仅有权要求第三人赔偿损失，而不能请求确认合同无效。但如果合同一方当事人与第三人恶意串通，由第三人实施的欺诈行为就能够导致合同无效；如果由第三人欺诈而引起误解，就应适用误解的规则而不是欺诈的规定。③欺诈行为对合同的订立具有决定性作用。如果没有欺诈行为，另一方当事人就不会订立合同，另一方当事人之所以同意订立合同，就是因为欺诈行为作用的结果。

对于沉默是否构成欺诈的问题，法国法律规定某些合同（如保险合同、信贷合同等）的一方当事人有义务告知另一方当事人以必要的信息说明,如不作必要的信息说明,符合上述条件就构成不作为的欺诈。

（3）德国法关于欺诈的规定

《德国民法典》第123条第1款规定:因被欺诈或不法胁迫而作出意思表示的,表意人可以撤销意思表示。也就是说,因欺诈而订立的合同是可撤销的合同。这一规定同法国欺诈导致合同无效的规定有所不同。这里的欺诈是指合同当事人一方对另一方的欺诈。如果欺诈系第三人实施,第123条第2款规定:"欺诈系由第三人所为的,对于一方当事人所作的意思表示,只有当另一方明知或者可知欺诈事实时,始得撤销。"由此可见,被欺诈的合同当事人一般不能随意主张撤销合同,只有当另一方当事人知道或者应当知道第三人欺诈的事实时,才可以主张撤销合同。

在德国,如果表意人的错误是自发产生的,原则上不认为沉默构成欺诈。但是,如果根据双方当事人之间的关系、合同的性质或合同成立的环境,当发现对方有错误的一方有义务向前者披露时,沉默就构成欺诈。德国的司法判例认为:如果根据诚实信用原则并依据交易中的看法要求行为人说话,对方当事人根据实际的业务可以期待行为人作出说明,行为人即具有说明义务。

（4）《合同通则》关于欺诈的规定

《合同通则》第3.6条规定:"一方当事人可宣告合同无效,如果其合同的订立是基于对方当事人欺诈性的陈述,包括欺诈性的语言、做法,或依公平交易的合理商业标准,该对方当事人对应予披露的情况欺诈性地未予披露。"这一规定是对各国在欺诈问题上基本原则的综合,具体列举了欺诈的各种表现形式。关于该条文的注释还进一步分析了欺诈与错误的联系和区别,指出:欺诈可以被视为由另一方当事人所导致的一种特别错误,欺诈与错误的明显区别在于欺诈方陈述或不披露行为本身的性质和目的。欺诈行为是指意欲诱导对方犯错误,并因此从对方的损失中获益的行为。欺诈的性质相当严重,足以构成合同无效的条件。默示能够构成欺诈,但仅仅是广告或谈判的"言过其实"不能构成欺诈。

3. 因胁迫而订立的合同及其效力

胁迫（duress）是指以使人发生恐惧为目的的一种故意行为。因胁迫而订立的合同是指合同一方当事人以胁迫的手段相威胁,使对方产生恐惧心理,作出违反其本意的意思表示而订立的合同。各国法律一致认为,凡在胁迫之下订立的合同,受胁迫的一方可主张合同无效或撤销合同。

（1）英美法系关于胁迫的规定

英美法系认为,胁迫可以分为两种基本类型:人身强制或威胁和经济上或商业上的胁迫。

普通法中由人身强制或者威胁造成的胁迫,主要包括直接针对当事人的人身威胁、对当事人亲属的人身威胁、以毁坏当事人或其亲属的名誉相威胁等。在对人身实施强制或威胁的情况下订立的合同,必然有一方当事人的意志受到了压制,不能自主地表达自己的意思或者自由地采取对自己有利的行动。这种合同,虽然表面上符合意思表示一致的形式要件,但双方意思表示一致是在一方当事人受到人身强制或威胁的情况下达成的,实质上并不符合意思表示一致的要件。因此,法律确认这种合同应归于无效合同。

经济上或者商业上的胁迫是指合同的一方当事人滥用其优势地位,采取除人身强制以外的其他诸如牺牲经济上或者商业上的利益的手段相要挟,迫使对方当事人在违背自主意志的情况下而订立的合同。根据普通法规则,构成此类胁迫必须满下面几个条件:①必须有威胁的事实;②威胁必须是不适当的;③被威胁者必须因受到威胁而订立合同;④威胁必须是严重的,达到一定的影响程度。法院对这类胁迫的救济是,受到胁迫的一方当事人可以请求法院撤销合同。

撤销合同的权利可能由于下列原因而丧失:①漫不经心的拖延(lapse of time);②恢复原状已不可能;③涉及第三人权利;④受害人在胁迫终了后确认了合同。[①]

英美法系除普通法上的胁迫外,在衡平法中还有所谓不正当影响(undue influence)的概念。[②] 一方当事人利用自己与另一方当事人的特殊的人身信赖关系,采用不正当的间接压力和劝诱(道义上、精神上、智力上的)说服对方当事人签订了不公平的合同。不正当影响在构成上必须满足两个条件:①影响方与被影响方之间存在着特殊关系,如父母与子女、丈夫与妻子、律师与当事人、医生与病人、监护人与未成年人、牧师与教区信徒之间的关系等。这些关系较之常人之间的关系来说是特殊的,他们之间要订立合同,一方就很容易受另一方的影响而被说服。②影响方对被影响方的说服是不公平的。这是成立不正当影响的关键性条件,受不正当影响而订立的合同,受不正当影响的一方当事人可以撤销合同。现在,胁迫和不正当影响这两个概念已合二为一。

英美法系把第三人所作的胁迫与第三人所作的欺诈同样看待,也就是说,对于来自第三人的胁迫,只有当合同的相对人知道有胁迫事情时,受到胁迫的一方当事人才能撤销合同。

(2) 法国法关于胁迫的规定

《法国民法典》第 1112 条认为:"凡是足以使有理智的人产生惧怕、使之担心人身或财产面临重大而紧迫之危害的言行,均构成胁迫。"

《法国民法典》第 1111~1115 条都是关于胁迫的规定,根据这些规定,胁迫必须具备以下条件:①必须存在胁迫行为;②胁迫行为必须是故意的行为;③胁迫指向的对象可以是合同相对方当事人,也可以是指向其近亲属;④胁迫具有严重性和决定性,即足以使相对方当事人产生惧怕,并因惧怕而决定订立合同。如果仅仅因为对父母或其他直系尊血亲心怀敬畏,但并未受到胁迫,不足构成当事人主张合同无效的理由。

---

① 何宝玉.英国合同法[M].北京:中国政法大学出版社,1999:530,553,561.
② 冯大同.国际商法(新编本)[M].北京:对外经济贸易大学出版社,1991:102.

《法国民法典》第 1117 条规定"因错误、胁迫或欺诈而订立的契约并非当然无效；此种契约，依本编第五章第七节规定的情形与方式，仅产生请求宣告其无效或应予撤销之诉权。"法国民法典第五章第七节第 1304 条（1968 年 1 月 3 日第 68-5 号法律）规定"请求宣告契约无效或取消契约之诉讼，凡是特别法律没有规定更短期限的情形，均应在 5 年内提起。"

除当事人一方的胁迫外，胁迫也可以来自第三人。《法国民法典》第 1111 条规定："对缔结债务的人实施的胁迫，构成契约的无效原因；由为其利益订立契约的当事人以外的第三人进行的胁迫，亦同。"可见，无论胁迫行为系合同当事人实施还是第三人实施，其引起的法律后果是完全相同的，即受到胁迫的一方当事人既可以主张合同无效，也可以请求撤销合同。

（3）德国法关于胁迫的规定

《德国民法典》第 123 条第 1 款规定："因被不法胁迫而作出意思表示的，表意人可以撤销该意思表示。"关于来自合同当事人以外的第三人所施行的胁迫，德国法认为，胁迫较欺诈更加严重，应当让受胁迫者更容易从合同的拘束中解脱出来，即使胁迫是由第三人所为，受到胁迫的一方当事人也有权撤销合同。根据第 124 条的规定，撤销合同的请求必须在自胁迫终止之时起 1 年内提出。

德国法还对乘人之危而订立的合同作了相应的规定。《德国民法典》第 138 条第 2 项规定："当法律行为系乘另一方穷困、没有经验、缺乏判断能力或者意志薄弱，使其为自己或者第三人的给付作出有财产上的利益的约定或者担保，而此种财产上的利益与给付显然不相称时，该法律行为无效。"这一规定对中国法产生了一定的影响。

（4）《合同通则》关于胁迫的规定

《合同通则》对胁迫的认定相当严格。该通则第 3.9 条规定："一方当事人可宣告合同无效，如果其合同的订立是因为另一方当事人的不正当之胁迫，而且考虑到在各种情况下，该胁迫如此急迫，严重到足以使该方当事人无其他合理选择。尤其是当使一方当事人受到胁迫的行为或不行为本身属非法，或者以其作为手段来获取合同的订立属非法时，均为不正当的胁迫。"根据该规定，因胁迫而订立的合同相对无效，但并非任何形式的胁迫都可以导致合同无效。能够导致合同无效的胁迫必须同时满足两个条件：①胁迫必须是急迫的和严重的。仅是胁迫还是不够的，它必须具有急迫性和严重性，以至于受胁迫人除了按对方所提出的条款签订合同外，再无其他合理的选择。胁迫的急迫性和严重性必须是根据具体情况能够以客观标准加以衡量的。②胁迫必须是非法的和不正当的，包括非法的胁迫和以合法手段达到非法目的的胁迫。

第四节　违约及其救济方法

预习思考题

1. 违约形态的分类及其意义是什么？

2. 英国与美国关于违约的分类有何不同?

3. 预期违约类型在法律中的确立有何意义?

4. CISG 与英美法关于预期违约法律规范有何区别?

5. 将 CISG 的根本违约与英美法系的违反条件、重大违约等违约形态比较后,你有何看法?

6. 什么是强制实际履行? 各国及国际条约有关强制实际履行的规定有何不同?

7. 损害赔偿的范围如何确定?

8. 各国有关违约金的性质有何不同规定?

9. 各国及有关国际条约关于解除合同的规定有何不同?

10. 合同落空、不可抗力、情势变更、艰难情形这几种免责事由有何不同?

案例 2-8

一国际货物买卖合同规定卖方应于 7—8 月装运一批普通肉鸡(冻鸡),后卖方的装运日期比合同规定的期限晚了一星期。在这段时间,普通肉鸡的市场价格没有发生显著变化,销售情况正常。在这种情况下,买方要求解除合同,拒收该批货物。

问题:

1. 本案构成英国法什么类型的违约? 如果按照美国法、法国法、德国法、CISG 及中国法,该案构成什么类型的违约? 买方能否解除合同? 在违约划分上,英国法与美国法、CISG 的划分标准一样吗?

2. 如果本案的标的物是专为感恩节供应的火鸡,卖方迟延到感恩节后才交货,结果会怎样?

3. 如何根据违约责任划分及解除合同规则解决中国企业在涉外经济贸易合同中的法律争议?

案例 2-9

2001 年 7 月 20 日,新加坡某贸易公司(买方,以下简称新公司)与我国某省畜产品进出口公司(卖方,以下简称我公司)签订购买混级安哥拉兔毛的合同。我公司与某贸易货栈联系,购买其兔毛以履行合同。我公司提出,质量标准要达到特、甲、乙 3 个等级的兔毛各占 30%,丙级和次级的各占 5%。不得掺假使杂。贸易货栈表示保证质量合乎要求。我公司与之达成协议,每斤 91 元,但在装货时,我公司的经办人发现一包缝口破裂的兔毛包中混有许多石块、石粉、砖头等杂物,检查了几包,都存在这种情况。经办人当即质问贸易货栈,贸易货栈在搪塞之下,提出可采取其他办法。在开发票时,贸易货栈开出的发票中写为每斤兔毛 103.50 元,而将每斤多交的 13.5 元作为回扣给了经办人员,总额达 25 万元之多。

我公司购入兔毛后,即电传通知新公司,兔毛已备齐,数量、质量合乎要求。于是,新公司开出了以我公司为受益人的不可撤销的信用证,我公司收证后发货。新公司收货后,发现了严重的质量问题,于是拒收货物,并立即对我公司的行为提出抗议,要求赔偿一切损失。

问题:

1. 新公司是否有权解除合同? 请根据英美法系、大陆法系、CISG、中国法进行分析。

2. 新公司拒收我公司的货物后,在当地市场上以合理价格购买了原合同规定的同数量、同质量的兔毛,由于价格上涨,多支出 50 万美元,此差额我公司是否应当赔偿? 请根据 CISG、中国法进行分析。

3. 假设新公司坚持要我方继续履行合同交付合格的兔毛,按照英美法系、法国法、德国法、中国法及 CISG、《合同通则》,是否可以得到法律的支持?

4. 改变以上案情,假定我公司已将符合合同质量要求的兔毛备好并通知新公司,在即将交货运输时,我公司驻新加坡办事处传回信息,贸易公司的债权人在新加坡地方法院提出针对该公司的破产申请。在此情况下,按照 CISG,我公司应当采取什么措施?

5. 改变以上案情,假定我公司已将符合合同质量要求的兔毛备好,在合同履行期到来之前,新加坡方明确表示不要我公司的货物,按照 CISG,我公司可以采取什么救济措施?

一、违约及违约行为的特点

违约(breach of contract)或违约行为,原本是英美合同法中的专业术语,大陆法系国家的民事立法和民法理论则往往采用"不履行"来表述与违约行为相类似的情况。两大法系在术语使用上的差别与英美法系、大陆法系的传统相联系。英美法系判例和学说一直将合同法视为独立的法律领域,违约行为是针对合同义务而言的。大陆法系国家在立法和学说上均将合同法看成债法的组成部分,债法广泛地包括合同法、侵权法和无因管理及不当得利制度,"债的不履行"一词普遍地适用于各种原因导致的债的不履行。

英美法系学者一般以债务人违反合同义务的形态为标准,来表述违约行为的概念。例如,《牛津法律大辞典》将"breach of contract"定义为:没有合法理由,未履行合同的全部或者部分的任何一项许诺。其界定违约的标准,也是合同义务的约定。与之大相径庭,大陆法系则主要以债权的目的是否实现为标准,来定义违约行为或债的不履行,"谓未依债务本旨为给付,以满足债权之状态"。[①]

违约行为具有以下几个特点:

---

① 史尚宽. 债法总论[M]. 台北:荣泰印书馆股份有限公司,1978:356.

第一，违约行为的主体是合同关系中的当事人，具有特定性。合同是当事人之间的法律关系，具有相对性，违反合同的行为只能是合同当事人的行为。只有合同义务人才能充当违约行为的主体，非合同当事人的行为不属于违约行为。

第二，违约行为构成的前提是当事人之间成立了有效合同。当事人的行为构成违约，首先必须判定当事人之间约定的合同内容是合法、有效的。由此才能引申出违反有效合同义务的行为，称其为违约。反之，如果当事人之间不存在合同关系或约定的内容违法而导致合同无效，它既不产生权利也无任何合同义务可言。如果行为人的行为违法，侵害了他人的合法权益，其行为只能是侵权行为，而不是违约行为。所以认定合同当事人是否构成违约，必须审查所违反的合同义务是否存在，是否合法、有效。

第三，违约行为是一种客观地违反了合同的行为。在判断违约行为是否存在时，有待依据的标准和条件有：是否存在合同义务和合同当事人是否履行了义务。合同义务大致可分为给付义务和附随义务。根据合同任意性特点的要求，尽管合同中的权利与义务是通过协商确定的，但这些权利与义务的条款一旦依法成立，就具备了有效性，对合同双方当事人都具有法律上的约束力，双方必须认真履行，否则将承担法律责任。在第二次世界大战以后，大陆法系的判例和学说，依照诚实信用原则提出附随义务，如合同中的注意义务、告知义务、照顾义务、忠实义务、返还义务、保护义务等等。对此类义务，合同当事人一方虽不能单独提请义务人履行，但一旦违反上述附随义务，也会产生违约责任。[①] 如未告知买受人关于货物的保存方法，致使财产受损害的，应负赔偿责任。因此，判断违约行为的存在与否，只需要对照合同义务的内容和履行行为的程度即可。

第四，违约行为在后果上导致对合同债权的侵害。当事人依法签订合同的目的在于满足债权人物质利益和精神利益的需求，债权（包括合同约定的权利）得以实现，有赖于合同义务人采取作为或不作为的方式，完成约定的义务或履行债务。如果债务人依照约定履行债务就会实现债权，进而满足债权人的物质利益和精神利益的需求；相反，如果债务人不履行或者不完全履行债务，债权目的就无法实现。因此，某些被人们惯常视为违约的行为，未必应当按照违约行为来对待。例如，我国学者通常认为，违约行为是不履行或履行不符合同约定的行为。实际上，履行不符合合同约定的情况有两种。一是履行不符合合同约定的义务，却没有给债权的实现造成影响，即债权人并未因此遭受利益损失。例如，债务人提前履行债务，经债权人指正和通知后，债务人在合同规定的期限内按照合同履行了义务。再如，债务人虽为货币之过剩给付，但没有给债权造成侵害。二是履行不符合约定的义务，并致使债权目的的无法实现。后者是实践中最为常见的情况，前者虽不常见但也不能否定其存在。但前者毕竟可能无碍于债权的实现，本质上不属于违约行为。[②]

第五，违约行为是指无正当理由而不履行或者不适当履行合同义务。在履行过程中，

---

① 王利明.违约责任论[M].北京：中国政法大学出版社，1996：98.
② 叶林.违约责任及其比较研究[M].北京：中国人民大学出版社，1997：156.

并不是说一旦发生一方的不履行,就构成违约。如果一方的不履行,具有正当理由,则不构成违约。例如,正当行使同时履行抗辩权、不安抗辩权等而不履行的行为不构成违约。

基于违约行为具有以上特征,我们可以对违约的概念作以下界定:违约行为是指由合同当事人实施的,客观上有碍合同权利实现的,无正当理由不履行或履行不符合合同义务要求的行为状态。

二、违约形态的分类

违约行为形态,简称违约形态,是指按照违约行为的性质和特点对其所作的分类。由于法系特点和法律文化传统上的原因,各个不同法系(主要指大陆法系和英美法系)乃至各个不同国家的法律,对违约行为的分类采用了不同标准,从而在违约行为的种类与内涵上均存在差异。

拓展阅读

违约形态的划分对于确定不同的补救方式、保护当事人的权益、维护交易秩序具有重要意义。具体来说,包括以下几点。

第一,合同当事人可以在对方违约的情况下,根据违约形态的划分,选择最合适的救济方式。法律设置违约责任的形式,就是对违约形态提供的补救,违约行为的形态总是与特定的救济方式联系在一起的。例如,标的物质量不符合约定的,受害方可以根据标的物的性质及损失的大小,要求对方承担修理、更换、退货、减少价款或者报酬等违约责任。而在部分履行情况下,则可要求债务人补足。

第二,违约形态的分类也有助于司法审判人员根据不同的违约确定违约当事人所应负的责任。不同的违约行为都源自对不同性质的债务的违反,因而应当承担不同的违约责任。司法审判人员准确掌握了不同形态的违约行为所应承担的违约责任,就可以把实践中形形色色的违约行为归入不同的违约形态中去,从而适用不同的违约责任,避免审判的随意性和不确定性。

第三,进行违约形态的划分,有助于解决受损害方在何种情况下有权解除合同的问题。国际上总的趋势是限制解约权的行使,在一般违约的情况下,尽可能通过一些非解约的救济方法进行补偿,只有违约达到相当严重的程度,才赋予当事人解除合同的权利。这也是违约形态划分的根本目的之所在。

违约形态的划分最早始于罗马法。罗马法将违约行为划分为给付不能和迟延履行两种。给付不能又有狭义和广义之分:狭义的给付不能是指实际上没有给付的可能;广义的给付不能是指虽然给付不是不可能,但给付的结果是在当事人之间显失公平。迟延履行分为两种,即债权人的受领迟延和债务人的给付迟延。罗马法的这种分类对大陆法系国家产生了很大影响。

（一）德国法上的违约行为

《德国民法典》始终没有违约行为的统一概念。在债法总论中，《德国民法典》将违约行为置于两种不同的债的不履行的原因之中，即履行不能和履行迟延。在民事债法分论中则个别地规定瑕疵担保问题。《德国民法典》的起草人认为，上述两种违约形式已经把一切违约的可能性囊括无遗。但在 20 世纪初，德国的著名法学家斯多伯(Staub)已经指出《德国民法典》的这一漏洞，他认为该法典只对债务人由于应做而没做所引起的违约现象作出了规定，但除此之外，债务人还可能由于做了不应做的事而引起违约的后果，对此，《德国民法典》却没有作出任何规定。这种情况叫作"积极违约"，其表现形式很多。例如：债务人在履行合同时粗心大意，使债权人受到损害；或者卖方交付有瑕疵的货物，使买方遭到损失，使债权人受到损害；或者债务人在清偿期届满之前明确表示不履行合同等，都属于"积极违约"之列。自此，在法学理论和司法审判中，学者和法院接受了"积极侵害债权"或"积极违约"作为一种债法分论中债的不履行的独立类型，形成了履行不能、履行迟延和积极违约三种违约行为并存的局面。

履行不能是指债务人由于种种原因不可能履行其合同的义务，而不是指有可能履行合同而不去履行。阻碍债务人履行合同义务的原因是各种各样的：有法律上的原因，有事实上的原因；有主观上的原因，也有客观上的原因。德国法认为，履行不能主要分为自始不能和嗣后不能。所谓"自始不能"，是指在合同成立时该合同即不可能履行。例如，在合同订立时特定物已不存在。"嗣后不能"则是指在合同成立后才因某种原因使债务的履行成为不可能。例如，在合同订立后，标的物失窃。德国法继承了罗马法中"不可能时无义务"的规则。根据《德国民法典》第 306 条的规定，"以不能的给付为标的的合同无效"，由此可见，属于自始不能的情况，合同在法律上是无效的。但是根据第 307 条的规定，如果一方当事人在订约时已经知道或可知道该标的是不可能履行的，则对于因相信合同有效而受损害的另一方当事人负损害赔偿义务。因此，严格地说，自始不能与违约行为并无直接关联。至于嗣后不能的情况，则须区别是否有可以归责于债务人的事由，而有不同的后果。一般来说，只有由于债务人的过失而引起的履行不能，债务人才承担损害赔偿责任。反之，如履行不能并不是由于债务人的过失所造成的，债务人可免除履行合同的义务。例如，《德国民法典》第 275 条规定："在债务关系发生后，非因债务人的过失而引起给付不能者，债务人得免除给付的义务。"

履行迟延是《德国民法典》规定的另一种重要违约或不履行的情形。根据德国法的规定：如果合同没有规定履行期限，则债权人应当向债务人发出催告，以确定具体履行期限；如果合同直接或间接地规定了履行时间，则无须催告。凡在履行期届满后，经债权人催告仍不为给付者，债务人自催告时起负迟延责任。但是，非由于债务人的过失而未为给付者，债务人不负迟延责任。

以上两种形式概括了部分违约形态，但并没有涵盖所有的违约行为。例如，德国学者梅伦(Mehren)指出,此种分类纯粹来自注释法学家对罗马法的解释,它既不是对当事人意图所作的解释,也不是对社会经济和制度目的所作出的解释。因此,它不可能对各种违约行为作出准确的概括。为了弥补上述分类的缺陷,德国学者斯多伯(Hermann staub)提出了"积极违约"的概念。他认为履行不能和履行迟延的特点,在于债务人应有所为而不为,属于"消极违约";反之,债务人虽作出其应为的给付,但给付不符合债的规定,属于"积极违约"。《德国民法典》对此未作规定实属法律上的漏洞。这一观点提出之后,对德国的司法实践产生了重大影响,德国法院自 1903 年以来就采纳了斯多伯关于积极违约的观点,实际形成了一种新的违约形态。

(二)法国法上的违约行为

《法国民法典》将违约行为划分为不履行、部分不履行、迟延履行、附随义务的违反四种形态。其中,不履行是指合同义务人没有履行合同中的任何义务。迟延履行是指合同当事人对约定给付或受领期限义务的违反。它表现为债务人履行了合同义务,但未按合同规定的时间履行。迟延责任于催告时起发生。附随义务的违反是与德国司法和学术界所称的"积极违约"有关的一种违约行为,但其含义要比"积极违约"更为丰富。附随义务大多数是法院根据诚实信用原则而创设的,大致包括照顾、保管、协力、保密、保护、告知等义务。它与合同主给付义务和从给付义务的区别是:首先,附随义务具有保护功能,在事实上,它是借助侵权法上的手段,保护合同当事人利益的义务状态,形成所谓的侵权与合同的竞合状态。例如,产品责任就是基于附随义务而发生的,其保护的范围包括债权人的人身和财产,故有人称之为"安全义务之合同化",而主给付义务和从给付义务是典型的合同义务。其次,德国法理上认为它们在效力上存在差别,主给付义务和从给付义务必须请求履行。例如,特殊机器的买卖合同中,权利人有权要求义务人交付机器并提供其特殊的使用说明书,但附随义务不得独立请求履行。

对于部分不履行,法国理论界认为,其与债务的不履行的区别并非仅具有"数学"上的意义。如果不履行的部分债务属于合同的从属性义务,债务人的赔偿责任应予减轻;如为合同的基本义务,则有可能导致合同解除的法律后果。与此同时,当合同的履行不适当时(例如,交付的标的物存在质量缺陷),应根据不适当履行的具体情形(全部不合格或者部分不合格),将之视为合同全部不履行或部分不履行。[①]

法国法院和学者在对待违约行为上述分类的问题上往往采取灵活的务实态度。法国法院在认定违约类型时,比较重视违约行为发生的具体原因、背景及违约行为所致后果的严重程度来具体分析和综合平衡。这种综合平衡的做法在合同仅被部分履行或未按正确时间履行时,显得特别必要。如果债务人部分地履行合同对债权人已失去意义,法官会将其看作完全不履行合同,并有权解除合同,责令债务人赔偿债权人所受损害。

---

① 尹田.法国现代合同法[M].北京:法律出版社,1995:297.

（三）英美法系上的违约行为

拓展阅读

英国法院根据违反条款的性质不同将违约分为违反条件和违反担保。所谓违反条件，是指违反了合同中的条件条款。违反担保，则是指违反了合同中的担保条款。这是依据违约人所违反的合同条款的类型对违约所作的分类。按照英国法的解释，合同中各种条款的性质和重要性是不同的，凡属合同中的重要条款，称为"条件"。具体来讲，在商事合同中，关于履约的时间、货物的品质及数量等条款，都属于合同的条件。"担保"则是指合同的次要条款或随附条款，是从属于合同的主要目的的。但是，条件和担保并不总是可以分清的，同样一项条款在此案中可能是条件，在彼案中，可能被认定为担保。"把合同条款分为条件和担保，这种分类法已遭到了人们的许多非议，而且，这种分类法也不可能总是详尽无遗的。"[①]由于这种简单的两分法并不能完全适用于各式各类的违约情况，近年来英国法院通过判例发展了一种新的违约类型，称之为"违反中间性条款或无名条款"。中间性条款是一种既不同于"条件"又不同于"担保"的条款。当一方违反了中间性条款时，对方是否有权解除合同，须视此种违约的性质及其后果是否严重而定。如果违反这类条款的性质及后果严重，受损害的一方便有权解除合同，否则便不能解除合同。按照英国法院的一些判例，如果合同中的某项条款即使遭到违反，但这种违反仅是轻微的，而且只要采用损害赔偿的办法即可得到弥补，则这种条款就很可能被认为是中间性条款。例如，在租船合同中，船东向承租人提供适航船舶的义务或以适当航速开往装货港的条款，都曾被英国法院认定为中间性条款，除非违反这种条款的后果严重，以致剥夺了承租人按照租船合同本应获得的利益，否则，承租人就没有权利解除租船合同。

总的来说，英国普通法在违约形态的分类上，有一个以所违反的合同条款性质为依据到以违约后果的严重程度为依据的发展趋势[②]。但是，在审判实践中，法院在考虑违反合同的后果之前，先看一看当事人违反的合同条款属于主要条款还是次要条款，仍然是十分重要的。有时候，在明确了一项合同条款的类型之后，就没有必要再考虑违反该条款的实际后果了。例如，在 1970 年的 The Mihalis Angelos 一案中，有一项在特定时间内准备好装货的合同条款，当事人以不同方式违反该条款所造成后果的严重性，显然是各不相同的。法院判决该条款属于合同的主要条款（即条件），而没有考虑具体案件中违反合同行为的后果如何。而且，在 1981 年的 Bunge Corporation v. Tradx SA 案中，法院也采取了同样的观点，判决商事合同中的履约时间条款属于主要条款。

除此之外，在英国法院判例中，还根据违约的时间把违约分为预期违约和实际违约。所谓预期违约是指在合同规定的履行期限来临之前的违约，英美法系又把它分为明示预期

---

① 阿蒂亚.合同法概论[M].程正康，周忠海，译.北京：法律出版社，1982：147.

② 吴兴光，龙著华，周新军，等.合同法比较研究[M].广州：中山大学出版社，2002：294.

违约和默示预期违约。

明示预期违约,指合同一方在规定的履行时间到来之前明确表示其将不按约定履行合同义务。它最早来源于英国 1852 年的霍切斯特诉陶尔案。在该案中,被告同意从 1852 年 6 月 1 日起雇用原告为送信人,雇用期为 3 个月。但在同年 5 月 11 日,被告表示将不履行该合同。5 月 22 日,原告起诉要求损害赔偿。在 5 月 22 日至 7 月 1 日期间,原告找到了其他工作,结果法院判原告胜诉。这一判例开创了英国合同法上预期违约的先河,此后,英国法院一直遵循这一判例,并在长期审判实践中,形成了一整套完善的预期违约制度。

默示预期违约,指合同一方在合同的履行时间到来之前以自身的行为或客观事实使对方认为其将不履行合同义务。默示预期违约不同于明示预期违约的地方在于,默示预期违约并没有将到期不履行合同义务的意思明确地表示出来,而是一方根据某些情况预见到对方将不会或不能如期履行义务,也就是说,只是一方预见到另一方在履行期届至时可能不履行义务,而此时对方并没有作出明确的毁约表示,仅是一方的一种主观推断。因此,明示预期违约对期待债权的侵害是十分肯定、明确的,而默示预期违约对期待债权的侵害则并不一定十分明确、肯定,它只是一方当事人基于确切证据的一种合理预见。由于默示预期违约中违约人并未明确告知对方当事人将不履行即将届至的合同义务,它只是一种主观判断,具有强烈的主观因素。为了使此种预见具有客观性,就必须借助一定的客观标准,否则,必然会出现主观臆断默示毁约、滥用中止合同权的现象。对此,美国 UCC 第 2-609 条规定:"有合理的理由认为对方不能正常履行。"根据有关判例,这种"合理的理由"一般认为主要有以下三种:第一,债务人的经济状况不佳,没有能力履约;第二,债务人的商业信用不佳,令人担忧;第三,债务人在准备履约及履约过程中的行为或债务人的实际状况表明,债务人有违约的危险。

对于明示预期违约的救济,英美判例及成文法赋予非违约方以选择权:

(1)非违约方可以立即行使诉权而得到救济,即要求解除合同并请求损害赔偿,而不必坐等履行期限的到来,这种救济手段是在 1852 年的霍切斯特诉陶尔案中确立的。这一判例规则成为对预期违约制度救济的一般原则,为后来的判例所沿袭。

(2)非违约方也可以不理会对方的提前毁约表示而继续维持合同效力,等到实际履行期到来时,按照实际违约得到救济。即或者要求解除合同并赔偿损失,或者请求损害赔偿,或者要求实际履行,但非违约方必须承担对方作毁约表示至合同期届满这段时间的风险。在 1855 年的埃维诉鲍登案中,原告与被告订立了租船合同,作为原告的船主依约定应将船驶至俄罗斯帝国(简称沙俄)的敖德萨港为被告装货。在船抵达后,被告因货源不足而拒绝装货。当时,装载期限尚未届满,原告没有接受被告明示毁约的表示,继续催促被告装货,但被告始终未提供货物。过了几天,在装货期限届满以前,英国与沙俄爆发了战争,合同履行已成为不可能,船主以被告违约为由诉至法院请求赔偿,法院判决原告败诉。英国法院认为,在两国爆发战争之前,还不存在实际不履行合同的问题,因为装货期限尚未届满,既然船主拒绝接受货方明示预期违约的表示,货方就有权得到宣战而带来的解除合同的好处,这个判例规则也为后来所遵循。美国 UCC 第 2-610 条也肯定了上述判例规则。

关于默示预期违约的救济,由于一方当事人只是根据客观情况"预见"对方将不会或不能履约,且通过不作为表现出来,所以不能产生与明示预期违约相同的后果,如解约权、起诉权。这是因为,"预见"只是一种可能性,实际情况如何,尚未可知。美国 UCC 第 2-609 条对默示预期违约的救济作了较为详细的规定。该条规定了三种救济措施:

第一,"一方如有合理理由相信另一方有不能履行的危险,前者可以致函后者,要求其对及时履约提出充分保证。"也就是说,当一方有合理的理由证明另一方有到期不会或不能履约的危险时,他只能要求对方对及时履约提供充分保证,而无权解除合同。

第二,可以暂时中止履行自己的合同义务,直到对方当事人提供了以后及时履约的充分保证。第 2-609 条规定,"如果合理的话,在他收到此保证前,可以中止与他尚未得到约定给付的相对应的那部分给付",不论这种债务是否到期。

第三,当被要求提供履约保证的一方未能在收到要求提供保证通知后 30 天内提供充分的保证时,另一方可以立即解除合同,请求赔偿。美国 UCC 规定,如果在 30 天的时间内被要求提供担保方没有提供充分保证的,即构成毁弃合同。不过,美国合同法重述却用合理的时间代替了 UCC 规定的 30 天最长期限。

在实际违约的形态划分中,美国现在已经放弃使用"条件"与"担保"这两个概念。美国法把违约分为轻微违约和重大违约。所谓轻微违约,是指债务人在履约中尽管存在一些缺点,但债权人已经从中得到该项交易的主要利益。例如,履行的时间略有延迟,交付的数量和质量略有出入等,都属于轻微违约之列。重大违约是指由于债务人没有履行合同或履行合同有缺陷,致使债权人不能得到该项交易的主要利益。美国法对违约行为所作的这种区分,同英国法的违反条件与违反担保的区别主要是:美国法是根据违约后果的轻重所作的划分,英国法则是基于违约行为违反合同的不同条款所作的分类,但从法律后果来看,两者基本是一致的:美国法的轻微违约相当于英国法的违反担保的后果,受损害的一方可以要求赔偿损失,但不能拒绝履行自己的合同义务;美国法的重大违约相当于英国法的违反条件的后果,受损害一方可以解除合同,即解除自己待履行的义务,同时可以要求赔偿全部损失。

（四）CISG 与《合同通则》中的违约行为

CISG 把违约分为根本违反合同与非根本违反合同两种情形,CISG 第 25 条对根本违反合同所下的定义是:"一方当事人违反合同的结果,如使另一方当事人蒙受损害,以至于实际上剥夺了他方根据合同有权期待得到的东西,即为根本违反合同。除非违反合同的一方并不预知,而且一个同等资格、通情达理的人处于相同情况中也没有理由预知会发生这种结果。"此处的判断标准主要是看违约的性质和严重程度及违约后果的可预见性。如果违约未达到上述标准,即视为非根本违反合同。

另一方面,CISG 也采用了英美法系预期违约的分类。CISG 第 5 章第 1 节的标题是

"预期违约和分批交货合同",这表明CISG采用了预期违约的概念。

CISG在该节第71条规定,"(1)如果在订立合同后,另一方当事人由于下列原因显然将不履行其大部分重要义务,一方当事人可以中止履行义务:(a)他履行义务的能力或他的信用有严重缺陷;或(b)他在准备履行合同或履行合同中的行为。(2)如果卖方在上一款所述的理由明显化以前已将货物发运,他可以阻止将货物交付给买方,即使买方持有其有权获得货物的单据。本款规定只与买方和卖方间对货物的权利有关。(3)中止履行义务的一方当事人不论是在货物发运前还是发运后,都必须立即通知另一方当事人,如经另一方当事人对履行义务提供充分保证,则他必须继续履行义务。"可以看出,此条规定与英美法系的默示预期违约大体一致。

CISG第72条规定:"(1)如果在履行合同日期之前,明显看出一方当事人将根本违反合同,另一方当事人可以宣告合同无效。(2)如果时间许可,打算宣告合同无效的一方当事人必须向另一方当事人发出合理的通知,使他可以对履行义务提供充分保证。(3)如果另一方当事人已声明他将不履行其义务,则上一款的规定不适用。"在此条规定中,可以认为第(1)、(2)款属于比第71条预期违约程度明显的默示预期违约的规定,第(3)款属于对明示预期违约的规定。

对明示预期违约,相对方的救济方法是可以在履行期满前宣告解除合同,并可就因此遭受的损失请求损害赔偿。这一点与英美法系的第一种救济方法是大致相同的。

关于默示预期违约,CISG分为显然和明显两种程度不同的违约区分处理。在预期违约明显的情况下,如果时间许可,两者救济方法一致,即非违约方可以中止履行,通知对方,要求对方提供充分担保;同时CISG增加了一项救济权,即卖方的停运权。但在时间不许可的情况下,对于预期违约明显的情况则可直接宣告合同无效。

《合同通则》也有类似分类,只不过其所使用的概念是"根本不履行"。考虑是否构成根本不履行的因素的规定在第7.3.1条(2)款,一共有5项:在确定不履行义务是否构成根本不履行时,应特别考虑到以下情况:(a)不履行是否实质性地剥夺了受损害方当事人根据合同有权期待的利益;(b)对未履行义务的严格遵守是否为合同项下的实质内容;(c)不履行是有意所致还是疏忽所致;(d)不履行是否使受损害方当事人有理由相信,他不能信赖另一方当事人的未来履行;(e)若合同终止,不履行方当事人是否将因已准备或已履行而蒙受不相称的损失。此外,第7.3.1条(3)款还规定:在延迟履行的情况下,只要另一方当事人未在第7.1.5条允许的额外期限届满前履行合同,受损害方当事人亦可终止合同。

除把违约分为根本不履行和非根本不履行外,《合同通则》还规定了预期性违约,受损害方可以针对违约方在合同履行期届满前的预期性违约行为采取相应的救济措施。

三、违约的救济措施

"救济措施"一词译自英文"remedies",我国称其"救济""补救""补救方式"或"救济方法"等。"remedies"是英美法律中的通用术语。《布莱克法律辞典》将其解释为"借以实现权利，或者阻止、矫正或补偿权利被侵害的方法"。在狭义上，英美合同法中的救济措施，实质上就是各种承担违约责任方式的总称，其最终目的就是，借助诉讼手段消除因违约行为而给债权人造成的不利影响。

大陆法系关于违约责任的概念，基本上包含在"债的不履行"之中，即认为合同之债的不履行与其他债的不履行在本质上是相同的。在责任与债务的关系问题上，大陆法系向来有所谓"责任为债务担保"理论。根据这一理论，责任是对债务的一般财产担保，即债务人对到期不履行债务而发生的损害后果，应当由其全部财产来承担，债权人得申请法院强制执行债务人的财产，以实现其债权。

违约责任制度对合同当事人约定的权利义务的实现提供着切实的保障。这种保障对违约方来讲，是一种抑制或制裁；对非违约方来讲，则是救济或保护。大陆法系国家的合同法站在"制裁"的角度，称这种保障为"违约责任"；英美法系国家的合同法站在"保护"的角度，将这种保障称为"违约救济"。立足点不同，反映出不同法系立法者不同的价值目标。"救济走在权利之前"是英美法理学的名言。它所表明的，是英美法系注重通过补救措施来推动权利的实现。相反，以德国为代表的一些大陆法系国家将"债"分解为"债务"和"责任"，认为责任只是一种使得权利义务得到实现的手段，一旦合同义务得以确定，责任就纯粹变成了强制义务得到履行的担保手段。

（一）强制实际履行

拓展阅读

强制实际履行在我国合同法及有关教材、著作中也通常被称为"继续履行"或"实际履行"，提法不一致。但作为一种违约责任意义上的救济措施，它必须体现出国家审判机关和有关行政机关强制违反合同的债务人负担违约后果这一本质特征，由于"继续履行"和"实际履行"的术语不能反映出法院强制债务人履行已违反的合同义务的特点，不易区分正常情况下的履行合同义务的行为和违约后被迫履行合同义务的行为。因此，我们在此采用"强制实际履行"这一术语，它表达出这样一种理解：它是指合同当事人一方在不履行合同义务或履行合同义务不符合约定时，另一方当事人有权要求法院或仲裁机关强制违约方按合同约定的标的履行义务的救济措施。所以强制实际履行包括两层含义：一方面，在一方违约时，非违约方必须借助国家的强制力才能使违约方继续履行合同；另一方面，它是指要求违约方按合同约定的标的作出履行，而不是以支付违约金和赔偿金的办法代替履行。

强制实际履行作为一种补救方法，强调违约方应按合同约定的标的履行义务，以实现订立合同时所期望达到的目的，而不在于企求弥补受害方所受的损失。所以，强制实际履行同赔偿损失、支付违约金等比较，更有利于达到合同的目的。

1. 英美法系

在英美法系中,有一种称之为特定履行(specific performance)的救济方法,它是指法院发布一道命令,称为特定履行令,强制要求合同的一方当事人如约履行其合同义务。由此可见,特定履行与强制实际履行的含义是基本一致的。为了论述的方便,以下我们将采用强制实际履行这一统一的术语表达。

强制实际履行是在衡平法院发展起来的一种衡平法上的救济。行使这一救济的前提是,寻求强制实际履行的当事人不能通过普通法院的损害赔偿获得适当或充分的救济。

在历史上,英国从 12 世纪开始形成普通法以后,普通法所提供的违约救济主要是损害赔偿。衡平法院之所以发展了强制实际履行救济,是因为在某些情况下,损害赔偿不是一种适当的救济。如果当事人遭受的损失在普通法上得不到承认,或者当事人没有遭受金钱上的损失,或者当事人发生的损失不能用金钱计量,那么受害的当事人就不能从普通法上得到适当的或充分的救济,对于违反合同的行为就缺乏有效的救济或制约手段,于是在衡平法中产生了强制实际履行的救济方法。

在普通法与衡平法平行发展的过程中,普通法的救济越来越得到经常的采用,而衡平法的救济受到了多种限制。其中最主要的限制表现在以下几个方面:

第一,当普通法的救济是"适宜的"救济手段时,衡平法的救济就不得采用,这是普通法和衡平法在长期平等发展的过程中相互斗争和相互妥协的结果。对"适宜标准"的采纳是为了防止衡平法院的管辖范围不断扩大,侵入本来由普通法院控制的领域。采纳这一标准的结果是:衡平法的救济方法成为"特别的"救济手段。进一步地说,在人们的信念当中,市场经济应使受损害方得到替代的交易。在历史上,英国合同法的基本救济是普通法上的损害赔偿,衡平法院之所以发展了强制实际履行救济,一个重要的原因就是,在某些情况下,损害赔偿不是一种适当的救济。例如,买卖的标的物是特定物或特别名贵,在市场上不容易买到,或者涉及土地买卖或公司证券的交易等。

第二,衡平法上的救济能否得到准许,还取决于衡平法官的自由裁量权。在行使这种裁量权时,决定性的因素是这些法官的"良知",即公平正义的观念。如果法院授予特定履行令会给当事人造成特别不恰当的损害或者带来很大的不公正,法院就不能授予特定履行令。

第三,当强制实际履行会导致人身强制时,大法官将拒绝作出强制实际履行的判决。美国艾奥瓦州法院在 1906 年指出:一项得到普遍确认的一般规则是,当一个提供个人性质的服务的合同被违反时,损害赔偿是唯一的救济手段。马里兰州法院在 1939 年指出:"即使普通法上的救济不是适宜的救济,衡平法通常也不能实际地执行一个提供个人性质的服务的合同。"[①]

奉行上述规则的理由是:首先,对这种履行的质量进行辨别是困难的;其次,在合同当

---

① 王军.美国合同法[M].北京:中国政法大学出版社,1996:361.

事人之间已经存在纠纷之后,强迫他们继续原有的关系是不尽人意的,因为纠纷一旦发生,他们之间原来所具有的信任和忠诚往往已经不复存在了;最后,在某些情况下,强制实际履行会使提供个人性质的服务的一方处于一种好像受到奴役的地位。

第四,对强制实际履行的监管是否会发生困难,也是考虑是否给予强制实际履行判决的一个参考因素。如果强制实际履行造成的在执行监督上的负担与这种履行带来的利益显得不相称,法院就不会作出强制实际履行的判决。在洛奇诉贝西默·马尔购物中心案中,法院发现,要实际履行合同,必须对存货进行盘点,对有关的人员进行选择、培训并付给他们报酬,还要处理不计其数的日常事务,而这些工作的完成需要特殊的知识、技巧和判断力,这无疑会给法院造成沉重的负担,因此,对于这一案件,强制实际履行不是适宜的救济手段①。

上述发展演变的结果是,普通法的救济成为法院通常采用的救济手段,而衡平法的救济只是在特殊情况下才采用的救济手段。

2. 法国法

《法国民法典》第1184条规定,在双务契约中,当事人一方不履行其义务时,债权人有选择之权:或者在仍有可能履行契约时,强制他方当事人履行;或者请求解除契约并请求损害赔偿。

从这条规定看,法国法似乎在很大范围允许债权人提起强制实际履行之诉,但实际上并非如此。法国法区别"给付财产之债"和"作为与不作为之债":在前一种情况下,如债务人不交付有关的财产,债权人可以请求强制实际履行;而在后一种情况下,如债务人不履行合同,债权人只能请求损害赔偿,而不能请求强制实际履行。例如,《法国民法典》第1142条:"凡属作为与不作为债务,在债务人不履行的情况下转变为损害赔偿的责任。"法国法认为,强令债务人去做某种行为或不做某种行为,无异于把债务人置于受奴役的地位,不符合"人身自由不得侵犯"的原则。

因此,在法国,强制实际履行也是受到一定限制的,它仅适用于给付财产的合同关系中。

3. 德国法

德国法认为,强制实际履行是对不履行合同的一种主要救济方法。凡是债务人不履行合同,债权人都有权要求债务人强制实际履行。《德国民法典》第241条规定:"债权人基于债的关系,有权向债务人要求给付。给付也可以是不作为。"这就是说,债权人可以请求法院判令债务人强制实际履行合同。当然,法院只有在债务人履行合同尚属可能时,才会作出强制实际履行的判决,如属于履行不可能的情况,就不能作出强制实际履行的判决。例如,在房地产买卖中,房屋因发生火灾被烧毁,或者在订立租船合同后,船只被政府征用等。

---

① 王军.美国合同法[M].北京:中国政法大学出版社,1996:360.

在这种情况下,债权人就不能要求强制实际履行,因为强制实际履行已不可能。

当德国法院作出强制实际履行的判决时,这种判决应按《德国民事诉讼法典》规定的程序执行。针对不同类型的诉讼有不同的执行程序。关于判令交付财产的判决,其执行办法是由司法警察从债务人手中取得财产,然后把财产交给债权人。如判令债务人作交付财产以外的某种积极行为,则应区别以下两种情况:第一种情况是,这种行为完全可以由另外的人去完成,而不必由债务人亲自去完成,即所谓"可以替代"的行为,其执行办法是由债权人根据法院的授权雇佣第三人去完成这种行为,而由债务人承担一切费用,这在民事诉讼法中称为"代位履行";第二种情况是,债权人所要求的履行只能由债务人本人去完成,即所谓"不可能替代"的行为,其执行办法是用罚款或监禁的方式去威胁债务人履行其义务。根据该法典的规定,监禁不得超过6个月,至于罚款的最高金额则没有限制,但罚款归国库收入,而不是作为对债权人的损害赔偿。如果判决判令债务人消极地不作为,如债务人不服从法院的判决,法院也可以采取罚款与监禁的措施。[①]

由此可见,与其他国家相比,德国法更严格强调以强制实际履行作为违约责任的形式。当然,在实践中,提起强制实际履行之诉的情况要少于损害赔偿之诉。在大多数情况下,当债务人不履行合同时,债权人都是要求损害赔偿或解除合同,但是至少从理论上说,强制实际履行仍是德国法主要的违约救济方法。

4. CISG

CISG 第 28 条规定:"如果按照本公约的规定,一方当事人有权要求另一方当事人履行某一义务,法院没有义务作出判决,要求具体履行此一义务,除非法院依照其本身的法律对不属本公约范围的类似销售合同愿意这样做。"可以看出,CISG 对强制实际履行没有作统一的规定,而是把这一问题留给各法系国家自行解决。本条所提"本身的法律"应指法院地法,即法院地国家的现行法律。具体来说就是原告在哪个法院起诉违约方,强制实际履行就根据该法院地法的规定作出是否准许的判决。CISG 之所以作出这样的规定,是为了调和英美法系和大陆法系在强制实际履行上存在的分歧。如前所述,英美法系普通法认为,对违反合同的主要救济方法是损害赔偿,而不是强制实际履行。只有当金钱赔偿不足以弥补受损害一方的损失时,衡平法才考虑强制实际履行。但是,大陆法系特别是德国法认为,强制实际履行是对不履行合同的一种主要的救济方法。鉴于 CISG 对强制实际履行未作统一规定,而是允许各国法院自行解决,这样对原告来说选择法院就显得十分重要。如果他想得到强制实际履行的救济,却去英美法系国家的法院起诉,其愿望就很难实现,而如果在大陆法系国家的某个法院起诉,就可能实现。

5.《合同通则》

《合同通则》对强制实际履行问题,主要是区别金钱债务与非金钱债务作出了不同的

---

① 冯大同.国际商法[M].北京:对外经济贸易大学出版社,1991:129-130.

规定。

关于金钱债务的履行,《合同通则》第 7.2.1 条规定:"如果有义务付款的一方当事人未履行其付款义务,则另一方当事人可以要求付款。"这一规定反映了国际上被普遍接受的原则:合同义务项下应支付的付款,总是能要求履行的,若此要求未能满足,可向法庭提起诉讼以强制执行。无论货币的种类如何,此规定均适用于到期的支付或可进行的付款。

对于非金钱债务,《合同通则》原则上也允许债权人请求强制实际履行,但施加了若干限制。在下列情况下,债权人不得要求实际履行:①履行在法律上或事实上不可能;②履行或相关的执行带来不合理的负担或费用;③有权要求履行的一方当事人可以合理地从其他渠道获得履行;④履行完全属于人身性质;⑤有权要求履行的一方当事人在已经知道或理应知道该不履行后的一段合理时间之内未要求履行。

这一规定综合了大陆法系与英美法系有关强制实际履行的规则,协调了两大法系在有关问题上的分歧。

与 CISG 不同的是,《合同通则》对强制实际履行作出了统一的规定,它并不交由各国法院根据法院地法加以自由裁量,即法庭在不存在例外情形时必须裁定强制实际履行,而且《合同通则》设立了"法庭判决的罚金"规定,第 7.2.4 条规定:"当法庭判决一方当事人履行义务时,若该方当事人不执行此类判决,法庭还可责令其支付罚金。"这是过去的国际公约或惯例均没有的创新规定,体现了维护国际贸易正常秩序的新要求。一些法律制度的实践显示,司法上对不服判决加以惩罚的威胁,对于确保遵从命令、履行合同义务的判决,是一种极为有效的手段。相反,有些法律制度没有规定此类惩罚手段,这种手段被认为已构成对个人自由的不能容许的侵犯。在此问题上,《合同通则》采取了一条中间道路,规定了罚金而不是其他形式的惩罚手段,可适用于所有类型的履行命令,包括付款命令。这是《合同通则》赋予法庭的一种自由裁量权。①

6. 我国《民法典》上的强制实际履行

我国在计划经济体制时期,合同是实现计划的工具,因而强制实际履行也成为最基本、最重要的违约责任形式。这种与集中的计划管理体制相联系的实际履行原则,随着经济体制改革的发展也发生了重大变化。《民法典》对于强制实际履行分为金钱债务与非金钱债务,由于金钱本身的特殊性,金钱债务只存在迟延履行,不存在履行不能。在法律上,不可能也没有必要转换为其他债务或以其他违约责任形式取代强制实际履行。对此,各国立法一般都规定可以强制实际履行。我国《民法典》第 579 条也规定:"当事人一方未支付价款、报酬、租金、利息,或者不履行其他金钱债务的,对方可以请求其支付。"

关于非金钱债务,我国《民法典》首先承认当事人有要求实际履行的权利,同时又对非金钱债务的实际履行请求权规定了某些限制。《民法典》第 580 条规定了三种不能请求实际履行的情形:

---

①　吴兴光.国际商法[M].广州:中山大学出版社,2001:90.

（1）法律上或者事实上不能履行

强制实际履行的目的是强制实现合同的义务，如果违约方已在法律上和事实上丧失了履行的可能，不可能再实际履行，那么就不能请求实际履行。所谓"法律上不能履行"，是指由于法律上的原因使得合同不能履行。比如，在一方当事人违约后，国家颁布了新的法令，禁止买卖该合同的标的物，致使该合同不能实际履行。所谓"事实上不能履行"，是指由于发生了某些事实状况，使得合同标的物的给付成为不可能。例如，特定的标的物毁损、灭失且不可能另外获得。

（2）债务的标的不适于强制履行或者履行费用过高

该条款包括两种情况：第一种情况是债务的标的不适于强制履行。例如，债务具有人身属性，强制履行会限制他人自由，有悖于公共政策，在这种情况下，尊重人身自由和尊严的价值高于合同的继续履行。第二种情况是强制履行费用过高。这种情况是从经济分析的角度对实际履行施加的限制。强制实际履行是一种违约的补救方式，因此这一方式是否适用，应考虑其经济合理性，如果在经济上极不合理，不但对当事人有害无利，对于社会也是一种浪费，此时没有必要强制实际履行。

（3）债权人在合理期限内未请求履行

强制实际履行的目的在于充分实现合同的债权，债权人未在合理期限内提出实际履行的请求，等于自动放弃了要求实际履行的权利。为实现双方的利益平衡，这种情况下，债权人丧失了请求实际履行的权利。

我国的强制实际履行制度尽管借鉴了英美法系的一些规则，但仍较多地受到大陆法系的影响。在英美法系国家，强制实际履行是一种例外的救济方法，只有在损害赔偿不足以弥补损失时才可能判令强制实际履行；而在我国，《民法典》对于强制实际履行，首先是赋予受害人请求权，同时又作出了不得适用强制实际履行的几种限制。因此，除法律规定的三种情况外，当事人请求强制实际履行的，法院应当满足受害人的请求。也就是说，即使通过金钱赔偿的方式能够满足债权人的利益，债权人仍然要求强制实际履行的，法院还是应当予以支持。

（二）损害赔偿

在合同法上，损害赔偿又称为赔偿损失，是指违约方以支付金钱的方式弥补受损害方因违约行为所减少的财产或者所丧失的利益。简言之，损害赔偿就是以金钱方式弥补损失，而损失则是财产的减少或者利益的丧失。

各国法律都认为，损害赔偿是对违约的一种主要救济方法，但各国对损害赔偿责任的成立、损害的界定、损害赔偿的范围各有不同的规定和要求。

1. 损害赔偿责任的成立

大陆法系认为，损害赔偿责任的成立，必须具备以下三个条件：

(1) 必须有损害的事实。如果根本没有发生损害,就不存在赔偿的问题。同时,对于发生损害的事实,一般须由请求损害赔偿的一方予以证明。

(2) 须有归责于债务人的原因。原则上债务人仅对其故意或过失所造成的损失负责。例如,《法国民法典》第 1382 条规定:"任何人的行为使他人受损害时,因自己的过失而致行为发生的人,应对他人负赔偿责任。"第 1147 条规定:"凡债务人不能证明其不履行债务系由于不应归其个人负责的外来原因时,即使在其个人方面并无恶意,债务人对于其不履行或延迟履行债务,应支付损害赔偿。"但是,在某些情况下,即使债务人没有过失也应负责。例如,《德国民法典》规定,旅店的主人对旅客所携带的物品,如发生灭失或损毁,虽然店主没有过失,亦应负责赔偿。

(3) 损害发生的原因与损害之间必须有因果关系,即损害是由于债务人应予负责的原因所造成的。

英美法系不同于大陆法系。根据英美法系的解释,只要一方当事人违反合同,对方就可以提起损害赔偿之诉,而不以违约一方有无过失为条件,也不以是否发生实际损害为前提。如果违约的结果并没有造成损害,债权人虽无权要求实质性的损害赔偿,但他可以请求名义上的损害赔偿(nominal damages),即在法律上承认他的合法权利受到了侵犯。[①]

2. 损害赔偿的范围

(1) 完全赔偿原则

在罗马法时代,合同法中就有把损失分为"实际损失"和"所失利益"的分类方法。这种分类方法一直深刻影响着大陆法系国家的民事立法。《法国民法典》第 1149 条规定:"对债权人应当给予的损害赔偿,一般来说,为债权人受到的损失及被剥夺的可得利益。"法国民法学说认为,该条款不仅反映了法国合同法中的完全赔偿原则,而且确定了法国合同法中关于实际损失和间接损失的基本分类。所谓"实际损失",有时也被称为"积极损失",是指既有财产或既存利益因违约行为而减少;所谓"间接损失",有时也被称为"消极损失",是指本来可以获得的利益因违约而未获得。

《德国民法典》的规定与法国类似,该法第 252 条规定:"应赔偿的损失也包括所失利益,"并同时将该"所失利益"解释为依事物通常进行,或依特殊情况,特别是依已采取的措施或准备,可取得预期的利益。

美国 UCC 没有采取信赖利益或期待利益的划分理论,而是将损失分为直接损失、间接损失和附带损失。直接损失是指货物和价金的损失,附带损失是指因合同关系而引起的各种费用,就买方而言,是指在检验、接受、运输、保管货物方面所交纳的合理费用,以及转卖合同货物所用的费用;就卖方而言,是指买方拒绝收货或拒绝付款后,卖方在停止运输、运回货物、保管货物方面所花费的费用。所谓间接损失,是指受害方所失的利益,根据该法典第 2-715 条的规定,间接损失主要是指:①因普通或特别需要而引起的损失;②因货物瑕疵

---

① 冯大同.国际商法[M].北京:对外经济贸易大学出版社,1991:134-135.

而引起的人身和财产损失。该法典第 2-270 条就卖方的附带损失规定很明确,即卖方的附带损失必须得到赔偿。

对于间接损失是否可以获得赔偿,该法典第 2-275 条明确规定,受损害的买方可要求赔偿由于卖方违约引起的间接损失。而对于受损害的卖方是否可以要求赔偿间接损失,该法典无明文规定。但在第 1-106 条规定:"除非在本法典或其他法律规则中另有特别规定,否则不允许间接的、特别的或惩罚性的损害赔偿。"由此可认为,该法典不允许受损害的卖方索取间接损失。[①]

CISG 第 74 条规定:"一方当事人违反合同应负的损害赔偿额,应与另一方当事人因他违反合同而遭受的包括利润在内的损失额相等……"即损害赔偿金数额应相当于受害方因对方违约所遭受的实际损失加上他依据合同可预期获得的利润。因此,损害在 CISG 中包括两个方面——违约对受害方所造成的实际损失和所失利益。

我国《民法典》第 584 条对损失作了如下界定:"当事人一方不履行合同义务或者履行合同义务不符合约定,造成对方损失的,损失赔偿额应当相当于因违约所造成的损失,包括合同履行后可以获得的利益……"该规定明确了损失的范围,即损失赔偿应当相当于因违约所造成的损失,包括直接损失和合同履行后可以获得的利益。

各国立法对损害的分类各有不同,但债务人应当对违约行为所造成的各种后果承担责任,这已为众多国家的合同法所接受,这就是完全赔偿原则。但对债务人所承担的责任又必须加以限制,也就是说,不能通过完全赔偿原则使债权人获得超出所受损害的利益,也不能使债务人负担过于沉重,故须对完全赔偿原则加以限制。

(2) 合理预见规则

在英美法系国家,法院在判决违反合同的损害赔偿时,必须服从间接规则(rule of remoteness)的要求。这个原则阻止无辜的当事人将附带损失扩大得太远,从而给被告施加不合理的负担,因为一方当事人违反合同可能引起一连串的连锁反应,并造成一系列损失。如果没有一个截止点,当事人就会无限制地追下去,显然,这是不现实的。所以,对由于违反合同而造成的损失,有些可以赔偿,有些则被认为太间接,因而不能给予赔偿。

间接规则在合同法上的运用,最早是从 1854 年的 Aadley v. Baxindale 这个著名的经典判例开始的。原告是一个磨坊主,因为机器的一只曲轴断裂,于是请被告将断裂的旧曲轴送到格林尼治的一位工程师那里,仿制一只新的回来。原告对被告说,这件事比较紧急,但是他没有告诉被告,原告没有其他备用机轴可以替用,没有曲轴磨坊就不能开工。由于被告的疏忽,运送曲轴耽误了时间,使原告的停业时间被迫延长了几天,结果使原告遭受了不小的损失。原告诉至法院,要求被告赔偿原告在拖延期间应获得的利润。法官判决被告不必对原告停工期间的损失承担赔偿责任,因为他不了解原告没有其他曲轴可替用的特殊情况。法官 Alder son B 在该案的判决中指出:"双方当事人签订了一份合同,一方当事人

---

① 吴兴光.美国统一商法典概要[M].广州:华南理工大学出版社,1997:234.

违反了合同中的一个条款,对方当事人针对这种违反合同的行为应当获得的公平和合理的赔偿包括,或者是自然产生的损失,即根据一般常理由违反合同而产生的损失;或者是双方当事人都可以合理地预见到的损失。"

间接规则相当于大陆法系建立的可预见性的限制赔偿规则。法国学者波蒂埃最早提出此项主张,后被《法国民法典》接受。该法第 1150 条规定:"在债务不履行完全不是由于债务人有欺诈行为时,债务人仅对订立契约时预见到的或可以预见到的损害与利益负赔偿责任。"《德国民法典》第 252 条规定:"应赔偿的损害也包括可得利益。可得利益是依事物的通常进行,或者依特殊情形,特别是依已采取的措施或者准备,可预见取得的利益。"它与英国法的间接规则之间存在很多相似之处,表现在:其一,都强调损害必须是"在自然发展中"形成的,没有介入外来因素;其二,对损害结果必须可以预见,否则违约方不负赔偿责任。

英国的可预见性规则为美国合同法所接受。根据美国 UCC 第 2-715 条规定,由于卖方违约未能满足买方在一般的或特殊的要求和需求而造成的间接损失,只要卖方在合同订立时有理由知道此种要求和需求,则该损失是买方无法合理避免的,卖方应对此间接损失负赔偿责任。美国《第二次合同法重述》第 351 条更明确规定,违约方不应对合同订立时无理由预见的损失负赔偿责任。

合理预见规则目前已成为各国合同法所普遍接受的赔偿限制规则。CISG 第 74 条规定:"这种损害赔偿不得超过违反合同一方在订立合同时,依照他当时已知道或理应知道的事实和情况,对违反合同预料到或理应预料到的可能损失。"我国《民法典》第 584 条也规定:"当事人一方不履行合同义务或者履行合同义务不符合约定,造成对方损失的,损失赔偿额……不得超过违约一方在订立合同时预见到或者应当预见到的因违约可能造成的损失。"

(3)减轻损失规则

这一规则是指在一方违约并造成损害以后,另一方应及时采取合理的措施避免或减轻损失,否则,应对扩大部分的损害负责。这一规则几乎为各国的立法和判例所承认和采纳。

CISG 第 77 条规定:"声称另一方违反合同的一方,必须按情况采取合理措施,减轻由于该另一方违反合同而引起的损失,包括利润方面的损失。如果他不采取这种措施,违反合同一方可以要求从损害赔偿中扣除原可以减轻的损失数额。"第 75 条规定:"如果合同被宣告无效,而在宣告无效后一段合理时间内,买方已以合理方式购买替代货物,或者卖方已以合理方式把货物转卖,则要求损害赔偿的一方可以取得合同价格和替代货物交易价格之间的差额,以及按照第 74 条规定可以取得的任何其他损害赔偿。"《德国民法典》第 324 条规定,受损害人在要求赔偿损害时,"其因免除给付义务所节省的或由其劳力移作他用而取得的,或故意怠于取得的利益,应扣除之。"我国《民法典》第 591 条规定:"当事人一方违约后,对方应当采取适当措施防止损失的扩大;没有采取适当措施致使损失扩大的,不得就扩大的损失请求赔偿。""当事人因防止损失扩大而支出的合理费用,由违约方负担。"

具体来说,减轻损失规则包括以下三层含义:

第一,被告违反合同造成的损失中,只要是原告可以采取合理的步骤加以避免的损失,原告就不能获得赔偿,不管原告实际上是否采取了合理的步骤避免或者减轻损失。

第二,如果原告事实上已经采取行动避免或者减轻了被告违反合同后发生的损失,原告也不能获得这些损失的赔偿。

第三,原告在采取合理步骤减轻损失的过程中发生的进一步损失或者费用,可以从被告那里获得补偿。

(三)违约金

违约金是指当事人在合同中事先约定,当发生某种违约事实时,违约方向另一方支付一定数量的货币金额。违约金是各国合同法都普遍采用的制度。但是关于违约金的性质,各国法律有较大的区别。

德国法认为,违约金是对债务人不履行合同的一种制裁,具有惩罚性质。《德国民法典》第 339 条规定:"债务人与债权人约定,在债务人不能履行或者不能以适当的方式履行债务时,须支付一定金额作为违约金,在债务人迟延时,罚其支付违约金。以不作为为给付标的的,在有违反行为时,罚付违约金。"由于德国法认为违约金具有惩罚性质,因此,当债务人不履行债务时,债权人除了请求违约金外,还可以请求由于违约所造成的损害赔偿。如该法典第 340 条规定:"债权人因不履行而享有损害赔偿请求权时,可以要求以已取得的违约金代替最低数额的损害赔偿。不排除主张其他损害。"

《法国民法典》对违约金条款的性质作了明确规定,该法典第 1226 条首先规定:"违约金条款是指,契约的一方当事人为确保履行契约,承诺在契约不履行之场合支付一定数额的违约金的条款。"接着,该法典第 1229 条又进一步规定:"违约金为债权人因主债务不履行所受损害的赔偿。债权人不得同时为给付主债务与违约金的请求,但违约金系纯为履行迟延而约定者,不在此限。"第 1231 条规定:"主债务已经部分履行的审判员须酌量减少违约金。"可见,法国法上的违约金一般具有预定损害赔偿性质。并且,在诉讼过程中,对于违约金条款,法官可以运用司法权力进行审查和评价,在必要时,可依法对之予以变更。上述规定突出了法国合同法上违约金的赔偿性质,但是迟延履行的违约金具有惩罚性质。

在英美法系国家,法院在决定采用什么手段向违约的受损害方提供救济时奉行的一项基本政策是,采用任何一种救济手段均应避免对违约方施加惩罚的结果。因此,英美法系国家的法院对于双方当事人在合同中约定的当一方违约时应向对方支付一定金额的条款,首先要区别这一金额是作为罚金还是作为预先约定的损害赔偿金额,这种区分在英美法系上是十分重要的。从形式上看,罚金与违约金一样,都是一方当事人在违反合同时应当向对方支付的一笔款项。但是,罚金与违约金存在着实质上的区别,即在双方当事人签订合同时,违约金是对违反合同可能造成的损失的真实预估,而罚金则是为了阻吓一方当事人违反合同而确定的一笔高额款项，企图通过让当事人支付高额罚金来强迫当事人履行合同。如果法院确认违约金条款是预先约定的损害赔偿金额，它就是可以强制执行的，而如果一个违约金条款具有对违约方进行惩罚的性质，法院将拒绝承认该条款的有效性，即法院不允许当事人依照合同如数取得罚金。

因此，在英美法系国家，根本不承认违约金的惩罚性质，认为违约金只是约定的损害赔偿金额，其性质是补偿性的。根据美国 UCC 第 2-718 条（1）款的规定，合同可以约定任何一方的损害赔偿金，约定的损害赔偿金仅根据因违约而造成的预期或实际的损失而定；确立时还应考虑证明损失的困难，采用其他有效救济的不便或不可行等因素。如果合同规定不合理地大于预定损害赔偿额，则视为罚金，是无效的。当然英美国家法院确定合同中的违约金条款是否具有惩罚性质，并不取决于该条款使用了什么措辞，而是取决于各种客观情况所决定的该条款的性质，即它是赔偿性的还是惩罚性的。

（四）解除合同

拓展阅读

解除合同是指合同有效成立以后，当具备合同解除条件时，因当事人一方或双方的意思表示而使合同关系自始消灭或向将来消灭的一种行为。

解除合同本身并不是违约责任形式，我国《民法典》在合同编"合同的权利义务终止"这一章并没有包括合同的解除。但是，合同的解除乃是法律允许非违约方在对方违约的情况下可以寻求的一种补救方式，此种方式常常与损害赔偿、强制实际履行相对应。因此，我们此处讨论的解除合同仅是作为违约救济的一种方式的意义上来说的，它是指合同的一方当事人违约，另一方有权免除自己对待给付的义务，从而使合同的法律效力归于消灭的行为。各国法律均承认解除合同是违约救济措施之一，但对解除合同的条件、行使及后果有不同的规定。

1. 解除合同的条件

英美法系规定，只有在一方当事人违反条件或重大违约的情况下，对方当事人才能行使解除合同的权利。如果一方当事人只是违反担保或轻微违约，对方不能解除合同而只能要求损害赔偿。此外，如前所述，在当事人声明构成明示预期违约的情况下，另一方当事人可以立即解除合同。在默示预期违约的情况下，如果当事人在合理期限内没有提供充分的担保，另一方当事人也可以解除合同。

在德国法中并没有根本违约的概念，但是，在决定债权人是否有权解除合同时，法律规定应以违约的后果来决定。《德国民法典》第 325 条规定："一方当事人因可归责于自己的事由，致不能履行由双方合同产生的自己应履行的给付的，另一方当事人可以因不履行而要求损害赔偿或者解除合同。在部分不能履行时，如果合同的部分履行对另一方当事人无利益，另一方当事人可以根据第 280 条第 2 款的规定，以全部债务的不履行而要求损害赔偿或者解除合同。"根据第 326 条规定,一方当事人迟延履行时,另一方当事人可以为其规定一个适当的履行期限,并声明,逾期将拒绝受领给付。期限届满后,如果一方当事人未及时给付,另一方当事人可以因不履行而要求损害赔偿或者解除合同。合同迟延履行对另一方当事人无利益的,另一方无须规定期限即享有要求损害赔偿或者解除合同的权利。

由以上规定可知,德国法规定解除合同的条件有以下三种:①不履行或不能履行(包括迟延履行经催告后转化的不履行);②部分不履行;③迟延履行。第一种情况是对合同义务的全面背弃,是违约中最严重的一种,而后两种违约必须在达到对非违约方"无利益"时才可解除合同。这说明德国法解除合同的行使是以违约后果是否严重为标准的。

《法国民法典》第 1184 条规定:"双务契约中,凡当事人一方不履行其义务之情形,均视为订有解除条件。"表面看来,法国法似乎是认为不履行即构成解除合同的条件,另一方就有权行使解除合同的权利。但实际上,根据法国合同理论,双务合同一方当事人要求解除合同,必须具备二个条件:①相对方有过错。一方要求解除合同,必须是基于相对方不履行义务的行为系因可归咎于该方当事人的原因而发生。在某些情况下,为了保护某些债务人的利益,法国法律对于债权人因债务人不履行而要求解除合同的条件作了严格限制,即把相对方的过错作为合同解除的必要条件。例如,乡村土地租赁合同的解除,依法律规定,必须是基于承租人(佃农)一方的过错。① ②相对方不履行的行为性质严重。这是指相对方未履行其基本义务。如果相对方未履行居于从属地位的义务或仅部分履行基本义务,法官有权根据具体情况作出评判。例如,根据法国最高法院民事法庭 1950 年 11 月 27 日判决确定的原则:"在当事人一方部分履行义务的情况下,法官可根据具体情形作出判断。如果其不履行义务的行为具有严重性,或仅责令债务人赔偿损失尚不足以制裁其行为的话,法官可判决该合同予以解除。"

CISG 第 49 条和第 64 条规定了买卖双方行使解除合同的基本条件:一方根本违约,另一方即可宣告合同无效。而对于什么是根本违约,CISG 第 25 条采用了客观、主观两个标准的结合。第一,从客观上看,违约的后果使受害人蒙受损害,"以至于实际上剥夺了他根据合同规定有权期待得到的东西。"此处所称"实际上",包含"实质地""严重地""主要的"的含义,因此表明了一种违约后果的严重性。第二,从主观上看,构成根本违约还必须是违约方预知,而且一个同等资格、通情达理的人处于相同情况下也预知会发生根本违约的结果。

2. 解除合同的方式

目前各国行使解除权的方式主要有两种:一种是由主张解除合同的一方当事人向法院起诉,由法院作出解除合同的判决;另一种是无须经过法院裁判,只需向对方表示解除合同的意思即可。

法国法采取第一种方式。认为合同解除是一种司法行为而不是当事人的行为,合同解

---

① 尹田.法国现代合同法[M].北京:法律出版社,1995:349-350.

除必须由法院作出裁判。《法国民法典》第 1184 条第 3 款规定："解除契约应当向法院请求之，并且法院得视情形给予被告一个期限。"法院在作出裁判时，根据被告的过错程度及不履行的严重性来决定。法院也可以给予被告一定的宽限期，允许其在此期间内履行义务而避免合同的解除。此种方式成为法国合同解除制度的一大特点。

德国法采取第二种方式，要求解除合同的一方只须将解除合同的意思传达对方即可，而无须经过法院裁判。如《德国民法典》第 349 条规定："解除合同，应以意思表示向另一方当事人为之。"

英美法系也认为，解除合同是一方当事人由于对方的违约行为而产生的一种权利，他可以宣告自己不再受合同的拘束，并认为合同已经终了了，而无须经过法院的判决。根据美国 UCC 第 2-607 条，买方在发现或应当发现卖方违约之后的一段合理时间内，必须通知卖方，否则就被禁止取得任何补救。因此，买方在行使解约权时，要向卖方发出包括两方面内容的通知：一是卖方违约的具体情节；二是解约意图。① 卖方行使解约权，如同买方行使解约权一样，必须将其毫不含糊地通知对方。

CISG 也采取了第二种方式，CISG 第 25 条规定了宣告合同无效的方式，"宣告合同无效的声明，必须向另一方当事人发出通知，方始有效。"通知生效时间采取到达原则。

3. 解除合同的法律后果

合同解除的法律后果是导致合同关系消灭，但这种消灭的作用是溯及既往，还是指向将来，对合同双方当事人是至关重要的问题。如果合同解除有溯及力，就要发生恢复原状的法律后果；如果合同解除是指向将来，则当事人对已经履行的部分不负恢复原状的义务。此外，与解除合同的法律后果有关的另一个问题是解除合同是否还能要求损害赔偿，对于这两个问题，各国法律存在分歧。

对于合同解除是否有溯及力，大陆法系各国规定基本一致。《法国民法典》第 1183 条规定："解除条件是指，在条件成就之时，即可撤销债之关系并使标的物回复至如同此前并不存在债之关系的状态。解除条件并不停止债的履行；此种条件仅使债权人在条件规定的事件发生时，有返还其已所收之物的义务。"由此可知，在法国，合同的解除具有溯及力，即溯及至合同成立时，合同被视为从未成立。就当事人之间的关系而言，如果合同未履行，则合同归于消灭；如果合同已经履行，则双方应相互返还财产。《德国民法典》第 346 条也有与法国相似的规定。总之，大陆法系基本采取的都是合同自始无效的原则，即合同解除后，依合同产生的一切权利义务即告无效，双方当事人的法律关系恢复到订立合同之前的状态，没有履行合同义务的不再履行，已经履行的应予以互相返还，恢复原状。

对于解除合同产生的后果，美国法与英国法有较大区别。美国法认为，合同的解除使原来订立的合同不复存在，因而在经济上应恢复到合同订立之前的状态。也就是说，当一

---

① 吴兴光.美国统一商法典概要[M].广州：华南理工大学出版社，1997：240.

个合同被解除时,恢复原状应成为违约救济的原则①。这点与大陆法系合同自始无效的原则基本一致。英国法则认为,由于违约造成的解除合同,并不使合同自始无效,而只是指向将来,即只是在解除合同时使尚未履行的债务不再履行。至于已经履行的债务原则上不产生返还的问题。因此,任何一方当事人原则上都无权要求取回已交给对方的财产或已付给对方的金钱。

对于解除合同与损害赔偿两种救济措施能否并存,英美法系认为,当一方当事人违反条件或构成重大违约时,对方可以解除合同并可请求损害赔偿。

法国、日本、瑞士等其他大陆法系国家也规定,一方当事人行使解除合同的权利,并不能妨碍其请求损害赔偿。

但是,对于解除合同与损害赔偿两种救济措施能否同时进行,原德国法和其他国家规定有所不同。根据《德国民法典》第 325 条、第 326 条的规定,受损害方只能在解除合同与损害赔偿之间选择一种救济方法,而不能同时行使两种权利。

CISG 第 81 条规定了宣告合同无效的基本后果,它规定:"(1)宣告合同无效解除了双方在合同中的义务,但应负责的任何损害赔偿仍应负责。宣告合同无效不影响合同中关于解决争端的任何规定,也不影响合同中关于双方在宣告合同无效后权利和义务的任何其他规定。(2)已全部或局部履行合同的一方,可以要求另一方归还他按照合同供应的货物或支付的价款。如果双方都须归还,他们必须同时这样做。"由此可知,CISG 项下解除合同的效力既指向未来,又溯及既往,具有双重效力。并且,CISG 采纳了大多数国家的做法,即解除合同不影响损害赔偿请求权的行使,这样的规定更有效地保护了受害方的利益。

四、免责事由

一般认为,免责事由指免除违约方承担违约责任的原因和理由,包括法定免责事由和约定免责事由。约定免责事由,又称为"免责条款",与免责事由的概念有着密切的联系,是指当事人在合同中约定的免除将来可能发生的违约责任的条款。不同类型的合同和不同当事人会有不同的考虑,免责条件、免责范围和免责时间都可以事先约定在免责条款中,只要不显失公平,同时没有违反法律上的强制性规定,一般都具有效力,能够为双方当事人所遵守。本书主要关注法定免责事由,即法律规定的,在满足特定条件下,不履行合同义务的当事人可以免除特定责任的情况。

(一)大陆法系国家关于免责事由的规定

大陆法系国家对合同责任的归责原则实行过错归责,认为免责事由就是指非基于债务人的过错而使合同无法履行的事由。大陆法系的传统观点认为,过错是债务人承担违约责

---

①　王军.美国合同法[M].北京:中国政法大学出版社 1996:323

任的必要条件之一，债务人如果没有过错，即使他对债权人造成损害，也不需要承担相应的违约责任。

德国法关于免责事由的规定主要体现在《德国民法典》第 323 条。按照德国法的规定，免责事由被称为"不可归责的不能"，可见，德国法对免责事由的规定是极为抽象的。

法国法关于免责事由的规定见之于《法国民法典》第 1147 条与第 1148 条。依照第 1147 条的规定，当债务的不履行是由于不能归责于债务人的"外来原因"时，债务人对之不承担民事责任。第 1148 条则是对"外来原因"的具体解释。根据该条规定，所谓"外来原因"包括不可抗力、情事变更等事由。

1. 不可抗力

法国法认为不可抗力必须同时具备三个条件：不可抵御性、不可预见性和外在性。

（1）不可抵御性

所谓不可抵御性，顾名思义，就是指人力所不可能抵御的事件。换言之，如果某事件仍然存在为人力所克服的可能，即使由于该事件的出现而使履行合同的难度大大增加，该事件也不构成不可抗力。

（2）不可预见性

即要求构成不可抗力的事件必须在当事人订立合同时不可能被预见。

（3）外在性

不可抗力的外在性从字面上而言似乎是容易理解的，即构成不可抗力的事件必须是债务人自身原因以外的事件。所谓债务人自身，不仅包括债务人，也包括债务人为履行合同而雇佣的人。企业主不得以人员、原材料或技术的缺乏为由主张免除合同责任。

2. 情事变更

所谓情事变更，也称情势变迁，是指在合同有效成立后，出于不可归责于双方当事人的原因，合同基础发生了重大变更，致使合同不能履行或者若履行就会显失公平，从而允许当事人请求变更或者解除合同的制度。

1794 年《普鲁士普通邦法》第 378 条规定了情事变更原则；1811 年《奥地利民法典》第 936 条明确规定："情事于中途发生非可预料之改变，以致当事人约定或者依情事推定的目的不达，一方或双方之信任关系丧失时，当事人可以解除合同。"

1804 年的《法国民法典》继承了罗马法"合同必须严守"的规则，尽管该法典第 1148 条对因不可抗力或意外事件致使合同不能履行时，作了债务人不负赔偿责任的规定，但《法国民法典》缺乏对情事变更原则的一般性规定。第一次世界大战后，由于政治、经济、社会等各方面的剧烈变迁，出现了许多因情事变更所带来的极度不公平现象，在国会与学者的推动下，法国行政法院曾创设了"不可预见理论"，以解决某些因情事变更所造成的合同难以履行或者产生的极度不公平现象。

《德国民法典》沿袭了"合同必须严守"的规则，认为事实上的不能与法律上的不能只有构成永久的与绝对的不能时,才能免除当事人的合同义务。直至第一次世界大战后,德国陷入货币大幅度贬值、物价暴涨的经济危机,法律与经济需要之间发生了严重的不协调,该规则才引起了德国法律界的反思与检讨。一方面,法院通过行使法律解释权对现有法律中的一些相关制度进行扩张性的解释,以应一时之需;另一方面,法院在借鉴学者有关理论的基础上,创设了所谓"法律行为基础"制度。① 此外,德国还颁布了一系列特别法,对各相关领域的情事变更问题作出了具体规定。其中,尤其值得一提的是 1952 年的《法官协助契约法》,该法明确规定:对于 1948 年 6 月 21 日前即新币制改革以前发生的债务关系,由法官协助当事人成立一项新协议;如不能成立新协议,则直接通过裁判来替代当事人所订立的合同。② 德国法律界认为,情事变更原则的核心是维护诚信原则所要求的实质公平,因此,任何可能导致不公平的事件,如政治变革、法律修订、政府对合同的禁止等,都可纳入情事变更的范围。可以看出,德国不仅确立了情事变更原则,而且对情事变更原则的态度是开放的。

英美法系上虽然没有情事变更原则,但确立了与情事变更类似的术语,即"合同落空",或者称"合同目的落空"。在 1903 年的克雷尔诉亨利(Krell v. Henry)一案中,主审该案的西蒙法官认为"合同因嗣后所发生的事故或者情事的变更,推翻合同的基础,或显然与当事人合同成立时的预期不同的,得提早于本来预定之日期前终结。"③

(二)英美法系国家关于免责事由的规定

对于因不可归责于当事人的事由,即合同法意义上的免责事由,英美判例法发展出了纷繁复杂的规则,其中合同落空是合同法上重要的免责事由。

合同落空,又称为"合同受挫",指在合同成立之后,并非由于当事人自身的过失,而是由于意外事件的发生使得当事人履行不可能或不合法,或继续履行合同显失公平,或合同订立时所追求的目的落空。在这种情况下,免除当事人履行合同的义务与责任。

合同落空分为合同履行不能、合同继续履行显失公平、目的落空三种类型。

1. 合同履行不能

在早期的普通法中,合同当事人是不能以合同订立后发生的阻碍合同履行的意外事件作为不履约的免责事由的。但经过后来判例法的发展,逐渐形成了三种重要的因履行不能而免责的事由。

(1)政府行为导致合同履行不能或者不合法

所谓政府行为,既指由立法机关颁布制定法的行为,又包括由行政机构或司法机构发布命令的行为。当法律或指令的颁布使得履行合同成为违法行为时,当事人可以拒绝冒违

---

① 孙鹏.合同法热点问题研究[M].北京:群众出版社,2001:321.
② 梁慧星.中国民法经济法诸问题[M].北京:法律出版社,1989:213-214.
③ 王利明.民商法研究(四)[M].北京:法律出版社,1999:483-484.

法履约的风险,即使在当时情况下此种履约依然是可能的。美国《第二次合同法重述》第264 条重申了这一规则,其规定:"因遵循国内或国外政府规章或指令,义务的履行变得不可行,该规章或指令可以是令合同义务免除的事由。"

政府行为可作为因履行不能而免责的事由,是早在 1536 年的艾博特诉克拉克案中便已确立下来的规则。在该案中,卖方承担了到外国交付小麦的义务,但出发前由于国内指令使得履约成为违法行为,法院由此免除了卖方的义务。此案例被美国法院采纳,并在 1911年联邦最高法院判决中再次确认了此规则。而在之后颁布的美国 UCC 中,对政府行为有了更细致的规定:如果卖方由于善意地遵守某种外国或国内的政府条例或命令而迟延交货或者未能交货的,该方不构成违约;不过,该政府行为必须对当事人产生直接的影响,致使该方不能在不违法的情况下履约,仅仅使当事人履约变得困难,不足以使当事人免责。[①]

（2）义务履行所必需的人死亡或无行为能力

这种情形一般与人的身份或技能密切相关,并且具有不可替代性,无法由他人代为履行。在 1597 年王座法院审理的海德诉温泽迪安案中,法官在判决意见中说明,如果合同要求由诺言人自己履行合同而诺言人在履约前死亡的,任何人不能再提起违约之诉。该案确立了这样一条规则:如果某一特定的人的存在对于某一义务的履行是必需的,而该履行由于这个人的死亡或丧失能力而受到阻碍,那么该履约义务由此解除。

美国《第二次合同法重述》第 262 条重申了这条规则,该条规定:"对于义务的履行,若存在一个特定的人为必要,他的死亡或者使履行不可行的无行为能力是其不发生合同订立基础的事件。"所以,根据这条规定,经济生活中的表演合同、委托合同等与人身属性密切相关的合同,很可能因为义务人的死亡或能力丧失而无法被强制履行,义务方可以由此提出免责。

（3）履行所必需的事物的毁损、破坏或未能存在

此事由成为英美法系上的免责事由,系缘于 1863 年英国王座法院所审理的著名的泰勒诉考德威尔案。该案中,泰勒与考德威尔签订了一个音乐厅租用合同,后者把音乐厅租给前者四天作演出之用,前者给付 100 英镑的租金。后来,在演出之前,音乐厅突然被一场大火焚毁,泰勒提起违约之诉,要求被告赔偿为准备音乐会而花费的开支。法庭认为,音乐厅的存在对音乐会的举行至关重要,音乐厅的焚毁直接导致了履行的不可能,被告可以获得免责。

上述判决形成了现代的履行不能理论的来源,在司法实务中得到了较为广泛的运用。美国《第二次合同法重述》第 263 条同样重申了该理论:"对于义务的履行,若以存在特定事物为必要,其未能存在、毁损或使得履行不可行是其不发生合同订立的基础的事件。"

履行不可能也是美国 UCC 中关于免责事由的指导性理论。根据美国 UCC 的规定,合同当事人的免责必须满足以下四项条件:第一,发生的意外事件必须使协议的履行变得不

---

① 王军.美国合同法[M].北京:中国政法大学出版社,1996:301.

现实；第二，该事件的不会发生是合同赖以订立的基本假定；第三，该履行不能并不是请求免责一方的过错所致；第四，该方并没有在法律强加的义务之外承担其他义务。^① 这些条件与美国《第二次合同法重述》第261条的规定基本相符，都是强调履行的"不现实"，没有严格要求意外事件对履约的阻碍必须达到"不可能"的程度。

2.意外情况的发生使得合同继续履行显失公平

合同履行不能的适用较为严苛，在大多数情况下，意外事件的发生不会使合同履行不能，但继续履行合同会对当事人带来显失公平的结果，此时也可以适用合同落空原则予以解决。

构成该情况的适用条件包括：第一，意外事件已经发生且不可预测；第二，当事人没有约定意外事件发生后的风险分配；第三，意外事件的发生导致继续履行合同会对当事人造成明显不公平的结果。

3.目的落空

英美法系的合同落空原则是以合同默示条件为基础，意指在合同订立以后，不是由于双方当事人过失致使订立合同的目的受到挫折，这时对未履行的合同义务可以免除。美国《第二次合同法重述》第265条把"目的落空"定义为："凡以任何一方应取得某种预期目标或效力的假定的可能性作为订立合同的基础时，如果这种目标或效力已经落空或肯定会落空，则对于这种落空没有过失或受落空损害的一方须解除履行合同的责任，除非发现当事人另有相反的意思。"

拓展阅读

目的落空理论源于1903年英国上诉法院判决的著名案例——克雷尔诉亨利案。该案中的被告为了观看爱德华七世的加冕典礼，与原告约定租用加冕典礼队伍经过的道路旁边的某处公寓，以便观礼。被告预付了25英镑，并约定其余款项在观看加冕典礼时一并付清。后因国王生病，加冕典礼无限期推迟举行，房东要求被告支付所欠房租，遭到被告拒绝。因此房东克雷尔提起了诉讼。法院判决认为，加冕典礼的进行是该合同存在的基础，合同的目的因典礼取消而落空，因此，亨利支付租金的义务被解除。

根据美国《第二次合同法重述》，当事人要证明某种意外的发生使其订立合同的目的落空，必须符合以下要件：第一，该事件使得其订立合同的主要目的"实质性"地落空了；第二，该事件的不会发生是合同赖以订立的基本假定；第三，该落空不是因请求免责的一方的过错而发生的；第四，该方并没有在法律强加的义务之外承担额外的义务。可见，除了第一个要件与履行不能有本质区别以外，两种理论在要件构成上是基本一致的。但是，法院在实践中更愿意引用履行不能的理论，因为目的落空的第一个和第四个要件的证明是比较困难的，而履行不能的适用则避免了法律的不确定性。

---

① 王军.美国合同法[M].北京：中国政法大学出版社，1996：301.

(三) 国际统一合同法关于免责事由的规定

1. CISG关于免责事由的规定

对于导致当事人免责的意外事故,各国法律有不同的称谓,诸如不可抗力、合同落空、履约不能、不可行性等。CISG没有采用各国国内法中既存的相应术语,而使用了自己独特的术语——"非其所能控制的障碍",不仅从字面上对各种纷繁的称谓进行了统一,还从内容上涵盖了诸种称谓的共性。

CISG第79条第1款规定:"当事人对不履行义务,不负责任,如果他能证明此种不履行义务,是由于某种非他所能控制的障碍,而且对于这种障碍,没有理由预期他在订立合同时能考虑到或能避免或克服它或它的后果。"

首先,不履行义务的一方当事人(下称债务人)如果要获得免责,必须证明他之所以未履约是他不能控制的障碍所导致的。构成这种障碍的情形有以下几类:第一,自然事件,主要指地震、洪灾、泥石流、海啸、风灾等自然灾难;第二,重大社会事件,如战争、骚乱等;第三,政府行为。在国际货物买卖中,政府行为构成障碍并不罕见,原因在于政府可能对国际贸易采取管制措施。

其次,某个事件即便在客观意义上构成障碍,倘若不具备CISG第79条第1款规定的不能预见、不能避免与不能克服三个条件,亦不能使债务人免责。值得注意的是,CISG中不能预见、不能避免、不能克服之间是用"或者"(or)来连接的,这容易使人认为,公约中的不能预见、不能避免与不能克服之间是选择关系。然而,秘书处对1978年草案第65条(对应于CISG第79条)的评论说明三者是并列关系,必须同时满足方可[①]。

CISG第79条第3款规定:"本条所规定的免责对障碍存在的期间有效。"这说明如果履行只是一时不能,不履行的当事人可以不承担迟延履行之损害赔偿责任,但在履行障碍消失后,对方当事人仍然可以请求未履行方履行义务,该方当事人应当履行其义务。同时,CISG第79条第4款规定:"不履行义务的一方必须将障碍及该障碍对其履行义务能力的影响通知另一方。如果该项通知在不履行义务的一方已知道或理应知道此障碍后一段合理时间内仍未被另一方收到,则他对由于另一方未收到通知而造成的损害应负赔偿责任。"

CISG第79条第5款:"本条规定不妨碍任何一方行使本公约规定的要求损害赔偿以外的任何权利。"根据该规定,因发生履行障碍致使一方没有履行契约义务,仅仅是该方的损害赔偿责任得到免除,而这并不妨碍契约的任何一方当事人依照CISG的规定行使除损害赔偿请求权以外的其他权利。

CISG对请求免责方规定了免责期间和通知义务。这些严格而审慎的规定既防范了当事人滥用公约免责条款的可能性,同时又对符合上述免责条件的当事人提供了法律上的公

[①] HONNOLD. J Documentary history of the uniform law for international sales[M]. Deventer: Kluwer law and taxation publishers, 1989: 445.

平救济。

2.《合同通则》关于免责事由的规定

（1）不可抗力

如果将 CISG 第 79 条的规定与《合同通则》第 7.1.7 条的规定作比较，可以看出，不可克服的障碍与不可抗力二者的规定极为接近。第 7.1.7 条关于免责条件、免责期间、通知义务和免责范围的规定与 CISG 第 79 条基本相同。

（2）艰难情形

《合同通则》在第七章"不可抗力"之外，还在第六章"合同的履行"中，专门设立一节对"艰难情形"（hardship）予以了规定。其第 6.2.2 条规定："所谓艰难情形，是指由于一方当事人的履约成本增加，或由于一方当事人所获履约的价值减少，而发生了根本改变合同双方均衡的事件，并且：

（1）该事件的发生或处于不利地位的当事人知道该事件的发生，是在合同订立之后；

（2）处于不利地位的当事人，在订立合同时不能合理地预见事件的发生；

（3）事件不能由处于不利地位的当事人所控制；

（4）事件的风险不由处于不利地位的当事人承担。"

由此可见，只有在具备并列的四个条件并同时发生根本改变合同双方均衡关系的结果时，才能成立艰难情形。为了便于操作，《合同通则》在注释中指出，在具体案件中，应依具体情况来判断改变均衡是否"根本性的"；如果履行能够以金钱方式准确计算，则当履行费用或者价值的改变达到或者超过 50％时，很可能就构成"根本性的"改变。根据《合同通则》第 6.2.3 条的规定，在出现艰难情形时，处于不利地位的一方有权要求重新谈判，但该方当事人不得随意停止履约；如果在合理期间内不能达成协议，任何一方当事人均可诉诸法庭，法庭若认定存在艰难情形，可判决终止合同或者修改合同。

显然，《合同通则》对艰难情形条件及其后果的规定，与各国立法关于情事变更的规定及学界对情事变更制度相应问题的认识是基本一致的，艰难情形与情事变更原则的立法目的与制度价值也是一致的，即都是为了在合同基础发生重大变更、依原合同履行会产生显失公平的结果时，重新平衡当事人之间权利义务关系而设立的。所以，《合同通则》设立的艰难情形与情事变更原则并无本质上的差别。

第五节　合同的终止

预习思考题

1. 大陆法系债的消灭的法定事由有哪些？

2. 英美法系中合同消灭的方式有哪些？

3. 各国对清偿的主体、标的、地点是如何规定的？

4. 提存的条件是什么？提存有何法律后果？

5. 各国单方解除合同的条件是什么？

案例 2-10

某国贸易公司(以下简称乙方)与中国某农产品供应公司(以下简称甲方)签订了购买一批西红柿的合同。合同规定甲方在 1 个月内向乙方供应 2000 千克西红柿,每千克 2 元,乙方先付一半价款,其余款项等全部货物交付后付款,在这 1 个月内甲方可以随时供应货物。乙方付款后,当甲方于该月 16 日把 2000 千克西红柿送达乙方时,发现乙方无人接收货物。经调查发现,乙方由于违反该国市场监督管理法规,已被市场监督管理部门吊销了营业执照,并查封了公司。甲方也无法联系到该公司的负责人,此时又正值夏季,西红柿容易变质腐烂,甲方非常着急。请按大陆法系与中国法的规定分析下列问题。

问题:

1. 甲方可以提存来消灭债权债务关系吗？

2. 甲方应该怎么做？

3. 假设可以提存,债权债务关系自什么时候起消灭？

4. 提存费用由谁负担？提存物毁损、灭失的风险由谁承担？

5. 如何通过运用国际商法知识,助力中国企业在涉外经济贸易活动中应对类似的合同履行风险？

案例 2-11

欧洲某国贸易公司(以下简称甲方)与我国某家电生产商(以下简称乙方)签订了买卖家电产品的合同,乙方向甲方供应货物后不久,甲方经济效益下滑,使甲方无法按照合同的约定支付价款,资金链出现问题,即将面临停业的危险。乙方为了防止自己对甲方的全部债权成为泡影,就主动向甲方提出了免除甲方部分家电产品价款的意思表示。之后,经过整顿,甲方恢复了生机,已经能够偿付债务,乙方在知道这种情况后,就提出甲方既然有了支付能力,就应当按照原来合同的约定支付全部的价款,结果被甲方拒绝。请按大陆法系与中国法的规定分析下列问题。

问题:

1. 甲方可以拒绝吗？为什么？

2. 如果乙方提出免除甲方部分债务,被甲方拒绝,这种免除有效吗？为什么？

3. 改变以上案情,假设甲方不能支付乙方价款 20 万元,乙方也有一批货物没有交付给甲方,价值 10 万元,甲方通知双方的债务抵销 10 万元。请问可以发生抵销的法律后果吗？

4. 改变以上案情,如果甲方对乙方欠款 20 万元,乙方对甲方欠款 10 万元,各债务人均没有发出意思表示抵销，两者的债务发生抵销的后果了吗？

合同的终止，又称合同的消灭或者合同权利义务的终止，是指因某种事由的发生，使特定当事人之间的合同关系不再存在。大陆法系各国则把合同的消灭包括在债的消灭的范畴，作为债的消灭的内容之一，各国在其民法典或债务法典中，也仅就债的消灭作出规定，而没有专门就合同的消灭作出规定。英美法系在合同法与侵权行为法之上没有"债"这个总的概念，因此，英美法系没有债的消灭的法例，而只有合同消灭的法例。

一、大陆法系国家合同消灭的事由

大陆法系各国对债的消灭的有关规定，基本上是大同小异的。大陆法系各国认为除了合同的撤销、解除及履行不可能等均可作为债的消灭的原因之外，还在民法典或债务法典上对债的消灭的各种原因作了具体的规定。例如，根据《法国民法典》第三编第五章的规定，债有下列情形之一者即告消灭：①清偿；②更新；③免除；④抵销；⑤混同；⑥标的物灭失；⑦请求宣告契约无效或取消契约之诉。而根据《德国民法典》第二编第四章的规定，债的消灭原因有以下四种：①清偿；②提存；③抵销；④免除。《日本民法典》把债的消灭的原因规定为五项，前四项均与《德国民法典》的规定相同，第五项是"混同"。对于"混同"，《德国民法典》虽无明文规定，但实际上也承认它属于是债的消灭的原因之一。

我国关于合同消灭事由也基本与大陆法系国家相同。我国《民法典》第557条规定，"有下列情形之一的，债权债务终止：（一）债务已经履行；（二）债务相互抵销；（三）债务人依法将标的物提存；（四）债权人免除债务；（五）债权债务同归于一人；（六）法律规定或者当事人约定终止的其他情形。合同解除的，该合同的权利义务关系终止。"

（一）清偿（payment）

此处所谓"清偿"，是大陆法系国家合同法上的概念，我国《民法典》称之为"债务已经履行"。名称虽然不同，但在解释上都是债务人已按照合同的约定全面适当地履行了义务。这是合同终止的最主要、最一般的原因。

例如，在买卖合同中，卖方向买方交货，买方向卖方支付价金，都叫清偿。各国法律一致认为，清偿是债的消灭的主要原因。当债权人接受债务人的清偿时，债的关系即告消灭。清偿涉及以下几个问题：

1. 清偿主体

清偿一般是指由债务人向债权人履行合同规定的义务，但西方国家法律原则上都允许债务人以外的第三者向债权人清偿债务。例如，《德国民法典》第267条规定，"债务人无须亲自给付的，第三人也可以履行"，债权人必须受领该给付，否则，债权人将陷于迟延。当然,在给付义务与人身相联系的场合,给付必须由债务人履行。《法国民法典》第 1236 条第 2 款规定:"债亦可由没有任何利害关系的第三人清偿,但以第三人是用债务人的名义并为结清债务人的债务进行清偿为限;或者,如第三人以其本人的名义进行清偿,则以其不为代为取得债权人的权利为限。"由此,法国法同样允许第三人代为清偿,但其必须以债务人的名义清偿,若以自己的名义则不得作为新的债权人向债务人追偿。

2. 清偿标的

清偿的标的物一般应当是合同约定的标的物。例如,借钱还钱,借米还米,等等,但如果债权人同意,债务人也可以用约定的标的物以外的物品来清偿其债务。例如,欠钱可以还米,欠米也可以还钱。这在大陆法系上称为代物清偿。代物清偿也可以产生债的消灭的效力,但必须取得债权人的同意。例如,《德国民法典》第 364 条第 1 款规定:"债权人受领所负担的给付以外的给付以代替履行的,债务关系消灭。"根据该款,如果债务人向债权人履行的是所负担给付之外的另外一项给付(例如,买受人为清偿自己的价金债务而向出卖人交付一张票据或者支票),那么只有当债权人将该另一项给付作为清偿而受领之时,债务关系始能够归于消灭。根据《法国民法典》第 1243 条的规定,只有在获得债权人受领合同标的物之外的物的意思表示时,方得代物清偿。

3. 清偿地点及时间

至于清偿的地点与期间,大陆法系各国法律也有一些具体的规定,所谓清偿地,亦称履行地,即债务人应履行其义务的地点。例如,《法国民法典》第 1247 条规定了清偿应在契约指定的地点进行;如果没有指定,在交付确定的特定物时,则清偿应在缔结契约时债的标的物所在地进行。《法国民法典》还对抚养费的给付地点作了规定。除非法院另有规定,否则裁判的抚养费必须在受领人的住所地或居所地支付。而除了前述规定的情况外,清偿应在债务人的住所地进行。

(二) 提存(deposit)

提存是指在债务人履行债务时,由于债权人受领迟延,债务人有权把应给付的金钱或其他物品寄托于法定的提存所,从而使债的关系归于消灭的一种行为。提存作为法律制度已有漫长的发展历史,它起源于罗马法。最初,在罗马法中,法律允许债务人在债权人迟延受领时,将标的物抛弃以免除责任。《查士丁尼法典》中述道:"争讼开始后,你向债权人偿还因消费借贷使用的本金和法定利息,如果债权人不接受清偿,你可以将钱封好后放置于某公共场所,从这一刻起停止计算法定利息……债务人也可不对风险承担责任。"

罗马法这一极具现代意义的提存制度为现代各国民法所承袭。《法国民法典》第 1257 条规定:"在债权人拒绝受领清偿时,债务人须向债权人提议现实的清偿;当债权人仍拒绝受领时,债务人得将款项或提议之物予以提存。在现实的清偿提议之后将物或现款提存,即告解除债务人的债务;有效提出的现实的清偿,对于债务人而言,具有清除的效力。"该法典第 1259 条至第 1264 条还对提存的具体程序、提存费用的承担、提存物的撤回等作了具体规定。《德国民法典》第 372 条规定：“债权人陷于受领迟延的，债务人可以为债权人的利益而将金钱、有价证券和其他证书及贵重物品向为之而指定的公共提存所提存。”根据大陆法系的解释，提存必须是在发生以下情况之一时才能消灭债的关系。

（1）债权人受领迟延。所谓受领迟延，是指在债务人提出清偿时，债权人拒绝予以接受，在这种情况下，债务人不能无限期地等待，因此允许债务人把应给付的金钱或其他物品寄存在法定的提存所，借此免除债务人的责任。

（2）不能确定谁是债权人。由于不能确定谁是债权人，不知道谁有权受领给付，在这种情况下，债务人就很难清偿其债务。例如，债权人死亡后，有子女若干人，其中谁是继承人尚未确定。此时债务人即可把应给付的金钱或其他物品寄存于法定的提存所，使债的关系归于消灭。

提存需要注意以下规则：

1. 提存的主体

提存涉及三方面的当事人：

（1）提存人。在一般情况下，提存人为债务人，但是代为清偿的第三人也可为提存人。

（2）提存受领人。提存受领人一般为债权人。

（3）提存机关。罗马法将提存的场所规定为公共场所，并明确规定公共场所包括神殿或其他由审判机关指定的场所，而不是提存人任意选定的场所。《德国民法典》第 374 条规定，提存应在清偿地的提存所为之。而按照《瑞士债法典》的规定，提存场所应由法官指定。

2. 提存的标的物

提存的标的物，原则上应为债的标的物。如果提存的标的物与债的内容不符，不产生消灭债务的效力。但如果合同的标的物由于其性质不适宜于提存（如易腐、易变质的商品），或者保管的费用过高（如牲畜的饲养费），按德国法的规定，债务人经法院的许可，可以在当地进行拍卖，将拍卖所得的价金寄存于法定的提存所而解除其责任。我国《民法典》第 571 条规定：“债务人将标的物或者将标的物依法拍卖、变卖所得价款交付提存部门时，提存成立。提存成立的，视为债务人在其提存范围已经交付标的物。”

3. 提存的效力

（1）提存与清偿具有相同的效力。一般地，自提存之日起债权债务关系归于消灭。例如，《法国民法典》第 1257 条第 2 款规定：“债务人提出现实的清偿后又提存者，其债务消灭；合法的现实清偿的提出与提存对于债务有清偿的效力。”但《德国民法典》则采不同的规定，其第 378 条规定：“提存物的取回权消灭时，与在提存时向债权人履行给付一样，债务人因提存而免除债务。”即债并非自提存之日起消灭，而是自提存物的取回权消灭时消灭。

（2）《法国民法典》第 1260 条、《德国民法典》第 381 条都规定，除当事人有特别约定外，提存费用由提存受领人负担，同时，提存物的收益也由提存受领人享有。

(3) 提存物毁损、灭失的风险承担问题。《法国民法典》第 1257 条规定:"照此提存之物由债权人承担风险。"《德国民法典》第 379 条也规定由债权人承担风险。

4. 提存通知

债务人在提存后,应立即将有关情况通知债权人,如债务人没有及时发出通知,致使债权人蒙受损失,债务人须负赔偿责任。但如果由于实际情况有困难而不能通知(例如,不能确定谁是债权人),则无须通知。例如,《德国民法典》第 374 条第 2 款规定,"债务人必须不迟延地将提存通知债权人;在怠于通知的情形下,债务人负有损害赔偿义务。不能通知的可以不通知。"

5. 提存物处理

提存是债务人与提存所之间的寄托合同,同时又具有向第三者为给付的合同的性质,它使债权人取得直接向提存所请求交付提存物的权利。但债权人须于一定期限内行使此项权利。按照《德国民法典》第 382 条的规定,如债权人在 30 年内不行使其受领权,此项权利即告消灭。另根据《德国民法典》第 376 条的规定,债务人也有权取回提存物,但如果他已放弃取回权,或债权人已向提存所表示接受提存,或经法院判决债权人胜诉并将判决通知提存所,债务人即不得取回其提存物。

(三) 抵销(set-off)

所谓抵销,是指二人互负相同种类债务,各使双方债务在对等额内相互消灭的法律制度。抵销作为合同消灭的一种原因,为罗马法以来各国立法所普遍承认。在罗马法中,抵销就是用债权人欠债务人的钱物进行折抵清偿。《学说汇纂》第六编指出,"抵销是债权和债务的相互消除"。

罗马法关于抵销的规定对大陆法系民法产生了重要的影响。《法国民法典》第 1289 条规定:"二人互为债务人时,相互之间按照以下表达的方式与情况,进行债务抵销,消灭两宗债务。"这就承认了法定抵销。《德国民法典》第 387 条规定:"二人相互负担给付,而给付依其标的为同种类的,任何一方就可以以其债权抵销另一方的债权。"第 389 条规定,"抵销发生如下效力:在双方的债权彼此一致的范围内,在适合于抵销而相互对待之时,双方的债权视为已消灭。"由于抵销具有低成本、便捷等特点,因此,各国民法大多规定抵销是债的一种消灭原因。我国《民法典》第 568 条、第 569 条分别对法定抵销、约定抵销作出了具体规定。

1. 抵销的功能

(1) 手续方便,可以避免交换履行,从而可以降低履行成本。如果不采用抵销的方法,则双方当事人必须分别向对方履行各自的债务;但采用抵销的方法,则可不必经过两道履行程序,在对当事人方便的同时也降低了履行成本。另外,抵销还可使任何一方当事人在没有诉讼、判决和国家强制执行的情况下,实现自己对他人享有的债权。

(2) 当一方当事人破产或支付不能时,采用抵销的方法,可以避免交换履行所引起的不公平的结果。例如,甲乙两人互负债务,甲已宣告破产。如果没有抵销的办法,则乙欠甲的债务仍须清偿,而甲欠乙的债务,甲已无力清偿,乙只能根据破产程序参与破产财产的分配,最后能分到多少,没有什么保障,这对乙是不利的。而采用抵销方法,则可避免这种不公平的结果。依德国《支付不能法》第94条的规定,这种方法在债务人支付不能程序中可以帮助债权人。

2. 抵销的方法

抵销的方法主要有以下三种。

(1) 当然抵销主义。此种观点认为,只要符合法定的抵销条件,无须当事人的意思表示,即可当然发生抵销的法律后果。例如,《法国民法典》第1290条规定双方互负债务时,"即使各债务人均无所知,仍可依法律的效力当然进行债务抵销"。只要当事人相互之间数额已经确定的、到期的债务当然抵销,并不需要查找两宗债务之间是否存在关联性。奥地利民法也采用此种观点。

(2) 抵销意思主义,即以当事人单方面的意思表示抵销。此种观点认为,当双方当事人的债权适于抵销时,仅产生抵销权,但要发生抵销的后果,还须由当事人实际作出意思表示行使抵销权,才能产生合同消灭的法律后果。《德国民法典》《日本民法典》和《瑞士债务法典》均认为,当双方互负债务时,任何一方当事人均须以意思表示通知对方进行抵销。依此,抵销所产生债权消灭的效力,不是在双方债权能够抵销时,法律上当然发生,而以当事人一方的意思表示为必要。我国《民法典》第568条规定:"当事人主张抵销的,应当通知对方。通知自到达对方时生效。抵销不得附条件或者附期限。"这说明我国法律认为必须通知对方才能抵销。

(3) 约定抵销。所谓约定抵销,就是指当事人通过订立抵销合同而使双方互负的债务发生抵销。各国法律都允许互负债务的双方依照合同的约定,将各自的债务进行抵销。我国《民法典》第569条规定:"当事人互负债务,标的物种类、品质不相同的,经双方协商一致,也可以抵销。"这说明我国单方面抵销和约定抵销的条件是不同的。

3. 抵销的效力

在主债权和对待债权相互抵偿的限度内,抵销具有使二者归于消灭的效力。《德国民法典》第389条、《法国民法典》第1289条、《瑞士债法典》第124条第2款、《日本民法典》第506条第2款都规定了抵销的这一效力。

(四) 免除(release)

免除是指债权人免除债务人的债务,亦即债权人抛弃其债权,这也是大陆法系国家合同终止的原因之一。《法国民法典》从第1289条到1299条对合同的免除作了规定,而《德国民法典》仅在第397条作了规定,法国法的规定较之德国法要更具体详细。

1. 免除的性质

大陆法系各国民法均规定免除为债的消灭原因，但各国立法对免除的行为性质有不同的规定。

（1）合同说。《法国民法典》（第 1285、第 1287 条）、《德国民法典》（第 397 条）及《瑞士债法典》（第 115 条）均认为是合同行为。例如，《德国民法典》第 397 条第 1 款规定："债权人以合同向债务人免除债务的，债务关系消灭。"依据该款规定，一项债权可以被免除，并且可以因此而归于消灭，前提条件是在债权人与债务人之间订立合同。法律没有规定债权人可以单方面放弃自己债权。其理由如下：第一，债的关系为债权人与债务人之间的特定权利义务关系，故不能忽视债务人的意思而仅依债权人之单独行为发生债之消灭的结果；第二，债权人免除债务人的债务系一种恩惠的表示，但恩惠不得强施，当债务人不接受时，强使债务人接受会有损债务人人格的独立性；第三，债权人免除债务人的债，必有一定的动机，因而不能断定债权人的免除一定不会损害债务人的利益。我国持这种观点的学者亦有之。

（2）单方行为说。此种观点认为，债务免除是一种单方行为，根据债权人的单方意志就可以成立。日本民法采纳了这一观点，《日本民法典》第 519 条规定："债权人在对债务人表示免除债务的意思时，其债权消灭。"采纳这一观点的理由在于：债权人免除债务人的债务，实际上是一种无偿行为，免除债务对于债务人一般都是有利的，债务人大多会因为债务的免除而获益，因此也就没有征得其同意的必要。如果免除必须征得债务人的同意，那么当债务人不同意，债权人既不能免除债务人的债务，又不能抛弃其债权，这显然是违反事理的。

2. 免除的效力

债务免除的直接效果是消灭合同关系。《德国民法典》第 397 条、《法国民法典》第 1289 条均对此作出规定。但是，合同关系是否完全消灭还要根据免除的内容决定。如果是免除全部债务的，则从免除生效之日起合同关系完全消灭；如果免除部分债务的，则在免除的范围内发生合同义务的消灭。

（五）混同（merger）

混同是指债权与债务同属于一个人，即同一个人既是债权人同时又是债务人，在这种情况下，债的关系已无存在的必要，应归于消灭。混同作为债的消灭的原因，自罗马法以来，各国法律无不设置相应的规范予以规制，仅德国民法例外，未作规定，这主要是由于德国民法认为混同导致合同关系消灭，属于理所当然的事实，不需要由法律规定。

不过，对于混同能否发生消灭债的效力，在理论上存在着二种不同的观点。一种观点认为，混同不发生消灭债权债务的效力，只发生履行不能，即任何人不能对自己履行，因此债权、债务归属于同一人，为履行不能。另一种观点认为，混同发生消灭债的效力，这是世界各国或者各地区立法之通例。例如，《法国民法典》第 1300 条规定："债权人与债务人的资格集于同一人时,依法当然发生权力混同,消灭两宗债权。"《日本民法典》及《瑞士债务法典》也都规定,当债权与债务同归于一人时,其债权因混同而消灭。《德国民法典》虽无明文规定,但实际上也是承认混同这种制度的。因为债权与债务既已集中于一身,自己对自己讨债,自己对自己还债已无实际意义。比如,承租权与所有权集于一人之身而发生债的混同,消灭租约权。

一般而言,混同是导致合同债权债务消灭的法定原因,我国《民法典》第 576 条规定:"债权和债务同归于一人的,债权债务终止,但是损害第三人利益的除外。"此处所谓"第三人利益",是指作为债权债务的标的上设有他人的权利。例如,甲和乙对丙享有连带债权,甲与丙后来发生合并,但甲对丙的债权不因混同而消灭,因为连带债权的实现不仅涉及甲的利益,还涉及乙的利益。

(六)合同解除

合同解除,从广义上看,是指在合同成立以后、履行或者完全履行之前,因当事人一方的意思表示或者基于双方的合意,使彼此之间的合同关系提前归于消灭的行为。它包括双方协议解除合同和单方行使解除权解除合同两种情况。狭义上的合同解除,仅指当事人一方通过行使法定或者约定的解除权,使合同关系归于消灭的行为。

合同解除后会使合同权利义务归于消灭,解除合同的条件和后果在前面违约及违约的救济措施一节已作出阐述,在此不再赘述。

二、英美法系有关合同消灭的规则

在英美法系中,合同终止是指对合同效力的终止,使双方当事人之间的权利义务因此而归于消灭。实践中,合同多因协议终止、因履行而终止、因受挫而终止和因违约而终止。

(一)协议终止

协议终止,即通过当事人的双边协议规定原合同不再约束他们任何一方而终止。

根据合同自由原则,合同可以依据与订立合同的同样方式予以终止,即通过当事人的合意予以终止。这个新的协议,如同任何其他简单的合同一样,必须有对价的支持。它可以明确地废除原合同,也可以变更原合同中的一些条款,其他内容则予以保留;它可以是一个全新的、独立的合同,它与原来的那个合同大相径庭,以致二者不能共存,在这种情况下,原来的那个合同也就隐含地被终止了;这种新的协议还可以变更原合同的当事人,而不影响原合同的履行方式。

(二)履行终止

履行终止,即因合同得以履行而终止,是英美法系合同终止制度中所特有的制度,它是指一个合同中的双方当事人履行完毕合同所约定的基本义务(包括明示和暗示的基本义务)从而使合同归于消灭。如果合同的条款已经履行,即双方当事人已经履行合同所约定的行为,则合同的目的已经达到,那么合同也就终止了。

一方面,为了使履行能起到终止合同的作用,双方当事人必须按合同要求完成他们应当履行的义务,当一方当事人完成了协议中规定的属于自己的那部分义务,他便从进一步的义务中解脱出来,但在对方当事人履行完他的义务之前,合同并未终止。因此,合同要达到因履行而终止的效果必须是双方当事人的基本义务都已完成。另一方面,合同的履行应当是一个公平合理的履行,当事人希望按合同达到的目的都已达到——而不是仅仅只满足了合同的字面意义却没有满足其实质要求及真实地符合合同精神的履行。合同应何时履行、由谁履行及那些行为是否达到了合同履行的要求,诸如此类的问题只能根据合同本身来回答。因此,合同因履行而终止情况下的履行要符合一定标准。

(三)受挫终止

一些事件导致合同不可能履行,或者至少使合同的履行与合同的规定存在根本的或重大的差别,这些事件使合同的履行受到挫折,因此被称为"合同履行受挫"。英美法院认为,如果合同当事人因为一些不能控制的、不可预见的、不能避免的事件的发生而被阻止履行其合同义务,在这种情况下要求他对其违约负责,显然是不公正的。因此,法律为允诺人提供了合同已受挫的抗辩,受挫的后果是立即并自动终止合同,而免除当事人履行合同义务。

在英美法系早期,超出当事人任何一方控制的、意外发生的事件对当事人履行合同的义务没有影响,1647 年的帕拉丁诉简(Paradine v. Jane)一案的判决即持这一立场。此时是在盛行合同自由原则的 19 世纪,法院非常不愿意干涉双方当事人自由订立的合同,即使这可能会导致极为严重的后果。

但英国王座法院审理的泰勒诉考德威尔一案,对在意外事件造成履行不能的情况下当事人的免责作出了进一步的确认和阐述。一旦法院判决合同受挫,所有的合同义务将立即自动终止,任何一方无须继续履行合同。

(四)违约终止

在英美法系国家的合同法著作中,"违约终止"通常指的是无过错方在对方违约时有权行使且实际行使了免除自己合同义务的权利的行为。合同一方当事人违约,另一方有免除自己进一步履行合同项下他尚未履行的义务的权利,且在对方提供给付时,他还可以被免除受领给付的义务,这便是英美法系国家合同因违反而终止的情形。

一般而言,合同之一方当事人可因下列三种行为方式之一而导致违约:

(1) 拒绝(renunciation)承担合同中约定的义务和责任;

(2) 无法履行所作的承诺(impossibility),即用其自身的行为使履行其义务成为不可能;

(3) 全部或部分未能实现他所担保的事项(failure to perform)。

这三类行为方式即当事人违约的基本行为。在这三种违约形式中,第一种、第二种违约既可能发生在履行的过程中,也可能发生在合同在将来才完全有效的时候,而第三种只能发生在合同履行之时或履行期间。第一种、第二种违约及第三种违约中的全部不履行均可导致合同的终止,而第三种中的部分不履行若要产生合同中的后果,则此种不履行必须从根本上影响到合同的履行,否则不会导致合同的终止。[①] 因为英美法系把违约分为两类:违反条件和违反担保或重大违约和轻微违约。如果只是违反担保或轻微违约,受损害方只能请求损害赔偿,不能解除合同;如果违反条件或重大违约,即涉及合同的根基,则受损害的一方有权解除合同,并可请求损害赔偿。

第六节　时效制度

预习思考题

1. 时效是什么? 时效分为哪几种?

2. 英美法系与大陆法系的时效制度有哪些区别?

3. 时效的中止与中断有何区别?

4. 中国的时效分为哪几种?

5.《联合国国际货物买卖时效期限公约》(以下简称《时效公约》)有关时效的起算和中断是如何规定的? 其对于时效期限中断及届满的法律后果的规定与中国法是否相同?

案例 2-12

1997 年 9 月 1 日,某国 B 公司向中国 A 公司定购了价值 10 万元的黑木耳,合同规定,黑木耳的质量按 A 公司提供的样品计量,而 B 公司于 1997 年 10 月上旬先付款 50%,其余货款在 B 公司收到黑木耳后 10 日内付清。1997 年 10 月 5 日,B 公司付款 5 万元给 A 公司,12 月 5 日 A 公司将黑木耳送至 B 公司。B 公司收货后认为黑木耳不符合 A 公司所提供样品的质量要求,因此致函 A 公司,A 公司收到信后予以否认。1998 年 1 月因市场上黑木耳需求量很大,B 公司就把黑木耳进行了降价处理。1998 年 5 月 15 日,A 公司向 B 公司索要 5 万元货款,B 公司说黑木耳质量不合乎合同要求,要求降价,而 A 公司不同意,后 A 公司于 2001—2007 年多次向 B 公司提起请求偿还货款的要求,经协商问题也未能解决。后 A 公司领导层发生调整,该债务纠纷搁置下来。2020 年 12 月 20 日,A 公司在清理公司财务状况时发现这一债务纠纷,于是向中国某市区人民法院起诉,要求 B 公司偿还 5 万元价款并赔偿损失。B 公司认为原告的诉讼请求已过了时效,提出了抗辩。

---

① 李先波. 英美合同解除制度研究[M]. 北京:北京大学出版社,2008:245.

问题:

1. 英美法系、大陆法系有几种时效制度? 本案的时效属于英美法系、大陆法系、中国法系的什么时效?

2. 本案的时效期间是多长? (以下问题请按《时效公约》和中国《民法典》进行分析。)

3. 本案 B 公司的抗辩理由是否成立? 为什么?

4. 如果 A 公司未起诉 B 公司,而 B 公司在 2018 年 7 月主动将这笔款项给了 A 公司,事后 B 公司想起诉讼时效已过,想要回钱,可以吗?

5. 假设法院接到起诉状后,发现时效已过,根据中国《民法典》和《时效公约》,可以以时效届满为由驳回起诉吗?

大多数国家都把时效完成作为消灭合同和其他债的关系的原因之一。例如:《法国民法典》第 1234 条规定,债的关系须因时效完成而消灭;英美法系的一些国家也把诉讼时效完成作为合同消灭的一个重要原因。有些国家虽然对此有不同的规定,但一般认为,由于时效的完成,债权人的请求权即告消灭,或者至少也认为债务人可以时效完成作为抗辩的事由,因此,事实上时效完成仍然起到消灭债的关系的作用。

一、时效的概念及意义

时效是指依据法律的规定,在一定期间内,由于一定事实状态的继续存在,而引起民事法律关系消灭或发生的一种法律制度。例如,当债务人不履行义务时,如债权人在时效期间内不行使权利(比如,不向法院起诉),法律对这种债权即不予保护。又如,占有人占有别人的财产,原所有人在一定期间内没有行使权利,善意占有时效期满后,所有人就丧失了所有权,占有人就取得了所有权。

时效的结果往往是当事人获得某项权利或者免除义务,因此依照后果的不同,时效又可以分为取得时效与消灭时效。

(一)取得时效

取得时效是指占有人占有别人的财产,原所有人在一定期间内没有行使权利,占有时效期满后,占有人就取得所有权。

取得时效要求占有人出于取得所有权的意思,平稳且公然地占有他人之物达法定期限,且在此期间内原所有人能主张权利却不主张。至于占有人是否应出于善意,则不同国家的规定有所不同,德国与瑞士均要求善意,日本及意大利等国则不要求,但规定出于善意的占有会缩短取得时效的期限。例如,《日本民法典》第 162 条规定取得时效期限为 20 年,而对于善意且无过失的则为 10 年。

（二）消灭时效

消灭时效是关于诉权的制度，即债权人在诉讼时效期间内不行使权利，其诉权或请求权即归于消灭。关于消灭时效的后果，特别是时效完成后消灭的是实体权利还是诉讼权利，又或者说两者均不消灭，只是免除了债务人的义务，各国对此规定并不相同。

关于时效的意义，美国法学家，后任联邦最高法院大法官的奥利弗·温德尔·霍尔姆斯（Oliver Wendell Holmes）曾提出如下疑问："因为时间流逝而剥夺个人权利的正当性为何，难道权利因此就完全成为恶了吗？"①这一疑问让人不得不思考时效制度存在的合理性。对于霍尔姆斯的疑问，理论界通过不同的学说作出回答。最常见的是引用罗马法谚"法律不保护权利上的睡眠者"，认为时效的目的在于催促当事人及时行使权利，避免其怠于行权导致权利的浪费和社会财富的损失；也有学者认为是为了保护义务人"免受陈腐请求之干扰"，减轻义务人的举证负担；也有学者提出信赖保护的观点，主张通过时效确定权利的归属，保护义务人及第三人对权利人不履行权利的信赖，以免使当事人对行为的合法期待落空，这一观点为德国联邦最高法院所采纳；还有学者从保障交易的角度进行论述，例如，美国法学教授亨利·巴兰塔（Henry W. Ballantine）认为时效既不是对占有人勤勉的奖励，也不是对怠于行权的权利人的惩罚，而是清结那些公开且持续声明的权利，为有价值的权利提供证明，并改正权利转让中的错误②。

二、两大法系的时效规则

（一）时效的分类、期间及法律后果

1. 大陆法系

关于取得时效的期限，各国的规定有所不同。日本与意大利区分善意与非善意，其中前者为 10 年，后者为 20 年；德国和瑞士区分动产与不动产，其中不动产均为 30 年，至于动产的期限，德国 10 年，瑞士 5 年；法国则规定一切诉讼均为 30 年。

各国对消灭时效的规定一般分为普通期间和特别期间，对于一般事项采取普通期间，对于法律特别规定的事项采取特别期间。

（1）普通期间：对于普通期间，各国的规定从 30 年到 3 年不等。其中：法国为 30 年；日本对于债权的规定为 10 年，债权以外的财产权为 20 年；德国原为 30 年，2002 年《债法现代化法》实施以后缩短为 3 年。

（2）特别期间：各国法律对于特别事项另外规定了时效期间，则对于这些特别事项适用特别的规定。这些特别期间通常比普通期间短，通常为 5 年、3 年、2 年或者 1 年，但也有

---

① HOLMES O W. The path of the law[J]. Harv. L. Rev. ,1897,457(10)：476-477.
② Henry W. Ballantine, Title by Possession 32 Harv. L. Rev. 135(1918).

比普通期间长的。例如，《德国民法典》规定土地转让时效期间为 10 年，返还请求权、亲属和继承法上的请求权等均为 30 年。

关于消灭时效的后果，存在不同的观点，具体而言可以分为四种学说：

（1）实体权利说，认为消灭时效导致实体权利消灭，《日本民法典》即采用此学说。

（2）诉权消灭说，主张随着时效完成而消灭的是诉权，即实体权仍然存在，但权利人不可通过诉讼获得救济，采用此学说的有法国。

（3）抗辩权发生说，认为时效完成后，债务人拥有了对债权人的抗辩，而债权人的实体和程序权利均不消灭，该观点为《德国民法典》所采纳。

（4）胜诉权消灭说，此为苏联学者所首倡，并为我国《民法通则》所采纳，认为时效期限过后，债权人的实体及程序权利均不消灭，但不再受人民法院的保护。

2. 英美法系

英美法系中只有诉讼时效制度，最早可追溯至 1275 年的成文法中，意指土地所有人在超过一定期限后，不得再通过诉讼或者其他自助行为恢复其权利，土地的实际占有人获得了土地的所有权。其目的在于限制权利人主张"过时的权利"（aging claims）而给他人带来不必要的负担，以及纠正权利转移中发生的错误从而保障交易。

英美法系中的时效期间，在一般情况下为 20 年，近年来的趋势是不断缩短，从 6 年到 10 年不等。

在合同法方面，英国法将合同分为简式合同与签字蜡封合同。前者是不要式合同，可以书面或口头等形式订立，但须支付对价，时效为 6 年；后者是要式合同，须以书面形式订立，且由双方当事人签字盖章后方可成立，时效为 12 年。

对于诉讼时效届满的后果，英美法系认为超过时效期间的后果是权利人失去了提起诉讼的权利，或者实际占有人获得了本来不具有的权利。无论哪一种后果，请求权都并未消失，时效只是阻碍了权利人提起诉讼，因此消灭的并非权利本身，而只是诉权。

三、诉讼时效的起算、中止、中断及延长

（一）诉讼时效的起算

按照一般规定，时效从知道或应当知道权利被侵害时计算。但由于客观现实的复杂性，因此也要区分不同的情况：违约之诉中，合同有履行期的从履行期届满之日起算，没有履行期的，债权人给予对方必要的准备时间，从准备期届满之日起算；侵权之诉中，从受害人知道或应当知道其权利受到侵害之日起计算。

（二）诉讼时效的中止

诉讼时效的中止是指权利人在诉讼时效期间的最后几个月内，由于发生了不以自己意

志为转移的事故,阻碍了他向法院起诉,在这种情况下,为了保护权利人的利益,阻碍权利人不能行使诉权的这段时间,不计入时效期间,等该事故消灭以后,时效期间再继续计算。

时效中止通常包括以下情况:

(1)不可抗力。不可抗力指不能预见、不能避免且不能克服的客观情况,在这种情况下权利人行使权利受到了阻碍,则不可抗力持续的期间不计入诉讼时效期间。

(2)权利人行为能力不完全。权利人行为能力不完全指权利人是无民事行为能力人或限制行为能力人,且在没有法定代理人的情况下,由于无法通过自身行为行使权利,因此在其获得完全民事行为能力之前的这一段时间,不计入时效期间。

(3)继承人不确定。继承人不确定指继承开始后,在未确定继承人或遗产管理人未明的情况下,使得继承人不能行使其权利的情况。

(4)家庭或类似原因。家庭或类似原因指婚姻、亲子、监护、照管等关系存续期间,由于这些关系的存在导致权利人无法行使请求权的,时效因这些原因而中止。例如,根据《日本民法典》第159条的规定,夫妻关系存续期间,关于夫妻一方对另一方享有的权利,自婚姻关系解除之日起6个月内,不计入时效期间。

但是这并不是说,在时效期间届满前任何时候发生意外事故都可以中止时效,而是根据法律的规定,只有在时效期间进行的最后几个月内发生意外事故,才能中止时效的进行。例如,《德国民法典》第203条规定,权利人在时效期间最后6个月内,因裁判休止而妨碍法律上的追诉时,停止消灭时效的计算。因不可抗力事故而妨碍法律上的追诉时,也应停止消灭时效的计算。

(三)诉讼时效的中断

诉讼时效的中断是指在诉讼时效的进行中,如果发生了法律规定的情事,以前经过的时效期间不算,等法定中断的情事终结之后,诉讼时效重新开始计算。

时效中断一般有以下几种情况:

(1)起诉或向债务人提出请求。起诉泛指一切向法院请求强制履行义务的行为,包括本诉、反诉及刑事附带民事诉讼的提起,包括申请仲裁、支付令或调解,以及在诉讼中主张请求权抵销等。即使受诉法院不具有管辖权,中断的效果仍然发生。请求指权利人本人或代理人向义务人提出履行义务的意思表达,并将该意思表达让义务人知晓。例如,根据《德国民法典》第209条的规定,当权利人提起履行或确认请求权之诉时,时效中断。在这种情况下,诉讼时效一般应从法院判决生效时起重新开始计算,起诉前已经过去的期间不再予以考虑。

(2)债务人承认债务。承认债务包括以口头或书面方式,请求延期履行、愿意提供担保或支付利息等能够证明债权债务关系存在的意思表示。

(3)部分履行。部分履行指债务人以实际行动履行了其应负债务的一部分,如部分还款,在这种情况下债务人实际上是以行为默认了债权债务关系的存在,因此能够起到中断时效的作用。

四、中国的时效制度

(一)分类

我国没有大陆法系国家的取得时效制度,但有诉讼时效制度。关于诉讼时效的一般规定,可见于我国《民法典》第一编总则,第九章"诉讼时效",第188条至第189条。按照该规定,我国诉讼时效作了以下分类。

(1)一般诉讼时效:指法律对非特定事项所规定的诉讼时效,在法律没有特别规定的情况下,请求权的诉讼时效均按照这一规定。根据《民法典》第188条,一般诉讼时效期限为3年,适用中止和中断的规定。

(2)特别诉讼时效:指法律针对特定事项所规定的诉讼时效,不适用一般的规定。特别诉讼时效通常比一般诉讼时效短,也可能比一般诉讼时效长;特别诉讼时效包括短期诉讼时效及长期诉讼时效,其中前者短于一般诉讼时效,后者长于一般诉讼时效。

在我国法律中,短期诉讼时效为1年,原来主要规定于《民法通则》第136条中,包括身体伤害请求赔偿、出售质量不合格商品未声明、延付或拒付租金及寄存财物丢失或毁损。《民法典》未见短期诉讼时效的规定,但《民法典》第188条第2款规定,"法律另有规定的,依照其规定",该规定应指《中华人民共和国海商法》(以下简称《海商法》)等特别法中的短期诉讼时效。因此《海商法》中,海上货物运输向承运人请求赔偿(《海商法》第257条)、海上拖航合同请求权(《海商法》第260条)、共同海损分摊请求权(《海商法》第263条)也都适用1年的诉讼时效。

长期诉讼时效为4年,《民法典》第594条规定:"因国际货物买卖合同和技术进出口合同争议提起诉讼或者申请仲裁的时效期间为四年。"

(3)最长诉讼时效:指对于各类民事权利予以保护的最长时效期间,最长诉讼时效适用于各类民事关系,不适用时效的中止和中断规定,但可以由法院加以延长。

根据我国《民法典》第188第2款规定,自权利被侵害之日起超过二十年的,人民法院不予保护。有特殊情况的,人民法院可以延长诉讼时效期间。因此,我国最长诉讼时效为20年。

(二)诉讼时效的起算、中止和中断

我国《民法典》第188条规定:"诉讼时效期间自权利人知道或者应当知道权利受到损害以及义务人之日起计算。"

根据《民法典》第194条规定,在诉讼时效期间的最后6个月内,因发生不可抗力或者其他障碍不能行使请求权等情形的,诉讼时效中止。自中止时效的原因消除之日起满6个月,

诉讼时效期间届满。

根据《民法典》第 195 条规定,诉讼时效因提起诉讼、当事人一方提出要求或者同意履行义务等情形的发生而中断,从中断、有关程序终结时起,诉讼时效期间重新计算。

(三)时效期间届满的法律后果

《民法典》第 192 条规定:"诉讼时效期间届满的,义务人可以提出不履行义务的抗辩。诉讼时效期间届满后,义务人同意履行的,不得以诉讼时效期间届满为由抗辩;义务人已经自愿履行的,不得请求返还。"第 193 条规定:"人民法院不得主动适用诉讼时效的规定。"由此可见,根据我国法律规定,超过诉讼时效期间,当事人自愿履行的,不受诉讼时效限制。因此,当事人可以放弃时效利益而履行债务,诉讼时效的消灭不代表实体权利的消灭。

五、《联合国国际货物买卖时效期限公约》

《联合国国际货物买卖时效期限公约》(*United Nations Convention on the Limitation Period in the International Sale of Goods*),简称《时效公约》,是规定与国际货物买卖合同有关的权利消灭期限的实体法公约。1974 年 6 月 14 日在纽约联合国总部召开的外交会议上通过,确立了关于国际销售合同所引起的法律诉讼时效的统一规则。

(一)适用范围

《时效公约》只适用于国际货物买卖中,关于国际货物买卖这一概念,其第 2 条明确定义为在订立买卖合同时买方和卖方的营业地处于不同的国家,如当事人在一国以上有营业所的,以对契约履行有最密切关系的营业所为准。

(二)期间与起算

《时效公约》第 8 条规定时效期间为 4 年,并在第 9 条规定起算之日为请求权产生之日。具体言之:由于违约引起的请求权,应在违约行为发生之日产生;由于货物有瑕疵或不符契约规定而引起的请求权,应在货物实际交付买方拒绝接受之日产生;基于契约订立前或订立时,或在履行此项契约期间的欺诈行为而提出的请求权,应在该项欺诈被发现或照理能够被发现之日产生。

(三)时效期间的中断

1. 法律程序

这里的法律程序指的是能做出有拘束力且为终局性裁决结果的救济方式,《时效公约》第 17 条规定:"法律程序终结时并未就请求权的是非曲直作出具有拘束力的最后判决时,时效期限应视为持续计算。"

2. 承认债务

承认债务须在时效届满前以书面形式向债权人作出，否则不发生中断时效的后果。

3. 部分履行

部分履行包括向债权人支付利益或偿还部分债务，债务人的这一行为被推定为债务人承认债务的存在，因此与承认债务拥有同等效力。

（四）时效期间届满的法律后果

时效期间届满之后，任何请求权在任何法律程序中均不得予以承认或执行。但是，在任何法律程序中，只有在当事人提出请求时，才能对时效期间届满的问题予以考虑。

如果债务人在时效届满以后，自动履行其债务者，即使他在履行其债务时不知道时效期间业已届满，嗣后亦不能以此为理由要求归还已履行的给付。

案例分析

即练即测

第三章

国际货物买卖法

学习目标

通过学习《联合国国际货物销售合同公约》（以下简称 CISG）、国际贸易惯例、欧美国家买卖法及中国有关买卖法的相关规定，结合案例分析，学习者能够运用国际货物买卖合同的成立、履行、违约责任、风险转移等知识来合理处理国际货物买卖纠纷。培养学习者运用相关国际货物买卖法知识防范货物买卖风险、维护企业合法权益与国家利益的法律意识。

引导案例

中化国际（新加坡）有限公司诉蒂森克虏伯冶金产品有限责任公司国际货物买卖合同纠纷案

2008 年 4 月 11 日，中化国际（新加坡）有限公司（以下简称中化新加坡公司）与蒂森克虏伯冶金产品有限责任公司（以下简称德国克虏伯公司）签订了购买石油焦的《采购合同》，约定该合同应当根据美国纽约州当时有效的法律订立、管辖和解释。中化新加坡公司按约支付了全部货款，但德国克虏伯公司交付的石油焦哈氏可磨性指数（Hardgrove grindability index，HGI）仅为 32，与合同中约定的 HGI 典型值为 36～46 不符。中化新加坡公司认为德国克虏伯公司构成根本违约，请求判令解除合同，要求德国克虏伯公司返还货款并赔偿损失。

最高人民法院认为，本案为国际货物买卖合同纠纷，双方当事人均为外国公司，案件具有涉外因素。本案双方当事人在合同中约定应当根据美国纽约州当时有效的法律订立、管辖和解释，该约定不违反法律规定，应认定有效。由于本案当事人营业地所在国新加坡和德国均为 CISG 缔约国，美国亦为 CISG 缔约国，可适用 CISG。

双方当事人在《采购合同》中约定的石油焦 HGI 典型值为 36～46，而德国克虏伯公司实际交付的石油焦 HGI 为 32，低于双方约定的 HGI 典型值的最低值，根据 CISG 第 35 条的规定，德国克虏伯公司履行义务不符合合同约定。

关于德国克虏伯公司的上述违约行为是否构成根本违约的问题。首先，从双方当事人在合同中对石油焦需符合的化学和物理特性规格约定的内容看，合同对石油焦的受潮率、硫含量、灰含量、挥发物含量、尺寸、热值、硬度（HGI 值）7 个方面作出了约定。而从目前事实看,对于德国克虏伯公司交付的石油焦,中化新加坡公司仅认为 HGI 一项不符合合同约定,而对于其他 6 项指标,中化新加坡公司并未提出异议。结合当事人提交的证人证言及证人出庭的陈述,HGI 表示石油焦的研磨指数,指数越低,石油焦的硬度越大,研磨难度越大。但中化新加坡公司一方提交的上海大学材料科学与工程学院出具的说明亦不否认 HGI 为 32 的石油焦可以使用,只是认为其用途有限。故可以认定,虽然案涉石油焦 HGI 与合同约定不符,但该批石油焦仍然具有使用价值。其次,本案一审审理期间,中化新加坡公司为减少损失,经过积极的努力将案涉石油焦予以转售,且其在就将相关问题致德国克虏伯公司的函件中明确表示该批石油焦转售的价格"未低于市场合理价格"。这一事实说明案涉石油焦是可以以合理价格予以销售的。最后,综合考量其他国家裁判对 CISG 中关于根本违约条款的理解,只要买方经过合理努力就能使用货物或转售货物,甚至打些折扣,质量不符依然不是根本违约。故应当认为德国克虏伯公司交付 HGI 为 32 的石油焦的行为,并不构成根本违约。

本案系 6 个涉"一带一路"建设专题指导性案例之一,可以给我们如下启示:

第一,当国际货物买卖合同的当事方营业地所在国为 CISG 的缔约国时,应优先适用 CISG 的规定。中国企业对外签订货物贸易合同时,如果欲适用我国的《民法典》,应在合同中明确排除 CISG 的适用,并明确规定我国《民法典》适用于本合同。

第二,我国企业对外出口货物,如遇到对方指控货物违反品质担保义务,构成根本违约,应冷静应对。CISG 对根本违约的认定是十分严格的,但如果一旦被认定为根本违约,卖方可能将面临退货、交付替代货物等救济措施,对于出口企业来说十分不利。我国企业应积极争取,通过证明货物的可转售性、补救的可能性、损害的非严重性等事实,避免被认定为根本违约,承担不必要的损失。

第三,企业要研究吃透 CISG 的法律规定及其适用,这样才能有效地预判和防范国际货物买卖的法律风险。

（资料来源：最高人民法院·指导案例 107 号：中化国际(新加坡)有限公司诉蒂森克虏伯冶金产品有限责任公司国际货物买卖合同纠纷案［EB/OL］.（2019-02-05）［最高人民法院网］. http://www.court.gov.cn/shenpan-xiangqing-143372.html.）

 导言

国际货物贸易作为"一带一路"中最主要的贸易方式,其合同的稳定性是国际货物贸易顺利进行的保障。早在 2013 年,中国就超越美国成为货物贸易第一大国。在国际货物贸易中,国际货物买卖合同是当事人权利义务的基础,也是合同双方利益的载体。如果一方当事人不履行合同,另一方的利益就会遭受损害。在司法实践中,国际货物买卖合同纠纷往往围绕法律适用问题及对违约类型的认定和救济措施问题而展开。本章通过阐述国际条约、国际惯例及欧美等国家有关货物买卖的规定,使我们充分认识到国际货物买卖中存在的法律冲突与法律风险,为将来在国际法律服务工作中更准确地把握国际货物买卖合同性质,作出有利于避免因合同履行、法律适用错误的风险防控策略,为国际货物贸易保驾护航做好准备。

第一节　国际货物买卖法概述

预习思考题

1. 什么是国际货物买卖? 如何确定其国际性?

2. 国际货物买卖法的渊源有哪些?

3. 什么是国际贸易术语? 有何作用? FOB、CIF、CFR 分别代表什么含义?

4. CISG 的适用必须符合哪些条件?

5. 如果某一合同约定以 CIF 价格成交,此项对国际惯例的选择能否构成对 CISG 适用的排除?

6. CIF 合同的订立及合同效力应如何适用法律?

案例 3-1

　　马来西亚 D 公司向印度某公司(以下称印度公司)出售一批橡胶,由日本一家船运公司运输,后来船长伪造了提单,在运输途中将这批货物卖给了新加坡商人,新加坡商人又以低价卖给了中国东北某公司(以下称中国东北公司),运送货物的船舶抵达中国南方某港口卸货后溜走。印度公司获悉,向中国海事法院出示整套提单、付款单据,证明印度公司是这批货的所有者,请求法院判决货物归印度公司所有,与中国东北公司发生争议。法院认定货物上的唛头标志是印度公司指定,判决货物归印度公司所有。[①]

　　问题:

　　1. 本案中争议属于 CISG 的调整范围吗? 为什么?

　　2. 如果该批货物出售后由于产品存在缺陷造成使用者人身伤害,受害人可以适用 CISG 向卖方提起损害赔偿请求吗?

　　3. 假设马来西亚 D 公司与印度公司签订买卖合同中约定采用 CIF 价格术语,此项对国际贸易惯例的选择是否构成对 CISG 适用的排除?

　　4. 中国企业如果想使涉外合同适用 CISG,应符合什么条件? 在发生争议时,如何保证国际货物买卖合同法律适用的确定性? 对我国有何启示?

案例 3-2

　　中国某市进出口公司与法国某贸易公司签订一份购买法国成套机器设备的合同,

　　[①]　李巍.联合国国际货物销售合同 CISG 评释[M].2 版.北京:法律出版社,2009:24.

双方约定法国交付货物后,必须完成机器的安装并保证机器能够有效运转。后来双方在履行合同时发生违约争议,中方起诉至某市中级人民法院。

问题:

1. 假设双方在成套设备供应合同中未选择法律,该合同是否可以适用 CISG?

2. 若是中英双方签订的货物买卖合同,英国不是 CISG 的缔约国,双方未选择法律,法院根据最密切联系原则适用中国法,这种情况下可否适用 CISG?

3. 改变以上案情,如果双方签订了一份买卖化妆品的合同,双方在合同中约定适用法国法,法院可以适用 CISG 吗?

4. 若该合同为中法双方签订的飞机购买合同,双方未选择法律,法院可否适用 CISG?

5. 若该合同是在中国设立的中法合资经营企业合同,该合同可否适用 CISG?

6. 若上述中法合资企业成立后与广东某企业签订了一份买卖合同,该买卖合同可否适用 CISG?

7. 国际货物买卖合同的法律适用规则对我们从事涉外买卖合同的订立与争议解决有何意义?

一、国际货物买卖的概念

货物买卖指的是一方为取得价款,而把货物及其所有权转移给另一方的行为。支付价款的一方即为买方,转移货物及其所有权的一方即为卖方。国际货物买卖则是跨越国境进行的货物买卖,具有国际性的特征。关于认定国际性的标准,各国立法有所不同。例如:以当事人国籍为标准,以当事人营业地为标准,以行为地为标准,以货物是否跨越国境或关境为标准,等等。

二、调整国际货物买卖的国际条约

面对各国买卖法的差异导致的法律冲突给国际货物买卖带来的诸多不便,自 20 世纪 30 年代开始,国际法律界、贸易界的有识之士,就开始致力于国际货物买卖的统一立法工作。迄今为止,有关货物买卖的国际条约有:罗马国际统一私法协会 1964 年制定的《国际货物买卖统一法》和《国际货物买卖合同成立统一法》;联合国国际贸易法委员会 1978 年制定的《联合国国际货物买卖时效公约》,1980 年制定的 CISG;海牙国际私法会议 1985 年制定的《国际货物买卖合同法律适用公约》。其中,联合国国际贸易法委员会 1980 年制定的 CISG 被认为是迄今最具影响力也是最成功的调整国际货物买卖关系的实体法。

CISG 的形成经历了相当长的时间。1929 年,刚刚成立的罗马国际统一私法协会就将制定有关国际货物买卖的统一法作为工作计划的一部分。1930 年,协会完成了首次准备工作并制定了第一个统一买卖法草案。但该项工作因第二次世界大战而中断，战后协会又继续制定工作，并于 1964 年海牙外交会议上通过了《国际货物买卖合同成立统一法》和《国际货物买卖统一法》（ULIS）。然而这两个公约并不成功，原因在于这两部公约主要体现大陆法系的原则且某些条文过于复杂难解，不少条文含义不清，所以参加的国家寥寥可数，并没有得到国际社会的广泛接受和认同。1969 年，联合国国际贸易法委员会决定由它来完成统一国际货物买卖法的历史使命，经过 10 年的努力于 1978 年完成了 CISG 的起草工作。1980 年联合国在维也纳召开外交会议正式通过 CISG。1988 年 1 月 1 日，CISG 正式生效。截至 2021 年 8 月，CISG 的缔约国已有 94 个。

拓展阅读

拓展阅读

CISG 一共 101 条，分为四部分，分别是适用范围和总则、合同订立、货物销售及最后条款。CISG 对适用范围做了以下规定：

（一）CISG 适用的当事人

根据 CISG 第 1 条的规定，CISG 适用于营业地在不同缔约国的当事人之间订立的货物销售合同。为了扩大 CISG 的适用范围，CISG 第 1 条第（1）款 b 项还规定，如果国际私法规则导致适用某一缔约国的法律，即使交易双方当事人的营业地所在国不是 CISG 的缔约国，CISG 也可以适用。中国对此作了保留。

（二）CISG 适用的货物

CISG 没有对"货物"进行定义，但根据 CISG 第 2 条的规定，CISG 不适用于以下六种货物销售：

（1）供私人、家属或家庭使用而购买的货物销售，除非卖方在订立合同前任何时候或订立合同时不知道且没有理由知道这些货物是购供任何这种使用；

（2）经由拍卖的销售；

（3）根据法律执行令状或其他令状的销售；

（4）公债、股票、投资证券、流通票据或货币的销售；

（5）船舶、船只、气垫船或飞机的销售；

（6）电力的销售。

CISG 之所以排除供私人、家属或家庭使用而购买的货物销售，是因为考虑到私人、家属或家庭使用而进行的购买，并非以营利为目的，不是典型的国际商事交易。且此类销售涉及消费者权益保护和公共利益，通常由消费者权益保护法、产品责任法这样的强行法调整，而 CISG 属于任意法，不适于调整此类交易。之所以排除经由拍卖的销售和根据法律执行令状或其他令状的销售，也是因为考虑到这类销售通常由特殊的国内强行法调整，CISG 予以排除。同样的，公债、股票、投资证券、流通票据或货币的买卖的排除是为了避免和各国的证券法、银行法等强行法相冲突。至于船舶、船只、气垫船或飞机,这类货物的交易通常应遵守诸如注册登记等有关强行法的规定,CISG 也将其排除在外。至于最后一项,电力的销售,通常认为这是基于标的物的特殊性质进行的排除,但从 CISG 适用的历史来看,与电力性质相似的货物,如燃气、原油都在 CISG 的适用范围。

(三)CISG 适用的合同类型

CISG 只适用货物买卖合同,不适用其他类型的合同。供应尚待制造或生产的货物的合同可以适用 CISG,但如果订购货物的当事人负责提供制造或生产所需的大部分重要材料,则 CISG 不适用。CISG 也不适用于供应货物一方的绝大部分义务在于供应劳力或其他服务的合同。现代社会,越来越多销售合同的卖方义务已经不再局限于提供货物,而是扩大到提供劳务、服务或其他辅助工作,CISG 并没有否定这类交易的买卖属性,将卖方除提供货物外,还提供一定服务或劳务的合同也纳入调整范围。但是,如果订制货物的当事人负责提供大部分的重要材料,那么通常这就属于承揽合同范围,CISG 不再适用。何谓"大部分重要材料"(substantial part of materials),CISG 并没有明确规定。通常有二种观点,一种观点是看材料的价值,另一种观点是考察材料对于货物生产的重要性或必要性。从 CISG 的适用来看,大部分案件支持了第一种观点,即考虑材料价值在货物总价值中的比重。如果供货方的绝大部分义务在于提供劳务或服务,那么这类合同即属于服务合同,CISG 也不适用。"绝大部分"(preponderant part of obligation)的认定是能否适用 CISG 的关键。从措辞来看,"绝大部分"显然比"大部分"强烈,要求的经济价值标准理应更高,即如果提供劳务和服务的义务价值占卖方义务总价值的 50%以上,CISG 就不适用。[①]

(四)CISG 适用的事项

CISG 只适用于销售合同的订立及买卖双方因销售合同而产生的权利和义务,下列事项 CISG 不适用:

(1)合同的效力或其他任何条款的效力,或任何惯例的效力。

(2)合同对所售货物所有权可能产生的影响。

(3)卖方对于货物对任何人所造成的死亡或伤害的责任。

关于影响合同效力的要素,各国合同法规定存在分歧,CISG 予以了回避。CISG 也不适用于贸易惯例效力引起的争议。但需注意,根据 CISG 的第 8 条规定,解释当事人的意图可以考虑贸易惯例,第 9 条强调当事人同意的贸易惯例具有法律效力。CISG 也不涉及销售合同对货物所有权可能产生的影响。

关于货物所有权转移的规则,各国规定亦有分歧,难以统一,故 CISG 不适用解决此类法律问题。CISG 第 41 条规定了卖方的权利担保义务,如果卖方出售的货物存在第三人权

---

① 李巍. 联合国国际货物销售合同 CISG 评释[M]. 2 版. 北京:法律出版社,2009:16.

利,卖方应承担违约责任,但第三人是否可以成功主张权利,CISG 并不适用,由国内法调整。产品责任问题属于侵权责任,一般各国适用产品责任法解决,因此 CISG 不解决此类争议问题。

(五)CISG 适用的非强制性

CISG 第 6 条规定:"双方当事人可以不适用本公约,或在第十二条的条件下,减损本公约的任何规定或改变其效力。"本条赋予合同当事人选择排除 CISG 的适用或减损 CISG 的任何条款或改变其效力的权利,表明 CISG 十分尊重当事人的"意思自治"。

首先,本条赋予合同当事人的是排除适用选择权,如果缺乏此类明确的意思表示,而且同时具备规定的适用条件,则会导致 CISG 自动适用于当事人之间的合同。

其次,在可以排除的范围方面,当事人拥有排除全部或部分 CISG 的适用选择权。CISG 作为一个整体可以被排除适用;CISG 的任何条款也可以被排除适用,但在适用部分排除 CISG 时,必须受到第 12 条的限制。

最后,关于排除 CISG 适用的形式方面,CISG 并没有做出明确规定,根据国际贸易实践,大致可分为明示和默示两种形式。关于前者,当事人可以直接约定 CISG 或其中哪些条款不适用于他们之间的合同。关于后者,包括以下几种方法:第一,合同当事人选择适用非缔约国的法律,这是一种典型的、没有争议的默示排除适用法;第二,选

拓展阅读

择适用某一缔约国的法律,这是指,当事人虽然没有明确作出排除 CISG 适用的约定,但是它们选择了某一缔约国的法律将适用于其合同。这是否视为排除了 CISG 的适用,各国对此存在争议,因为对于 CISG 第 1 条第(1)款 b 项,即如果国际私法规则导致适用某一缔约国的法律,CISG 也可以适用这一规定允许缔约国进行保留。

三、有关国际货物买卖的国际贸易惯例

(一)概述

国际贸易惯例是在长期的贸易实践中,经过反复使用而逐步形成的用以确定双方当事人权利义务的通用的习惯做法。国际贸易惯例反映了国际贸易的一般规律,在国际贸易领域得到了国际社会的普遍承认,经当事人采用后,就对当事人产生法律约束力。

拓展阅读

有关国际货物买卖的国际贸易惯例主要有国际商会 INCOTERMS、《1932 年华沙-牛津规则》(*Warsaw-Oxford Rules*)、《美国对外贸易定义 1941 年修订本》(*Revised American Foreign Trade Definition 1941*)。

此外,国际统一私法协会制定的《合同通则》(*Principles of International Commercial*

Contracts)也可以算作新的国际贸易惯例,可以适用于国际货物买卖合同。

(二) 国际贸易术语

国际贸易术语是指在国际货物买卖的长期实践中形成的,用字母和简短概念组合形式来划分双方当事人之间的责任、风险、费用,并反映价格构成和交货条件的国际贸易惯例。在国际贸易中,确定一种商品的成交价格,不仅取决于商品本身的价值,还要考虑商品从产地运至最终目的地的过程中,有关的手续由谁办理、费用由谁负担及风险如何划分等一系列问题。为了解决这些问题,在长期的国际贸易实践中,逐渐产生和发展起来一整套相对固定的习惯做法,由此来划分当事人双方的责任、风险和费用负担,并用一些短语或者英文字母的缩写来表达这些习惯做法,从而形成了国际贸易中广泛使用的贸易术语。国际贸易术语的出现,简化了交易手续,降低了双方的谈判成本,促进了国际贸易的进一步发展。

1.《国际贸易术语解释通则》概述

在国际贸易中,如果合同当事人双方之间相互不了解对方国家贸易习惯,就会引起误解、争议和诉讼,从而浪费时间和费用。为了解决这些问题,国际商会于 1936 年首次公布了一套解释贸易术语的国际规则,名为 Incoterms® 1936,以后又于 1953 年、1967 年、1976 年、1980 年、1990 年、2000 年、2010 年进行了修订。为了跟上不断变化的全球贸易格局,国际商会于 2019 年 9 月公布了最新的规则,该规则于 2020 年 1 月 1 日起生效,以下称为 Incoterms® 2020。

Incoterms® 2020 共包括 11 种贸易术语,并将这 11 种术语按运输方式分为二组。第一组包括 7 个贸易术语,分别为 EXW、FCA、CPT、CIP、DAP、DPU 和 DDP,可以适用于所有的运输方式;第二组的四个贸易术语仅适用于海运和内河运输,包括 FAS、FOB、CFR、CIF。

2. Incoterms® 2020 的主要内容

EXW,英文全文是 ex works,即工厂交货。EXW 贸易术语代表了在商品的产地或所在地交货条件,适用于各种运输方式。按这一术语成交时,卖方应在规定的时间在约定的交货地点将合同规定的货物准备好,由买方自己安排运输工具到交货地点接收货物,并且由买方承担将货物从交货地点运到目的地的一切风险、责任和费用。并且,买方必须自负费用和风险,取得出口和进口许可证或其他官方批准证件,办理货物出口和进口的一切海关手续。由此可见,在采用 EXW 条件成交时,卖方承担的风险、责任及费用最小。如果买方不能直接或间接办理出口手续时,不应使用该术语,而应使用 FCA。

FCA,全文是 free carrier,即货交承运人。FCA 也适用于各种运输方式,在采用这一交货条件时,卖方在合同规定的时间、地点,将合同规定的货物置于买方指定的承运人控制下,并承担将货物交给承运人控制之前的一切费用和风险。而买方则负责签订从指定地点承运货物的合同,支付有关的运费,承担受领货物之后所发生的一切费用和风险。交货地点的选择直接影响到装卸货物的责任划分问题。如果双方约定的交货地点是在卖方所在地,卖方负责把货物装上买方安排的承运人所提供的运输工具即可;如果交货地点是在其他地方,卖方就要将货物运交给承运人,在自己所提供的运输工具上完成交货义务,而无须负责卸货。如果在约定地点没有明确具体的交货点,或者有几个交货点可供选择,卖方可以选择最适合其目的的交货点。考虑到在集装箱贸易中,卖方在货物装船前即在法律意义上已完成交付,因此可能在交付货物给承运人时无法获得信用证条款要求付款所需的提单,Incoterm® 2020 的 FCA 术语增加了一个选项,买方可以同意指示承运人向卖方签发提单。

CPT,全文是 carriage paid to,即运费付至。指卖方向其指定的承运人交货,同时卖方还必须支付将货物运至目的地的运费,交货之后一切风险和其他费用由买方承担。此处的"承运人"是指在运输合同中,承诺通过铁路、公路、空运、海运、内河运输或上述运输的联合方式履行运输义务的人。在多式联运的情形下,风险自货物交给第一承运人时转移。

CIP,全文为 carriage and insurance Paid to,即运费保险费付至。在 CIP 条件下,交货地点、风险划分的界限都与 CPT 相同,不同之处在于在采用 CIP 时,卖方增加了货物运输的保险责任和费用。所以,卖方提交的单据中也增加了保险单据。根据 CIP,卖方应当安排更高水平的货物运输保险。在 Incoterms® 2010 中,卖方购买《伦敦保险协会货物险条款》(C)条款的货物保险即可,该条款仅承保有限的几种风险。而根据 Incoterms® 2020,卖方必须购买(A)条款,该条款承保除外责任之外的"一切险"。

DAP,全文为 delivered at place,即目的地交货。该术语取代了之前的边境交货(delivered at frontier,DAF)、目的港船上交货(delivered ex ship-named port of destination,DES)和未完税交货(delivered duty unpaid-named port of destination,DDU)术语,指卖方在指定的目的地(包括港口)交货,只需做好卸货准备无须卸货,即完成交货。而卖方应承担将货物运至指定的目的地的一切风险和费用(除进口费用外),亦适用于任何运输方式、多式联运方式。

DPU,全文为 delivered at place unloaded,即目的地卸货交货。该术语取代了之前的目的地或目的港集散站交货(delivered at terminal,DAT)术语,指卖方在指定目的地(包括港口)卸货后,将货物交给买方处置,即完成交货。而卖方应承担将货物运至指定的目的地的一切风险和费用(除进口费用外)。

DDP,全文是 delivered duty paid,即完税后交货。EXW 术语下卖方承担最小责任,而 DDP 术语下卖方承担最大责任,包括:订立将货物按惯常路线和习惯方式运往指定目的地的运输合同,并支付有关运费;在合同规定的时间、地点,将合同规定的货物置于买方的处置之下;承担在指定目的地的约定地点将货物置于买方的处置下之前的风险和费用;自负风险和费用,取得出口和进口许可证及其他官方批准证件,并且办理货物出口和进口所需的海关手续,支付关税及其他有关费用;提交商业发票和自负费用;提交提货单或买方为提取货物所需的通常的运输单证,或具有同等作用的电子信息。如果卖方不能直接或间接地取得进口许可证,则不应使用此术语。

FAS,全文是 free alongside ship,即船边交货。卖方必须在买方指定的装运港,在买方指定的装货地点,在约定的日期或期限内,按照该港习惯方式将货物交至买方指定的船边,即完成交货。买方必须承担自那时起货物灭失或损坏的一切风险。买卖双方负担的风险和费用均以船边为界。FAS 只适用于水上运输方式。

FOB,全文是 free on board,即船上交货,习惯称为装运港船上交货。FOB 是国际贸易中最常用的贸易术语之一。按照这一交货条件,卖方的义务包括:①在合同规定的时间和指定的装运港口,将合同规定的货物交到买方指派的船上,并及时通知买方;②承担货物交至装运港船上之前的一切费用和风险;③自担风险和费用,取得任何出口许可证或其他官方许可,并在需要办理海关手续时,办理货物出口所需的一切海关手续;④提供符合销售合同规定的货物和商业发票或有同等作用的电子信息,以及合同可能要求的、证明货物符合合同规定的其他任何凭证。

根据该术语,卖方没有义务订立运输合同,从指定装运港口运输货物的合同及其相应的运费由买方负责。所以,这就存在一个船货衔接的问题。如果处理不当,自然会影响到合同的顺利执行。双方签约之后,有关备货和派船事宜,应加强联系,密切配合,保证船货衔接。该术语仅适用于海运或内河运输。

CFR,全文是 cost and freight,即成本加运费,又称运费在内价。CFR 适用于水上运输方式,采用这种贸易术语成交,卖方承担的基本义务是,在合同规定的装运港和规定的期限内,将货物装上船,并及时通知买方。货物装上船,风险即由卖方转移至买方。除此之外,卖方要自负风险和费用,取得出口许可证或其他官方证件,并负责办理货物出口手续。以上与 FOB 条件下卖方承担的义务是相同的。不同的是,在 CFR 条件下,与船方订立运输合同的责任和运费改由卖方承担。卖方要负责租船定舱,支付到指定目的港的运费,但从装运港至目的港的货运保险,仍由买方负责办理,保险费由买方负担。

CIF,全文是 cost,insurance and freight,即成本加保险费、运费。CIF、CFR 和 FOB 同为装运港交货的贸易术语,也是国际贸易中常用的 3 种贸易术语。它们均以货物装上船作为划分风险的界限。不同的是,CIF 条件下,卖方必须支付将货物运至指定的目的港所需的运费和费用,并办理货物在运输途中灭失或损坏风险的海运保险。但交货后货物灭失或损坏的风险仍由买方承担。需要注意,与 CIP 不同,CIF 术语只要求卖方投保最低限度的保险险别。保险合同应与信誉良好的保险人或保险公司订立,在无相反明确协议时,应按照 2009 年生效的《伦敦保险协会货物保险条款》或其他类似条款中的最低保险险别投保,即投保(C)条款。最低保险金额应包括合同规定价款另加 10%(即 110%),并应采用合同货币。如买方需要更高的保险险别,则需要与卖方明确地达成协议,并由买方负担费用,或者自行作出额外的保险安排。

CIF 条件下的卖方,只要提交了约定的单据,就算完成了交货义务,并不保证把货物按时送到对方港口。所以 CIF 是典型的象征性交货(symbolic delivery),卖方凭单交货,买方凭单付款。只要卖方如期向买方提交了合同规定的全套合格单据,即使货物在运输途中损坏或灭失,买方也应履行付款义务。该术语仅适用于海运和内河运输。

四、有关国际货物买卖的国内法

由于目前国际货物买卖法的体系和内容尚不完善,所以在处理某些国际货物买卖纠纷时,还需借助国际私法规范的指引,适用有关国家的国内买卖法。无论是大陆法系还是英美法系的国家,大多参照国际上通行的做法,并结合本国实践,制定了有关调整货物买卖的国内法,这些有关货物买卖的国内法,一般也可适用于国际货物买卖。

大陆法系国家有关货物买卖的规定多采取成文法的形式,编入民法典之中。例如,《法国民法典》第三卷第六编、《德国民法典》第二编第八章第一节,都对买卖双方的权利义务进行了具体规定。而英美法系国家的货物买卖法则由两部分构成,即由法院判例形成的普通法和单行法规形式制定的买卖法构成。成文法方面具有代表性的当推英国的《货物买卖法》(*Sales of Goods Act*)和美国的 UCC。后者是由美国统一州法委员会和美国法学会共同编制的一部示范法。该法典并不是由立法机关制定的,本身不具有法律约束力。只有经过美国各州议会采用,才可成为该州的法律。UCC 于 1952 年公布,并经多次修订。UCC 第二编专门对货物买卖作出具体的规定,其内容十分详尽,美国绝大部分州均已通过立法程序采用了 UCC。但由于法典修订的次数很多,所以各州通过的修订版本并不相同。

我国有关货物买卖的规定则见于《民法典》第三编第二分编第九章。该章标题为"买卖合同"。

第二节　国际货物买卖合同的成立

预习思考题

1. 如何判断国际货物买卖合同的"国际性"?

2. CISG 有关要约和承诺的规定与《合同通则》有何异同?

一、国际货物买卖合同的概念

货物买卖合同,指的是根据约定,一方当事人有义务交付货物并转移其所售货物的财产权,而另一方当事人有义务支付价款并接受货物的合同。国际货物买卖合同则是具有国际性因素的货物买卖合同。如何判断货物买卖合同具有国际性,有不同的标准:CISG 是以营业地来作为判断国际性标准的;《合同通则》没有明确规定标准,只是设想对"国际性"作尽可能广泛的解释,仅排除不含有任何国际性因素的国内合同;《英国货物买卖法》以营业地标准作为认定国际性的基本标准,但同时还要满足"货物跨国运输标准""缔约行为地标准""合同履行地标准"中的任何一项,才认定货物买卖合同具有国际性因素。

二、国际货物买卖合同的要约

合同的成立一般要经过二个步骤完成,即要约和承诺。

关于 CISG 中要约与承诺的有关规则在第二章中已有详细阐述,在此只做简要介绍。

(一)要约的概念与条件

根据 CISG 第 14 条的规定,向一个或一个以上特定的人提出的订立合同的建议,如果十分确定并且表明要约人在得到承诺时受约束的意旨,即构成要约。因此,根据 CISG,一项有效的要约通常应具备以下要件:

(1)向一个或一个以上特定的人发出。根据 CISG,要约的对象不能泛指一般的公众,须向特定的人发出。向不特定的人发出的订约建议,原则上应视为要约邀请,但是如果"提出建议的人明确地表示相反的意向",则构成要约。CISG 的这一规定主要是采纳了北欧国家的一些做法,但对此有所折中。《合同通则》和我国《民法典》并没有如此要求。

(2)内容具体确定。要约的内容应当包含将要订立的买卖合同的主要条款,但并不需要包含所有的条款。至于必须包含哪些条款才视为十分确定,根据 CISG 的规定,如果订约建议包含以下三个要素,即视为十分确定:①写明了货物名称;②明示或默示地规定了数量或确定数量的方法;③明示或默示地规定了价格或确定价格的方法。

(3)表明要约人受约束的意旨。由于这种意思表示当事人很少直截了当地表述出来,通常要根据具体情况去判断。

(二)要约的撤回与撤销

要约到达受要约人时生效,但是要约人可以在要约生效之前撤回要约。CISG 规定,如果要约人撤回要约的通知于要约送达受要约人之前或同时送达受要约人,则要约得以撤回,不产生效力。

要约的撤销针对的是已经生效的要约,目的在于消灭要约的效力。CISG 巧妙地调和了大陆法系与英美法系在要的撤销问题上的矛盾,在第 16 条规定:要约可以撤销,只要撤销通知于受要约人发出承诺通知之前送达受要约人,这显然是吸收了英美法系的规定。同时,CISG 又以大陆法系一些国家的规定作为例外,规定在以下情形下要约不得撤销:①要约规定了有效期或以其他方式表示要约是不可撤销的;②受要约人有理由相信要约是不可撤销的,并且受要约人已本着对该项要约的信赖行事。

三、国际货物买卖合同的承诺

（一）承诺的概念与条件

承诺是受要约人对要约表示同意的意思表示。一项有效的承诺应具备以下条件。

（1）由受要约人发出。根据 CISG 的规定，承诺可以通过声明或行为做出，但沉默和不行为本身不等于承诺。受要约人包括本人及其授权的代理人，任何第三方对要约人做出的同意要约的意思表示不能构成有效承诺。

（2）承诺与要约的内容一致。对要约表示同意但是载有添加、限制或其他更改的答复，原则上视为对要约的拒绝，相当于新要约。但如果所载的添加、限制或更改并没有实质性地改变要约的内容，仍可以构成承诺。需要注意，要约人可以在不过分迟延的时间内反对受要约人对要约做出的非实质性变更，从而否定其效力。

CISG 规定，有关货物价格、付款、货物质量和数量、交货地点和时间、一方当事人对另一方当事人的赔偿责任范围或解决争端等的添加或不同条件，均视为实质性变更要约，不构成有效的承诺，视为反要约。

（3）在要约的有效期内做出。如果要约规定了有效期，承诺就应在要约的有效期内作出。如果要约没有规定有效期，承诺应在合理时间内做出。

（二）承诺的生效

CISG 的规定与《合同通则》一致。

四、国际货物买卖合同的形式

CISG 对合同订立的形式采用了不要式原则，规定合同无须以书面订立或书面证明，在形式方面也不受任何其他条件的限制，合同亦可以用包括人证在内的任何方法证明。CISG 这一做法和大部分国家的规定一致。

第三节　买卖双方的义务

预习思考题

1. 什么是卖方的品质担保义务？
2. 什么是卖方的权利担保义务？
3. 根据 CISG 的规定，买方应承担哪些义务？

● **案例 3-3**

美国的一家制造商与中国的一家合资企业签订了一份出售压轨机的合同。合同保证该机器使用最好的材料,工艺一流,全新未使用过。在制造过程中,卖方用一种不同的防松动装置"P-52"替换了在给买方的设计文件中所标明的装置"A-5750"。卖方并未把装置被替换的事情告知买方,也未指出装置需要正确安装。卖方将压轨机散件运往中国,当买方组装机器时,装置没有被正确安装。使用压轨机近 3 年后,由于防松动装置安装失误,压轨机受到严重损坏。买方立即通知卖方,卖方拒绝承担责任。买方于是向斯德哥尔摩商会仲裁院(Arbitration institule of the stockholm chamber of commerce,SCC)提起仲裁。仲裁庭需要审理的问题是:卖方交付的货物是否符合合同要求,以及买方对货物不符提出的索赔是否及时? 卖方是否能援引 CISG 第 39 条作为抗辩理由?[①]

问题:

1. 判断卖方交付的货物与合同不符的条件是什么? 根据 CISG 的规定,本案中的货物与合同是否存在不符?

2. 如果合同条款规定的货物品质要求与样品的品质不一致,应该以何者为准? 对此,《英国货物买卖法》、美国 UCC、CISG 是如何规定的?

3. 根据 CISG,卖方承担品质担保义务的时间是什么? 本案是否符合卖方承担品质担保义务的时间?

4. 根据 CISG,卖方不承担品质担保义务的条件是什么? 卖方能援引第 35 条第(3)款的规定进行抗辩吗? 为什么?

5. 根据 CISG,买方提起品质担保异议的时间是什么? 买方不受检验和品质担保权利时间限制的条件是什么?

6. 本案中卖方能援引 CISG 第 39 条的规定进行抗辩吗? 如何认定卖方"不可能不知道"这一事实? 本案卖方具备这个事实吗?

7. CISG 关于买方对货物品质的检验有什么规定? 本案买方行为是否符合货物检验的相关规定?

一、卖方的义务

根据 CISG,卖方必须按照合同和 CISG 的规定,交付货物,移交一切与货物有关的单据并转移货物所有权。概言之,卖方的义务主要包括以下四项。

(一) 交付货物

1. 交货地点

如果合同规定了交货地点,则卖方应当在合同规定的地点交付货物。如果合同没有约定交货地点,则根据 CISG 第 31 条的规定,卖方的交货义务如下:

---

① Clout case 237. www. vncitral. org/clout/clout/data/swe/clout_case_237_leg-1460. html

（1）如果销售合同涉及货物的运输，卖方应把货物移交给第一承运人，以运交给买方。这里所说的运输，是指除买方、卖方之外的承运人的运输，不包括卖方自行送货或买方自行派车取货这两类情形。当运输需要由二个以上的承运人来完成时，卖方只需将货物交给第一承运人，即履行了交货义务。

（2）在不属于上款规定的情况下，如果合同出售的是特定货物，或从特定存货中提取的，或尚待制造或生产的未经特定化的货物，而双方当事人在订立合同时已知道这些货物是在某一特定地点，或将在某一特定地点制造或生产，卖方应在该地点把货物交给买方处置。

（3）在其他情况下，卖方应在他于订立合同时的营业地把货物交给买方处置。所谓交给买方处置（at the buyer's disposal），是指卖方采取一切必要措施，让买方能够取得货物。例如，做好交货前的准备工作，将货物适当包装，刷上必要的标志，并向买方发出通知让其提取货物等。

卖方在把货物交付给承运人时，应把货物划归合同项下，也就是说，如果货物没有以货物上加标记，或以装运单据或其他方式清楚地注明有关合同，卖方必须向买方发出列明货物的发货通知。假如买卖双方在合同中使用了贸易术语中的 CPT、CIP、CFR、CIF 术语，在卖方有义务安排运输的情形下，卖方就应订立运输合同，按照通常运输条件，用适合情况的运输工具，把货物运到指定地点。如果双方使用了 CFR 或者 CPT 术语，由于卖方没有义务对货物的运输办理保险，卖方就应在买方提出要求时，向买方提供一切现有的必要资料，使买方能够办理这种保险。

2．交货时间

根据 CISG 第 33 条的规定，卖方在交货日期方面的义务如下：

（1）如果合同规定有交货日期或从合同中可以确定交货日期，卖方应在该日期交货；

（2）如果合同规定有一段时间，或从合同可以确定一段时间，除非情况表明应由买方选定一个日期外，卖方应在该段时间内任何时候交货；

（3）在其他情况下，卖方应在订立合同后一段合理时间内交货。

（二）移交与货物有关的单据

CISG 没有规定卖方应当移交哪些单据，这应当根据买卖合同的约定和有关贸易惯例来确定。在国际贸易实践中，这些单据通常包括提单、保险单、发票、商检证、原产地证明书、质量检验证明书、出口许可证等。

如果卖方有义务移交与货物有关的单据，他必须按照合同所规定的时间、地点和方式移交这些单据。卖方可以支付价款作为移交货物或单据的条件。

如果卖方在合同规定的时间以前已移交这些单据，他可以在合同规定时间到达前纠正单据中任何不符合同规定的情形。

（三）品质担保义务

卖方的品质担保义务,是指卖方应保证其出售的货物无质量瑕疵。卖方的品质担保义务,在不同的法系中有着不同的表述。

美国 UCC 称品质担保义务为担保(warranties),分为明示担保(express warranties)和默示担保(implied warranties),而默示担保则又被分为商销性默示担保(implied warranties of merchantability)和适合特定用途的默示担保(implied warranties of fitness for a particular purpose)两种。

《英国货物买卖法》则对标的物的质量和适用性设定了默示条件(implied terms)。

在大陆法系中,各国法律对出卖人的品质担保义务有不同的表述,法国法称之为隐蔽瑕疵担保责任,而德国法则称之为物的瑕疵担保责任。

1. 大陆法系国家的有关规定

《德国民法典》第 459 条规定,物在风险转移时不具有所约定的性质的,为物的瑕疵。如果当事人没有约定,则物应适合于合同所预定的使用目的;在其他情形下,该物适合于惯常的使用,且具有同种的物通常具有的、买受人按照物的种类而期待的性质。

《法国民法典》第 1641 条规定,因出卖物有隐蔽瑕疵,致使其不能用于规定的用途,或者致使其在用于本来的用途时效用减少,而如果买受人事先了解此种情形,即可能不会买受该物或仅在降低价格之后始予买受时,出卖人应负担保责任。但根据《法国民法典》第 1642 条规定,对于买受人自己确定能够辨认的明显瑕疵,出卖人不负担保责任。

2. 英美法系国家的有关规定

1)《英国货物买卖法》

《英国货物买卖法》第 13 条至第 15 条对卖方的品质担保义务作了规定,该规定要求卖方所出售的货物必须符合下列默示条件:

(1) 凡是凭说明(description)的交易,卖方所交的货物必须与说明相符;如兼用凭样品买卖和凭说明买卖,所交货物只与样品相符是不够的,还必须与说明相符。

(2) 在凭样品买卖(sale by sample)的交易中,应认为含有下列默示条件:①所交货物在质量上与样品相符;②所交货物不应存在导致不合商销的缺陷,这种缺陷是在合理检验样品时不易发现的。

(3) 如果卖方是在营业中出售货物,则应包含一项默示条件,即卖方依据合同提供的货物应具有商销品质。

(4) 如果卖方是在营业中出售货物,而且买方已经明示或默示地让卖方知道,他要求货物须适合某种特定用途,在这种情况下,合同就包含一项默示条件,即卖方依据合同所提供的货物,应合理地适合于这种特定用途。除非情况表明,买方并不信赖也没有理由信赖卖方的技能和判断力。

卖方在下列任一情形下并不承担品质担保义务。

① 合同订立之前,货物不令人满意的品质已经特别提请买方注意;

② 合同订立之前,买方已经检验过货物,而货物不令人满意的品质本应因此被发现;

③ 在凭样品买卖的合同中,合理检验样品即能发现货物的品质不能令人满意。

《英国货物买卖法》于 1994 年经《货物供应与销售法》修订后,以"令人满意的品质"取代了前述"商销品质"。修订后的《英国货物买卖法》第 14 条第(2)款规定,判断货物是否具有令人满意的品质,一般原则是应考虑货物的说明、价格及其他有关情况,并采用客观标准,即达到合理人认为满意的品质。

该法第 14 条第(2)款规定:

"(2A) 为本法之目的,如果货物的任何说明、价格(若相关)及其他相关情况能达到让合理人满意的标准,则它就是令人满意品质的货物。

(2B) 为本法之目的,货物的品质包括其状态和条件,在适当的情况下,下列内容(不限于这些内容)属于货物品质:

(a)适合一般供应该种货物的所有目的;(b)外观良好且已完成;(c)不存在微小的缺陷;(d)安全;(e)耐用。"

至于何谓"令人满意的","适当情形"又指什么样的情形,英国法并没有明确规定,所以以上规定具有一定的模糊性。但由于货物的种类繁多,法律也难以划定统一的评判货物品质的标准。所以判断货物的品质是否令人满意,将由法官根据法律的规定,结合案件的具体情形,作出判决。

以上这些默示条件是成文法规定的,根据英国法,只要买卖双方在合同中没有相反规定,这些默示条件就依法适用于他们之间的买卖合同。卖方须严格遵守这些默示条件,违反这些默示条件会引起严重的后果,甚至导致买方拒收货物。不过,买方亦可以把违反条件当作违反担保来处理,即不解除合同而请求损害赔偿。根据英国法,在国际贸易中,上述默示条件是可以由双方当事人通过合同约定来排除的。在国内交易中,对于供私人使用的消费交易(consumer sale),卖方不得在合同中排除上述默示条件;至于非消费交易(non-consumer sale),法律虽然允许卖方在合同中排除上述默示条件,但不能超出"公平合理"的限度,否则法院将不予强制执行。

2) 美国 UCC

美国 UCC 把卖方对货物的担保义务分为明示担保和默示担保。

明示担保指卖方直接明白地对货物品质作出的保证。UCC 第 2-313 条规定,明示担保可以通过以下三种方式产生。

(1) 如果卖方对买方就所售货物在事实方面作出了确认或许诺,并作为交易基础(basis of the bargain)的一部分,就构成一项明示担保,保证所出售的货物与他作出的确认和许诺相符。这种对事实的确认和许诺可以用货物的标签、商品说明及目录等方式表示,也可以在合同中明确记载。

（2）卖方对货物所作的任何说明，只要是作为交易基础的一部分，就构成一项明示担保，卖方所交的货物必须与该项说明相符。

（3）作为交易基础一部分的样品、模型，也是明示担保，卖方所交货物应与样品或模型相符。合同中并不需要使用担保或保证等明确表示产生担保意图的词语，只要符合以上三种情形之一，明示担保即产生。但是，如果卖方仅仅是对货物的价值作出确认或只是对货物提出意见或作出评价，不构成明示担保。

默示担保不是由双方当事人在合同中规定的，而是法律认为即使没有约定，也应当包括在合同之内的。如果买卖双方在合同中没有排除或没有作出相反的规定，则这些法律上的规定将适用于他们之间的买卖合同。

根据 UCC 第 2-314 条，卖方有两项默示担保。

（1）商销性（merchantability）的担保。如果卖方是经营某种商品的商人，则在这类商品的买卖合同中，卖方应保证所出售的货物具有适销（merchantable）品质，且适销品质至少要满足以下要求：

第一，合同项下的货物在该行业中可以无异议地通过检查；

第二，如果所出售的货物是种类物，则卖方所交的货物在该规格范围具有平均良好品质；

第三，货物应适合该商品的一般用途；

第四，除合同允许有差异外，所有货物的每一单位在品种、品质和数量方面都应当相同；

第五，在合同有要求时，应把货物适当地装入容器，加上包装和标签；

第六，货物与容器或标签上所许诺或确认的事实相一致。此外，默示担保还可以通过履约过程或行业惯例产生。

（2）适合特定用途的担保。UCC 第 2-315 条规定，如果卖方在订立合同时有理由知道货物将要用于某种特定用途，而且买方相信卖方具有挑选或提供适合该用途的商品的技能和判断力，则卖方应承担所售货物必须适合这种特定用途的默示担保义务。

根据 UCC 第 2-316 条，卖方可以排除或变更商销性默示担保的规定，但是排除时应使用"商销性"一词，如果排除的条款是记载于书面合同，则其书写必须醒目。要排除适合特定用途的默示担保，则排除的条款应采用书面方式，且足够醒目。例如，如果合同写明"除本合同所说明的以外，卖方概不承担其他的担保义务"，卖方即可排除其应承担的适合特定用途的默示担保义务。

在下列三种情况下，可以认为卖方排除了对货物的默示担保义务。

（1）在交易时卖方使用了"依现状（as is）"，"含有各种残损（with all faults）"或其他能引起买方注意的措辞，以表明卖方不承担任何默示担保义务；

（2）如果买方在订立合同以前，已经检验过货物或样品、模型等，或者买方拒绝进行检验，则卖方对于通过此项检验本能发现的瑕疵，不承担任何默示担保义务；

（3）根据双方当事人过去的交易做法、履约作法或行业惯例，也可以排除或修改卖方的默示担保义务。

3. CISG 的规定

CISG 也规定了卖方的品质担保义务。虽然 CISG 并未使用"担保"一词，但 CISG 有关卖方品质担保义务的规定，与英美法系的规定并无实质性差别。按照 CISG 第 35 条的规定，卖方所交付的货物应与合同所规定的数量、质量和规格相符，并须按照合同所规定的方式装箱或包装。

除双方当事人另有协议外，货物除非符合以下规定，否则即为与合同不符。

（1）货物适用于同一规格货物通常使用的目的；

（2）货物适用于订立合同时曾明示或默示地通知卖方的任何特定目的，除非情况表明买方并不依赖卖方的技能和判断力，或者这种依赖对他是不合理的；

（3）货物的质量与卖方向买方提供的货物样品或样式相同；

（4）货物按照同类货物通用的方式装箱或包装，如果没有此种通用方式，则按照足以保全和保护货物的方式装箱或包装。如果买方在订立合同时知道或者不可能不知道货物不符合合同的规定，卖方就无须承担货物与合同不符的责任。

CISG 还规定了卖方承担上述义务的时间界限。CISG 第 36 条规定，"卖方应按照合同和本公约的规定，对风险移转到买方时所存在的任何不符合同情形，负有责任"，因此 CISG 是以风险转移的时间来作为认定货物是否与合同相符的时间界限的。但是根据第 36 条第（2）款的规定，如果卖方有义务保证货物在一段时间内适用于通常目的或特定目的，或卖方允诺货物在一段时间内保持某种特定质量、性质，则卖方对于风险转移到买方后所发生的与合同不符的情形仍要承担责任。

CISG 第 38 条要求买方必须在实际可行的最短时间内检验货物或由他人检验货物。CISG 第 39 条规定，如果买方检验后发现货物与合同不符，买方必须在发现或理应发现不符情形后一段合理时间内通知卖方，说明不符合合同情形的性质，否则买方就丧失声称货物不符合合同的权利。CISG 不但要求买方在合理时间内通知卖方，还要求在通知内说明货物不符合合同的情形。如果买方未在合理时间内通知卖方或未能说明货物不符合合同的情形，买方就应接受不符合合同的货物并按合同规定支付价金，卖方不再承担违反品质担保义务的违约责任。但无论如何，如果买方不在实际收到货物之日起两年内将货物不符合合同的情形通知卖方，他就丧失声称货物不符合合同的权利，除非这一时限与合同规定的保证期限不符。

CISG 的这一规定对于买方来说是十分严格的，买方未能遵守这一规定，就会丧失救济权。为了缓和这一规定的严厉性，CISG 第 40 条和第 44 条规定了买方应履行的通知要求的例外。

根据 CISG 第 40 条，如果货物不符合合同规定指的是卖方已知道或不可能不知道而又没有告知买方的一些事实,则买方即使没有履行 CISG 规定的通知义务,也不丧失相应的救济权,卖方仍应承担相应的违约责任。

CISG 第 44 条规定,买方如果对他未发出所需的通知具备合理的理由(reasonable excuse),仍可按照规定减低价格,或要求利润损失以外的损害赔偿。但需要注意以下几点:

① "未能发出所需的通知"指的是买方未能在合理时间内通知卖方,或未能说明货物与合同不符的情形。如果买方未在实际收到货物之日起两年内通知卖方,则即使有合理理由,也不适用第 44 条规定。

② 第 44 条适用的结果是买方享有有限的救济权,仅能行使减价、除利润损失以外的损害赔偿请求权。而第 40 条行使的结果则不影响买方的救济权,买方除可以行使减价权外,还可以请求包括利润在内的损害赔偿,可以请求实际履行,可以要求交付替代物,等等。

③ 何谓合理理由,CISG 并未解释,由法院或仲裁庭根据具体情形判定。实践中,通常考虑的因素有:买方所从事的营业类型、买方经营的规模、货物的性质、违约的严重程度、货物与合同不符情形发现的难易程度及买方从事此类营业的经验等。

(四) 权利担保义务

权利瑕疵担保起源于罗马法,又称追夺担保、权源担保,是指卖方应保证对其所出售的货物享有合法的权利,这种出售行为没有侵犯任何第三人的权利,并且任何第三人都不会向买方就该货物提出任何权利请求。如果卖方违反了上述担保义务,则应承担权利瑕疵担保责任。两大法系的买卖法和 CISG 都规定了卖方的权利担保义务。

1. 法国法

《法国民法典》第 1626 条规定,"即使在买卖之当时没有关于担保的任何约定,出卖人亦依法当然对买受人负有义务,担保其买受之物不会全部或一部受到追夺,或者担保买受人不承受在买卖时并未向其申明的对该物可能主张的负担。"由此可见,卖方的权利担保义务是法定的,卖方违反此义务,就应承担违约责任。如果标的物被第三人追夺,买方有权请求卖方返还价金、支付损害赔偿金及其他正当费用和损失、承担相应的诉讼费用和支出。当然,双方当事人也可以排除或限制卖方的此项义务。为了防止卖方滥用权利,法国法对于卖方权利担保义务的排除进行了限制,第 1628 条规定,即使依约免除出卖人的全部担保义务,出卖人对于因其个人行为引起的结果仍负担保的责任,一切相反的约定无效。

2. 德国法

根据《德国民法典》第 434 条的规定,就物而言,第三人不能对买受人主张任何权利,或只能主张在买卖合同中被接受的权利的,该物无权利瑕疵。第 445 条又规定,"关于物的买卖的规定,准用于权利买卖和其他标的的买卖"。可见,德国法中权利担保的适用范围不仅包括实体物买卖,还包括权利及其他标的的买卖。卖方违反此义务的,买方有权请求卖方事后补充履行、请求减价或损害赔偿、请求偿还徒然支出的费用及解除合同。如果买方在订立合同时知道瑕疵的,因瑕疵而发生的买受人的权利消灭,但出卖人恶意不告知瑕疵或已为物的性质承担担保时,即使买受人知道,出卖人仍然要承担相应的瑕疵担保责任。

3. 英国法

1979 年《英国货物买卖法》第 12 条规定,在买卖合同中,卖方有下列义务:

(1) 保证他有出售货物的权利,如果是协议出售(agreement to sell),卖方则应保证在货物权利转移时他有出售的权利;

(2) 保证货物不存在担保或负担,且一直到货物权利转移时都不应设定任何在订约前未向买方披露的或买方未知的担保或负担(charge or encumbrance);

(3) 保证买方能够平静的占有货物,不受第三人的干扰。

4. 美国法

美国《统一商法典》第 2-312 条规定了卖方的权利担保义务。根据该条规定,卖方应保证以下几点:

(1) 他所转移的货物所有权本身无瑕疵,并且其转让正当、合法;如果卖方将盗窃、抢劫所得货物出售而未告知买方,则违反了权利担保义务。此条与德国民法典第 434 条的精神是一致的,只是规定得更加明确、细致。

(2) 应交付的货物上不存在买方缔约时不知道的任何担保权益、其他优先权(lien)或负担。如果买方在订约时已知道货物存有待决的担保权益等请求权,买方就无权指控卖方违反担保义务。卖方的上述担保义务只有通过具体明确的语言或因下述客观情况才能改变或排除:买方有理由知道,卖方对所售之货物并不保证他有所有权,或者卖方意图出售的只是他或第三方所拥有的那部分所有权或权益。

该条还对双方有可能面临的侵权行为指控提出了担保要求。对于卖方而言,如果卖方是惯常经营此类货物的商人,他即应担保,在交付这类货物后,买方不会受到任何第三方以侵权或类似原因提出的有效指控;对于买方而言,如果买方向卖方提供了货物的技术规格,买方应担保卖方不会因遵从其规格而生产的货物受到来自第三方的侵权行为指控。

5. CISG

CISG 吸收了两大法系的相关规定,在第 41 条、第 42 条及第 43 条规定了卖方应承担的权利瑕疵担保义务。

(1) 卖方所交付的货物,必须是第三方不能提出任何权利或请求的货物,除非买方同意在这种权利或请求的条件下收取货物。具体而言,卖方应保证他确实对出售货物具有所有权,享有合法权益,并且应担保货物上不存在任何不为买方所知的留置权、抵押权等他人的权利要求。根据第 41 条的规定,只要第三方对买方就货物提出了权利或请求,即便由于法律依据不足而败诉,卖方仍须向买方承担责任。

拓展阅读

（2）卖方在知识产权方面的担保义务。根据 CISG 第 42 条,卖方所交付的货物,必须是第三方不能根据工业产权或其他知识产权主张任何权利或要求的货物,但以卖方在订立合同时已知道或不可能不知道的权利或要求为限,而且这种权利或要求是根据以下国家的法律规定以工业产权或其他知识产权为基础的:①如果双方当事人在订立合同时预期货物将在某一国境内转售或作其他使用,则根据货物将在其境内转售或作其他使用的国家的法律;②在任何其他情况下,根据买方营业地所在国家的法律。

卖方在以下情况下不承担知识产权方面的担保义务:①买方在订立合同时已知道或不可能不知道此项权利或要求;②此项权利或要求的发生,是由于卖方要遵照买方所提供的技术图样、图案、程式或其他规格。

CISG 第 43 条规定了买方的通知义务及该义务的免除。买方如果不在已知道或理应知道第三方的权利或要求后一段合理时间内,将此一权利或要求的性质通知卖方,就丧失了向卖方索赔的权利。但是,如果卖方在事实上知道第三人的权利或要求及此项权利或要求的性质,则卖方就无权以买方没有在合理的时间内通知卖方为由而否定买方的救济权,免除自己应承担的责任。

二、买方的义务

买方的义务主要包括支付货物价款和收取货物。各国法律关于这两项义务都有一些规定,但比较简单,以下主要介绍 CISG 的规定。

(一) 支付价款

1. 履行必要的付款手续

CISG 要求买方应根据合同或任何有关法律和规章规定的步骤和手续支付价款。

2. 付款地点

如果买卖双方对付款地点有明确规定,买方应在合同规定的地点支付货物价款。如果双方没有约定付款的地点,根据 CISG,则买方应在下列地点付款:

（1）他必须在卖方的营业地向卖方支付价款。

（2）如果是凭移交货物或单据支付价款,则以移交货物或单据的地点为付款地点。

3. 付款时间

买方必须按合同规定的日期支付价款。

（1）如果合同没有规定,买方于卖方按照合同和 CISG 规定将货物或控制货物处置权的单据交给买方处置时支付价款。

（2）如果合同涉及货物的运输,卖方可以在买方支付价款后方可把货物或控制货物处置权的单据移交给买方作为发运货物的条件。

（3）买方在未有机会检验货物前,无义务支付价款,除非这种机会与双方当事人议定的交货或支付程序相抵触。在国际贸易中,买方往往是在有机会检验货物之前就已经付了款。例如,在常见的按 CIF、FOB、CFR 条件成交时,情况都是这样,这时买方就不能把检验作为付款的条件,但是即使买方付了款,货物到达目的地之后,买方仍有复验权,如果发现货物不符合合同,买方有权要求卖方赔偿损失,或采取 CISG 规定的各种补救方法。

（二）收取货物

1. 买方应采取一切理应采取的行动,以便卖方能交付货物

买方的这一义务可是说是买方承担的与卖方合作的义务。在国际货物买卖中,因交易条件不同,双方承担的义务就各不相同。有时,卖方义务的履行就依赖于买方的配合。比如,当双方采用 F 组术语时,卖方负责在交货地点交付货物,买方负责安排运输工具到交货地点接运货物,买方就应将备货和派船的情况及时通知卖方。

2. 接收货物

买方收取货物的义务通常会直接影响到卖方的利益,尤其是在卖方负责订立运输合同时,如果买方不及时从承运人那提取货物,就会给卖方增加相应的滞期费和运费。应注意,CISG 为了避免涉及货物所有权转移的问题,此处规定的买方义务是接收货物(taking over the goods)而不是接受货物(acceptance of goods)。前者是指占有、控制了货物,后者则强调对货物的认可。

三、买方或卖方保全货物的义务

CISG 第 85 条至第 88 条规定了买方或卖方控制货物时保全货物的义务。第 85 条首先规定了货物交给买方处置之前卖方的保全货物的义务。根据该条,如果买方推迟收取货物,或在支付价款和交付货物应同时履行时,买方没有支付价款,而卖方仍拥有这些货物或仍能控制这些货物的处置权,卖方必须按情况采取合理措施,以保全货物,他有权保有这些货物,直至买方把所付的合理费用偿还给他。如果在风险转移到买方之后,卖方仍占有货物或仍能控制货物处置权的情况,此时,根据第 7 条诚信原则和第 77 条减轻损失的义务,卖方应采取合理措施保全货物。

第 86 条规定了买方保全货物的义务。根据该条,如果买方已收到货物,但打算行使合同或 CISG 规定的任何权利,把货物退回,他必须按情况采取合理措施,以保全货物。他有权保有这些货物,直至卖方把他所付的合理费用偿还给他。当买方收到货物,发现货物与合同不符,打算行使退货权时,他有义务采取合理措施保全货物。如果买方不打算行使退货权,那么该条不适用。但如果发运给买方的货物已到达目的地,并交给买方处置,此时买方尚未收取货物,却通过验货发现货物与合同不符,打算行使退货权利,则买方必须代表卖

方收取货物,除非他这样做需要支付价款而且会使他遭受不合理的不便或需承担不合理的费用。如果卖方或受权代表他掌管货物的人也在目的地,则此规定不适用。

有义务采取措施以保全货物的当事人,可采取两种做法:一是把货物寄放在第三方的仓库,由另一方当事人担负费用,但该项费用必须合理。二是出售货物。根据 CISG 规定,如果另一方在收取货物或收回货物或支付价款或保全货物费用方面有不合理的迟延,保全货物的当事人可以采取任何适当办法,把货物出售,但必须事前向另一方发出合理的意向通知。如果货物易于迅速变坏,或者货物的保全牵涉到不合理的费用,则保全货物当事人,必须采取合理措施,把货物出售。并在可能的范围,把出售货物的打算通知另一方。出售货物的一方当事人,有权从销售所得收入中扣回为保全货物和销售货物而付的合理费用。

第四节　违约及其补救办法

预习思考题

1. 什么是根本违约? 如何认定根本违约? CISG 对根本违约的救济措施是如何规定的?

2. 什么是预期违约? CISG 对预期违约的救济措施是如何规定的?

3. 根据 CISG 规定,买卖双方都可以采取的救济措施有哪些?

4. 卖方违反交货义务时,买方可以采取哪些救济措施?

5. 英美法系关于买方违约时,卖方可以采取的救济措施是如何规定的? 与 CISG 的规定有何不同?

案例 3-4

德国批发商从瑞士进口了一批新西兰贻贝。买方拒收并拒绝支付价款,理由是货物所含的镉含量大大超过了德国联邦卫生部建议的食用安全标准。买方向卖方发出通知,告知了此事实并要求退货。在卖方交货后 6～8 周,买方又对货物的包装瑕疵提出了异议。经过调查,以下事实是被确定的:首先,双方当事人并未约定镉含量的比例,本案中贻贝仍然适合食用,并没有丧失通常的使用目的;其次,德国联邦卫生部公布的标准只是建议性的,并非强制性法律规定。卖方国家不存在同样的标准;买方没有提请卖方注意该标准的存在;根据该案的情形,卖方不知道或没有理由知道该标准的存在。①

问题:

1. 卖方提交的货物是否需要符合德国的强制性法律规定?

2. 卖方交付的货物是否构成与合同不符?

---

① www.cisg-online.org/files/cases/6122/translationFile/144_81006178.pdf

3. 买方是否有权宣告合同无效？

4. 假设贻贝镉含量过高影响到了其商销性，买方很难将其再转售，这一事实是否会影响本案结果的认定？

5. 在大陆法系与英美法系对品质担保义务有着不同法律规定的情况下，中国在签订国际贸易合同中，应如何防范货物与合同不符的风险？

6. 中国企业作为国际货物销售合同的买方，如果卖方违反货物品质担保义务，中国企业在选择救济方式上应当注意什么？

鉴于违约及违约救济在第二章合同中已有讲述，以下主要介绍 CISG 的规定。

一、违约的分类

（一）根本违约和非根本违约

根据违约程度的不同，违约可以分为根本违约和非根本违约。CISG 第 25 条规定的根本违约是 CISG 的一项根本制度。根据该条规定，一方当事人违反合同的结果，如使另一方当事人蒙受损害，以至于实际上剥夺了他根据合同规定有权期待得到的东西，即为根本违反合同，除非违反合同一方并不预知，而且一个同等资格、通情达理的人处于相同情况中也没有理由预知会发生这种结果。在根本违约的情形下，受损害方可以宣告合同无效。如果是非根本违约，则受损害方不能宣告合同无效。

（二）预期违约和实际违约

根据违约的时间不同，违约还可以分为预期违约和实际违约。

预期违约，指在合同履行期到来之前，一方当事人明确表示或以行为表明将不履行合同。

按照 CISG 第 71 条的规定，如果订立合同后，另一方当事人由于下列原因显然将不履行其大部分重要义务，一方当事人可以中止履行义务：

（1）他履行义务的能力或他的信用有严重缺陷；

（2）他在准备履行合同或履行合同中的行为。如果卖方在上述情形明显化以前已将货物发运，他可以阻止将货物交给买方，即使买方持有其有权获得货物的单据。中止履行义务的一方当事人必须立即通知另一方当事人，如经另一方当事人对履行义务提供充分保证，则他必须继续履行义务。

CISG 第 72 条则规定，如果在合同履行日期之前，明显看出一方当事人将根本违反合同，另一方当事人可以宣告合同无效。如果时间许可，打算宣告合同无效的一方当事人必须向另一方当事人发出合理的通知，使他可以对履行义务提供充分的保证。如果另一方当事人已声明他将不履行义务，则打算宣告合同无效的一方不必向另一方发出通知。适用 CISG 第 71 条的规定时，一方当事人的违约不必构成根本违约，故当事人应先中止合同而不能宣告合同无效；而第 72 条适用的前提则是一方的预期违约已构成根本违约，当事人可以宣告合同无效。

二、买卖双方都可以采用的救济措施

（一）损害赔偿

1. 损害赔偿的原则

（1）完全赔偿原则。CISG 规定，一方当事人违反合同应负的损害赔偿额，应与另一方当事人因他违反合同而遭受的包括利润在内的损失额相等。

（2）可预见原则。CISG 规定，一方当事人违反合同应负的损害赔偿不得超过他在订立合同时，依照他当时已知道或理应知道的事实和情况，对违反合同预料到或理应预料到的可能损失。CISG 没有具体说明如何计算因违约造成的损失，因为货物买卖中违约的情形千差万别，CISG 只能给出一个基本的原则来计算损害赔偿的范围，即使非违约方处于合同能够得到履行时应有的经济地位。与许多国内法一样，CISG 对赔偿的范围进行了限制，即损害赔偿不能超过违约一方在订约时，根据他所知道的或理应知道的事实，能预见到或理应预见到的损失范围。因此，如果一方当事人在订约时，意识到另一方的违约将给他带来额外的严重损失或者是非通常性质的损失，该方当事人就应在订约时告知另一方当事人这种损失后果。这样在遭受了这一损失时，就可以获得赔偿。否则，违约方对于预见不到的损失将不负担赔偿责任。

（3）减轻损失原则。考虑到经济效率原则，CISG 还规定了非违约方减轻损失的义务，也就是说非违约方必须按情况采取合理措施，减轻由于该违约方违反合同而引起的损失。如果非违约方不采取这种措施，违约方可以要求从损害赔偿中扣除原可以减轻的损失数额。

2. 损害赔偿的计算

如果合同被宣告无效，而在宣告无效后一段合理时间内，买方已以合理方式购买替代货物，或者卖方已以合理方式把货物转卖，则要求损害赔偿的一方可以取得合同价格和替代货物交易价格之间的差额，以及根据损害赔偿救济原则可以取得的任何其他损害赔偿。

如果要求损害赔偿的一方，没有进行购买或转卖，而货物又有时价，则受损害方可以取得合同规定的价格和宣告合同无效时的时价之间的差额，以及按损害赔偿救济原则可以取得的任何其他损害赔偿。但是，如果要求损害赔偿的一方在接收货物之后宣告合同无效，则应适用接收货物时的时价，而不适用宣告合同无效时的时价。时价指原应交付货物地点的现行价格，如果该地点没有时价，则指另一合理替代地点的价格，但应适当地考虑货物运费的差额。

（二）实际履行

如果按照 CISG 的规定，一方当事人有权要求另一方当事人履行某一义务，法院没有义务作出判决，要求另一方当事人具体履行此义务，除非法院依照其本身的法律对不属 CISG 范围的类似销售合同愿意这样做。也就是说，CISG 一方面认可了当事人可以要求对方实际履行的权利，但另一方面又对这项权利主张进行了限制，即只有当法院所在地法对国内类似的销售合同会给予实际履行的救济并且法院也愿意作出这样的判决时，它才应该对由 CISG 调整的货物买卖作出实际履行的判决，CISG 把是否给与受损害方实际履行救济的自由裁量权赋予了国内法院和仲裁庭。

（三）分批交货发生违约时的救济措施

对于分批交付货物的合同，如果一方当事人不履行对任何一批货物的义务，便对该批货物构成根本违约，则另一方当事人可以宣告合同对该批货物无效。如果一方当事人不履行对任何一批货物的义务，使另一方当事人有充分理由断定对今后各批货物将会发生根本违约，该另一方当事人可以在一段合理时间内宣告合同今后无效。如果各批货物是互相依存的，不能单独用于双方当事人在订立合同时所设想的目的，买方在宣告合同对任何一批货物的交付为无效时，可以同时宣告合同对已交付的或今后交付的各批货物均为无效。

三、卖方违约时买方的救济

1. 要求卖方实际履行

买方可以要求卖方履行义务，除非买方已采取与此一要求相抵触的某种补救办法。

2. 要求卖方交付替代货物

如果货物不符合同，买方只有在此种不符合合同情形构成根本违约时，才可以要求卖方交付替代货物。买方要求卖方交付替代货物这一要求，必须在向卖方发出货物与合同不符的通知时同时提出，或在该通知发出后的一段合理时间内提出。

3. 要求卖方对合同不符之处进行修补

如果货物不符合合同，买方可以要求卖方通过修理对不符合合同之处作出补救，除非他在考虑了所有情况之后，认为这样做是不合理的。买方修理的要求必须在向卖方发出货物与合同不符的通知时同时提出，或在该通知发出后的一段合理时间内提出。

4. 给予卖方宽限期

对于延迟履行义务的卖方，买方可以规定一段合理时限的额外时间，让卖方履行其义务。除非买方收到卖方的通知，声称他将不在所规定的时间内履行义务，否则买方在这段时间内不得对违反合同采取任何补救办法。但是，买方并不因此丧失他对迟延履行义务可能享有的要求损害赔偿的任何权利。

5．宣告合同无效

买方在以下两种情况下可以宣告合同无效：一是卖方不履行其在合同或 CISG 中的任何义务，等于根本违约；二是如果发生不交货的情况，卖方不在买方给予的额外时间内交付货物，或卖方声明他将不在所规定的时间内交付货物。

但是，如果卖方已交付货物，买方原则上就丧失了宣告合同无效的权利，除非买方按照下列规定及时提出宣告合同无效：

(1) 对于迟延交货，买方在知道交货后一段合理时间内宣告合同无效；

(2) 对于迟延交货以外的任何违反合同的事情，买方在已知道或理应知道这种违反合同后一段合理时间内宣告合同无效；

(3) 如果买方给予延迟交货的卖方宽限期，买方应在其规定的宽限期届满后，或在卖方声明他将不在宽限期内履行义务后一段合理时间内宣告合同无效；

(4) 如果卖方按照 CISG 规定确定了一段额外时间对其违约行为进行补救，则在该额外期间满期后买方应及时宣告合同无效，如果买方声明他将不接受卖方的补救，买方应在声明后一段合理时间内宣告合同无效。

6．减价

如果货物不符合合同，不论价款是否已付，买方都可以减低价格，减价按实际交付的货物在交货时的价值与符合合同的货物在当时的价值两者之间的比例计算。CISG 对买方要求减价的权利进行了限制，即如果卖方已按照 CISG 要求对不履行合同义务之处做出了补救，或者买方拒绝接受卖方的补救，则买方不得要求减低价格。

7．卖方部分交货或货物只有部分符合合同时的救济措施

针对这种情形，买方可以行使上述的救济措施，但是一般不得宣告合同无效。除非卖方的部分交货或货物部分与合同不符已经构成根本违约，买方才能宣告合同无效。

8．卖方提前交货或超量交货时的救济措施

如果卖方在规定的日期前交付货物，买方可以收取货物，也可以拒绝收取货物。如果卖方交付的货物数量大于合同规定的数量，买方可以收取也可以拒绝收取多交部分的货物。如果买方收取多交部分货物的全部或一部分，他就必须按合同价格付款。

四、买方违约时卖方的救济

买方违约的情形主要表现为两方面：一是不付款或延迟付款；二是不收取货物或延迟收取货物。根据 CISG 第三章第三节第 61 条至第 65 条，卖方可以采取的救济措施有以下几方面。

1．要求买方支付价款和收取货物

卖方可以要求买方支付价款、收取货物或履行他的其他义务,除非卖方已采取与此要求相抵触的某种补救办法。

拓展阅读

2．给予买方宽限期

卖方可以规定一段合理时限的额外时间,让买方履行义务。除非卖方收到买方的通知,声称他将不在所规定的时间内履行义务,卖方不得在这段时间内对违反合同采取任何补救办法。但是,卖方并不因此丧失他对迟延履行义务可能享有的要求损害赔偿的任何权利。

3．宣告合同无效

CISG 规定了卖方可以宣告无效的两种情况。第一种情况是买方不履行义务已构成根本违约,第二种情况是买方不在卖方按规定的额外时间内履行支付价款的义务或收取货物,或买方声明他将不在所规定的时间内支付价款或收取货物。

但是如果买方已经支付了货款,卖方原则上就丧失了宣告合同无效的权利。除非出现以下两种情况:

(1) 对于买方迟延履行义务,卖方在知道买方履行义务前就宣告合同无效;

(2) 对于买方迟延履行义务以外的任何违反合同的事情,卖方在已知道或理应知道这种违反合同后一段合理时间内宣告合同无效;或在给予买方的宽限期届满后宣告合同无效;或在买方声明他将不在宽限期内履行义务后一段合理时间内宣告合同无效。

4．自行订明货物规格

如果买方应根据合同规定订明货物的形状、大小或其他特征,而买方在议定的日期或在收到卖方的要求后一段合理时间内没有订明这些规格,则卖方在不损害其可能享有的任何其他权利的情况下,可以依照他所知的买方的要求,自己订明规格。如果卖方自己订明规格,他必须把订明规格的细节通知买方,而且必须规定一段合理时间,让买方可以在该段时间内订出不同的规格。如果买方在收到这种通知后没有在该段时间内这样做,卖方所订的规格就具有约束力。

5．要求损害赔偿

如果买方不履行在合同或法律规定上的任何义务,卖方可以按照 CISG 第74 条至第77条的规定要求损害赔偿,并且卖方享有的要求损害赔偿的任何权利不因采取其他补救办法的权利而丧失。

第五节　货物所有权与风险的转移

预习思考题

1. 货物所有权转移有何重要意义? 各国国内法是如何规定的?

2. 什么是风险转移？有何重要意义？

3. CISG 对风险转移规定了哪些原则？

案例 3-5

原告向法院起诉，要求被告因违反他们之间订立的购买 40000 磅苯乙烯塑料球合同向他赔偿损失。

案情：原告于 1971 年 6 月 30 日与被告达成协议。协议规定，由原告生产 40000 磅棕色苯乙烯塑料球，并以每磅 19 美分的价格出售给被告，且这批货物专为被告生产。被告同意在全部生产完毕以后，以每天 1000 磅的速度提货。原告在两周之内将所订货物如数生产出来，并要求被告提货，但遭到被告的拒绝，理由是公司职员正在休假，人手不够。1971 年 8 月 18 日，原告向被告致函如下："我方已经生产了 40000 磅的棕色高弹性的苯乙烯塑料球，但你方仍未开具提货单。贵方曾表示每天将提走 1000 磅。我方已按合同将这批货物储存了 40 多天，但不可能无限期地存放下去。望贵公司速给我方下达发货指令。我们已履行了合同规定的一切义务。"此后，1971 年 9 月 22 日，原告的工厂连同为被告生产的塑料球一并被大火烧毁。原告的火灾险未包括这些货物在内。于是，原告向法院起诉，要求被告因违反他们之间订立的购买 40000 磅苯乙烯塑料球合同向被告索取这批货物的货款并向他赔偿损失。

被告声称，UCC 第 2-510 条不适用于本案，被告争辩由于其订单已载明对原告的要求，"生产、储存塑料球，等我方提货"，原告认为被告违约是以被告同意在生产完成以后每天提取 1000 磅塑料球这一事实为根据的。但是，合同并未规定一个确切的交货时间。因其从未向原告下达过发货指令，并不构成违约。被告还声称，即使第 2-510 条适用于本案，从 1971 年 8 月 20 日至 1971 年 9 月 22 日这一段时间也不能被认为是商业上的一段合理时间，以此来让买方承担货物损失的风险。

原告则认为没有证据表明该订单是双方协议的一部分。由于原告在其 1971 年 8 月 18 日的信函中已向被告发出了交货通知，原告有权交货并得到合同规定的货款。

法院需要考虑的是，从 1971 年 8 月 20 日买方违约日期到 1971 年 9 月 22 日失火日期的这一段时间是否为商业上一段合理时间？在此期间，货物损失的风险是否应由买方承担？地区法院的结论是：《统一商法典》第 2-510 条第 3 款有关期限规定之目的，是使卖方对货物取得必要的保险。地区法院的调查表明，被告曾数次同意签发发货命令，且这批货是根据合同专为被告生产，因此，在这种情况下，卖方有理由相信货物会很快脱手，故也无须对其投保[①]。

问题：

1. 原告 1971 年 8 月 18 日给被告的信函是否构成了有效的交货通知？被告 1971

年 8 月 20 日拒绝接受交货是否构成了违约行为？

2. 1971 年 8 月 20 日到 1971 年 9 月 22 日这一段时间是商业上一段合理时间吗？为什么？

3. 根据 UCC 第 2-510 条第 3 款的规定，货物灭失的风险应该由谁承担？原告是否有权得到该批货物的货款及其相应的利息？

4. 假设本案适用 CISG，是否会得出不同结论？

案例 3-6

广州某公司于 1997 年 7 月 12 日由广州发运电脑 5000 台到天津，预计 7 月 20 日货物可以抵达天津。货物启运后，广州公司在因特网上发布电子公告一份，将这批电脑的技术指标、价格、预计到港时间等情况一一公示，7 月 14 日日本某公司在网上获得这一信息后，立即以电子邮件通知广州公司要求转让该批电脑，7 月 19 日，双方在网上就电脑价格等问题达成协议，为了稳妥起见又用传真互致加盖公司公章的确认书。7 月 29 日，货物抵达日本后，日本公司在提货时，发现因轮船底舱进水，部分电脑包装有海水浸渍痕迹，影响正常销售。日本公司提出，电脑在运抵日本之前已经进水，据此要求广州公司赔偿因部分电脑不能正常销售造成的损失。

经调查，发现 7 月 20 日轮船经过青岛海域时，曾遭受台风侵袭，此事可能是轮船进水的原因。

问题：

1. 根据 CISG，你认为该案货物风险由谁承担？为什么？

2. 如何运用货物风险转移的知识维护我国企业的利益？

案例 3-7

甲、乙双方签订面粉买卖合同，按约定由甲方代办托运，5 月 12 日面粉船运至乙方指定码头后，因甲方未按时将提货单证寄出，致乙方不能及时提货，5 月 14 日码头货场遭暴雨袭击，部分面粉受损，乙方提出因甲方单证交付不及时，致面粉受损，要求甲方赔偿。

问题：

1. 本案的交货地点如何确定？

2. CISG 是如何规定卖方交货义务的？本案中卖方的义务履行是否符合规定？

3. 你认为该案应如何处理？为什么？

一、货物所有权的转移

货物所有权何时转移到买方，即转移所有权的时间条件，是一个比较复杂的问题。卖方将货物交给买方处置,并不意味着货物所有权已转移给买方,因为卖方可能通过控制单据而保留货物所有权。各国法律关于所有权转移的制度分别采取了意图主义、交付主义或将两者融合,CISG 对此问题则没有进行规定。现将各国有关所有权转移的规定分别介绍如下。

(一)《法国民法典》的有关规定

法国法原则上采取诺成主义,即以买卖合同的成立决定货物所有权的转移。根据《法国民法典》第 1583 条的规定,当事人如果对买卖的标的物和价金达成一致,即使标的物尚未交付,价款尚未支付,合同即宣告成立,且买受人对出卖人从法律上取得所有权。

但在实践中,常常存在这样的情形:货物在订约时尚不存在,或货物属种类物,尚未划拨到合同项下,合同成立时双方并未确定哪些货物才是合同的标的物。此时,以合同成立的时间作为所有权转移的时间显然并不适宜。

为适应现实的需要,法国法院在司法实践中,发展出了新的规则。这些规则包括:①对于种类物的买卖,货物划拨于合同项下之前,所有权并不转移;②如果是附条件的买卖,则条件成就时,所有权才转移给买方;③双方当事人可以自由约定所有权转移的时间。

(二)《德国民法典》的有关规定

德国法对所有权转移的要求同时包括交付与合意。《德国民法典》第 929 条规定,为转让动产的所有权,所有人必须将该物交付给取得人,并且所有人和取得人必须达成关于所有权转移的合意。由此可见,根据德国法,货物买卖所有权的转移必须具备二个条件:①交付,即卖方把货物交付给买方;②合意,即买卖双方达成关于所有权转移的合意。

若取得人已占有货物,则仅以合意为要求。根据《德国民法典》第 929 条规定,取得人正在占有该物的,只需要关于所有权转移的合意即为足够。

(三)《英国货物买卖法》的有关规定

英国法原则上采取意图主义,即在特定物或特定化了的货物(specific or ascertained goods)买卖合同中,货物所有权在双方当事人意图转移时,转移给买方。意图主义充分尊重了当事人的意思自治。

但意图毕竟存在于当事人的内心中,是一个抽象的、不确定的模糊概念,所以《英国货物买卖法》进一步指出,判断当事人的意图,应考虑合同的条款、双方当事人的行为及合同的具体情形。除此之外,该法规定,确定双方当事人的意图还应遵循以下原则:

第一,在无保留条件的特定物买卖合同中,如果该货物已经处于可交付状态,则所有权于合同订立时转移。即使付款或交货延迟,也不影响所有权的转移。

第二,在特定物的买卖合同中,如果卖方还需做出某些行为才能使货物处于可交付状态,则直到卖方履行了这些行为并且买方收到了行为已做出的通知时,货物所有权方转移。

第三,在特定物的买卖合同中,货物已处于可交付状态,但如果卖方尚需对货物进行称重、丈量、检验或其他行为以确定货物的价格,所有权在上述行为已经做出且买方收到相关通知时转移。

第四,如果货物是以试用买卖(on approval)或余货退回(on sale or return)或其他类似条件出售,所有权按下列时间转移:买方向卖方表示认可或接受,或采取其他接受该项交易的行为时,所有权转移;如果买方未向卖方表示认可或接受,但留下了货物且未向卖方发出拒收通知,则合同规定的退货期届满时所有权转移。如果合同中没有规定退货期,则合理时间届满时,所有权转移。

此外,在非特定物的买卖或期货买卖中,货物特定化之前所有权并不转移。根据《英国货物买卖法》第 18 条的规定,符合说明的、处于可交付状态的货物被无条件地划拨于合同项下后,所有权转移。货物的划拨可以由卖方提出取得买方同意,也可以由买方提出取得卖方同意。如果卖方根据合同的规定,向买方交付货物或向承运人、受托人、保管人移交货物以运交买方,而又没有保留对货物的处分权,亦视为货物已经无条件划拨于合同项下。

(四)美国 UCC 有关规定

和英国法相似,UCC 亦规定,货物未确定于合同项下之前,所有权不转移。但美国法并未采用英国法的意图主义,而是采用了交付主义。和意图主义相比,交付主义克服了意图主义抽象的弊端,更加客观、具体,容易判定。

UCC 第 2-401 条对交付主义进行了确定:如果货物已经确定在合同项下,除双方另有约定外,货物所有权于卖方完成实际交货义务的时间和地点转移,即使所有权凭证在不同的地点或时间交付。假如卖方保留了货物所有权的凭证,如卖方保留提单,也不影响所有权的转移。UCC 认为,所有权凭证的保留,通常只是起到担保买方付款的作用,并不会妨碍所有权的转移。

UCC 第 2-401 条进一步规定了所有权转移的具体情形:

(1)如果合同要求或授权卖方把货物运交买方,但并未要求在目的地交付,所有权于货物装运的时间和地点转移;

(2)如果合同要求目的地交货,则所有权于目的地交货时转移;

(3)当货物无须移动时,比如货物已存放在仓库,买方到该仓库提货即可,卖方履行交货义务时就无须移动货物。如果卖方应提交所有权凭证,则所有权于卖方交付该凭证的时间和地点转移;如果卖方不需要提交所有权凭证且货物已经特定化,则所有权于订立合同时转移。

(五)中国《民法典》的有关规定

中国《民法典》第 224 条和第 641 条规定,动产物权的设立和转让,自交付时发生效力,但是法律另有规定的除外。当事人可以在买卖合同中约定买受人未履行支付价款或者其他义务的,标的物的所有权属于出卖人。可见,中国亦采取交付主义原则,以货物交付的时间作为所有权转移的时间。

二、货物风险的转移

国际贸易中的风险通常指货物可能遭受的各种意外损失,如盗窃、雨淋、渗漏、受潮、破碎等。货物风险转移关系到货物毁损灭失的风险由哪一方当事人承担的问题。如果风险已经转移到买方,即使货物已经灭失,买方也应按照合同规定支付货款;如果风险尚未转移给买方,则在货物发生毁损灭失时,买方不用支付价款,不但如此,卖方还要承担不交货的违约责任。

(一)《法国民法典》的有关规定

法国法确定了货物风险随所有权转移而转移的模式。

《法国民法典》第 1138 条规定,交付标的物之债,自应当交付该标的物之日起,债权人即成为该物的所有人,并承担物之风险,即使尚未进行物的交付。由此可见,法国法风险转移的原则是风险随所有权转移而转移,即"物主承担风险原则"。

应当注意,如果债务人怠于交付,且已收到债权人的移交催告,则风险不转移,仍由债务人承担。

(二)《德国民法典》的有关规定

德国法确定了货物风险于交付时转移的原则。

《德国民法典》第 446 条规定:在货物交付时,意外灭失和意外毁损的风险转移给买受人。可以看出,德国法采取了与法国法不同的做法,风险转移并未与所有权转移挂钩,而是以货物的交付作为风险转移的标志。

《德国民法典》第 447 条进一步明确了在发送买卖的情形下的风险转移:在出卖人应买受人的请求将货物送交履行地以外的其他地点时,从出卖人将该标的物交付给运输承揽人、货物承运人或其他指定的承运人或机构之时起,货物的风险即移转于买受人。

(三)《英国货物买卖法》的有关规定

英国法和法国法一致,亦采用货物风险随所有权转移而转移的模式。《英国货物买卖法》第 20 条规定:除非当事人另有约定,在货物的所有权转移于买方之前,风险由卖方承担;如果货物的所有权已转移于买方,则无论货物是否交付,风险都由买方承担。

但应注意,如果由于其中一方的过失致使交货延迟,则货物的风险由有过失的一方承担。

（四）美国 UCC 的有关规定

美国法与德国法类似，以交货时间作为决定风险转移的时间。与货物风险随所有权转移而转移的模式相比，风险随交付转移原则更加容易确定风险转移时间。物主承担风险原则首先要确定所有权转移时间，才能确定风险转移时间。而所有权转移本身就是一个抽象的、难以确定的问题，而交付的确定更客观、容易操作。显然，风险随交付转移原则更容易划分风险责任的界限。而且，风险随交付转移原则有利于激励货物的控制人最大限度地谨慎保管货物，便于风险承担者在风险损失发生后迅速估价损失，及时向保险人求偿。

概括起来，在当事人未对风险的转移另行约定的情形下，UCC 根据两种不同的情形来确定风险转移的时间：

1. 无违约情形下的风险转移

UCC 第 2-509 条首先确定了货物风险于交付时转移的一般规则：当货物需要交由承运人运输时，如果合同不要求卖方在某一特定地点交付货物，则风险于货物适当交付承运人时转移，即使货物是在有保留情形下发运的；如果合同要求卖方在某一特定地点交货，且货物在承运人占有之下提交买方受领时，风险于货物提交买方受领以使买方能够接收时转移。

作为一般规则的例外，当货物由受托人占有，交付无须移动时，风险的转移与受托人是否出具了权利凭证有关。具体而言：第一，如果受托人出具的是可流通的权利凭证（document of title），则风险于买方收到代表货物的可流通的权利凭证时转移；第二，如果受托人出具的是不可流通的权利凭证，则于买方按法典规定的方式收到凭证或其他交付指示后，风险转移；第三，如果受托人没有出具权利凭证，则于受托人承认买方享有占有货物的权利时，风险转移。

除上述情形外的其他情形，风险转移与卖方是否是商人有关。比如，货物应在卖方营业地交付。卖方为商人的，风险于买方接收货物时转移；卖方不是商人的，风险于请求买方受领货物时转移。也就是说，在卖方是商人的情形下，即使买方已经支付了全部价款，并且卖方也向买方发出了受领货物的通知，货物风险也不转移，直到买方实际接受货物时风险才转移。UCC 这样规定主要是考虑到，在其营业地交付货物的具有商人身份的卖方仍控制着货物，可以期待卖方对货物进行投保，而买方并未实际控制货物，因而买方为货物投保的可能性很低，所以在买方接收货物前，由卖方承担风险。

2. 违约情形下的风险转移

如果卖方或买方有违约情形，则不能适用第 2-509 条的规定，应适用第 2-510 条的规定，具体如下：

第一，如果卖方请求受领或交付的货物未能与合同相符，使买方有权拒收，在卖方作出补救或买方接受货物前，风险仍由卖方承担。

第二，在存在违约的情形下，如果控制货物的一方为受损害方，则保险合同未涵盖的损失由违约方承担。具体而言：如果买方撤销了对货物的接受，则在保险合同不包括的限度内，认为卖方自始承担了货物灭失的风险；如果卖方已经把符合合同的货物确定在合同项下，而买方在风险尚未转移之前，毁弃合同或有其他违约行为，在一段商业上的合理时间内，卖方须将保险合同所不包括的货物风险给买方承担。

（五）中国《民法典》的有关规定

中国《民法典》首先在第 604 条确定了风险转移的原则。根据该条规定，标的物毁损、灭失的风险，在标的物交付之前由出卖人承担，交付之后由买受人承担，但是法律另有规定或者当事人另有约定的除外。其后诸条可分为以下三大模块：

第一，《民法典》第 606 条、第 607 条分别对路货买卖、涉及运输两种情形下的风险转移规则作出了规定。

第 606 条规定了路货买卖的风险转移规则：出卖人出卖交由承运人运输的在途标的物，除当事人另有约定外，毁损、灭失的风险自合同成立时起由买受人承担。第 607 条规定运输时的一般风险转移规则：如果涉及运输，而当事人没有约定交付地点或者约定不明确，则出卖人将标的物交付给第一承运人后，标的物毁损、灭失的风险由买受人承担。

第二，以违约为界分，《民法典》第 605 条和第 608 条规定了买方违约情形下的风险负担。

第 605 条规定："因买受人的原因致使标的物未按照约定的期限交付的，买受人应当自违反约定时起承担标的物毁损、灭失的风险。"第 608 条规定："出卖人按照约定或者依法律规定将标的物置于交付地点，买受人违反约定没有收取的，标的物毁损、灭失的风险自违反约定之日起由买受人承担。"

第三，《民法典》第 610 条、第 611 条进一步划清了买卖双方的权利界限，明确买方不受风险转移规则所影响的权利。

第 610 条规定：在标的物不符合质量要求致使不能实现合同目的时，买受人可以拒绝接受标的物或解除合同，标的物毁损、灭失的风险仍有出卖人承担。第 611 条规定，标的物毁损、灭失的风险由买受人承担的，不影响出卖人履行义务不符合规定，买受人请求其承担违约责任的权利。

（六）CISG 的有关规定

在当事人已经采用了国际贸易术语的情形下，应根据国际贸易术语的规定来划分当事人之间的风险分担。如果当事人没有采用国际贸易术语或未约定风险的转移，则适用 CISG 有关风险转移的规定。CISG 主要根据运输方式确定风险的转移，具体规则如下。

（1）货物涉及运输时风险的转移。CISG 将涉及运输具体分为两种情况，一是卖方有义务将货物交付承运人，二是卖方有义务将货物交付至某一特定地点。根据 CISG 规定，如果销售合同涉及货物的运输,但卖方没有义务在某一特定地点交付货物,自货物按照销售合同交付给第一承运人以转交给买方时起,风险就移转到买方承担。如果卖方有义务在某一特定地点把货物交付给承运人,在货物于该地点交付给承运人以前,风险不移转到买方承担。卖方保留控制货物处置权的单据,并不影响风险的移转。此外,在货物特定化之前,风险也不转移。货物特定化又称为把货物划拨于合同项下,可以通过在货物上加标记或以装运单据或向买方发出通知或其他方式清楚地注明有关合同等方式实现。

(2) 销售运输途中货物风险的转移。运输途中销售的货物有别于一般的涉及运输的货物。对于在运输途中销售的货物,从订立合同时起,风险就移转到买方承担。但是,如果情况表明有需要,从货物交付给签发载有运输合同单据的承运人时起,风险就由买方承担。尽管如此,如果卖方在订立合同时已知道或理应知道货物已经遗失或损坏,而他又不将这一事实告知买方,则这种遗失或损坏应由卖方负责。

(3) 不涉及运输的货物风险的转移。从买方接收货物时起,或如果买方不在适当时间内接收货物,则从货物交给买方处置,但他不收取货物从而违反合同时起,风险移转到买方承担。但是,如果买方有义务在卖方营业地以外的某一地点接收货物,当交货时间已到而买方知道货物已在该地点交给他处置时,风险方始移转。如果合同指的是当时未加识别的货物,则这些货物在未清楚注明有关合同以前,不得视为已交给买方处置。

(4) 根本违约时风险的转移。根据 CISG 第 70 条的规定,卖方的根本违约并不会导致适用新的风险转移规则,即不会影响风险按 CISG 其他规定转移给买方。但卖方根本违约时买方有权采取的救济措施并不会受到损害。也就是说,买方仍有权根据 CISG 的规定采取宣告合同无效、请求损害赔偿或要求卖方交付替代货物等救济方法。

案例分析

即练即测

第四章

产品责任法

 学习目标

通过学习欧美国家、国际条约及中国有关产品责任法的相关规定，结合案例分析，学习者能够运用产品责任构成要件、免责事由、产品责任管辖与法律适用的知识来正确处理国际产品责任纠纷，培养学习者运用相关的国际产品责任法知识防范产品责任风险、维护消费者合法权益与国家利益的法律意识。

引导案例

十年诉讼终和解，中国石膏板厂商在美赔偿 2.48 亿美元！

2020 年 1 月，美国联邦法官在新奥尔良批准的和解方案解决了针对中国"泰山石膏股份有限公司（以下简称泰山石膏）"的两宗诉讼及超过 3000 宗的潜在诉讼。经过 10 多年的诉讼，超过 1800 名美国佛罗里达州的房主将以 2.48 亿美元的和解方案分享这笔赔偿金。

故事还要从 2005 年发生在美国的二次飓风说起。

由于 2005 年特里娜飓风和威尔玛飓风的影响，美国东南部地区的居民需要大量的建筑材料重建家园。由于当地建材缺乏，从 2005 年下半年到 2006 年，美国的建筑商便开始从美国以外采购了大量的石膏板，其中就包括了大量中国制造的石膏板。

根据中国海关总署的数据，2006 年，共有 100 多家中国公司制造的石膏板出口到美国。其中，出口数量较大的制造商包括北新集团建材股份有限公司（以下简称北新建材）、可耐福石膏板（天津）公司等。当年，北新建材出口到美国的美制石膏板，约为 1600 万平方米。泰山石膏属于北新建材的全资子公司，而北新建材是一家深交所主板 A 股上市公司（000786），其注册资本近 18 亿元人民币。

但新屋落成不久后，灾后新建房屋的业主们开始投诉电线和空调等金属部件出现腐蚀现象，还有人抱怨有臭鸡蛋的味道，并出现眼睛和皮肤刺痛、咳嗽等健康问题。随后，由 CPSC 在美国顶级实验室资助的科学研究确定了来自中国的问题石膏板、硫化氢和腐蚀之间的密切联系。

与此同时，CPSC 也开始进行大规模的调查：该委员会花费了超过 500 万美元，调查问题石膏板的化学特性及贸易链条，并发布了相关的确认资料和修补建议，以协助受影响的

业主解决问题。

从此，针对中国石膏板生产商的漫长诉讼开始了。

2009年，美国多家房屋业主及建筑公司对多家中国石膏板生产商提起诉讼，北新建材及其子公司泰山石膏均成为被告。

2010年4月，美国法院作出缺席判决，要求泰山石膏向7位消费者赔偿260万美元。到2014年年底，北新建材及泰山石膏已经支出律师费超过1亿元人民币。

2017年6月，北新建材在一起纠纷中达成和解，为此支付了650万美元。2020年1月，超过10年的时间过去，涉及3000多起诉讼的原被告双方终于达成和解，以北新建材和泰山石膏赔偿2.48亿美金结束。

该案件延续10多年之久，首先，质量之争是其中关键。中国企业始终认为中国生产的石膏板不存在质量问题，且和国际标准也不存在差距；这些产品符合美国材料与实验协会（American Society for Testing Materials，ASTM）的相关标准，且符合美国石膏板和建筑空气质量等相关标准的明确要求。美国石膏板事件发生后，中国政府高度重视，2009年5月至2010年6月，中国相关政府部门组织了二次全国性石膏板专项检查，检查范围包括北新建材和泰山石膏生产的石膏板。检查结果表明，北新建材和泰山石膏被抽检产品全部符合质量标准，未发现质量问题。结论是北新建材石膏板符合质量标准，没有质量问题。中美双方同行还针对性地开展了一些项目检验和考察，有权威人士透露："美国（同行）方面也承认中国产品的质量不存在问题。"

但美方则出现了自相矛盾的结论：2009年5月，CPSC宣称中国石膏板含硫气体略多于美国石膏板，且含甲醛；而同年11月CPSC则改口称中国石膏板本身不产生甲醛，家具、地毯会释放甲醛等有毒物质。对此，国内专家表示，欧美发达国家一直对建材产品设立种种贸易壁垒，对在当地市场拥有绝对优势份额的中国建材产品，一直采取各种方式予以打压。

其次，在该案中，中方当事人提出了管辖权异议。泰山石膏不认同美国法院拥有管辖权，并反对由不具备管辖权的法院审理实体争议。该动议被美国法院驳回。

最后，判决的执行问题。北新建材及泰山石膏的主要资产均在中国国内。经咨询美国和中国律师的意见，因为中国和美国之间不存在关于互相承认和执行对方国家法院判决的公约或条约，律师认为美国法院的判决在中国获得执行的可能性很低。

北新建材的教训：2005年美国海啸受灾民众范围大，北新建材应两国政府的协调，出口了几百万美元的纸面石膏板，结果引发诉讼，持续了15年左右。诉讼标的金额将整个北新建材全部赔了都不够，2020年才最终签订了和解协议，赔偿了20多亿元人民币，整个过程的诉讼费用支出超过3亿元人民币。

几点思考：

中国企业在出口贸易中的市场扩展越来越大，但我们企业始终要注意以下几点。

第一,打铁还要靠自身硬,必须做好质量保证这一关。

第二,要研究吃透出口目的地国的法律和标准,注意当地民俗和风土人情。各国的标准不完全相同,甚至完全不同。我们生产的产品符合我国的标准,但是其他国家的标准是如何规定的,一定要提前了解清楚。不然万一出现争议,对方是在当地法院起诉我们,产品符合我国的标准可能没任何抗辩作用。我们的产品如果不符合当地的法律、标准和风俗习惯,就不要强行出口,避免造成不必要的损失。

第三,合同签订前就要事先考虑可以免责的事由。即便生产再严格,也无法保证一点问题都不出。所以,我们要充分研究当地法律规定的免责事由和产品责任承担的构成要件,充分预判和防范法律风险。

第四,我们的产品在出口之前,要做好大量的咨询工作。中国的行业协会应努力为我国企业开拓国外市场的过程中提供有效可靠的信息,可以通过聘请当地熟悉这些领域的律师,以他们的意见为准,帮助企业防范国际产品责任的法律风险。

(资料来源:CPCU国际大使.十年诉讼终和解,中国石膏板厂商在美赔偿2.48亿美金. https://mp.weixin.qq.com/s/ACQ5BiLtViZpSUI7q7jyOA.

维科网工控.起底石膏板一哥缘何掉进美国"飓风"旋涡[EB/OL].(2020-04-02).https://mp.weixin.qq.com/s/cHSigbpc8KBo4pOTsPDgBw.

静夜思法.优秀国企援助美国深陷诉讼鏖战,被迫天额赔偿的案件始末[EB/OL].(2020-04-03).https://mp.weixin.qq.com/s/zbwhrZEI_X42fi-gHi_-YQ.)

📚 导言

在国际贸易中,进出口产品常常遭遇国际产品责任纠纷,众多外贸企业因为没有做好事前预防工作,往往陷入被动局面。一方面,如果事前没有准备,往往会官司缠身,损失巨大,北新建材的事件应该引起我国企业的高度重视。另一方面,进口产品如果出现产品缺陷,也会损害消费者的利益,如何适用法律维护消费者的合法权益也是我们必须重视的问题。

在"十四五"时期,我国仍将以推动经济高质量发展为主题,进出口贸易一直是我国经济高质量发展的重要推动力量。本章通过阐述欧美等国家及国际条约有关产品责任的归责原则、构成要件、免责事由、诉讼管辖与法律适用的有关规定,使我们充分认识到国际产品责任方面存在的法律冲突与法律风险,为将来在国际法律服务工作中更好地为我国进出口贸易保驾护航、防范法律风险、维护消费者合法权益做好准备。

第一节 产品责任与产品责任法概述

预习思考题

1. 什么是产品责任?它有什么特征?

2. 什么是产品质量责任？它与产品责任是不是一回事？

3. 产品责任法与产品质量法含义相同吗？为什么？产品责任法与买卖法有什么联系？

案例 4-1

甲购买了一台电视机，发生了一些质量问题，请根据下列案情回答问题：

1. 甲买回来的电视机黑屏不能观看，甲要求退货和赔偿，这是否构成产品责任的承担？

2. 由于甲是一名工程师，买来电视机后，在查看中发现有漏电的质量问题，于是要求生产者承担产品责任，你认为生产者是否承担产品责任？

3. 由于电视机缺陷发生短路导致电视机损毁，这是否构成产品责任的承担？

4. 由于电视机存在缺陷发生爆炸起火造成邻居受伤，邻居是否可以向生产商主张产品责任？邻居可以要求电视机所有权人承担产品责任吗？

5. 由于电视机生产者假冒他人品牌生产，造成了重大人身伤亡的后果，造假者要承担刑事责任、民事责任和行政责任，这一责任的总和是不是产品责任？

一、产品责任的概念及特点

产品责任法始于英美法系，但各国在法律文件名称的选择上尚有区别。例如，英国称《消费者保护法》，美国称《统一产品责任示范法》或《统一产品责任法》，德国称《产品责任法》。尽管在法律文件名称上存有一些细微区别，但多数国家的立法均明示"产品责任"是"界定有关缺陷产品之责任"。

产品责任从其产生伊始，就始终带有鲜明的民事责任的属性，产品质量民事责任是违反民事义务的结果，它是国家运用法律的强制手段来维护民事法律关系权利的重要手段。同其他法律责任——刑事责任与行政责任相比，它具有以下特征。

（一）产品质量民事责任以违反产品质量民事义务为前提

所谓民事义务，是指民事法律关系的主体依法必须做出一定行为或不得做出一定行为，以实现对方当事人的权益。既然民事责任是不履行民事义务的法律后果，那么民事义务就是民事责任的基础，没有民事义务就没有民事责任。产品质量民事义务包括二种：合同约定义务和法定义务。而其他二种法律责任——行政责任和刑事责任产生的基础则分别是行政违法行为和犯罪行为，前者违反的是对国家和社会所承担的行政义务，后者违反的则是对国家和社会所承担的刑事义务。

（二）产品质量民事责任具有财产性

在一般民事责任中，既包括具有财产内容的责任形式，如支付违约金、赔偿损失等，也包含不具有直接财产内容的责任形式,如停止侵害、赔礼道歉等。但产品质量民事责任具有财产性,除赔偿损失外,还包括修理、更换、退货等责任形式,这些也都与财产具有直接关系。而行政责任与刑事责任尽管也有一些是以财产来承担责任的,但主要是非财产性责任。例如,承担刑事责任的主要方式是判处刑罚,责任多为人身刑;行政责任多为行政拘留、处分等。

(三) 产品质量民事责任具有补偿性

产品责任是一种民事责任,但产品质量民事责任不等于产品责任。有一些国家的学者认为产品责任应属于民事责任中的合同责任;有一些学者则认为属于侵权责任;而另一些学者则认为属于请求权的竞合,即双重责任。

现在大多数国家,如美国、英国、德国、日本等国,立法均确立产品责任的性质为侵权责任,即缺陷产品致人损害的民事侵权责任。

我国《中华人民共和国产品质量法》(以下简称《产品质量法》)第三章使用了"生产者、销售者的产品质量责任和义务"的标题,那么,产品质量责任的含义是什么呢? 它与产品责任是一个什么关系?

产品质量责任制度是国家在产品生产、流通领域实行质量监督管理,以及在产品使用、消费领域向消费者和用户提供保护的整体法律制度,包括事前监管和事后追惩两个环节。因此,产品质量责任包括民事责任、行政责任和刑事责任,产品质量民事责任是包含在产品质量责任中的一种责任形式。民事责任中既包括因产品存在瑕疵对合同当事人的违约责任,也包括缺陷产品对他人造成人身或财产损害应承担的赔偿责任,即产品责任。除此之外,产品质量责任还包括因违反国家对产品质量监管相关法律法规而应承担的行政责任和刑事责任。

产品质量民事责任中的产品责任大多是由于产品制造者、销售者没有按照国家规定的质量标准进行制造或销售所致,产品制造者、销售者在向受害人承担赔偿责任的同时,国家有关机关仍有权依法追究产品制造者、销售者的行政责任和刑事责任。但是,这种行政责任和刑事责任与产品责任在产生原因和性质上完全不同。如前所述,产品责任所确立的是产品制造者、销售者与受害人之间的赔偿关系,而行政责任和刑事责任的目的是促使产品制造者、销售者按照国家规定的标准进行制造和销售活动,它所确立的是国家与产品制造者、销售者之间的管理与被管理的关系。因此,行政责任与刑事责任是与产品质量民事责任相对立而存在的责任形式,三者都是产品质量(法律)责任的组成部分。

因此,产品责任不同于产品质量责任,两者的区别是:第一,产品责任是一种侵权民事责任,产品质量责任则是一种综合责任,包括民事责任、行政责任和刑事责任。第二,责任主体不同。产品质量的责任主体除生产者、销售者外,还包括对产品质量负有特殊义务的人,如产品质量的认证机构、检验机构等;产品责任的主体限于生产者、销售者。第三,责任产生条件不同。产品责任要求必须是缺陷产品造成了损害事实才能成立,而产品质量责任并不以产品存在缺陷及造成损害事实为条件。

由此可以看出，产品责任具有以下几个特点：

1. 产品责任是以损害赔偿为主要承担方式的民事责任。它以补偿民事主体因其他民事主体违反产品质量民事义务的行为而受到的人身和财产损失为目的，这点与行政责任和刑事责任具有明显的惩罚性不同；其责任方式主要采取交付赔偿金额给受害人的方式，这种赔偿损失的承担责任方式与赔礼道歉、返还原物、恢复原状、支付违约金等其他民事责任方式不同。

在这种赔偿责任中，赔偿金额比一般的合同违约索取的金额要高，有的国家法律规定产品责任造成损害赔偿的金额不受限制。其赔偿金额所涉范围广泛，包括受害人已经产生或将来可能支出的治疗费、精神损失费、全家的生活费，甚至受害人家属的精神痛苦也考虑在赔偿范围。而合同的赔偿金额一般不会超过合同当事人可以合理预见的金额。

2. 它是因缺陷产品造成他人人身或财产损失的民事赔偿责任。它产生的条件是产品的制造者或销售者因产品有缺陷并因缺陷产品已经造成了他人人身或财产的损失而应承担相应的责任，这种责任发生的条件与其他民事责任有明显区别。至于何谓缺陷产品，何谓损失，各国法律有不同的规定。一般认为投入市场的产品具有不合理的不安全因素，该产品就有缺陷。人身损失是指造成受害人人身伤害或死亡，财产损失是指造成缺陷产品以外的其他财产损失。

3. 它是生产者或销售者对受害人承担的侵权损害赔偿的民事责任。民事责任分为违约责任和侵权责任。首先，违约责任承担的主体与对象仅限于合同当事人，合同关系以外的任何人都不能成为合同责任的主体；侵权责任主体则不以有合同关系作为承担责任的前提，而以是否侵害他人合法权益为依据，若行为人侵害了他人的人身、财产权益，即使相互之间无合同关系，也得承担民事赔偿责任。其次，违约责任人违反的义务是当事人之间约定的义务，而侵权责任人违反的义务是法律、法规事先规定的义务。合同中的义务是当事人可以协商而改变的，而法律、法规规定的义务是当事人不能通过事先约定而免除的。产品责任属于民事侵权责任，这意味着产品责任发生在生产者、销售者与受害人之间，它不受合同关系的限制，生产者或销售者无论与受害人有无合同关系，都要承担因产品缺陷而导致的赔偿责任；同时，这种责任也不能通过生产者或销售者的声明或买卖双方的约定而免除，不论买方是否同意，生产者或销售者都不能把有不合理危险的缺陷产品交付他人使用。

基于以上认识，我们可以对产品责任作以下定义：产品责任是指由于产品有缺陷，造成了他人人身或财产损失，生产者或销售者对受害人应当承担的赔偿责任。

二、产品责任法的概念及特点

产品责任法是指调整生产者、销售者与受害人之间因产品缺陷而产生的损害赔偿关系的法律规范的总称。它产生于缺陷产品致损的事实急剧增加，但没有法律加以规范，而消费者利益急需保护的特定背景之下。

产品责任法是 20 世纪的产物，起源于西方国家法院的司法判例，通过法官造法的方式予以确立。在产品责任法确立之前的相当长时期内，由于当时生产力水平低下，产品缺陷容易被发现，商品销售的方式基本采用"货离柜台，概不负责"的传统做法，针对当时大量的交换活动是通过流动商贩的形式进行的这一特点，不仔细地讨价还价只能使自己倒霉。"购者当心"通过实践被总结出来，除非出卖人欺诈或经口头契约明示担保，否则出卖人并不对物件瑕疵承担任何责任。到 19 世纪早期，美国的法院采纳了"购者当心"的思想。当一些法院在 19 世纪末开始将默示质量担保责任施用于制造商和生产者身上时，"购者当心"的原则在绝大多数州的零售商案中持续下来。美国最高法院的评论很说明问题。"购者当心"要求买主对他自己的利益负责，它最适合于交易需要，而且这并不困难。因为如果买主不相信他自己的判断，他可以要求卖主给予他所要买的符合展出样品的商品质量和情况的担保。

一般认为，产品责任法的肇端可以追溯到 1842 年英国的温特伯顿诉莱特案（Winterbottom v. Wright）。在此案中，原告温特伯顿是驿站长雇佣的马车夫，被告是与英国邮政大臣订立了马车合同的提供者。邮政大臣又与驿站长订有马车供应合同。原告在驾驶马车时，因马车的一个轮子崩垮而受到伤害，法院判决原告败诉，理由是使用者与提供者之间没有合同关系。此判例首先确立了产品责任的"合同责任"原则，即产品的制造者或提供者对产品的责任承担以合同为限，凡制造者或提供者与消费者之间没有合同关系的，对产品造成的伤害就不负责任。法庭当时也认为这种结果是不合理的，甚至是残忍的，但也是不可避免的。如果让被告承担责任，就意味着他要向所有可能使用该马车的人负责。在本案中，原告与被告没有合同关系，如果原告可以起诉被告，那么所有乘客，甚至过路人在马车翻倒受到伤害以后都可以提起同样的诉讼，这样诉讼就会没完没了。被告未能妥善地履行他的合同义务，使马车处于不安全状态，这是他与邮政部门的事，原告无权以此为由追究被告的责任。

此案表明，直到 19 世纪中期合同关系仍紧紧限制着产品责任的范围，法律也并不强调保护消费者的利益。在合同关系制约下，只有在直接购买人受到产品缺陷伤害时，才有权向销售者索赔。"合同责任"原则与 19 世纪中期以后英国工业发展的需要相适应，它保护了生产者的利益，大大限制了缺陷产品致害的索赔范围。

随着经济的发展，商品种类和数量大幅度增加，销售方式和环节不断变化，社会上出现了卖方市场向买方市场的转移，消费者的队伍不断扩大，保护消费者的呼声日益高涨。此时再以"无合同，无责任"原则解决产品缺陷问题，使得产品缺陷的受害人因与制造者没有合同关系而被拒之于法律救济的大门之外，是显失公平的。为此，有些国家的法院开始突破"产品责任限于合同关系"的约束，产品责任法进入了一个新的发展阶段。

这个突破以判例为先导，首先出现在美国，而后英国、澳大利亚及其他一些资本主义国家纷纷效仿。这一责任形式的确立，始于 1916 年麦克弗森诉别克汽车公司（MacPerson v. Burk Motor Co.）一案。原告麦克弗森从一个汽车代销商处购买了一辆别克汽车公司生产的汽车,当他以每小时 8 公里的时速行驶时,一个轮胎爆了,麦克弗森受了伤。在审理的过程中,纽约州上诉法院认为,如果别克汽车公司在装配轮胎之前,经过认真的检测,这只轮胎的缺陷是应该能被发现的,而此案中,被告没有尽到合理注意的义务,应承担赔偿的责任。此案的审理法官本杰明·卡多佐(Benjamin Cardozo)在判决中指出:具有近迫危险的产品概念并不局限于毒药、爆炸物或其他同类物品,而应扩大到对人身有危险的一切物品上。如果一件物品在制造上有疏忽,依其本质,可合理确定将使生命和人身处于危险之中,那么它就是一件危险品。除此而外,制造商若知悉该物品将由购买者之外的第三者不经检查而使用,则无论有无合同关系,该危险品的制造者都负有仔细加以制造的义务和责任;同时制造商所承担的责任不受合同关系的限制,受害者无须与制造商有合同关系即可获得赔偿。在这个案件中,上诉法院创设了产品制造商的一般责任原则——即产品的制造商要对疏忽造成的产品缺陷负责,麦克弗森诉别克汽车公司一案标志着疏忽责任的开始。这一判决突破了传统的"合同关系"的产品责任形式,使合同关系以外的人可以直接对生产商或销售商起诉并取得赔偿。

但是,让消费者证明制造商或销售商有疏忽却有一定难度,因为它要求消费者了解产品生产和销售的整个过程并从中找出产品缺陷,并证明缺陷是生产商或销售商没有履行谨慎义务的结果。然而消费者往往是外行,他们不知道产品是怎样生产和销售的,也不懂得产品的内在知识。在无法证明缺陷是由于生产商或销售商疏忽造成的情况下,法庭就无法确定疏忽责任,最终消费者的利益也就得不到保护。

随着商品经济的进一步发展,疏忽责任理论指导下的产品责任法难以充分地、有效地保护消费者利益的弱点越来越突出地表现出来,并引起了广泛的关注。

1963 年美国审理的格林曼诉尤巴电器公司案(Greenman v. YubaPowerProducts)使情况有了较大的改变。格林曼夫人购买了尤巴电器公司的一种电动工具,送给丈夫作为圣诞节礼物,原告在按照说明书进行操作时,被电动工具飞射的木片击中头部而受伤。加州最高法院判决原告胜诉,尤巴电器公司负有赔偿责任,理由是:生产者知道他的产品在投入市场之后,不经检测就会被使用,因此,只要能证明该产品存在引起人身伤害的缺陷,生产者就应对被伤害者负责。该案的审查重点从制造商的过失转移到产品的性能上,即在于审查产品本身及使用所引起的危险,而不在于制造商在设计和生产过程中,是否尽到足够的注意义务。本案的审理法官特雷诺(Roger Traynor)指出:为使生产者承担严格责任,原告一方无须证明明示担保的存在,当制造商知道他所投入市场的产品将不经检验而被使用,而且其产品被证明有致人伤害的缺陷时,该制造商就负有侵权法上的严格责任。在此处,责任不是以合同关系为基础的,而是以侵权法的严格责任方面的法律来调整。特雷诺法官对严格责任又进一步解释,"没有疏忽,但公众准则认为哪一方负责任后,最能有效地减少市场上有缺陷产品对人的生命与健康的潜在威胁,那么就应该由那一方来负责。很明显,制造商的预测能力是高过消费者的。"

该案标志着严格责任在产品责任领域被正式予以确认。原告无须证明被告有疏忽,而只须证明产品有缺陷,这就减轻了原告的举证责任,从而充分保护了消费者利益。1965 年,美国法学会出版的《第二次侵权法重述》确认了这一来自判例的原则,从而使产品责任有了明确的依据。

自 20 世纪 60 年代以来,各国产品责任的立法得到发展,其立法趋势主要是采取严格责任原则,重视保护消费者利益。以美国为例,美国各州除有自己的产品责任法外,还有全国性的如《第二次侵权法重述》第 402 条 A 款,1979 年美国商业部颁布的供各州自愿采用的《统一产品责任示范法》和 1982 年的《统一产品责任法议案》,此外,美国 UCC 中也有关于产品责任的专门条款。

在欧洲经济共同体 1985 年 7 月 25 日通过《欧共体产品责任指令》(第 85/374/EEC 号指令)之前,欧共体各成员国在产品责任方面的立法千差万别,各国主要是以民法典中有关产品责任的条款及法院的判例来确立产品责任的承担,各国国内法的不统一被认为妨碍竞争,并导致对欧共体成员国消费者保护水平的不同。因此,欧共体部长理事会于 1985 年通过了《欧共体产品责任指令》,在欧共体范围统一确立了缺陷产品致害的严格责任原则,并要求成员国通过国内立法实施《欧共体产品责任指令》。欧共体当时规定的期限是 1988 年,然而实际上多数国家都未能按期履行,法国直至 1998 年才通过了相应的法律。截至 2003 年 2 月,欧盟 15 国均完成了相应的国内立法程序。

我国是在 1993 年制定的《产品质量法》中首次就产品质量问题作出了规定,其中调整对象包括产品质量的监督管理关系和产品质量责任关系,在产品质量责任中就产品责任问题作出了规定。2009 年,中华人民共和国全国人民代表大会常务委员会制定通过的《中华人民共和国侵权责任法》则在专章"产品责任"中规定了有关产品责任法的相关内容。2020 年,中华人民共和国第十三届全国人民代表大会第三次会议表决通过了《民法典》,第七编侵权责任第四章"产品责任"对产品责任的主体、归责原则、损害赔偿等问题作出了专门规定。经过多年的发展,我国已初步形成了产品责任法体系。此外,最高人民法院的司法解释,也是我国产品责任法律制度的重要组成部分。但产品责任的基本规范又相对集中在《产品质量法》和《民法典》中。

随着国际经济活动频繁,国际贸易的不断扩大,各国的涉外产品责任案件不断增多,产品责任趋向国际化。为了统一各国的产品责任法,产生了国际产品责任法领域。自 20 世纪 70 年代以来,陆续出现了一些有影响力的地域性和国际性公约。如 1973 年《关于产品责任的法律适用公约》(以下简称《海牙公约》)、1976 年《关于人身伤害和死亡方面的产品责任的欧洲公约》(以下简称《斯特拉斯堡公约》)、1985 年的《欧共体产品责任指令》等,其中《欧共体产品责任指令》是欧盟有关产品责任最重要的立法。这些国际条约对促进各国产品责任法的发展,使各国产品责任法趋于接近起到了积极推动的作用。

产品责任法律制度,自从温特伯顿诉莱特案开始,经历了一个多世纪的漫长岁月,发生了深刻的变化。从产品责任法的历史发展来看,产品责任法同买卖法有一定联系,因为买卖法当中卖方对货物品质担保责任与产品责任法的一些规定相似,但从法律性质而言,产品责任法与买卖法又不同。买卖法属于"私法"范畴,它调整卖方与买方基于买卖合同而产生的社会关系,它的规定大多是任意性的,允许双方当事人在合同中加以变更或排除;而产品责任法属于社会经济立法范畴,它主要调整制造者、销售者与受害人之间基于侵权行为所引起的人身伤害和财产损失的责任,它的规定大多是强制性的,不允许当事人事先在合同中加以排除或变更。产品责任法的主要目的是加强生产者的责任,保护消费者的利益。

总的来说,这种变化有如下几个特点:在保护对象方面,由最初保护少数制造商转向保护众多的消费者;在追究承担产品责任方面,由宽松到严格;在观念上,由传统的要求买方对产品的注意,转向强调使卖方注意;在保护利益方面,由维护资本家的自由竞争转向维护公共利益;在法律适用方面,由合同法转向侵权行为法。

产品责任法具有以下几个特征。

1. 法律性质具有强制性。产品责任法的原则和规定大多属于强制性的,不允许双方当事人加以限制或排除。

2. 调整对象具有特定性。产品责任法调整的社会关系是特定的,仅调整产品的制造者、销售者与产品的受害人之间因产品缺陷导致他人人身和财产损害的损害赔偿关系,即民事侵权关系。

3. 法律责任以补偿性赔偿为主。产品责任是基于侵权所引起的一种财产责任,即产品的制造者、销售者对给受害人造成的人身伤害和财产损失进行赔偿,这种赔偿主要以对受害人造成的损失为赔偿范围,具有补偿性的特征,但是近年来也有一些国家立法允许受害人获得惩罚性损害赔偿。

拓展阅读

第二节　产品责任的归责原则

预习思考题

1. 合同责任、疏忽责任、担保责任与严格责任有何区别?

2. 在1842年温特伯顿诉莱特案中,法官判决原告败诉的理由是什么?为什么法官采用这一判决理由?

3. 英国产品责任法中的"邻人原则"的含义是什么?它与法国法中的瑕疵担保责任是否相同?

4. 在麦克弗森诉别克汽车公司案中,原告与被告是否存在合同关系?除了对直接的购买者之外,被告是否对其他人负有注意和谨慎的义务?本案法官是如何论述这一问题的?

5. 在美国,被告承担违反明示担保义务的法律责任的要件是什么?

6. 在美国,产品适合商销品质的默示担保责任的构成要件是什么？什么叫作适合商销品质？

7. 适合特定用途的默示担保责任的构成要件是什么？主体是否必须是商人？什么叫作特殊用途？如何证明原告对卖方的信赖？

8. 在美国,原告需要证明哪几个要件要求被告承担严格责任？在格林曼诉尤巴电器公司案中法官是如何说明判决理由的？你对产品责任的严格责任原则怎么看？有人认为严格责任体现了公平和效率,你对此有何看法？

9. 中国产品责任的归责原则是什么？

案例 4-2

F 国 A 商店通过正常销售渠道购进 M 国 B 厂生产的一批饮料,B 厂误将装有强碱性液体的瓶子混于此批货之中,从肉眼看与其他饮料没有区别。中国游客李某旅行至 A 商店,从商店店员乙处购得 B 厂生产的饮料,送给同行朋友甲,甲由于口渴难耐,遂急饮而尽,突觉十分难受,此时甲发现口腔、咽喉受到刺激,然后吐血,乙遂急送甲至医院,经查,甲系饮用毒性的强碱性液体使身体受到伤害,同时查明甲之食道、肠受到不同程度损伤。

问题：

1. 严格责任的法律特征有哪些？它与疏忽责任有何区别？

2. 本案中缺陷产品受害人甲是非合同买方,他是否可以依据美国的"担保责任"要求产品制造商或者销售商承担产品责任？为什么？依据法国的"担保责任"呢？

3. 由于甲系外国游客,身处医院,A 商店在经医院确诊甲无生命危险后,尚未痊愈即要求甲出院,甲要求 A 商店给予赔偿,遭 A 拒绝,A 称：自己尽到了合理注意,没有过错,甲应向饮料厂家 B 索赔。假设 A 确实没有过错,A 的说法是否有理由？请按美国《侵权法重述》402A 条、《欧共体产品责任指令》、中国法进行分析。

4. 甲可以要求乙承担赔偿责任吗？为什么？

5. 如何运用国际产品责任法的相关知识维护我国消费者的合法权益？

6. 中国企业在国际贸易中如何防范产品责任的法律风险、解决产品责任法律争议？

拓展阅读

所谓归责原则,是指归责的基本准则,它是确定行为人承担民事责任的根本事由、标准或依据,具有高度的概括性和普遍性,体现了法律的价值判断,即法律应以行为人的主观过错还是应以行为人的行为,抑或以已发生的损害结果为价值判断标准,使行为人承担民事责任,从而实现平衡当事人利益、体现社会的公平和正义的目的。

一、英美法系国家产品责任归责原则

（一）英国

传统英国产品责任的归责原则一直存在于合同法、买卖法和普通侵权法之中。英国于1987年制定了《消费者保护法》，实行对不安全产品的严格责任制度，这使得英国产品责任法包含着三种归责原则，即合同担保责任、侵权的过失责任和《消费者保护法》的严格责任。

1. 合同担保责任

在19世纪，西方国家的法律认为，合同在缔约当事人之间具有相当于法律的效力，这个效力几乎是绝对的，使合同仅在缔约当事人间生效，非合同当事人不能根据合同取得任何利益或负任何义务，这就是合同相互关系责任理论。英国早期的产品责任法严格按照这个合同理论，对产品责任产生的问题通常都按合同的明示条款或默示条款进行诉讼。

在1842年英国法院审理的"温特伯顿诉莱特"案中，法院认为：无合同关系的第三人因产品缺陷而受损害，制造者或卖主不承担产品责任。

根据该判例，英国1893年的《货物买卖法》第13条、第14条、第15条分别对此做了专门规定，要求出卖人必须保证其出售的商品具有"适销性"。后来，1979年《货物买卖法》修订，专门对产品质量适销性和适用性的默示担保条款作了明确规定。但是合同担保责任理论受直接合同关系的限制，无法全面保护消费者的利益，这使得英国产品责任的归责原则不得不转而求助于侵权行为法。

2. 过失责任

"过失责任"最早出现在罗马法之中，英国普通法引用了这个概念，认为"过失"就是违反了"注意"的义务，即在过失之前必须有注意的义务存在，当事人能够注意而未注意就构成过失。英国早在1932年的"多诺霍诉史狄文森（Donoghue v. Stevenson）"案中确立了"注意"的义务。

1932年，此案原告喝一瓶朋友买来的姜汁酒，在快要喝完时，原告发现瓶底有一条腐烂的蜗牛，原告因此而患上了严重的肠胃病，原告要求制造商承担赔偿责任。法院判决原告胜诉，法官在判决中指出："产品制造者在以某种方式出售这些产品时，已表示他意图使这些产品到达直接消费者那里仍处于离开他时的状态，而消费者没有进行中间检查的适当可能性，他也知道在准备和提供这些产品时，如果缺乏合理的注意将导致消费者人身或财产的损害，那么该制造商对消费者负有合理注意的义务。"这个判例确立了制造商对他的产品负有注意的义务，使制造商对其产品给消费者造成的损害承担赔偿责任。此案的法官同时指出："你必须合理注意，以避免那种你应当预见到可能伤害你的邻居的作为或不作为。那么从法律上讲，谁是我们的邻居呢？答案好像是这样的，如果一些人受我的行为影响非常紧密、直接，以至于我应当考虑在我有意进行某种作为或不作为时，这些人是否受我的影响,那么这些人就是邻居。"这就是著名的"邻人原则",即制造商对产品的责任对象不限于合同当事人或使用产品的第三人,而是适用于因产品有缺陷而受到损害的一切消费者。这种过失作为一种独立的侵权行为形式,作为处理产品责任案件时的归责原则,不仅实现了英国产品责任上的创新,而且发展了英国的侵权行为法。由于过失责任必须由原告来举证,这时原告应证明:①被告对原告负有注意的义务;②被告违反了该义务;③原告因此受到伤害;④原告受到伤害与被告违反义务有因果关系。

在现代工业发展的情况下,原告举证被告存在过失十分困难,几乎到了不可能的地步。因而法院在处理具体案件时,往往采用"事实自我证明"的规则,即事实可以不是铁的事实,可以是推断出的,这样来减轻原告的举证责任,而要求被告必须设法证明自己没有推定的过失,否则就承担责任,并逐步提高制造商证明自己无过失的要求。

在格兰特诉澳大利亚针织品公司(Grant v. Australian knitting Mills)一案中,原告声称由于穿了被告生产的衬裤引起皮炎,理由是针织品衣服上有过量的亚硫酸盐。尽管由于衬裤已经洗过了,不可能举证,法院对生产者的调查表明,制造过程是正确的,生产者了解残留的亚硫酸盐会对人体有害并已采取了预防措施。尽管如此,法院认为如果衣物上仍然留有过量的亚硫酸盐,则他们必定是某一方面的过失造成的。法院以过失责任推定的方式,认定制造商负有责任,判决制造商赔偿损失。

法院认为,制造商的过失并不取决于是否有其工作系统不良或监督检查不力的证明。他可能对其雇员在受雇过程中的过失负替代责任。如果能合理推测原告的伤害是这种过失的结果,法院就可以把这种伤害确定为制造者的责任。这意味着,在英国的法院里,证据可能不是铁的事实,它可以是推断出来的。这种推定过失原则进一步起到了维护消费者利益的作用,但仍存在制造商证明自己无过失而免责的可能性。

3. 严格责任

《欧共体产品责任指令》颁布后,要求成员国通过相应的国内法予以实施,但准许各成员国有某些取舍余地。英国根据《欧共体产品责任指令》制定了《消费者保护法》,在该法中确立了因缺陷产品致损而引起的严格责任原则,这意味着原告无须举证被告存在过失,被告也不能通过举证自己没有过失而免责,这标志着英国的产品责任法走向成熟。

拓展阅读

(二)美国

美国关于产品责任的理论与实践经历了从合同责任到疏忽责任、担保责任、严格责任的发展阶段,目前在美国,关于产品责任的归责原则仍并存着三种:疏忽责任、担保责任和严格责任。受到产品损害的消费者可选择任何一种归责理论提起诉讼。

1. 疏忽责任

在1916年的"麦克佛森诉别克汽车公司案"中,纽约州最高法院法官卡多佐创设了制造商的过失责任原则。他从制造商的社会义务出发,认定制造商不仅对其合同相对人有义务,而且对产品的最终用户承担义务。如果他没能尽到谨慎注意的义务,致使产品出现缺陷,给用户造成损失,他就应当承担赔偿责任。疏忽责任的确立标志着美国的产品责任制度从合同法的框架进入侵权法的框架,消费者可以直接起诉缺陷产品的制造商,不再由于合同关系的阻拦而不能向制造商索赔。

2. 担保责任

在疏忽责任发展的同时,许多州的法院将担保责任原则适用于产品损害赔偿责任的诉讼中。在担保责任诉讼中,只要认定卖方违反了担保,就无须证明他的疏忽行为。法院解释这一点的依据是:以违反担保为由的诉讼是基于被告违反其产品某种性质的明示担保或默示担保,它并不依赖对疏忽的举证。

担保责任归责理论是从契约责任发展而来。商品买卖是契约行为,出卖人必须保证其出卖的物品符合双方当事人契约订立的标准,如果与标准不符,就要承担担保责任。关于卖方对货物的担保义务,美国 UCC 将其分为两类:明示担保与默示担保。

1) 明示担保

它是指产品制造商或销售商对货物性能、质量或所有权的声明或陈述。在产品责任领域,它是指对货物性能、质量的声明或陈述。它表现为买卖合同中卖方承担义务的有关条款或其他说明,UCC 第二编第 313 条规定,属以下情形者,明示担保产生:①卖方给予买方与货物有关并成为交易基础部分的任何事实的报告或允诺;②作为交易基础部分的任何货物说明;③作为交易基础部分的任何样品或样型。根据这一条,美国法院认为,电视商业节目、商业小册子、报纸及其他销售说明中的广告均产生明示担保。

违反明示担保承担产品责任的典型案例是巴克斯特诉福特汽车公司案(Baxter v. Ford Motor Co.)。被告福特汽车公司在卖车广告中表示,其生产的双层挡风玻璃不易破碎,原告巴克斯特信赖被告广告中对质量的保证,从销售商处购买了一辆福特牌汽车,但原告在正常驾车行驶时,一辆与其并行的汽车弹起一块石头,打碎了原告福特汽车的挡风玻璃,使原告眼睛受伤并致残。原告巴克斯特为此上诉法院,认为福特牌汽车的产品性能与其广告宣传中的承诺不符,福特汽车公司在广告中曾对双层挡风玻璃的安全性大肆渲染,而事实表明该公司违反了担保责任。因此,原告向无合同关系的福特汽车公司提起违反明示担保的诉讼,法院受理此案后支持了巴克斯特的请求。法院认为,由于制造商借广告向消费者大众作广泛陈述,如果它的虚伪陈述导致消费者受损,则基于公序良俗和诚实信用原则,制造商应承担明示担保责任,因为原告信任了被告在广告中的说明。

以违反明示担保提起诉讼时,原告必须证明:①被告曾对其产品作出说明;②原告相信了这个说明;③损害是由于产品不符合被告所作的说明而引起的。

2) 默示担保

明示担保是买卖合同的一个组成部分,并且是买卖双方达成交易的基础。默示担保则是法律要求当事人承担的义务,它不是由双方当事人经过交易磋商而订立的,而是法律规定应当适用于货物买卖合同的。只要买卖双方在合同中没有相反的规定,这种默示担保就依法适用于他们之间的买卖合同。默示担保又分为商销性默示担保和适合专门目的默示担保两种。

(1) 商销性默示担保

所谓商销性默示担保是指投放市场的产品应符合该产品之所以制造和销售的一般目的。美国 UCC 第 314 条规定:除非不予适用或加以修改,如果出售人是出售该种商品的人,则出售该商品的合同中应默示保证该商品适合销售,符合商品宜销性的标准。根据上述规定,买方在购买商品时,不必向卖方清楚地说明他对商品的具体打算,也不必向卖方说出自己对卖方能力和判断力的信任程度。换言之,卖方不必根据买方的具体用途,对商品作详细的推荐,他只需要执行商销性默示担保,保证商品的宜销性或适合性。在 1953 年的麦克白诉利哥特杂货公司(Macabe v. L. K. Liggett Drug Co.)一案中,原告从被告处购进一只煮咖啡的电器,原告在按使用说明煮咖啡时,咖啡沸起溅到原告的脸上致使其受伤。法院认为,咖啡具的滤器槽口不适合排放水烧开后产生的压力,被告违反默示担保应承担损害赔偿责任。商销性默示担保在产品责任法中的重要性是不容低估的,只要买卖行为发生,卖方是商人,那么买方可以就缺陷产品所造成的损害,以违反默示担保为由请求赔偿。无怪乎《统一商法典评论与法律解释》的作者奎恩在其书中把商销性的规定比作:"产品责任领域的面包-黄油法规。"以违反商销性默示担保提起诉讼请求,原告须举证:①产品在出厂时即有缺陷;②该缺陷违反了 UCC 中关于产品商销性的标准;③缺陷与损害之间有因果关系。

(2) 适合专门目的默示担保

根据 UCC 第 315 条规定,原告以违反适合专门目的默示担保起诉,必须符合以下条件:第一,卖方必须有理由知道买方购买该货物的专门目的;第二,买方必须信赖卖方为其挑选和提供正确的产品的能力;第三,卖方必须明白买方信赖于他的技能和判断能力。在 1971 年刘易斯诉美孚石油公司案中,一家美国石油经销商将其石油产品卖给买方,该产品不适合买方的水力系统这个专门目的的用途,这种石油产品挥发,致使无数机器损坏,二年多以后才发现损害原因。法院调查表明,卖方并不清楚什么是适合买方专门目的的产品。尽管如此,法院按照违反适合专门目的默示担保理论判决卖方负有责任。理由是买方信赖卖方能提供正确适合的产品,而且,卖方也知道其产品将用于专门的水力系统。从这个案例可以看出,适合专门目的的默示担保的成立,要求买方广泛的信赖,如若没有这种信赖,那么,在诉讼中原告就会败诉。例如,买方向卖方提供了制造水箱的规格,结果制成后有渗漏,那么买方就不能以违反适合专门目的默示担保为由请求赔偿,因为买方的行为不能证明他信赖卖方的技能和判断力,况且卖方遵循了买方所提供的规格。

随着保护消费者权利的呼声日益高涨,美国法官在审判实践中对以违反担保为理由提起的产品责任的诉讼,逐步从纵横两个方面放宽,取消了对双方当事人须有直接合同关系的要求。

从纵的方面来说,原告不仅可以对卖方起诉,而且可以对从生产到销售这种有缺陷产品的各环节经手人起诉,包括批发商、零售商,一直到生产者。

从横的方面来说,有权起诉的人不仅包括买方,而且包括由于这种有缺陷产品而遭到损失的一切人,如买方的家属、亲人、客人,甚至包括过路行人。这种横的方面的扩展,实质上是把担保的受益人的范围扩大了,其根据是第三人受益人的理论。但是,按照 UCC 的规定,在货物买卖合同中,无论是明示担保还是默示担保,当事人都可以通过某种方式予以排除、限制或变更。

3. 严格责任

鉴于疏忽责任与担保责任在保护消费者权利方面表现出的不足,美国国内开始探求新的理论以解决上述原则的缺陷。终于在 1963 年格林曼诉尤巴电动工具公司案中,著名法官特雷诺以严格责任确定了原告的赔偿基础。

以严格责任为依据起诉对原告最为有利,因为严格责任是一种侵权之诉,不需要原告、被告之间有直接合同关系;同时原告起诉时,无须承担证明被告有疏忽的举证责任,它要求被告在无过失的情况下也需承担责任。在这种情况下,原告的举证责任仅限于:①产品存在缺陷;②产品的缺陷是在投入市场时就有的;③损害是由产品缺陷造成的。

尽管如此,由于美国是一个联邦制国家,各州都有权制定自己的法律。严格责任在有些州尚未被采纳。因此,疏忽责任、担保责任和严格责任既是美国产品责任法的历史,也是美国产品责任法的现状。此外,目前不但有些州尚未进展到严格产品责任阶段,而且绝大多数州在采用严格责任原则的同时,也采用疏忽责任和担保责任原则解决缺陷产品损害赔偿问题。可以说,三种责任原则在美国是并存的。

二、大陆法系国家产品责任的归责原则

（一）法国

法国一直都没有独立的产品责任法,有关产品责任方面的法律规定都集中在《法国民法典》之中,通过合同法和侵权法的各项原则来调整产品责任的诉讼。其归责原则主要有以下几种。

1. 瑕疵担保责任

法国法规定:凡买卖标的物不符合一般用途或双方约定的特殊用途时,均属有瑕疵。《法国民法典》第 1641 条、第 1643 条规定,出卖的标的物含有隐蔽瑕疵以至于不适应其应有用途或减少其用途,致使买方知此情景不会买受或必须减价才愿接受时,出卖人应负担保责任;出卖人即使不知标的物含有隐蔽瑕疵,仍负担保责任,买受人要证明瑕疵在买卖当时就已存在,否则卖主对后来出现的瑕疵不负责任,除非买主能辩明那些瑕疵是货物所固有

的并在短时期内提出其要求。这些规定仍沿用大陆法系传统的过失责任原则,对消费者的保护缺乏力度。后来,法院在司法实践之中对法律进行解释,形成一个原则:无论何时只要制造者或供货者的产品含有"内在缺陷",他就要承担责任。即法院判定一个职业的卖主应当被推定为知道任何影响其产品的"内在缺陷"。这样,法国产品责任法的瑕疵担保责任逐渐演变为严格责任。但是这种以合同关系作为基础的产品责任,诉讼的主体仅限于合同双方当事人,当买主起诉要求赔偿损失时,他只可向最后的卖主索赔。这样会造成买主又利用侵权法再一次起诉制造商。为防止重复诉讼,法国法院在判例中把卖主的责任扩大到合同范围之外,准许在连锁买卖关系中任意一点上的购买者有权直接对一切在先的制造者或批发商提起诉讼,制造商对最后的购买者如同对其直接购买者一样负有同样的义务。我们把这种诉讼制度称为"直接诉权"制度。作为最后的买主,他享有一种选择权,可以在自己的直接卖主、中间卖主或制造商之间,任意选择其一,依民法追究瑕疵担保责任。如果买主以外的其他人受到伤害,则无法从担保方面寻求法律帮助,只能根据侵权责任加以调整。

2. 过失侵权责任

法国法在早期固守契约相对性的传统。这种传统也反映到产品责任上,使那些与生产商或销售商不存在契约关系的第三人,在受到缺陷产品的损害时根本无法通过瑕疵担保责任制度得到救济,这显然是有悖于公平正义的。鉴于此,法国司法实务界逐渐承认并允许第三人以《法国民法典》第1382条、第1383条为依据,要求生产商或销售商对自己的损害承担法律责任。

上述两个条文分别规定:"任何行为使他人受损害时,因自己的过失而致使损害发生之人应对他人负赔偿责任""任何人不仅对因其行为所引起的损害,而且对因其过失或疏忽所造成的损害负有赔偿责任"。由此可以看出,侵权责任是以过失责任为基础的。由于受害者很难证明生产者的过失,法院为了更有力地保护受害者的利益,对这两条规定作了灵活解释,认为只要生产者有将致人损害的缺陷产品投入流通的事实,即可认定其有过失,使他承担责任。

将产品的瑕疵所产生的侵权责任建立在过错责任的基础上,对瑕疵产品的受害人极不公平,也不符合瑕疵产品严格责任的国际化发展趋势。[①] 为此,法国学术界就产品责任的归责问题进行了又一次的深入思考,逐渐将《法国民法典》第1384条第1款引入产品责任领域,认为产品责任应适用责任推定原则。

责任推定原则是法国法上一种相当独特的归责原则,又可以称为"特殊的过错推定""危险责任",于1925年的让德尔诉拜尔福代斯案中正式确立。与一般过错推定原则相比较,在责任推定中,被告显然不能够依靠证明自己没有过错而免除自己的责任,而仅能依靠证明外在原因的方式来免除自己的责任。详言之,被告不能靠证明自己的行为是勤勉的和谨慎的方式来否认强加在他们身上的法律责任。

---

① 张民安.现代法国侵权责任制度研究[M].北京:法律出版社,2007:255.

3. 严格责任

为了实施《欧共体产品责任指令》，法国提出了修改民法的草案，建立了严格责任，提出从今后起，所有制造商、销售商、供应商、出租商等都要受到新法的制约，而且新法是受害方唯一可获得救济的规则。

（二）德国

德国产品责任早期通过适用《德国民法典》合同法规则来追究产品责任，后来发展到适用侵权行为法来追究责任，通过举证倒置，以达到保护消费者利益的目的，同时还可以适用德国《产品责任法》，采取严格责任追究制造者的产品责任。

1. 合同责任

《德国民法典》规定，卖方应向买方保证他所出售的物品在风险责任移转于买方的时候不存在失去或减少其价值，或降低其通常的用途或合同规定的使用价值的瑕疵。并规定，卖方应担保货物在风险责任移转于买方时具有他所担保的品质，如果违反这种担保，买方享有要求退货、减价或解除合同的权利。但是，如果买方在订立买卖合同时，已经知道出售的货物有瑕疵者，卖方可不负瑕疵担保的责任。德国法院认为，无论卖方是不是专业的卖方，都不能推定其有过失或知情，并认为对不履行合同义务的当事人不推定其有过失。利用合同关系要求卖方承担产品责任，原告要承担举证的责任，所以对消费者的保护并不全面。

2. 侵权责任

根据《德国民法典》第 823 条、第 826 条规定，一个人如果违反法律，故意或粗心大意地损害他人的生命、身体、健康、自由、财产或其他权利时，应当赔偿受害人由此蒙受的任何损害。这是德国法关于侵权责任的一般规定，当时并没有作为产品责任的主要归责原则，直到 1968 年联邦最高法院在著名的"鸡瘟案"才确立。该案的原告为一养鸡场场主，在给鸡注射了制造商提供的疫苗后，未有效起到免疫的作用，致使他的 4000 多只鸡病死，损失达 10 万马克。联邦法院认为，既然"防瘟疫苗"没起到防止鸡瘟的效果，则足以证明该产品存在缺陷，判令被告承担赔偿责任。

德国通过"鸡瘟案"确立了产品缺陷引起损害的侵权行为的责任，只要受害人能证明损害是由产品的缺陷造成，则产品制造者即被推定为有过失。除非制造者能推翻这一推定，否则缺陷的风险责任即落在制造者身上，制造者需就其无过失负举证责任，从而使举证责任倒置。这种侵权责任有些接近严格责任，成为德国产品责任中保护消费者利益的归责原则。

3. 严格责任

为了实施《欧共体产品责任指令》，德国专门制定了《产品责任法》。在其中明确规定了严格责任适用于所有因缺陷产品产生的人身伤害、健康损害和财产损害。同时适用民法典关于产品的侵权责任，由法官根据对消费者最有利的原则进行选择。

综上所述，在大陆法系法国、德国等国家中，在产品侵权赔偿的严格责任被立法确立以前，产品责任实行的是过错责任原则，法官出于对产品缺陷受害人的同情，往往在侵权行为的构成要件之过失上做文章（而不是用担保理论来解决类似问题）。通过在诉讼中转移诉讼当事人的举证责任来加大对受害人的救济力度。如对被诉的制造商可以证明自己无过错的责任，若不能证明自己无过错，则法官在认定事实时推定其有过错，从而使受害人的权利被救济的可能性更大。后来，无论是法官还是学者，都意识到这样处理的结果对消费者来说，仍很不公平。

1985 年通过的《欧共体产品责任指令》规定了生产者主观上存在过错与否不再是产品侵权赔偿责任的构成要件，该法第 1 条规定："生产者应当对其产品的缺陷造成的损害负责。"在这里，只要产品存在缺陷并造成损害，生产者就要承担责任。在不能确定生产者的情况下，产品的供应者视为生产者。随后，法国将《指令》内容修订入《法国民法典》，而德国则是依据上述《指令》内容而制定单行的《产品责任法》来转化《指令》内容。这样，严格责任原则在欧洲国家得以确立。

三、中国产品责任归责原则

我国有关产品责任归责原则的规定最早主要规定在《产品质量法》第 41 条至第 43 条中，第 41 条第 1 款规定："因产品存在缺陷造成人身、缺陷产品以外的其他财产损害的，生产者应当承担赔偿责任。"第 42 条规定："由于销售者的过错使产品存在缺陷，造成人身、他人财产损害的，销售者应当承担赔偿责任。"第 43 条规定："因产品存在缺陷造成人身、他人财产损害的，受害人可以向产品的生产者要求赔偿，也可以向产品的销售者要求赔偿。属于产品生产者的责任，产品的销售者赔偿的，产品的销售者有权向产品的生产者追偿。属于产品的销售者的责任，产品的生产者赔偿的，产品的生产者有权向产品的销售者追偿。"

有些学者据此提出，我国产品责任的归责原则是一种生产者承担严格责任，销售者承担过错责任的一种综合归责原则体系。认为《产品质量法》第 41 条的规定由于不考虑过错为责任的构成要件，因此为严格责任。该法第 42 条规定："由于销售者的过错使产品存在缺陷，造成人身、他人财产损害的，销售者应当承担赔偿责任。"因此认为该条属于过错责任。由此得出结论认为我国产品责任归责原则是综合责任归责原则。[①]

但是，仅以这二条来说明不同主体适用不同的归责原则，是有失准确和科学的。因为从《产品质量法》第 43 条的规定来看，无论销售者是否有过错，只要产品存在缺陷并造成他人人身、财产损害，受害人向销售者要求赔偿的，销售者必须予以赔偿。销售者以无过错为由抗辩受害人的赔偿请求是不能成立的。

那么，如何理解第 42 条无论销售者有无过错均要承担赔偿责任的规定与第 42 条规定

---

① 杨紫烜.经济法[M].北京：北京大学出版社,1999：222.

销售者有过错才应当承担赔偿责任规定之间的冲突呢？有学者对此提出,第42条只是生产者和销售者在责任划分上的归责原则而已,对象不涉及受害人。销售者先予赔偿的,可凭无过错为由向生产者行使追偿权;反之,生产者不能以自己无过错为由向销售者行使追偿权,仅能以销售者有过错为由行使追偿权。但这只是学理解释,当时并没有明确的法律规定。2020年我国颁布的《民法典》第1203条第1款规定:"因产品存在缺陷造成他人损害的,被侵权人可以向产品的生产者请求赔偿,也可以向产品的销售者请求赔偿。"第2款规定:"产品缺陷由生产者造成的,销售者赔偿后,有权向生产者追偿。因销售者的过错使产品存在缺陷的,生产者赔偿后,有权向销售者追偿。"该条明确说明了销售者的过错问题是在生产者和销售者能不能相互追偿时考虑的问题,即确定最终责任归属的时候考虑的问题,而不是对受害人承担责任时采取的归责原则。

因此,对于我国产品责任的归责原则应从以下两个方面来理解:

(1) 严格责任是生产者、销售者面向受害人的归责原则

根据我国《产品质量法》第43条和《民法典》第1203条的规定,无论是缺陷产品的生产者还是销售者,对受害人责任的承担均适用严格责任原则。也就是说,只要因缺陷产品而受到损害的受害人向该产品的生产者、销售者主张赔偿,生产者与销售者不得以无过错主张免责,受害人也无须证明被告的过错。即使是无过错的销售者,受害人向销售者提出赔偿要求时也应首先承担产品责任。

在具备产品缺陷、损害事实和两者的因果关系三个要件的情况下,生产者和销售者就必须承担严格责任下的产品责任,任何一方都不得以无过错而拒绝对受害人赔偿。

(2) 在生产者与销售者之间确定最终产品责任的归属上,生产者实行严格责任,销售者适用过错责任[①]

《民法典》第1203条第2款规定:"产品缺陷由生产者造成的,销售者赔偿后,有权向生产者追偿。因销售者的过错使产品存在缺陷的,生产者赔偿后,有权向销售者追偿。"该条是对销售者与生产者在责任划分上的归责原则,对象不涉及受害人,即过错责任原则仅适用于销售者的最终责任。由于销售者的过错使产品存在缺陷,造成他人损害的,销售者应承担最终责任。在此情况下,如果生产者对受害人承担了直接责任,生产者可通过证明缺陷是由于销售者的过错所致,而向销售者追偿。

我国的产品责任归责原则之所以区分两个层次,主要在于我国《产品质量法》和《民法典》关于责任主体既规定了销售者的责任,也规定了生产者的责任,而不像《欧共体产品责任指令》那样,将责任人主要限定为生产者。也因为如此,我国的产品责任不仅要确定面向受害人的归责原则,也要确定生产者与销售者之间对产品责任最终归属划分的归责原则,从而使我国的产品责任归责原则出现了分层次的二元性的特点。

---

① 周新军.产品责任立法中的利益衡平:产品责任法比较研究[M].广州:中山大学出版社,2007:96.

第三节　产品责任法的适用范围

预习思考题

1. 各国有关产品的适用范围的规定相同吗？分歧的焦点主要是哪些产品？

2. 根据有关国家和国际条约的规定,下列产品是否适用产品责任法？

(1) 智力产品。

(2) 天然气、电等无体物。

(3) 血液(含有艾滋病毒的血液是不是产品?)。

(4) 农产品(农产品,如添加了矿物油的大米、添加了瘦肉精饲养的猪肉、添加了苏丹红饲养产出的鸡鸭蛋、感染了疯牛病的牛肉是否适用产品责任法?)。

3. 各国对于产品责任主体的范围规定相同吗？

案例 4-3

　　M 国当事人甲从乙处借得高压锅,在使用过程中,突然爆炸,造成甲面部及手部严重损伤,同时造成部分财产损失。经查,该高压锅是由于零件有缺陷发生爆炸。该高压锅由 M 国零售商 C 出售,系我国 B 厂生产,而高压锅主要零部件从我国 A 厂购进。

　　问题:

　　请按美国法、《欧共体产品责任指令》、中国法进行分析。

　　1. 设:甲诉至法院要求 C 赔偿损失,C 称该产品缺陷并不是自己生产的,应由 B 承担责任,你认为 C 的说法有道理吗？

　　2. 设:甲诉至法院要求 B 厂赔偿损失,B 厂称:该产品并未出售给甲,甲无权要求 B 厂赔偿损失,你认为呢？

　　3. 甲可以要求 A 承担责任吗？为什么？

　　4. 乙可以提起产品责任诉讼吗？

　　5. 如何运用产品责任法适用范围的知识维护我国当事人的合法权益？

一、产品的范围

　　《现代汉语词典》中的产品指"生产出来的物品"。经济学上的产品,泛指自然物之外的一切劳动生产物,它是人们为了生存的需要,通过有目的的生产劳动所创造的物质财富。人们在生产劳动的过程中,借助劳动资料使劳动对象发生一定的变化,劳动被物化了,而劳动的对象被加工了,这一过程的结果使劳动与劳动对象结合在一起,变成适用于人们需要的产品。因此,产品必须具有价值和使用价值。产品的价值是凝结在产品中的人类的一般劳动,通过交换产品而体现出来;产品的使用价值是产品适合一定用途,能够满足人们某种需要所具备的质量和特性的总和。

在产品责任中,"产品"的概念与经济学上的"产品"的概念有相同的地方,也有不同的地方。相同的地方表现在,产品责任中的"产品"与经济学上的"产品"都是劳动生产物;不同的地方表现在,产品责任中的"产品"是用以流通的劳动生产物,同时各国法律还对可以成为产品责任中的"产品"的劳动生产物进行了限制,范围窄于经济学上"产品"的概念。

产品责任法是调整产品的制造者、销售者和受害人之间因产品缺陷而导致损害赔偿关系的法律规范的总称,其目的是确定产品的制造者、销售者因生产和销售缺陷产品导致他人损害所应承担的责任,以保护消费者的利益。产品责任法为什么会在近代产生,是与近代产品的技术含量高及复杂化相联系的。根据各国产品责任法的规定,生产者和销售者只有生产和销售属于产品责任法规定的产品且该产品存在缺陷导致他人损害时才承担产品责任,由于各国立法宗旨的不同及对消费者保护的政策的差异,各个国家对产品范围的规定也各不相同。

（一）美国

美国《统一产品责任示范法》第 102 条(C)规定:"产品指具有真正价值的、为进入市场而生产的,能够作为组装整件或者作为部件、零件交付的物品。但人体组织、器官、血液组成成分除外。"由此可以看出,该定义用概括的方式,界定了产品的内涵。美国在其有利于消费者的公共政策的指导下,对产品的范围规定得十分广泛,几乎包括所有有价值的可以用来进行贸易、销售和使用的物品,无论是有体物还是无体物,动产还是不动产,工业产品还是农业产品,物质产品还是精神产品,只要造成消费者或使用者损害,都可成为产品责任法中的"产品"。对血液等产品,美国《统一产品责任示范法》将它排除在外,由于该法尚未得到美国各州的认可,因此,各州有不同的做法,出于保护产品使用者的基本公共政策的考虑,法官们的态度倾向于采用更广泛、更灵活的产品定义。例如,美国伊利诺伊州最高法院在一起案件中将血液也作为产品。法院的理由是:①血液是一种包含在《第二次侵权法重述》第 402A 条的意思内的"产品";②这种产品是被"出售"的;③这种血液处于一种对使用者的不合理的危险的缺陷状态。法院这样做的目的是使医院承担严格责任,以保护病人。在 1987 年哈雷斯诉西北天然气公司案中,法院将天然气纳入产品范围。关于计算机软件是否属于产品,学者们认为,普通软件批量销售,广泛运用于工业生产、服务领域和日常生活,与消费者利益息息相关,生产者处于控制危险较有利的地位,故有必要将普通软件列为产品。可见,美国产品责任法确定的产品范围相当广泛。

（二）英国

英国产品责任法对产品的界定主要体现在 1987 年《消费者保护法》和法院的判例。在该法中关于产品的定义,法律作了宽泛的解释。该法第 1 条规定:"产品是指任何可移动的有形物品、电及组装于其他物品内的部件及原材料，血液及其制品也属于产品责任中的产品。"

（三）德国

德国 1990 年生效的《产品责任法》第 2 条将"产品"定义为"一切动产，包括构成另一动产或不动产之一部分的物，包括电流，而未经加工的农产品和狩猎产品不是产品"。

（四）有关国际条约

有关产品责任的国际条约包括 1976 年欧洲理事会制定的《斯特拉斯堡公约》（参加成员：奥地利、比利时、法国、卢森堡）、1973 年第 12 届海牙国际私法会议制定的《海牙公约》及 1985 年《欧共体产品责任指令》。

《斯特拉斯堡公约》第 2 条规定："'产品'这个词系指所有可移动的物品，包括天然动产或工业动产，无论是未加工的还是加工过的，即使是组装在另一可移动或者不可移动的物品内。"

《海牙公约》第 2 条第 1 款规定："'产品'一词应包括天然产品和工业产品，而不论是未加工还是加工过的，是动产还是不动产。"

《欧共体产品责任指令》则把产品界定为动产，即使该动产已被组合在另一动产或不动产之内，还包括电，但不包括未经加工的种植业、畜牧业、渔业产品及狩猎产品。

《斯特拉斯堡公约》规定的产品范围大于《欧共体产品责任指令》的范围，包括了天然产品和狩猎产品。但二者都不包括不动产；而《海牙公约》规定的产品范围比两者都广，既包括不动产，也包括未加工的天然产品。

（五）我国《产品质量法》中有关产品范围的规定

我国《产品质量法》第 2 条规定："本法所称产品是指经过加工、制作，用于销售的产品。建设工程不适用本法规定；但是，建设工程使用的建筑材料、建筑构配件和设备，属于前款规定的产品范围的，适用本法规定"。第 73 条规定："军工产品质量监督管理办法，由国务院、中央军事委员会另行制定。因核设施、核产品造成损害的赔偿责任，法律、行政法规另有规定的，依照其规定。"

从立法技术上讲，中国法律同时使用了概括法和排除法来界定产品。根据上述规定中的排除条件，我国建设工程产品、军工产品、核产品不适用产品质量法。这里，首先需要厘清的是，我国使用的建设工程产品的内涵与国外立法中采用的"不动产"的关系。我国立法之所以没有像其他国家或国际条约那样以动产和不动产来界定产品的范围，是因为中国当时的民事立法还没有采用"动产"和"不动产"这一分类，导致出现的问题是，建设工程中使用的"动产"，是否包括在本法产品定义范围内？在《产品质量法》修改时，增加了第三款的"但是……"规定，将建设工程所使用的"建筑材料、建筑构配件和设备"纳入本法产品范围，因此,我国的建设工程产品相当于国外的"不动产"的概念。但是,"建设工程"不是一个法律概念,它实际是指不能移动或一经移动即损害其经济价值的产品,多数是指建筑物。大多数国家法律及一些国际公约,如《海牙公约》对此使用的是"不动产"一词。为与国际上通行概念一致,我国应把"建筑工程"改为"不动产"。这类产品排除在我国《产品质量法》的适用范围之外。

二、产品责任的主体范围

产品责任主体分为权利主体和义务主体,权利主体是在产品责任法律关系中依法有权获得损害赔偿的当事人,义务主体则是依法应当承担损害赔偿义务的当事人。

(一)产品责任法的责任主体

1. 国外及有关国际条约的规定

根据美国《第二次侵权法重述》第 402A 条(A)款的标题是"产品对使用者或消费者造成损害时,销售者承担的特别责任"。在此条中规定:任何销售有缺陷的产品并使消费者或使用者或其财产遭受不合理危害的人,承担由此对最终使用者或消费者或其财产造成损害的责任。对第 402A 条的评论指出:402A 条规定的是销售者的严格责任;销售者是指参与销售用于使用或消费的产品的任何人,其中包括制造者、批发商、分销商或零售商及饭馆的经营者。[①] 由此可以看出,美国产品责任法中的责任主体是销售商,而产品的制造者包含在产品的销售者的范围。所谓产品的制造者是指产品出售给使用者或消费者之前,设计、生产、制造、组装、建造或加工相关产品或产品组件的企业或个人。除此之外,还包括实际上不是但自称是制造者的销售者或实体。美国《统一产品责任示范法》第 102 条 A 款规定:"产品的销售者是指从事产品销售业务的任何自然人或实体,不论交易是为了使用、消费或者再销售。它包括产品制造者、分销商和零售商,也包括产品的出租人和行纪人。"从这个定义可以看出,美国产品销售者的范围十分广泛。

从美国的判例来看,以下这些人不包括在产品销售者之中:

(1)不动产销售者,指批量建造和销售标准住宅的销售者和兼作其他产品销售的不动产销售者。

(2)专业服务提供者,指在法律许可的专业范围使用或销售产品的专业服务提供者,如医生、律师等;非专业服务的提供者,即使未得到法律许可的服务,则仍属产品责任法的调整范围。

(3)旧货销售者,指再行销售基本上保持获得时原状,但已被消费者或其他使用者使用过的产品的销售者。

---

(4)融资出租人,指非兼作产品销售者的出租人,融资出租人不是产品制造者、批发者、分销商、零售商,而是依靠其经济能力从事产品出租业务的人。根据租约,选择、占有、使用、维修产品均受融资出租人以外的人员控制,融资出租人没有合理的机会检查和发现产品的缺陷。

相对于美国产品责任法而言,《欧共体产品责任指令》及其成员国有关产品责任主体的规定,范围要小一些,责任主体主要是生产者,一般不包括批发商和零售商,只有在无法确定产品生产者时,他们才承担责任。《欧共体产品责任指令》第1条规定:"生产者应当对其产品的缺陷造成的损害负责。"依该指令第3条,生产者包括以下这些人员:

(1)制造人,含成品制造者、原材料生产者和零部件制造者。

(2)准制造人,即在产品上标明自己是该产品生产者的人。

(3)进口商,指在商业活动过程中以销售、出租或其他形式的分销为目的将产品输入共同体市场的人。

(4)供应者,在不能确定生产者的情况下,产品的供应者视为生产者。

从以上规定来看,《欧共体产品责任指令》把产品责任的主体限制在生产者上,只有在不能确认生产者时,产品的供应者视为生产者,将销售者有条件地视为生产者承担产品责任。而美国是把责任主体规定为销售者,销售者包括制造者,另外,美国产品责任义务主体的范围比欧洲更为广泛,它明确将产品设计人、出租人、行纪人等包括在内,而这些在欧洲都未见规定。

2. 中国的有关规定

中国有关产品责任主体的规定主要在《产品质量法》和《民法典》之中。《民法典》第1202条和第1203条作了与《产品质量法》基本一致的规定。《民法典》第1203条规定:"因产品存在缺陷造成他人损害的,被侵权人可以向产品的生产者请求赔偿,也可以向产品的销售者请求赔偿。"

《民法典》第1204条规定:"因运输者、仓储者等第三人的过错使产品存在缺陷,造成他人损害的,产品的生产者、销售者赔偿后,有权向第三人追偿。"有人据此将产品的运输者、仓储者视为产品责任的责任主体,认为中国产品责任的责任主体不仅有范围的限制,而且有先后顺序之分。第一顺序为产品的制造者、销售者;第二顺序为产品的运输者、仓储者。运输者、仓储者责任的相对主体不是消费者,而是产品的制造者和销售者。[①]

根据我国《产品质量法》和《民法典》,产品的制造者、销售者作为产品责任主体当无疑问。但运输者、仓储者能否成为产品责任主体呢?笔者认为:由于运输者、仓储者是产品运输合同、仓储合同的当事人,一般不与产品的使用者、消费者直接发生法律上的联系,如果他们因过错而对产品质量负有责任,这无疑是一种合同责任,应由运输者、仓储者向托运人、存货人负责。缺陷产品的受害人并不能直接向他们请求损害赔偿,产品的制造者、销售

---

① 吴兴光. 国际商法[M].广州:中山大学出版社,2003:138-139.

者也不能因运输者、仓储者的过错而免责。另外,产品责任通常为严格责任,而运输者、仓储者承担的是过错责任,两者属于不同的范畴。因此,运输者、仓储者不是产品责任的义务主体。①

(二)产品责任的权利主体

产品责任的权利主体,是产品责任法的保护对象。对此,欧美各国存在较大差异。

《欧共体产品责任指令》第9条规定:

"为本条之目的,损害是指:

(a)死亡、人身伤害;

(b)对缺陷产品本身以外任何财产的损害或灭失,其价值不低于500欧洲货币单位,但该财产必须是:(i)属于通常用于个人使用或消费的财产;(ii)主要由受害人为其个人使用或消费目的使用。"

《德国产品责任法》第1条第(1)款规定:"如果缺陷产品造成他人死亡、人身或者健康伤害、财产损害,生产者应当就造成的损害对受害者予以赔偿。在造成财产损害的情况下,只有受到损害的是缺陷产品以外的财产,该财产通常是用于私人使用或消费,而且受害者主要为这种目的而获得该财产,才适用本法。"此外,《英国消费者保护法》第5条、《挪威产品责任法》第8条也有类似规定。

由此可见,在欧洲诸国,凡缺陷产品致人损害,若为人身伤害,任何受害者均可要求赔偿;若为财产损害,只有基于生活消费目的的私人消费者方可依产品责任法获得赔偿。

与欧洲相比,美国产品责任法的保护对象要广泛一些。依《统一产品责任示范法》第102条,"索赔人"是指"因遭受损害而提出产品责任索赔的自然人或实体"。这里的"损害"包括:"(1)财产损害;(2)人身肉体伤害、疾病和死亡;(3)由人身肉体伤害、疾病和死亡引起的精神痛苦或情感伤害;(4)由于索赔人被置于直接人身危险的境地而引起的并表现为实际存在的他觉症状的精神痛苦或情感伤害。"在这里,美国法律既未对财产损害作任何限制,又未将索赔主体限于"私人消费者",而是称为"自然人",更将"实体"明确列为产品责任的权利主体,显见其保护范围的广泛性。

在我国,《产品质量法》第43条规定"受害人"可以获得产品责任损害赔偿,《民法典》第1203条则规定"被侵权人"可以请求赔偿。据此,我们有理由认为:我国产品责任的权利主体不仅包括购买、使用产品而受到损害的消费者,也包括不是消费者的其他受害人。例如,由于汽车刹车缺陷而受害的行人,他虽然不是消费者,但是为缺陷产品的受害人,也可以根据《产品质量法》第43条的规定,向生产者或销售者请求赔偿。这与美国法律的规定基本相同。

综上所述,我国产品责任的权利主体包括因产品存在缺陷受到财产损失或人身伤害的

---

① 周新军.产品责任立法中的利益衡平:产品责任法比较研究[M].广州:中山大学出版社,2007:329.

一切受害者,无论是自然人,还是法人或其他组织,无论他与产品生产者、销售者之间是否存在直接的交易关系,只要受到缺陷产品的损害,皆可依产品责任法获得救济。

第四节　产品责任的承担与抗辩

预习思考题

1. 什么是产品缺陷? 各国产品缺陷的判断标准是什么? 什么是不合理危险?

2. 菜刀会割伤手,鞭炮烟花会炸伤人,这些具有危险的产品是不是缺陷产品? 儿童娃娃玩具由于眼睛缝得不够结实导致小孩拉掉后吞食发生伤害,它是不是缺陷产品? 汽车在发生撞击时,会使人受伤,受害人是否可以以汽车造得不如坦克安全为由而指控汽车是缺陷产品?

3. 产品缺陷包括哪几种类型?

4. 各国规定的产品责任构成要件中的损害事实的范围是什么?

5. 欧美各国与中国产品责任的承担方式是什么? 损害赔偿是惩罚性的还是补偿性的? 可否要求精神损害赔偿?

6. 欧美各国与中国产品责任的抗辩事由是否相同?

案例 4-4

我国 A 商场从我国 B 冰箱经销部购得"MOOR"牌冰箱 1 台,该冰箱系 F 国 C 厂生产。一日,A 商场员工甲开启冰箱取食物时,冰箱漏电,导致甲身亡。由于发生这件意外事故,A 商场停业 1 个星期,造成营业损失 100 万元。请按美国法、《欧共体产品责任指令》、中国法分析以下几个问题。

问题:

1. A 商场是否可以提起产品责任诉讼? 为什么? 其可以要求赔偿的损害赔偿范围是什么? 如何理解产品责任中的损害事实?

2. 你认为谁可以在本案中提起产品责任诉讼? 为什么? 其可以要求赔偿的损害赔偿范围是什么?

3. 本案可以提出精神损害赔偿和惩罚性赔偿要求吗?

案例 4-5

刘某伙同王某从某电扇厂仓库偷出未经检验的电扇 2 台,二人各分得 1 台,刘某将电扇以 60 元的价格卖给高某,高某在使用时,被飞出的扇页削掉左耳,高某以产品存在设计和制造缺陷为由向电扇厂提出索赔。请按美国法、《欧共体产品责任指令》、中国法分析下列问题。

　　问题：

　　1. 电扇厂是否应承担责任？如果刘某和王某是从商店偷的，电扇厂是否承担产品责任？

　　2. A商店在一次降价销售中，因产品普遍存在质量问题，遂明示警告消费者使用时注意人身安全，但消费者甲在使用过程中仍造成人身伤害。经查明，确系该有缺陷产品造成，甲虽尽了注意义务，仍无法避免危害发生，事实上该产品经检测，按照说明书所载明的方法进行使用仍有可能发生人身伤害事故，但在产品生产时，凭当时的技术手段并不能发现这种危害存在。生产者是否承担责任？

　　3. 改变以上案情，假设电扇交付最初消费者12年后发生事故致人受伤，此时受害人还能请求赔偿吗？（根据《欧共体产品责任指令》和中国法分析。）

　　4. 甲使用某产品后身体受到伤害，但甲一直不知道，4年后犯病，经医生提醒才发现是某产品存在缺陷导致生病，这时距离身体受到伤害已经过去4年，受害人是否可以向法院提起诉讼要求生产者赔偿？（根据《欧共体产品责任指令》和中国法分析。）

　　在产品责任中，当事人是否承担责任，首先必须判断"产品制造者"或"销售者"等提供商品之人被课以何种注意义务，即必须了解该等人是基于何种归责理论而必须负责，从而也就决定了责任构成要件、举证责任的负担、免责条件、损害赔偿的原则和方法、减轻责任的根据等。

　　行为人是否承担民事责任是以一定的归责原则为指导的。但是，归责原则毕竟是抽象的，这就需要有比归责原则更为具体和明确的责任构成要件。

　　归责原则与责任构成要件是相辅相成、缺一不可的。归责原则是责任构成要件的基础和前提，而责任构成要件则是归责原则的具体体现，其目的在于实现归责原则的功能和价值。如果说归责原则是立法者根据社会实际需要而确定的一套高度抽象、概括的规则体系，那么责任构成要件则是学者在归责原则的指导下，对民事责任立法和实践经验所作的总结，它是对归责原则所作出的具体阐述。合理的责任构成要件的确定和运用，对司法审判人员的自由裁量权给予了适当限制，同时又给审判人员提供了极大的方便，它不仅使归责有了明确的尺度，而且保证了归责原则的基本价值和内涵能够被审判人员准确地理解，从而使案件的处理做到公平合理。

　　产品责任和产品责任的构成要件是相辅相成、缺一不可的，产品责任的构成要件是产品责任成立的必备条件。由于在产品责任的归责原则问题上各国有所不同，有的适用过失责任，有的适用严格责任，所以，产品责任的构成要件也有所区别。过失责任原则下产品责任的构成要件与严格责任原则下产品责任的构成要件相比，只是增加了一个构成要件，即行为人要具备主观过错，因此本章仅就在严格责任原则下各国产品责任的构成要件进行研究。在严格责任下，要求被告承担产品责任通常需要具备以下几个构成要件：第一，产品存在缺陷；第二，存在损害事实；第三，产品缺陷与损害事实存在因果关系。但各国在上述几个构成要件的含义和范围上存在一些不同，必须加以准确理解和把握。

一、严格责任中产品责任的构成要件

（一）产品存在缺陷

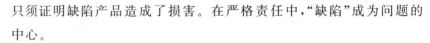

产品责任制度发展史上的一个重大飞跃是从过失责任原则演变为严格责任原则，从而把确认责任的重点从制造者的行为转移到了产品的性能，即原告无须证明被告有过错，而只须证明缺陷产品造成了损害。在严格责任中，"缺陷"成为问题的中心。

拓展阅读

产品缺陷是产品责任法的一个重要概念。各国立法和实践中对"缺陷"一词的定义和解释，直接关系到民事主体的权利要求能否得到实现，同时也是实现责任控制、防止过度责任归责的一道主要闸门。

1. 美国法

根据美国 1965 年《第二次侵权法重述》第 402A 条规定，产品缺陷是指"对使用者或消费者或其财产有不合理的危险的缺陷状态"。美国《统一产品责任示范法》将其具体界定为"产品制造、设计上存在不合理的不安全性，未给予适当警示或不符合产品销售者的明示担保致使产品存在不合理的不安全性"。可见其有个共同之处，即产品只要存在不合理的危险就认定其为缺陷产品。《第二次侵权法重述》第 402A 条的注释（i）对"不合理的危险"的解释是："超出了购买该商品的普通消费者以对它的特性的人所共知的常识的预期。"比如，威士忌是一种烈性酒，过饮会致醉。对于这种危险，正常的消费者都能认识到，因而不属于不合理的危险。如果威士忌中被兑以工业用酒精，则属于不合理的危险，因为正常的消费者不能预期自己所购买的威士忌中含有会使人失明甚至丧生的工业用酒精，这就是著名的消费者预期标准。该标准揭示了缺陷的实质，将注意力集中在产品而非生产者的行为上，符合严格责任原则，在美国得到了广泛应用。

消费者预期标准具有较强的直观性和经验性，简便易行，因而在实践中被广泛使用。但该标准的确定性、科学性受到质疑，也有一些反对意见。首先，消费者或许了解某一产品的缺陷或其内在的危险，因为上述危险显而易见，或使用者已经注意到了警告，在这种情况下，用户不可能期望比他对该产品的缺陷或危险的知识所允许的更高程度的安全，此类产品就有可能被认为不属于不合理的危险及存在缺陷。因此该标准是不利于原告的，也会使生产者失去改进产品安全性的动力。其次，在高新技术层出不穷的时代，发明的产品过于复杂，以致消费者难以形成任何合理的、可期望的安全观念。消费者无法知道产品的安全水准或危险程度。有时，消费者对产品的危险有所预期，但对如何避免危险却毫无应付之策。

为弥补消费者预期标准的不足，1973 年，约翰·韦德（John Wade）教授首先提出了著名的风险效益标准来认定缺陷。

该标准通过对产品有用性与危险性的比较,检查是否采取了适当的安全保障措施,来判定产品是否存在缺陷。即制造更安全的产品耗费的成本是大于还是小于产品保持其现有状态存在的危险或风险(即事故赔偿成本乘以事故发生的概率),如果改变的成本小于不变的风险,则产品存在缺陷。法官在一案中指出:"如果一个在产品设计上的微小改进,可以避免严重的甚至可能是致命的伤害发生,设计者不能仅因为告知伤害发生的可能性而免责。我们认为,在这类案件中,避免伤害发生的责任应当归由设计者或制造者承担,而非产品的个人使用者。"1994 年,美国发生过一起里贝克诉麦当劳餐馆(Liebeck v. McDonald's Restaurants)案[①],本案中,79 岁的里贝克老太太带着她的孙子一起开车去机场,途中在"麦当劳"专门面向开车司机而设的售卖处购买了一杯热咖啡。为了将糖和奶粉加入咖啡,她停了车,但由于车内无法放下杯子,老太太试着将杯子夹在两膝之间好打开盖子,结果杯壁突然向内凹陷,热咖啡迅速洒了出来并渗入裤子,老太太因此遭受严重的三度烫伤。而在此前,已有超过 700 次的类似事件发生并导致麦当劳被投诉。但麦当劳始终不去咨询烫伤问题的有关专家,也不降低过烫的温度。法院最后裁决原告胜诉,被告被判承担补偿性赔偿 16 万美元、惩罚性赔偿 48 万美元。在该案中,被告被指称只要适当降低咖啡的温度,就能避免烫伤的严重后果,这种改进并不耗费较大成本。

为了更好地认定缺陷,美国还对产品缺陷进行了分类。美国《统一产品责任示范法》第 104 条规定,"如果并且只有在下列情形下可以证明产品存在缺陷:(1)产品制造上存在不合理的不安全性;(2)产品设计上存在不合理的不安全性;(3)未给与适当的警告或指示致使产品存在不合理的不安全性。"从而对产品缺陷作了概念上的明确划

拓展阅读

分。因此,根据美国产品责任法的规定,我们可以认为,美国将产品缺陷分为三种:制造缺陷、设计缺陷、警示缺陷。在美国,每种缺陷都有较为量化、较强可操作性的判断标准。

2. 欧洲国家有关立法及国际条约

根据《欧共体产品责任指令》第 6 条的规定,考虑到下列所有情况,如果产品不能提供人们有权期待的安全,就属于缺陷产品:①产品的说明;②符合产品本来用途的合理使用;③产品投入流通的时间。但人们不得以后来投入流通的产品更好为由,认为以前的产品有缺陷。

根据英国《1987 年消费者保护法》第 3 条的规定,在确定人们有权期待某项产品具有何种安全性时,应当考虑与产品有关的所有情况,包括:①该产品被出售的方式和目的,产品的样式,与产品有关的任何标识的使用,关于允许或不允许使用该产品以进行任何事项的警告与指示;②可合理期待的产品用途或可合理期待的与产品有关的用途;③生产者向他人提供产品的时间。按本条规定,人们不得以后来提供的产品比以前的产品更安全的事实

---

① Liebeck v. McDonald's Restaurants. P. T. S,Inc,(N. M. Dist. 1994).

而推定以前的产品存在缺陷。

德国《产品责任法》第 3 条规定："产品不能提供人们有权期待的安全性，就是存在缺陷的产品。"

从以上规定可以看出，欧洲各国的产品责任法都把人们有权期待的安全性作为判断产品缺陷的重要标准，如果不符合人们期待的安全要求，就构成缺陷产品。这意味着欧洲国家采用的主要是与美国类似的消费者预期标准。但与美国的区别是没有用"消费者""原告"这些措辞，而使用客观性的"人们"，以减少其主观性，同时，由于美国是判例法国家，其对消费者预期标准的运用有更具体的细节规定。欧洲国家为了解决这一标准的具体操作性问题，在确定人们有权期待某种产品应当具有何种安全性时，在法律上罗列了一系列因素，这些因素包括产品的说明、可合理期待的产品用途和投入流通的时间等。在这里，判断产品说明的焦点在于消费者对生产者提出的关于合理使用产品的使用说明与警告，以及与产品有关的标志和广告宣传是否十分清楚。产品的合理使用包括按照产品本身的用途合理地使用产品和按照产品的性能可能预见的错误使用产品两种情况。最后，由于产品是不断升级换代的，人们不能因为后来有更好的产品投入市场与交易就认定先前的产品具有缺陷，也不能因为产品存在受当时科技发展水平所限而生的缺陷要求制造商承担产品责任。

欧洲各国使用的消费者预期标准既有优点也有弊端。比如，当消费者了解某一产品的缺陷或其内在的危险，此类产品就有可能被认为不存在缺陷。因此该标准是不利于原告的。总的来说，与美国多样化的标准相比，欧洲国家判断缺陷的标准相对单一，对消费者的保护不如美国产品责任法充分。

3．中国法

我国《产品质量法》第 46 条规定："本法所称缺陷，是指产品存在危及人身、他人财产安全的不合理的危险；产品有保障人体健康和人身、财产安全的国家标准、行业标准的，是指不符合该标准。"《产品质量法》的规定包含两个内容：一个是为产品缺陷规定了一个主观标准，即"存在危及人身、他人财产安全的不合理的危险"；另一个是为判断产品是否有缺陷提供了一个客观标准，即"保障人体健康和人身、财产安全的国家标准、行业标准"。

按照这一规定，如果某一产品符合"保障人体健康和人身、财产安全的国家标准、行业标准"，但是仍然具有不合理的危险，该产品是否属于缺陷产品呢？某一强制性标准可能并不包含产品的全部安全性能指标，因为国家标准、行业标准都是人制定出来的，它会受到人们认识能力的限制，而且产品的强制性标准是根据现有科技发展状况、产品设计加工等多种因素制定的，而不是以产品有无危险性或具有安全性作为唯一标准，有可能出现产品完全符合国家标准、行业标准，却具有不合理危险的情形。例如，在食品中添加含有苏丹红的成分，由于有关部门在制定食品卫生的强制性标准时未考虑到有生产者会将生产鞋的色素加入食品中，标准里并不包含苏丹红的检测标准，但这样的产品显然对人体健康有不合理的危险。所以,即使符合国家标准、行业标准的产品,也有危及人身、财产安全的可能,这些具有不合理危险但又符合强制性标准的产品是否构成缺陷产品? 如果因此造成损害,受害人是否可以获得赔偿? 这需要我们厘清我国法律规定的主观标准与客观标准的关系来加以判断。[①]

(二)损害事实与赔偿范围

损害事实的存在是产品责任成立的必要条件。根据各国产品责任法的规定,并不是任何损害都可以成为产品责任的构成要件,损害事实的确定与赔偿范围存在一些差异。

拓展阅读

1. 美国法的规定

美国产品责任损害赔偿的情况由于联邦制的原因各州并不相同。美国商业部拟订《统一产品责任示范法》的目的之一,就是相对统一损害赔偿,减少各州的差异,保护、促进美国经济的发展。但是,由于各州历史、文化、经济结构、工业发展、政治力量对比关系、立法机关与法院在本州政治生活中的作用各不相同,因此,各州在这个问题上的差别还是很大。

按照美国《统一产品责任示范法》第 102 条(F)项的规定,在产品责任诉讼中,原告可以提出的损害赔偿范围包括:①财产损害;②人身肉体伤害、疾病和死亡;③由人身肉体伤害、疾病和死亡引起的精神痛苦或情感伤害;④由于索赔人被置于直接人身危险的境地而引起的精神痛苦或情感伤害。损害不包括直接或间接的经济损失。

美国《统一产品责任示范法》第 102 条(F)项中的"经济损失"指的应当是纯粹经济损失。美国法上的纯粹经济损失来自法官们通过判例创立的"经济损失不赔原则(economic loss doctrine)"。从理论上讲,经济损失不赔原则的含义可以被表达为:当一样产品所具有的缺陷在给产品本身造成损害的过程中,仅仅导致了经济损失的出现,而没有对使用者或他人造成人身伤害,或使得除自身以外的任何其他财产发生损坏,那么这时相关当事人是不被允许在以过失或严格侵权为诉由的产品责任指控中获得赔偿的。通常,不少人会混淆财产损失与纯粹经济损失。财产损失是指除产品之外的动产与不动产的毁损灭失。例如:某餐馆的暖气出故障,热水从爆裂的管道中喷出泡坏了地板,地板的损坏就属于财产损失;而假设还有一次暖气的故障是管道不热,结果嫌冷的顾客们纷纷过门不入,餐馆一天都没有开张,损失的利润就属于纯粹经济损失。再细致一点,我们可以把纯粹经济损失分为两大类:一类是直接经济损失,指的是产品自身的损坏,价值贬损或替代花费,以及修理缺陷产品的花费;另一类是间接经济损失,常见如产品无法使用而导致的利润丧失。

根据美国的判例,损害赔偿包括以下两个方面。

(1)补偿性损害赔偿

补偿性损害赔偿范围包括人身损害、财产损失及商业性损害。

[①]　周新军.产品责任立法中的利益衡平:产品责任法比较研究[M].广州:中山大学出版社,2007:150.

① 人身损害

产品责任中的人身损害,一般是指产品具有缺陷而对他人生命、身体、健康所造成的损害,具体包括生命的丧失、肢体的伤残及健康受损,在美国即指合理的医疗费用和身体残疾的补偿费用。除此之外,还包括由于肉体的伤残引致的精神损害赔偿和收入的减少及挣钱能力的减弱。在人身损害的赔偿金额中,精神损害的赔偿比重远远大于肉体伤害的比重。

② 财产损失

财产损失是指缺陷产品造成的缺陷产品之外的其他财产损失。

③ 商业性损害

商业性损害又称为"产品伤害自己",除包括产品毁损灭失外,还包括产品本身价值的减少、不能使用、必须修缮或丧失营业利益等。商业性损害基本与美国产品责任法中"纯粹经济损失"的概念一致。两者都包含商品自身的损害或价值贬损,也包括因产品缺陷带来的无法使用或者丧失。美国各州对产品自身的损害是否可以得到赔偿持不同的态度,要具体案件具体分析。美国的 50 个州中,29 个州禁止原告对缺陷产品造成的纯粹经济损失提出侵权指控;17 个州认为如果缺陷产品只给自身造成了经济损失,而未有损于使用者的人身安全或其他财产安全,则一般情况下原告不能基于侵权诉由获得赔偿,但假如缺陷产品所具有的危险确实威胁到了使用者的人身安全,则原告将被允许提出侵权指控;4 个州认为,不管缺陷产品对什么东西造成了什么损失,原告都可以自由选择提出基于侵权的指控或基于违约的指控。①

(2) 惩罚性损害赔偿

如果有过错的被告全然置公共政策于不顾,罔顾他人生命安全,受损害的原告可以要求法院给予惩罚性的损害赔偿。这种赔偿是作为惩罚被告的一种方式,而给予原告超出其实际损失的损害赔偿金。

2. 欧洲各国及国际条约的规定

《欧共体产品责任指令》第 9 条规定如下。

"本指令的损害是指:

(a) 因死亡或人身伤害引起的损害;

(b) 对缺陷产品本身以外的任何财产造成的损害或灭失。其价值不低于 500 欧洲货币单位,但必须是:(i)属于通常用于个人使用或消费的财产;(ii)主要由受害人为其个人使用或消费目的而使用的财产。"

此外,《欧共体产品责任指令》允许各成员国以国内立法方式自行确定"损害"的含义和范围。

关于精神损害赔偿,《欧共体产品责任指令》没有具体作出规定,但是并不排除适用国内法的规定,同时,准许各国对最高赔偿金额作出规定。

---

① 李响.美国产品责任法精义[M].长沙:湖南人民出版社,2009:358.

由此可以看出：首先，《欧共体产品责任指令》规定的损害包括人身损害和缺陷产品以外的财产损失，而不包括缺陷产品本身的损失；其次，这类财产的价值必须高于500欧洲货币单位；最后，这类财产必须是个人生活消费品。

德国《产品责任法》规定："由于产品有缺陷，致人死亡，使人身或健康受到伤害或财产遭受损害，产品制造人有义务对由此产生的损失予以赔偿。在财产损害的情况下，仅在有缺陷产品外的另一财物遭受损失，而该物一般地确定为供个人使用或消费，并已为受害人所专门使用过的。"

英国1987年《消费者保护法》规定："损害是指死亡或人身伤害或财产的毁损灭失，对缺陷产品本身的损害或组装到另一产品中的产品损害或纯经济损失，不予赔偿。财产损害造成的最低赔偿额为275英镑。"

3．中国法的规定

我国《产品质量法》第41条和第44条规定了损害和赔偿的范围。第41条规定："因产品存在缺陷造成人身、缺陷产品以外的其他财产损害的，生产者应当承担赔偿责任。"第44条规定："因产品存在缺陷造成受害人人身伤害的，侵害人应当赔偿医疗费、治疗期间的护理费、因误工减少的收入等费用；造成残疾的，还应当支付残疾者生活自助费、生活补助费、残疾赔偿金以及由其扶养的人所必需的生活费等费用；造成受害人死亡的，并应当支付丧葬费、死亡赔偿金以及由死者生前扶养的人所必需的生活费等费用。因产品存在缺陷造成受害人财产损失的，侵害人应当恢复原状或者折价赔偿。受害人因此遭受其他重大损失的，侵害人应当赔偿损失。"《民法典》第1183条规定："侵害自然人人身权益造成严重精神损害的，被侵权人有权请求精神损害赔偿。因故意或者重大过失侵害自然人具有人身意义的特定物造成严重精神损害的，被侵权人有权请求精神损害赔偿。"《民法典》第1207条规定："明知产品存在缺陷仍然生产、销售，或者没有依据前条规定采取有效补救措施，造成他人死亡或者健康严重损害的，被侵权人有权请求相应的惩罚性赔偿。"由以上规定可以看出，我国法律规定的损害赔偿的范围，包括以下两个方面。

（1）补偿性损害赔偿

补偿性损害赔偿范围包括人身损害和财产损害。

① 人身损害

一方面，我国《产品质量法》对缺陷产品造成的人身损害的范围作出了具体规定，人身损害是指因缺陷产品造成的人体和健康的损害，包括肢体的损伤、残废（功能上）、灭失，容貌的毁损，以及身心的疾病和死亡。在我国即指合理的医疗费用和身体残疾的补偿费用。另一方面，从《民法典》的规定来看，人身损害还包括精神损害。

② 财产损害

根据我国《产品质量法》第41条"因产品存在缺陷造成人身、缺陷产品以外的其他财产（以下简称他人财产）损害的，生产者应当承担赔偿责任"的规定，我国的财产损害的范围不包括缺陷产品自身的损害。此系采纳美国《第二次侵权法重述》第 402A 条、《欧共体产品责任指令》第 9 条的经验，与 1989 年的德国《产品责任法》第 1 条第 1 款的规定也相同。其立法理由是：缺陷产品本身的损害，属于纯粹经济损失，应依合同法上的瑕疵担保责任加以救济。

（2）惩罚性损害赔偿

承担惩罚性损害赔偿的损害事实与补偿性损害赔偿相比，必须造成他人死亡或者健康严重损害，因此损害后果要比补偿性损害赔偿的损害事实要严重，并且制造者、销售者主观过错较大，即"明知产品存在缺陷仍然生产、销售"或者"没有依据前条规定采取有效补救措施"。

（三）因果关系

各国产品责任法经过合同责任、疏忽责任、严格责任等责任形式发展的过程，最终大多数国家确立产品责任是一种特殊的侵权责任，其构成要件是存在产品缺陷、损害后果、产品缺陷和损害后果之间有因果关系。其中的因果关系是一个重要条件。

1. 英美法系有关侵权行为因果关系的理论与实践

英美法系尤其是美国侵权法建立了较为完整的判断原因的标准，将其归纳起来，就是对于因果关系的认识采取了"两分模式"，即将因果关系分为"事实上的因果关系"和"法律上的因果关系"。判定行为与结果之间有无因果关系，就是将这两项标准加以综合运用的结果。由于现代各国大多把产品责任定性为侵权责任，"两分法"规则也就同时适用于产品责任。

为了客观而准确地追寻事实上的因果关系，英美法系侵权法设立了两个基本的判断法则：必要条件理论与实质要素法则。

（1）必要条件理论，也称为若无法则（but-for-test）

but for 在英语中是一种对过去进行假设的虚拟语气，用此规则来判断事实原因时，陪审团要回答一个假设疑问句，即"如果没有被告的行为，原告的损害是否会发生？"如果没有被告的行为，原告的损害也会发生，则被告的行为不是原告损害的事实原因。因此其含义可表述为：若无行为人之行为，损害结果便不会发生，则行为与结果之间有着事实上的因果关系；若无行为人之行为而损害结果仍然发生，则行为与结果之间没有事实上的因果关系。

（2）实质要素法则（substantial factor rule）

实质要素法则意味着：只要被告的行为是原告损害后果的实质因素或对原告的损害起了决定作用，那么该行为就是原告损害后果的事实原因。在损害是由多个原因造成并且每个原因单独都足以造成损害后果的案件中，采用实质要素规则来认定事实原因，能够顺利解决"若无法则"遇到的难题。例如，甲、乙主观上没有通谋，他们制造的产品都有缺陷，单独都足以导致受害人 A 死亡，A 同时使用该两个产品时，发生死亡。此案中，按照"若无法则"，如果没有甲的行为，A 也会死亡，那么甲的行为就不是 A 受损的事实原因；同理，乙的行为也不是 A 的损害的事实原因，因此甲、乙两人都不对 A 的损害负责。在这类案件中应用"若无法则"，易导致承担责任的范围不当缩小。

而按照实质要素规则，甲、乙两人的行为都对 A 的死亡起了决定作用，都是 A 受损害的事实原因。

在判断侵权行为人的行为与损害后果构成事实上的因果关系后，英美法系还要求判断该事实原因是不是应当承担责任的法律上的原因。

在英美法系理论和实践中形成的关于认定法律上的原因的规则有如下几种。

（1）直接结果责任。亦称直接原因规则，含义是无论被告是否预见，只要其行为直接引起损害结果发生，且其间并无中断因素介入，则被告的行为应视为损害结果的法律上的原因。

（2）可预见性理论。可预见性是侵权行为法归责理论中经常被提及的一个重要概念。可预见性理论为因果关系的认定建立了这样一个原则：过失侵权人需要承担侵权责任的损害必须具有可预见性。即过失侵权人只对可以预见的损害承担责任，并且要对全部可预见的损害承担责任。

2. 大陆法系有关侵权责任因果关系的理论与实践

大陆法系在侵权行为法中一般采取相当因果关系说。这种学说认为，某一事实仅于现实情形发生某种结果，尚不能就认为有因果关系，必须在一般情形下，依社会的一般观察，亦认为能发生同一结果的时候，才能认为有因果关系。人们对特定事件之间因果联系的判断应在现有的认知条件和信息状况下，对因果关系作出一个大致的判断。主张事件与损害之间具有相当因果关系，必须符合二项要件：①该事件为损害发生的不可欠缺的条件；②该事件实质上增加损害发生的客观可能性。因此，因果关系的判断就只是一个可能性判断的过程。相当因果关系并非事实上的因果关系，而系对行为人公平科以责任的判断标准，具有法律政策判断的色彩。

3. 中国法

过去我国在侵权行为法中采取的是必然因果关系，由于证明必然因果关系的困难性，在国内法学者理论研究的推动下，我国的司法实践中正在逐渐采纳相当因果关系说。我国《民法典》第 1170 条规定："二人以上实施危及他人人身、财产安全的行为，其中一人或者数人的行为造成他人损害，能够确定具体侵权人的，由侵权人承担责任；不能确定具体侵权人的，行为人承担连带责任。"在这里，二人以上的行为均有危及他人人身安全的可能性并造成了损害后果，但不能确定谁的行为与损害后果有必然因果关系，在这种情况下，行为人因为实施的行为有发生损害后果的可能性，即可认定其行为与损害后果有因果关系，行为人要承担连带责任，除非行为人能够证明损害后果与其行为没有因果关系，即排除行为与损害后果之间的可能性。

在产品责任案件中,由于科学技术的广泛运用,产品中的科技含量日益提高,这也导致在产品损害事故发生后对于因果关系认定的困难,尤其是要证明缺陷具有发生损害的必然性。采纳相当因果关系说,意味着只要证明产品缺陷有发生损害的可能性,就可以认定两者存在因果关系。这样更能保证受害人索赔权的实现,从而符合《产品质量法》第 1 条规定的"保护消费者的合法权益"的立法宗旨。

二、产品责任的抗辩事由

各国的产品责任法在保护消费者利益的同时,也赋予被告一些抗辩权利,可以减轻或免除其责任,以达到保护被告的合法利益的目的,使双方利益达到平衡。

(一)美国

1. 担保的排除和限制

美国 UCC 规定,买卖双方可以在合同中明示或默示地限制或排除其在产品销售中的担保条件。在以担保责任为理由的诉讼之中,被告如果已在合同之中排除各种明示担保或默示担保,他就可以提出担保已被排除作为抗辩。

2. 相对疏忽

在侵权的产品责任诉讼中,被告可以以相对疏忽进行抗辩,要求减免责任。在美国普通法早期的规定中,认为被告在侵权之诉中可以以原告也有疏忽进行充分的抗辩,一旦确认原告也有疏忽,被告可以不承担责任。近年来,美国许多州已通过立法和判例放弃了这一原则,而采取相对疏忽原则,即法院只是按原告的疏忽在引起损害中所占的比重相应地减少其索赔的金额,也就是说被告只能以此作为抗辩要求减轻其责任而不能要求免除责任。

3. 自担风险

自担风险是指:(1)原告已经知道该产品有缺陷或带有危险;(2)尽管如此,原告也甘愿将自己置于这种危险或风险的境地;(3)由于原告甘愿冒风险而使自己受到伤害。

根据美国《第二次侵权法重述》第 402A 条的解释,受害人自担风险,他就不能要求被告赔偿损失。但从美国各州的法律发展趋势来看,采取相对疏忽原则的各州都规定,自担风险只能作为被告减少原告索赔金额的依据,而不能完全阻止原告索赔。

4. 非正常使用产品或误用、滥用产品

如果原告非正常使用产品,或误用、滥用产品,已超出了被告可以合理预见的范围,而且被告亦采取措施予以防范,被告可以以此作为抗辩,要求免除责任。

5. 擅自改动产品

如果原告对产品或其中部分零件加以变动或改装,从而改变了该产品的状态或条件,

因而使自己受损害,原告就无权要求被告承担责任。

6. 带有不可避免的不安全性

如果某种产品即使正常使用也难以完全保证安全,而且权衡利弊,该产品对公众是有益的、利大于弊的,则销售这种产品的人可以要求免除责任。即使在严格责任的诉讼中,被告也可以提出这一抗辩。

(二)《欧共体产品责任指令》及其成员国立法

1. 未将产品投入流通

《欧共体产品责任指令》及其成员国产品责任立法,均对此作出明文规定。在以这个理由进行抗辩时,应当注意何为"投入流通"。产品是否投入流通,应以最初生产者投入流通为准,与其后的各流通环节上的批发、零售、输入等无关。产品未投入流通一般是指,产品并未脱离生产者的控制。

2. 产品投入流通时,引起损害的缺陷尚不存在

只要生产者能够证明,引起损害的缺陷在产品投入流通时不存在,或该缺陷是产品脱离其控制后出现的,则生产者不承担责任。

3. 将产品投入流通时的科学技术水平尚不能发现缺陷存在

这个抗辩理由又被称为"开发的风险",指如果产品被投入流通时的科技知识使生产者无法发现产品的缺陷,那么即使以后由于科技进步而证明了产品存在缺陷,生产者对损害也不负责任。

4. 产品符合政府机构颁布的强制性法规而导致产品存在缺陷

这一抗辩理由在许多国家立法中有明文规定。《欧共体产品责任指令》第7条(4)规定:"产品为符合官方政府所规定的强制性法规而制造产生缺陷的,生产者不承担责任。"对这一抗辩有些国家不予承认,如荷兰。

5. 时效

在产品责任的诉讼中,时效已过也是重要的抗辩理由。《欧共体产品责任指令》规定:①损害赔偿之诉的诉讼时效为3年,诉讼时效期间从原告知道或理应知道该缺陷和生产者的身份起计算;②受害者的索赔权利从造成损害的产品投入流通市场满10年后消灭,但受害者在此期间对生产者提起诉讼的除外。

(三)中国

1. 未将产品投入流通

产品在被投入市场之前,本来不应该存在发生损害的可能性,因此也就无从产生产品责任。根据我国国家技术监督局1993年颁布的《〈中华人民共和国产品质量法〉条文释义》

第29条,"产品未投入流通",是指产品未出厂销售。

2. 产品投入流通时,引起损害的缺陷尚不存在

中国《产品质量法》第41条规定,只要生产者能够证明,引起损害的缺陷在产品投入市场时不存在,或该缺陷是在产品脱离其控制之后出现的,则生产者不承担责任。

3. 将产品投入流通时,科技水平尚不能发现缺陷的存在

《产品质量法》第41条规定,生产者能证明产品投入流通时的科学技术水平尚不能发现缺陷的存在的,则生产者不承担责任。

但2020年颁布的《民法典》第1206条规定:"产品投入流通后发现存在缺陷的,生产者、销售者应当及时采取停止销售、警示、召回等补救措施;未及时采取补救措施或者补救措施不力造成损害扩大的,对扩大的损害也应当承担侵权责任。"

4. 时效经过

因产品责任而发生的诉讼,按照我国《产品质量法》第45条规定:"因产品存在缺陷造成损害要求赔偿的诉讼时效期间为二年,自当事人知道或者应当知道其权益受到损害时起计算。因产品存在缺陷造成损害要求赔偿的请求权,在造成损害的缺陷产品交付最初消费者满十年丧失;但是,尚未超过明示的安全使用期的除外。"

5. 被侵权人的故意或过失

拓展阅读

《民法典》第1173条规定:"被侵权人对同一损害的发生或者扩大有过错的,可以减轻侵权人的责任。"第1174条规定:"损害是因受害人故意造成的,行为人不承担责任。"

第五节　产品责任的诉讼管辖与法律适用

预习思考题

1. 欧美国家与中国是如何确定产品责任诉讼管辖与法律适用的?

2. 美国产品责任法中"长臂管辖法"的内容是什么?

案例 4-6

中国公民甲旅行至日本,在日本商店A处购得美国B厂生产的化妆品,该产品没有在中国销售经营。甲回到中国使用使身体受到伤害,其面部受到严重损伤。

问题:

1. 根据中国法,甲可以向哪些法院提起诉讼?理由是什么?

2. 假设甲向中国法院起诉,中国法院是否有管辖权?

3. 如果受害人对生产商提起产品责任诉讼,中国法院审理该案,当事人没有选择法律,本案将如何适用法律?

4. 假设美国公民乙在美国使用了中国 F 厂生产、在美国销售的产品,受到伤害向美国法院起诉,按照美国法,美国法院是否有管辖权,依据是什么? 美国将会如何考虑本案适用的法律? 根据《关于产品责任的法律适用公约》呢?

一、诉讼管辖

确定产品责任的管辖权,是受理产品责任案件时首先需要解决的问题。美国产品责任法和欧洲各国的国内法对这个问题都作出了明确规定。

(一) 美国

由于美国法律分为联邦法和州法两个部分,各州都有立法的权力,各州都制定了自己的法律,因此州与州之间常常存在法律的冲突,所以确定管辖和应适用的法律就显得特别重要。美国主要采取下列原则确定管辖权。

1. 实际控制原则

实际控制原则,即被告在法院地亲自被送达,只要被告在法院辖区内被送达传票,该法院就对他有管辖权,即使被告仅仅是坐飞机路经此地,法院也可因有效的送达传票而取得对被告的管辖权。

2. 住所地原则

只要被告在该州内有住所,即使诉讼开始时他不在他的住所所在的州,该州仍然对他有管辖权。

3. 最低限度联系和长臂管辖权

早期的美国各州普遍采用实际控制原则和住所地原则,但这样各州法院就会出现被告不在本州有住所并且被告在法院地也不能被送达的情况,因此法院就无法行使对一些案件的管辖权。在国际鞋业公司诉华盛顿州(International Shoe Co. v. State of Washington)一案中,联邦最高法院认为:本案的上诉人——国际鞋业公司虽然设立于密苏里州,但它在华盛顿州雇用十多个推销员为该公司展览样品,接受订单,并将订单寄回公司,说明该公司在华盛顿州有业务活动,涉及本案的纳税义务直接产生于这些活动,故该公司与华盛顿州已有足够的联系,按照公平和正义原则,该州要求该公司纳税是公平合理的。同时联邦最高法院确认,一个公司的经济活动构成了公司在宪法上的公平对等和实质公正原则意义内的"出现",并判定,如果被告人与一个州有"最低限度的接触"时,该法院就有管辖权,因此,联邦最高法院维持了华盛顿州法院的一审判决。

在这一判例出现以后,20 世纪 50 年代有些州开始制定"长臂管辖法"。1955 年,伊利诺伊州首先制定"长臂管辖法令",该法令被各个州效仿和援引。1961 年格雷诉美国散热器标准浴缸有限公司一案中,原告在伊利诺伊州使用由宾夕法尼亚州生产的加热器时发生爆炸,爆炸原因是加热器的阀门有缺陷,而阀门是由俄亥俄州制造商提供的。伊利诺伊州法院认为,俄亥俄州制造商的销售活动已构成与伊利诺伊州有"接触关系",故伊利诺伊州法院有管辖权。

1963 年,美国 ULC 公布了一项标准的长臂管辖法,即《统一州际和国际诉讼法》。该法规定,只要被告由于下列原因或接触之一而被提起诉讼,法院就有管辖权:

(1) 在该州经营商业。

(2) 签订合同,在该州供应货物。

(3) 在该州的作为或不作为造成侵权伤害。

(4) 在州外的作为或不作为而在该州造成侵权伤害,如果他在该州经常从事商业或招揽商业,或从事任何其他持续性的行为,或从该州所使用或消费的商品或提供的劳务中获得相当收入的。

通过"最低限度联系"的原则,美国法院扩大了国内法的管辖范围。从 1969 年开始,美国法院对外国制造或生产的产品在美国造成人身或财产损害的,即对该产品的外国制造商或生产者行使司法管辖权,并认为它们是最合适的法院,因为原告、证人和证据均在美国。

(二) 英国

英国在确定管辖权的问题上,以"实际控制"为原则,即被告实际出现在英国并被送达了诉讼文书,否则英国法院就以不能对境外的被告人送达传票为由拒绝受理。但这显然已不能适应现代贸易的发展,因此,英国法院为扩大国内法院对案件的管辖权,在 1952 年规定了一项新的管辖权——裁量管辖权。该裁量管辖权后来被英国最高法院规则第 11 号法令加以具体规定:①侵权行为如果发生在英国境内,即使被告不在英国,英国法院也有管辖权;②对于在英国缔结或受英国支配,或虽以外国委托人的名义缔结但其代理人在英国,或在英国贸易业务的合同而产生的诉讼及带有英国地产案件的诉讼,即使被告不在英国,英国法院也有管辖权。

(三) 德国

1. 被告住所地

《德国民事诉讼法》第 12 条规定:"某人的普通审判籍所在地的法院是对他提起的一切诉讼的管辖法院,但以未定专属审判籍的诉讼为限","人的普通审判籍,依其住所定之"(第 13 条),"地方团体、公共团体,及作为被告的公司或其他团体,以及作为被告的基金会、公益组织和财产集合体的普通审判籍,依其所在地定之。在无其他情况时,其事务所在地即为其所在地"(第 17 条)。可见,德国关于管辖权的一般规定采取被告住所地原则。被告在德国没有住所的,依其在德国的现在居留地确定,现在居留地不明时,依其最后住所地确定;当被告为公司或法人时,只要该被告在德国拥有事务所,则德国法院具有管辖权。法人的事务所所在地即为法人的所在地,一般在法人章程中载明,如果章程中没有载明的,则以事实上的管理中心地来确定。

2. 侵权行为地

《德国民事诉讼法》第32条规定,明确属于侵权行为之诉则由侵权行为地法院管辖。德国学说和判例都认为,侵权行为地包括加害行为地和损害结果发生地行为在德国实施或一部分结果在德国发生即可。因此,在国际产品责任诉讼中,只要有部分侵权行为或造成的损害结果发生于德国境内,德国法院就有管辖权。

3. 财产所在地

《德国民事诉讼法》第23条规定,对于因财产上的请求而提起的诉讼,如果该项财产或诉讼请求之标的位于某一法院管辖区,则该法院有管辖权。对于在德国没有住所的被告提起的财产之诉:如果该财产位于德国境内,则德国法院具有管辖权;如果诉讼标的为债权,债务人的住所视为财产所在地;如果该债权有担保物,担保物所在地视为财产所在地。因此,在国际产品责任诉讼中,德国法院的管辖权依据主要有制造商、销售商或其代理人等责任人的财产所在地,消费者可以自由选择。

(四)法国

1. 当事人国籍

基于《法国民法典》第14条和第15条的规定:凡是法国人,不论其居住在法国境内还是境外,与其有关的民商事争议一概由法国法院管辖;凡是外国人,不论其是否居住在法国,其与法国人之间的民商事争议也应由法国法院管辖。虽然《法国民法典》第14条和第15条的规定限于合同方面的纠纷,但是,法国判例将国籍管辖标准扩大适用于一切财产的和非财产的诉讼及非诉讼案件,只是在涉及外国不动产案件和需在外国实施执行方面的诉讼时有所例外。

法国法中确立的这一管辖根据本旨是保护法国国民的利益,但是,从事物的两面性而论,这样规定无疑也伤害了外国人的利益。所以,在众多外国国家的反对声中,法国的这一规定经1968年欧共体《布鲁塞尔公约》明文规定在该公约缔约国之间废止;此外,法国法院在学说的影响之下,也以判例将《法国民事诉讼法典》中被告住所地管辖标准类推适用于国际民商事案件。实际上,在当前法国立法中,国际民事诉讼管辖权中的国籍标准已居于次要地位。

2. 被告居住地

《法国民事诉讼法典》第42条规定,涉外民商事诉讼可以坚持"原告就被告"原则,即以被告住所地为确定法院管辖权的依据,当被告没有住所时,则代之以居所。如果被告是自

然人,被告居住地即为被告住所地;如果被告是法人,被告居住地就是法人登记地。若有多
个被告,原告可选择被告之一的住所地法院起诉。如果被告既无住所也无已知的居所,原
告可以向其居所地的法院提起诉讼,或者如果原告在国外,可以向其选择的法院提起诉讼。
值得注意的是,法国 1976 年《新民事诉讼法典》以被告居住地概念取代了"住所"的概念,进
一步体现了灵活性的价值取向,更符合诉讼便利的要求。因此,在国际产品责任诉讼中,只
要制造商、销售商或其代理人在法国设有住所,或主营业地、管理中心所在地在法国,法国
法院都具有管辖权。

3. 侵权行为地

法国法院晚近在国际产品责任诉讼管辖问题上又有了新发展。《新民事诉讼法典》除
了规定被告住所地法院的普通管辖权外,还规定了侵权行为地法院的管辖权,并通过对"侵
权行为地"的扩大解释(即包括致害行为发生地和损害承受地)扩大法国法院的管辖权(第
46 条)。因此在国际产品责任诉讼中,产品制造地法院及损害发生地法院均有管辖权。

至于产品的购买地、使用地,以及制造商、销售商或其代理人的商业活动地等能否成为
国际产品责任诉讼的管辖依据,《法国民事诉讼法典》没有明确规定,至今也无相关判例,但
从法国法院扩张其管辖范围的发展趋势来看似乎很有可能。只要遭受产品缺陷损害的是
法国人,不管该缺陷产品生产于何国,法国法院就都有管辖权。可见,产品责任事故或制造
商无须出现于法国,仅有法国人受到损害这一事实就足够了。[①]

(五) 中国

根据《中华人民共和国民事诉讼法》(以下简称《民事诉讼法》)的有关规定,中国采取下
列管辖原则。

1. 地域管辖原则

在产品责任方面,根据《民事诉讼法》第 22 条规定:"对公民提起的民事诉讼,由被告住
所地人民法院管辖;被告住所地与经常居住地不一致的,由经常居住地人民法院管辖。对
法人或者其他组织提起的民事诉讼,由被告住所地人民法院管辖。"

同时《民事诉讼法》第 29 条规定"因侵权行为提起的诉讼,由侵权行为地或者被告住所
地人民法院管辖。"

《最高人民法院关于适用〈中华人民共和国民事诉讼法〉的解释》(2020 修正)第 26 条规
定:"因产品质量不合格造成他人财产、人身损害提起的诉讼,产品制造地、产品销售地、侵
权行为地和被告住所地的人民法院都有管辖权。"

2. 涉外财产案件的特殊管辖

根据《民事诉讼法》第 272 条的规定:"因合同纠纷或者其他财产权益纠纷,对在中华人

---

① 丁利民.国际产品责任法律适用研究[M].北京:民族出版社,2014:88.

民共和国领域内没有住所的被告提起的诉讼,如果合同在中华人民共和国领域内签订或者履行,或者诉讼标的物在中华人民共和国领域内,或者被告在中华人民共和国领域内有可供扣押的财产,或者被告在中华人民共和国领域内设有代表机构,可以由合同签订地、合同履行地、诉讼标的物所在地、可供扣押财产所在地、侵权行为地或者代表机构住所地人民法院管辖。"

3. 协议管辖原则

《民事诉讼法》第 35 条规定:"合同或者其他财产权益纠纷的当事人可以书面协议选择被告住所地、合同履行地、合同签订地、原告住所地、标的物所在地等与争议有实际联系的地点的人民法院管辖,但不得违反本法对级别管辖和专属管辖的规定。"根据该规定,对于涉外产品责任诉讼,当事人是否只能选择有实际联系的人民法院即我国法院管辖? 这个问题存在争议。《最高人民法院关于适用〈中华人民共和国民事诉讼法〉的解释》(2020 修正)第 531 条对此加以明确规定:"涉外合同或者其他财产权益纠纷的当事人,可以书面协议选择被告住所地、合同履行地、合同签订地、原告住所地、标的物所在地、侵权行为地等与争议有实际联系地点的外国法院管辖。根据民事诉讼法第 33 条和第 266 条规定,属于中华人民共和国法院专属管辖的案件,当事人不得协议选择外国法院管辖,但协议选择仲裁的除外。"由此可见,针对产品责任诉讼只涉及财产损害的情形,根据当事人协议的不同可分为三种情况。

第一,约定的法院处于中华人民共和国境内,我国允许当事人与和争议有实际联系地点的人民法院进行协商,确定管辖法院,只要不违反我国对级别管辖和专属管辖的规定即可。

第二,约定的法院是与争议有实际联系地点的外国法院,可以由其进行管辖。但案件若属于中华人民共和国法院专属管辖,则不可由约定的外国法院管辖。

第三,当事人协议选择仲裁,则不受以上约束。

由此得出,当事人有协议管辖且符合协议管辖条件的,适用协议管辖原则。协议管辖虽优于地域管辖和其他管辖,但是不能违反专属管辖。但如果不是财产权益纠纷而涉及人身损害赔偿,则当事人不能协议管辖法院。

从上述三个管辖原则来看,对于产品责任案件,被告人住所地、侵权行为地、产品制造地、产品销售地法院都有管辖权;对在中华人民共和国领域内没有住所的被告提起的诉讼,只要合同签订地、合同履行地、诉讼标的物所在地、可供扣押财产所在地、侵权行为地或者代表机构住所地在我国,我国也可以行使管辖权;但当事人有协议管辖约定且符合协议管辖条件的,适用协议管辖原则。

二、法律适用

产品责任的法律适用是指一国法院在审理国际产品责任案件时,应适用哪一国法律来确定双方当事人的权利和义务。

（一）美国

产品责任实行严格责任以前,美国各州普遍按照 1934 年颁布的《第一次冲突法重述》的规定,适用损害发生地法来确定当事人的责任,即产品在什么地方对消费者或用户造成了损害,就适用那个地方的法律来确定产品生产者和销售者的责任。但近年来,随着严格责任的出现,这项规则不断受到批评。特别在涉及交通事故产品责任案件中,由于汽车到处行驶,经常跨州越国,完全以出事地点的法律来确定汽车的生产者或销售者的产品责任,有时可能对受害者不利。因此,在 1972 年公布的《第二次冲突法重述》中,原则上废弃了《第一次冲突法重述》的侵权行为地主义,而采取比较灵活的规则——最密切联系原则。《第二次冲突法重述》第 145 节中有以下两个方面的规定:

1. 当事人对侵权行为中的权利和义务,应由同该事件及当事人有最密切联系的州的法律决定。

2. 在确定问题应适用何种法律时,应考虑的联系是:①损害发生地;②引起损害的行为的发生地;③当事人住所、居所、国籍、公司所在地和各当事人的营业地点;④各当事人之间关系集中的地点。

最密切联系地法的适用,使法官可以自由裁量选择和特定民事纠纷有最密切联系地的法律。从美国所形成的众多判例可以看出,法院对最密切联系原则的适用大多数是从保护消费者的利益来考虑的。

（二）英国

在产品责任的法律适用上,英国法院一直主张适用侵权行为地法,但这种法律不得违反法院地的公共秩序。同时,英国法院认为侵权行为地应为损害发生地。从 1971 年以后,英国法院也仿效美国采用最密切联系原则。

（三）大陆法系国家

德国和法国在审理产品责任的案件时,德国法一般规定为传统的侵权行为地法,如果侵权行为地和损害发生地不在一处,则适用有利于受害者的法律。法国法采用侵权行为地法中的加害行为地法。

（四）《海牙公约》

《海牙公约》是由第 12 次海牙国际私法会议制定,在 1973 年 10 月 2 日签订,于 1979 年 10 月 1 日生效。到现在为止,批准国有法国、荷兰、挪威、南斯拉夫、比利时、意大利、奥地利、卢森堡、瑞士、葡萄牙等国家。该公约共 22 条,法律适用规则具体包括四个方面。

（1）适用受害者惯常居住地的法律为第一顺序。但还必须符合下列条件之一:①该国为应负损害赔偿责任者的主要营业所在国；②为直接被害人取得商品的所在国。

（2）如果不具备适用直接受害者惯常居住地的条件，则适用损害发生地所在国法。该国仍须符合下列条件之一：①为直接受害者惯常居住地国；②为被请求负损害赔偿责任者的主要营业地所在国；③为直接被害人取得产品所在地国。

（3）如果不具备前两条所规定的条件，而不能适用直接受害人惯常居住地法，应适用损害地法，但如果原告不这样主张，则应适用被请求负损害赔偿责任者的主营业地所在国法。

（4）如果被请求负损害赔偿责任的被告，能证明其不能合理地预见该产品或同类产品经由商业渠道在损害地国或直接受害人惯常居住地国出售，则该两国法律均不得适用，唯一能适用的是被请求负损害赔偿责任者的主营业地国的法律。

（五）中国

在涉外产品责任的法律适用上，我国 2011 年 4 月 1 日起施行的《中华人民共和国涉外民事关系法律适用法》第 45 条规定："产品责任，适用被侵权人经常居所地法律；被侵权人选择适用侵权人主营业地法律、损害发生地法律的，或者侵权人在被侵权人经常居所地没有从事相关经营活动的，适用侵权人主营业地法律或者损害发生地法律。"

由此可见，我国对涉外产品责任的法律适用首先采取允许受害人选择适用侵权人主营业地法律、损害发生地法律加以适用，这一原则有利于保护受害人的利益；如果被侵权人没有选择的，则适用被侵权人经常居所地法律；但侵权人在被侵权人经常居所地没有从事相关经营活动的，则适用侵权人主营业地法律或者损害发生地法律。

案例分析

即练即测

第五章

代 理 法

 学习目标

通过对大陆法系、英美法系及国际条约中关于代理、无权代理及表见代理、代理的法律关系等相关代理知识的学习,学习者对代理的类型能有一个全面、清晰的认识,在从事国际代理业务时能够注意大陆法系、英美法系、国际条约及中国法对代理的不同法律规定,培养学习者在国际经贸代理活动中防范法律风险、维护我国当事人合法利益的爱国主义情怀,促进国际贸易的顺利发展。

引导案例

国际货运代理:常见法律风险与合规建议

2017 年 12 月,M 公司接受 G 公司的委托出运 3 个集装箱从瑞典哥德堡港运至中国上海港。同年 12 月 20 日,M 公司签发了海运单。该海运单记载:托运人为 G 公司,收货人为 W 公司,装货港瑞典哥德堡港,卸货港中国上海港,货物品名为"CIDER"。

2018 年 1 月 17 日,W 公司与 Y 公司签订国际货物进口代理合同。W 公司为 Y 公司办理国外工厂提货、进口海关运输、仓储和配送及进口清关报检等工作。W 公司还以自己的名义出具了提单,该提单记载的收货人为 Y 公司,承运人为 W 公司,货物品名数量与海运单相同。

2018 年 5 月 23 日,案外人 Y 公司向 W 公司发出弃货声明。该声明记载,3 个集装箱货物到上海港后,由于 Y 公司资金周转问题无力承担海关税金、滞箱费、港口费等费用,现全权委托 W 公司按照最合理的方式处置涉案货物。

涉案货物经海关查验,认定货物"违反国家检验检疫政策法规,建议销毁或退运",海关发出《中华人民共和国海关责令进口货物直接退运通知书》。并责令当事人在收到通知书 30 日内到海关办理直接退运手续。由于销毁费用一直未能达成一致,2019 年 7 月,M 公司委托 A 公司处理涉案货物的销毁事宜。A 公司告知原告 M 公司涉案货物已运至中国香港妥善完成销毁事宜,并要求 M 公司支付退运操作费(包含在上海港期间的堆存费、操作费及其他码头费用)16567.65 美元、退运海运费 2018.17 美元、货物销毁费 5400 美元,上述费用合计 23985.82 美元。2019 年 10 月 11 日和 11 月 26 日,M 公司向 A 公司支付上述费用。

经法院审理,判决 W 公司向 M 公司支付退运操作费 16567.65 美元、退运海运费 2018.17 美元、货物销毁费 5400 美元。虽然 W 公司根据货运代理合同有权向 Y 公司追偿,但根据合同的相对性原则,W 公司需要先向 M 公司支付费用后,才可以向 Y 公司追偿。

法律风险与合规建议:

(1) 身份定位不清导致责任不清,对此应严格界定代理身份,防止越俎代庖。

目前许多货运代理(简称货代)企业混淆托运人、代理人、独立经营人的概念。例如:在代理过程中不是向货主收取代理佣金而是收取运费;以自己名义与堆场、报关行、其他运输公司签订有关委托协议。这极易被法院认定为具有当事人身份而承担较大的法律责任。针对此风险,货代企业应在所有的代理协议和委托协议中明确界定自己的身份和法律地位,缩小责任范围。

(2) 滥用代理地位和权限或未尽代理职责,对此应恪尽代理职责。

例如,甩柜或更改装运日期,没有取得全套正本提单,或仅取得提单的传真件,或选择承运人不当,等等。这很容易导致被货主索赔。针对此风险,应严格按照货主的指示进行操作并遵守海上货物运输的惯例,尤其要注意:选择有无船承运人资格的企业或具有合法资质的实际承运人并一定要保证取得全套正本提单。

(3) 草率签订相关协议导致争议发生没有解决争议的依据,对此应建立健全合同管理制度。

货代企业经常为货主出具盖货代企业公章的保函或在货主出具的保函上加盖货代企业公章,导致货代企业承担担保责任。货代业务时效性强,地域跨度大,代理企业与发货人企业很多属于长期多年合作关系,一般仅按照行业惯例签订框架合同,有时连书面合同都未签订,仅依据口头约定开展业务。出现争议时,没有合同作为解决争议的依据。双方各执一词,很难有效维护自身的权益。

对于国际货运代理而言,合同条款的审查是日常工作中最需要关注的环节。毕竟国际货代是承担法律风险较高的工作。作为代理时,需要关注代理权限,承担代理业务过错及相应的风险。作为独立经营人时,应当向货主签发运输单证,与货主发生业务纠纷,以所签运输单证作为解决争议的依据;与实际承运人发生业务纠纷,应当以其与实际承运人所签运输合同作为解决争议的依据。

当前货代行业信用机制尚不健全,行业规范性不足,稍有不慎容易出现经济纠纷,给企业带来法律风险,因此合同管理尤为关键。货代企业与上下游进行合作,应关注 2021 年开始施行的《民法典》,签订严谨规范的合同,合同条款应经法务或律师审核,对服务的内容及合同的性质应进行明确,明确责任、义务、账期、付款条件等内容,防止细节疏漏给公司造成损失,可有效避免争议和相关的法律风险。

(4) 对国际代理业务的法律关系认识模糊不清,定位不明确,对此应对国际代理业务中当事人的法律地位有明确认知。

货运代理合同的本质是委托合同,是指货物运输代理企业接受收货人或发货人的委托,以委托人的名义办理货物运输业务并收取报酬的合同。货代合同,收取的是佣金或服务费。货物运输合同的关键是运输,是指承运人按照合同的约定将承运货物运送到指定地点,托运人支付相应报酬的合同。货运合同,收取的是运费。由于货代合同与货运合同属于两个不同的法律关系和性质,对应的责任也不同。

上述案例中,W 公司作为买方 Y 公司的国际货运代理,与 Y 公司签订了货运代理合同。W 公司同时也是无船承运人,W 公司以自己的名义向 Y 公司出具了货代提单,该提单记载的收货人为 Y 公司,承运人为 W 公司。在货物到港后,W 公司用正本提单向 M 公司换取了提货单。

根据《海商法》规定,在卸货港无人提取货物或者收货人迟延、拒绝提取货物的,由此产生的费用和风险由收货人承担。现有证据表明,W 公司作为与 M 公司运输合同的收货人,其拒绝提取货物,应承担拒绝提货产生的费用和风险。虽然 W 公司提交的货代提单记载其为承运人,Y 公司为收货人,但这是针对 W 公司与 Y 公司之间的运输而言,不同于 W 公司与 M 公司之间的运输合同。根据合同相对性原则,M 公司向 W 公司主张运输合同项下的权利,要求其支付各类费用共计 23985.82 美元,于法有据。

(资料来源:浙江外贸. 国际货运代理:常见法律风险与合规建议(一)[EB/OL]. (2021-05-08)[浙江外贸]. https://mp. weixin. qq. com/s/6B5kzOJDYwd6tmMvb-2fgw.)

导言

随着经济全球化的发展,国际贸易愈发频繁,代理商也成为常规渠道运营中的重要角色之一。由于信息不对称、语言不通、内控不力等诸多原因,许多国内代理商缺乏必要的风险防范意识,容易在代理过程中落入各种陷阱。

在改革开放 40 周年取得丰硕成果的背景下,我国必须做到从"引进来"到"走出去"的角色转换。具体到国际代理,就要求我们的企业在成为某品牌代理商之前,一定要做好尽职调查工作,规避可能存在的风险,尽量做到防患于未然。在注重企业合规的当下,预防的成本远比弥补的成本低。

本章阐述了两大法系对代理制度的不同规定,使读者能够掌握不同法系及相关国际条约中有关代理制度的知识,预见企业在签订代理合同时可能发生的各种法律风险,努力培养、提高法律人的代理风险防范意识和技能,为有需求的企业从规避风险角度奠定国际代理的必要理论基础。

案例 5-1

格瑞文思因生意需要向自动保险公司购买了保险金额为 2 万美元的盗窃险,而后其营业场所被盗,格瑞文思损失超过 2 万美元,格瑞文思雇请一位律师向保险公司索赔,但并没有与该律师商定索赔数额。当该律师与保险公司达成 1.8 万美元赔偿的和解协议时,格瑞文思拒绝承认这一协议。原告(格瑞文思)接着聘请了一位律师向美国印第安纳州法院起诉。该法院于 1996 年最后判定被告(保险公司)与原告第一次聘请的律师所达成的赔偿协议无效,其理由是:在法律代理服务业中,委托人对律师和解授权通常都包含着(暗示)最终的和解方案必须征得原告同意。

问题:

1. 本案第一位律师是否具有代理权? 为什么?

2. 你认为第一位律师和保险公司达成的和解协议是否有效? 为什么?

3. 本案对我国企业在防范涉外商事代理行为的法律风险方面有何启示?

第一节　代理法概述

预习思考题

1. 什么是代理? 大陆法系和英美法系规定了哪些代理的类型?

2. 什么是狭义无权代理? 表见代理应具备哪些条件?

3. 代理权消灭的原因有哪些?

案例 5-2

A公司委托其业务员B与C公司签订一份合同,于是写了一份委托书,说明从5月8日至5月18日由B处理一批服装出卖事宜,并交给B一份盖好A公司合同专用章的空白合同书。C公司迟至5月20日才派人来签订合同,B出示了委托书与空白合同,于是在5月21日双方签订了买卖合同并即时钱货两清。后A公司认为服装出卖价格低于向业务员B交代的最低价格,于是否认合同有效,要求B赔偿A公司损失。

问题:

1. 该合同是否对A公司有效? 为什么?

2. B应否承担赔偿责任? 为什么?

3. 假设合同未履行给C公司造成损失,C可否要求有关当事人承担赔偿责任? 为什么?

4. 如果没有委托书,只是给了B盖有合同专用章的空白合同书,构成代理关系吗?(请依据英美法系、中国法回答。)

5. 假设在货物运输过程中,由于发生意外事件,交通断绝,该货物属于鲜活商品,容易腐烂,船长决定就地处理这批货物,请问船长有代理权吗?(请依据英美法系、中国法回答。)

6. 本案对我国企业应对防范代理人无权代理和表见代理风险有何启示?

在现代商品经济条件下,商品交换高度发达,社会关系复杂多样,人们不可能事事亲力亲为。进入17世纪,商业代理关系产生了。在国际贸易中,许多业务工作都是通过各种代理人进行的，其中包括普通代理人、经纪人、运输代理人、保险代理人、广告代理人及银行等。在许多情况下，代理人即是公司，有些国家的法律把代理人作为一种商业机构来对待。

代理人对于沟通对外贸易当事人之间的业务联系，促进国际经济贸易的发展，起着相当重要的作用，同时也使国际贸易产生了更为复杂的多方面法律关系。为此，各国都十分重视代理与代理人的法律地位问题。为了调整其法律关系，各国通过立法手段，确认代理制度，规定了一系列关于代理制度的规则。为了消除由于各国对代理法律制度规定的不同而造成的障碍，国际统一私法协会于 1979 年成立政府专家委员会，起草有关国际货物销售代理的统一规则。1983 年 2 月 15 日在日内瓦召开了由 49 个国家代表参加的外交会议，正式通过了《国际货物销售代理公约》（以下简称《代理公约》）。该公约共 5 章 35 条，现在仍对各国开放签字。

一、代理的起源

（一）大陆法系关于代理制度的起源

代理制度是随着社会经济关系的发展而逐步形成的，代理在早期的罗马法中没有规定，后来随着商品经济的发展，才逐步形成萌芽期的代理制度。罗马早期的商品经济完全以家庭为单位进行，奴隶和家庭成员直接代表家长进行交易，所以在早期的罗马法之中没有规定代理制度。到了罗马帝国后期，家长制松弛及外来商人的进入使代理制度在后期的罗马法中出现。但这时候的代理制度和现代意义上的代理制度是不同的，它认为被代理人一律向和他签约的代理人承担个人责任，而被代理人和第三人之间是不存在直接责任的。也就是说，被代理人相当于现代意义上的担保人，是为借款人进行担保的人。直到 17 世纪，荷兰法学家胡果·格劳秀斯（Hugo Grotius）在其著名的《战争与和平法》一书中写道："代理人的权利直接来源于本人，他的行为基于本人的委任。"这为大陆法系的代理制度提供了理论依据，大大影响了以后大陆法系代理制度的建立。

大陆法系习惯于把符合逻辑的理论作为法律的基础，然后进行法律编纂。在代理方面，《法国民法典》把代理关系规定在委任契约之中，"委任或委任书为一方授权他方以委任人的名义处理其事物的行为。委任契约须经受任人的承诺而成立。"这个规定很明显是继承了罗马法关于代理的规定，所不同的是《法国民法典》中对委任契约涉及第三人的权利和义务关系作了明确规定，"委任对于受任人依授予的权限所缔结的契约，负履行的义务。委任人对于受任人权限之外的行为，仅在其明示或默示追认时，始负责任。"这样一来使本人直接对第三人负责，免除了代理人因享有代理权而对第三人负责。在《法国商法典》中，也只规定了一般经纪人和证券经纪人、居间商、运输行纪商等，实际上仍没有把代理从委任之中分离出来。

德国对于代理与委任的区别是在 1861 年《德国商法典》规定的商事代理制度中出现的。

直到 1896 年《德国民法典》将代理和代理权的概念和内容规定在总则之中。例如第 164 条："某人在其享有的代理权范围内,以被代理人的名义发出的意思表示,直接对被代理人发生效力。意思表示是明示以被代理人的名义进行,还是根据情况可以推断是以被代理人的名义进行,并无区别。""意思表示在法律上的效力,在受意思瑕疵、对特定情形的明知、应知影响时,应以代理人为判断标准,而不应以被代理人为判断标准。在通过法律行为授予代理权的情形,如代理人根据被代理人的指令作出行为,则授权人不得就自己知道的情形,主张代理人不知情。授权人应该知道的情形,以应知等同于明知为限,亦同。"而将委任规定在"债的关系"之中,放在第二编中,"受任人因接受委任而有义务以无偿方式为委任人处理委任的事务。"对代理和委任进行区分。按照德国法的规定,代理的内部关系(委任契约)与代理的外部关系,以及委托授权的单方法律行为与代理人、委托人之间的契约行为区分开来。委任(委托人和代理人之间的合同)与授权(代理人与第三人为法律行为的权力)相分离。在《德国商法典》中,为了区分授权和委任,从商业角度规定了 13 种具体的代理人,包括:①民事代理人;②经理人;③一般业务代表;④特殊业务代表;⑤代办商;⑥店员;⑦行纪商;⑧商事居间商;⑨零售居间人;⑩保险代理商;⑪运输代理人;⑫国内承运人;⑬海上承运人。

(二)英美法系关于代理制度的沿革

早在 1307 年之前,代理制度还处在萌芽时期。在那时,社会关系十分简单,代理法还不具备充分发展的条件。直到 12 世纪中期,伴随着教士在诉讼上的主体不合格,产生了代理的需要。当时的教会法规认为,修道士在法律上被宣告为民事死亡,但他的一些民法上的权利仍然保留,并规定由修道院的院长代为行使。根据 1307 年"寺院院长曾经由于修道士购买用于修道院的货物的价金而被诉"的判例,法官梅特兰指出:"修道士在法律上死亡,促进了代理法的发展。"大约同一时间,律师业的出现,也促进代理制度的发展。12 世纪到 13 世纪初,指定代理人仍是一项特权,必须经过王室特许,并在法院履行正式手续之后才能完成。1235 年,英国颁布实施了《莫顿法案》以后,指定代理人才成为每一个人的权利,到 13 世纪末期,代理人才频繁地在法庭上出现。这是由于当时的普通法审理程序过于复杂,只有少数人可以掌握,这一部分人很快成为专门进行法庭诉讼的人,也就是现代通常所说的"律师",而这些精通法庭诉讼的人就代理别人进行诉讼,成为最早的代理人。1383 年的桑德维奇案,使商业代理成为必要。该案案情如下:伦敦市一名商人的学徒,向一个法国商人购买了 10 吨酒,但未付货款。法国商人从法院得到了针对学徒的判决书,使学徒因无力支付酒钱而被判入狱。后来,该学徒又以他的雇主作为被告提起诉讼,声称雇主命令他到桑德维奇处去买酒,雇主曾经授意进行这笔交易。伦敦市长和市政厅官员审理后认为:"根据商法和伦敦地区的惯例,店铺学徒为其主人购买或购买供其主人使用的物品,应由主人直接向卖方支付货款。而学徒则应无罪释放。"

这个判例的意义在于,第三人可以向本人提出权利请求,从而使代理人-本人-第三人的关系得以确立，但在这时第三人和本人的关系的性质并未得到确定。在 1469 年的一个判例中则明确指出："如果我要求我的仆人购买某些物品，或者我把某人作为我的代理人派去购买商品，而此人从另外一个人那里买到了商品。在这种情况下，我应负责履行该合同，即使该货物从未到达过我的手中，或者我根本不知道该代理人作了什么，因为我已经向他授权了。"这时，代理中的本人对第三人的责任得以确立下来，使本人直接和第三人形成合同关系，直接对本人负责，这样英美法系的代理制度得以确立，到 17、18 世纪，形成了专门的商业代理制度。

二、代理的概念

英美法系国家没有从立法的角度对代理下一个定义，但其法学家都强调代理权的客观性及对内部关系的独立性。英国《商业代理法》将商业代理定义为："在惯常的商业业务中有权售货，以寄售方式售货，购进货物，或以货物质押借款。"这个定义避免了抽象提炼的特征，但并不完备。在英美法系国家，成文法在确定代理权的范围和性质方面不起重要的作用，而主要通过商业习惯和法院的审判实践来解决各类代理方面的权限问题。美国《法律重述·代理》中对代理下了一个定义：代理是双方明示合意由一方当事人（代理人）遵照另一方当事人（本人）的指示，为其（本人）利益为一定行为的受托信义关系。从英国法和美国法的规定可以看出，普通法系更强调代理行为在本人、代理人和第三人之间所产生的权利义务关系，至于代理行为的来由及如何行使并不重要。

大陆法系从行为的角度对代理下定义。《德国民法典》第 164 条第 1 项规定："代理人在代理权限内，以被代理人的名义所为的意思表示，直接对被代理人产生效力。"而我国《民法典》第 162 条对代理的规定如下："代理人在代理权限内，以被代理人的名义实施的民事法律行为，对被代理人发生法律效力。"从各国对代理的规定来看，可以把代理定义为：代理是被代理人、代理人和第三人在特定的法律活动中形成的一种特殊的相互关系，即由于代理人在代理权限内，以被代理人的名义与第三人为法律行为，其法律效果直接归属于被代理人的活动所产生的相互关系的总和。这里所说的被代理人，通常又被称为本人或委托人；代理人就是受本人委托替本人办事的人；而第三人则泛指一切与代理人打交道的人。按照对代理的规定，在代理中必须存在三方当事人，即代理人、本人和第三人；如果代理人是在本人的授权范围行事，他的行为就对本人产生约束力，即本人既可以取得由此而产生的权利，也须承担由此而产生的义务，而代理人则一般不承担个人责任。

三、代理的类型

（一）英美法系的分类

英美法系根据代理形成的原因把代理分为协议代理、追认代理、不容否认的代理和为情势所迫的代理；根据本人公开程度把代理分为本人完全公开的代理、披露本人存在的代理和本人完全不公开的代理。

1. 根据代理形成的原因分类

（1）协议代理

代理权来源于本人和代理人之间的代理协议。这种代理协议可以是明示的，也可以是由协议以外的文字、行为或口头表示推断出来的默示协议，但沉默不构成授权。也就是说，代理不是一个合同，而是一个授权。在宾劳诺玛发展公司诉法尼新制造有限公司案中，被告公司的一秘书，以公司的名义租了辆车子，但用于办私事，被告人以秘书雇车私用，非公司业务，公司拒绝付款。法院认为，公司秘书有默示的合理权限为公司目的订车，原告认为秘书为被告的代理人的理由成立，故被告公司应当付款，至于公车私用，只能由公司内部处理。

（2）追认代理

追认代理是指在代理人未经事前授权而采取行动时，委托人可以于事后承认该代理人的行动，从而使行动对自己产生约束力。英美国家的法学家认为，任何行为都是可以追认的，包括违法的行为。后来的判例逐步限制了对违法和民事侵权行为的追认，形成了追认代理的三条规则：①代理人必须声称为被代理人采取行动；②代理人行动时，必须有一个有行为能力的被代理人；③在追认代理时，被代理人必须具备自己采取该行动的行为能力。在追认代理中还须注意两个问题：①追认是有时间限制的，必须在时限范围进行；②沉默不构成追认，除非这种沉默是持久的、令第三人受损的或产生不公平结果的，才可以构成不容否认的代理。在1835年的菲利普斯诉霍姆福雷案中，农场的持有人之一与第三人签署涉及农场产权的买卖合同，另一个产权的持有人表示了反对，但是在得到忠告说买卖是阻止受按揭人变卖的唯一方法之后，他让交易完成，三年之后，他起诉要求否定该交易，法院判决认为，产权持有人反对涉及产权的交易，应在知悉交易情况后，立即向买方表示反对，原告在三年以后提出异议显然为时已晚，原告的沉默已经构成对交易的追认。

（3）不容否认的代理

不容否认的代理又称为代理法上的禁止反言规则。它的含义是某人以自己的言论或行为作出某种表示，如果其他人对此项表示依赖而采取了另一行为，前者将不再被容许推翻他前面的言行，否则是不公正的。这种代理的规定出现在衡平法之中，所以又被认为是对追认代理的补充。英美法系的法院在适用不容否认的代理时，须符合三个要求：①存在一项声明，受声明人依赖声明作出行为，声明使声明人的境况有所改变（通常是坏的改变）；②这个声明可以是积极作为的，也可以是消极不作为的；③声明应该由被代理人作出，但后来的判例又有所发展，认为只要有实际权力管理涉及有关合同业务的人代替被代理人作出上述声明，即产生如同被代理人自己声明相同的效果。在以后又对声明人扩大到"有管理业务的实际权力的人"。

（4）为情势所迫的代理

这种代理是对协议代理、追认代理和不容否认的代理的一种补充，是在以上三种代理没有规定的情况下，基于社会利益的要求而由法律加以规定的代理关系。在 1924 年之前，法院只承认因出票人信誉而承兑票据的和船长因为情势所迫，才可以由法律自动构成代理，但 1924 年以后的判例对这条规定的适用范围进行了扩大。现代法院在适用该种代理时，要求必须具备以下条件：①必须有紧急情况，这种情况是出乎当事人在订立协议时所可以预见的，而且确有作出这种代理的必要性；②必须是不可能与委托人联系，至少是不能与被代理人及时联系，或按照正常的联系方法之后，将造成无法挽回的损失。在斯佩内格诉威斯特铁路公司案中，威斯特铁路公司替原告运一批西红柿到 A 地，由于铁路工人罢工，西红柿被堵在半路上，眼见西红柿将腐烂，威斯特铁路公司于是就地卖掉了西红柿，原告起诉到法院。法院认为：虽然威斯特铁路公司是出于善意的、保护原告利益，但当时是可以通知原告的，在可以联系而未联系的情况下私自处理他人货物，不能算具有客观必需的代理权，被告威斯特铁路公司败诉。

2．根据本人的公开程度分类

（1）本人完全公开的代理

这是指代理人在实施交易行为时，明确告知交易的对方当事人，自己是以某人的代理人的身份进行交易，该本人是交易的实际权利和义务的承担方。代理人不但公开该本人的存在，还公开他的姓名。

（2）公开本人存在的代理

公开本人存在的代理是指，代理人在实施交易行为时，告知交易对方，自己是以代理人的身份进行交易，但被代理人的姓名与具体身份不予告知，而由该未完全公开的本人承担交易的权利义务。该种代理具备两个条件：①代理人必须表明自己是代理人的身份；②被代理人的身份和姓名由于种种原因无法公开。但是这个被称为被代理人的委托人必须确实存在，如果委托人不存在，则应由代理人来承担责任。在 1866 年凯尔纳诉巴克斯特案中，原告与被告均为公司的筹建人，1866 年 1 月 9 日，双方与其他筹建人签署了公司章程。1 月27 日原告向代表公司的被告致函，表示愿意出售若干货物，被告代表公司接受，并承诺某日期前付款，原告交付了货物，后来公司虽然成立并使用了这批货物，但是在付款日期到来之前就倒闭了，原告就向被告要求付款。首席法官厄尔判决被告的交易行为没有可受约束的委托人（公司并未成立），因而被告本人应被该交易约束，原告胜诉。

（3）本人完全不公开的代理

本人完全不公开的代理是指，代理人没有公开本人的存在并以自己的名义与第三人为法律行为。在本人完全不公开的代理中，代理人是以自己的名义而非本人的名义进行交易，代理人不披露本人的姓名、身份和任何使人认为是为某个人的利益而交易的其他信息。

（二）大陆法系的分类

大陆法系根据代理人是否以本人的名义与第三人为法律行为,将代理分为直接代理和间接代理;根据代理人是否主动为意思表示,将代理分为积极代理和消极代理;根据代理人的代理权产生的原因,将代理分为法定代理和意定代理。下面分别介绍。

1. 根据代理人是否以本人的名义与第三人为法律行为分类

直接代理是指代理人在代理权限内,以本人的名义为意思表示或接受意思表示,直接对本人产生法律效力的代理。直接代理类似于英美法系的本人完全公开的代理和披露本人存在的代理。而间接代理则是指代理人以自己的名义,为本人之计算,为意思表示或接受意思表示,其法律效果通过协议转移给本人的代理。在大陆法系国家,间接代理实际上就是行纪。例如,《德国民法典》第383条将行纪定义为"以自己的名义为他人购买或销售货物、有价证券,并以其作为职业的人"。

2. 根据代理人是否主动为意思表示或接受意思表示分类

积极代理是指代理人为意思表示的代理;而消极代理是指代理人接受意思表示的代理。

3. 根据代理权产生的原因分类

法定代理是指代理权的产生不是基于当事人的授权,而是基于法律的规定而产生的代理。法定代理权的产生主要是基于以下几种情况:①根据法律规定而享有代理权。例如,根据民法的规定,父母对未成年子女的代理权。②根据法院选任而取得代理权,如法院指定的法人的清算人。③根据私人的选任而取得代理权,如亲属所选任的监护人。意定代理是指来源于本人的意思表示,从而赋予当事人代理权。这种意思表示可以是口头的,也可以是书面形式的;可以向代理人表示,也可以向同代理人打交道的第三人表示。

四、代理权的消灭

（一）代理权消灭的原因

根据各国法律规定及《代理公约》的规定,代理权终止主要有四种情况。

（1）根据本人与代理人之间达成的协议终止代理权。例如,双方当事人在代理合同中订明期限,期限届满即代理权终止。

（2）授权代理的某一笔或数笔交易已经履行完毕。

（3）本人撤销代理权,或者代理人放弃代理权。根据各国法律,原则上都准许本人在代理存续期间撤回代理权。但是,本人在终止代理关系时,须事先向代理人提前发出合理的通知;本人在代理的存续期间不适当地撤销代理关系,本人须赔偿代理人的损失。

（4）根据代理协议适用的法律规定而终止。各国法律规定:本人死亡、破产或丧失行为能力;代理人的死亡、破产或丧失行为能力,都会产生代理关系终止的后果。

（二）对代理人的效果

代理关系终止之后,代理人就失去代理权。有些大陆法系国家为了保护商业代理人的利益,在商业代理中特别规定,在终止代理合同时,代理人对于他在代理期间为本人建立的商业信誉,有权要求本人给予赔偿。因为代理合同终止后,这种商业信誉仍将为本人带来好处,而代理人则将因代理关系终止而失去一定的利益。

（三）对第三人的效果

本人单方面撤回代理权或终止代理合同,对第三人是否有效,主要取决于第三人是否知情。根据英美法系,当终止代理关系时,必须通知第三人,才能对第三人发生法律效力。如果被代理人在终止代理合同时,没有通知第三人,后者由于不知道这种情况而与代理人签订了合同,则该合同对被代理人仍有约束力,被代理人对此仍须负责。代理是根据法律规定而终止的,就不必再通知第三人。

五、无权代理

无权代理是指欠缺代理权的人所为的行为。各国立法根据无权代理的原因和后果的不同,将无权代理划分为狭义的无权代理和表见代理,并分别设立法律进行调整。狭义的无权代理不发生属于有效代理的法律后果,而表见代理则既可能发生代理无效的后果,也可能发生代理有效的后果。

（一）狭义的无权代理

1.狭义的无权代理的概念

狭义的无权代理是指行为人既没有本人的实际授权,也没有足以使第三人善意误信其有代理权的外观,但行为人与第三人所为行为之利益牵连于本人的法律关系。狭义的无权代理由于代理人不具备代理权,甚至不具备让人误以为有代理权的情况,使代理行为处于一个效力待定的状态。因为狭义的无权代理并不都是不利于被代理人的,因此需由本人自己来判断是否追认代理权。如果本人承认了代理人的行为,该无权代理行为就具有代理的效力;如果本人不承认代理人的行为,就导致这个代理行为自始至终不发生法律效力。狭义的无权代理形成的原因有以下几方面。

（1）不具备明示授权或默示授权的代理,但无权代理人自称是代理人;

（2）授权行为无效或被撤销;

（3）超越授权范围的代理;

（4）代理权消灭后的代理。

2. 狭义的无权代理效力的确定

法律对于不确定的法律行为,总是赋予行为主体以权利,以便于肯定效力待定法律行为的效力。在代理法中,各个国家都赋予本人和第三人一定的权利,这实际上是对无权代理的一种补救措施。

(1) 本人的追认权

所谓追认权是指本人对无权代理人的代理行为有追认其效力的权利。追认权可以是明示的,也可以是默示的,甚至可以是从本人的行为之中推断出来的。除此之外,法律对追认权的期限也作出了规定,追认权必须在除斥期间内作出,否则就丧失追认权。例如,我国《民法典》第171条第2款规定:"相对人可以催告被代理人自收到通知30日内予以追认。被代理人未作表示的,视为拒绝追认。"追认权是一种形成权,仅凭权利人的单方意思表示就决定权利人与相对人之间的法律关系的变动。追认权的行使,使无权代理行为成为合法的代理,产生的直接后果是,本人直接对第三人负责,经过追认,无效的代理行为被认为是自始至终有效的法律行为。

(2) 第三人的催告权

所谓催告权是指第三人可以自行规定一个合理的期限,催告本人明确地承认或否认无权代理的代理行为,但如果代理人逾期不作表态,应视为否认。《德国民法典》第177条、第178条,《日本民法典》第114条、第115条,均规定无权代理的相对人,可以规定相当时间催告本人确切答复,是否对无权代理予以追认。我国《民法典》第171条第2款规定:"行为人实施的行为被追认前,善意相对人有撤销的权利,撤销应以通知方式作出。"与其他国家的相关法律规定类似。

(3) 第三人的撤回权

所谓撤回权是指在本人对无代理权行为进行追认之前,第三人有权撤回与无代理权人所为的行为。也就是说,在本人未为承认之时,相对人有撤回权。第三人行使撤回权,使不确定的权利义务关系直接归于消灭,避免第三人因本人拒绝或延迟追认而受到损失。

在无权代理的情况下,如果经过本人的承认,使行为转化为真正的代理,无权代理人和相对人之间不产生直接的关系。如果本人对无权代理不予追认,则无权代理人对善意第三人承担责任。在本人和无权代理人之间会形成两种关系:① 因为无权代理行为是由于为本人利益计算,而在本人和代理人之间成立无因管理的关系;② 如果无权代理事实上是对于本人不利的,并使其受到损害,即构成侵权行为,由无权代理人承担侵权的责任。

(二) 表见代理

1. 表见代理的概念

我国法学界的通说认为:表见代理是指行为人虽无代理权,但善意第三人客观上有充分理由相信行为人具有代理权,而与其为法律行为,该法律行为的后果直接由本人承担的无权代理。表见代理实质上体现了一种有权代理。大陆法系国家认为，在代理关系之中存在两个契约关系：一是被代理人对代理人的授权行为；二是代理人和第三人之间的契约关系。代理权具有独立的法律意义，代理权的发生必须以本人的授权为前提。在表见代理之中，并没有这种明确的授权意思，所以，在大陆法系国家，表见代理实质上是一种无权代理。但是，随着商品经济的发展，为保护善意的第三人，立法上又赋予表见代理以代理的效力。在英美法系国家，认为表见代理是一种有效的代理，它和"不容否认的代理"基本是相同的。表见代理除了应该具有本人、代理人和第三人的要件之外，还应该具备以下的特别要件。

(1) 必须是"代理人"以本人名义实施意思表示或者受领意思表示，即出示能够证明自己有代理权的授权书或声称代理本人的行为。

(2) 必须是本人以其行为表示授予行为人以代理权。这一表示可以是作为的或不作为的，只要使第三人相信无权代理人具有代理权即可，如亲属关系、劳务合同等。

(3) 需要第三人在行为时是善意并且无过失。如果第三人明知他人无代理权，而仍与他进行法律行为，则不构成表见代理。在判断第三人是否是善意时，以"客观上足以使第三人信赖"和"第三人主观上善意且无过失"这两个条件共同进行判断。英美法系对表见代理的认定原则是：当本人提供"信息"，并且第三人有理由相信此事而遭受损害时，即产生不容否认的代理或表见代理。

(4) 必须是委托代理。在法定代理之中，因不存在授权行为，所以也就不存在表见代理。

2. 表见代理的类型

(1) 因表示行为而产生授权表象的表见代理

因表示行为而产生授权表象的表见代理，是指本人以自己的行为表示授予他人代理权，或者知道他人表示愿为其代理人而本人不作反对表示。在这种表见代理之中，按照本人对授权的主观态度，又可以分为积极的表见代理和消极的表见代理。所谓积极的表见代理，是指本人以书面或口头形式，直接向特定的或不特定的第三人表示以他人为代理人，但事实上本人并未对他人进行真实的授权的意思表示。例如，借用合作专用章或盖有公章的空白合同书。所谓消极的表见代理，是指由于本人对他人假托自己的授权行为不作否认表示，因而客观上使第三人误信，才构成有违背本人真实意愿的表见代理。例如，第三人催告或无权代理人将自己的行为告知本人。

(2) 因越权行为而产生的表见代理

因越权行为而产生的表见代理，是指代理人有代理权，而第三人基于善意，与代理人所进行的超出代理人真实代理权限的行为。该种代理应该符合这几个要件：①代理人被授予代理权；②代理人与第三人所实施的行为超越了代理权限；③需要第三人在行为时善意且无过失。

（3）因行为延续而产生的表见代理

因行为延续而产生的表见代理，是指代理权被全部撤销或因其他原因而消灭，但是因为撤销权人的行为造成足以令人信其代理权依然存在的假象而发生的表见代理。该种表见代理应符合这几个要件：①代理人曾经有过代理权；②代理人以本人名义实施意思表示或受领意思表示；③行为时代理权已被全部撤销；④撤销权人造成足以令人相信行为人有代理权的假象；⑤第三人在行为时善意且无过失。

3. 表见代理下当事人之间的关系

（1）本人和第三人

表见代理虽然属于无权代理，但各国法律都规定，一旦表见代理成立，就产生与有权代理相同的法律效力。即在本人和第三人之间产生法律关系，本人对第三人负授权的责任（即履行责任而非损害赔偿责任）。

（2）本人和代理人

本人不得以无权代理人的行为属无权代理为由或以本人无过失为由对抗善意第三人。在表见代理之中，如果本人因向第三人承担责任之后遭受损失，则他有权向无权代理人请求赔偿。

（3）代理人和第三人

表见代理已成立，就构成有效代理关系。代理人和第三人之间不发生法律上的权利义务关系。

表见代理始终是属于无权代理，法律之所以赋予它和有效代理相同的效力，主要是出于保护交易安全和保护善意第三人，因此，如果第三人认为向无权代理人追究法律责任对自己更有利，第三人可以主张该表见代理为狭义的无权代理，并按狭义的无权代理追究代理人的责任。

（三）《代理公约》的规定

根据《代理公约》的规定，一旦代理人无权或越权行为时，本人和第三人一般不受代理人行为的约束，但是下述情况例外：

（1）如果由于本人的行为，致使第三人合理并善意地相信，代理人有权代表本人行使，而且是在本人授权范围行事的，本人不得以代理人无权代理而对抗第三人。

（2）本人可以追认代理人的无权或越权代理行为，一经追认，即产生同授权行为相同效力。这种追认，可以是明示的，也可以是默示的。在本人发出的追认书送达第三人或第三人知悉追认时，追认开始生效。第三人在未收到追认书之前可以拒绝承认追认。

（3）如果代理人的无权或越权代理行为未得到追认，代理人要对第三人承担赔偿责任；如果第三人明知代理人无代理权而与之订立合同，代理人不承担赔偿责任。《代理公约》对无权代理所作的规定，旨在保护善意第三人，使不知该代理人作出无权代理行为的第三人，

拓展阅读

不因其无权代理行为而遭受损失。

第二节　代理的法律关系

预习思考题

1. 代理的法律关系是什么? 请简述。

2. 各国关于代理的内部法律关系的规定是什么?

3. 代理人的义务有哪些?

4. 大陆法系和英美法系关于代理的外部法律关系的规定是什么?

5. 大陆法系间接代理的后果与英美法系隐名代理和根本不披露代理关系存在的代理有区别吗?

案例 5-3

原告(诺蒙赛)是一名特许的不动产经纪人,从事购买和持有土地再售的生意。被告(高登)聘请原告作为其经纪人,为其约 181 英亩(1 英亩＝4046.856 平方米)的土地寻找一位买主。原告以本人的身份寻找到一个同意以 1250 美元/英亩的价格购进该土地的买主,后来原告获悉该地的地价会迅速飙升,于是便决定自己买下该块土地,被告也同意以 800 美元每英亩的价格卖给原告,双方还签署了书面转让协议。但是,在执行该转让协议之前,被告却以 800 美元每英亩的同样价格将该块土地卖给第三人,当原告得知被告将该土地卖给第三人后,便诉至法院,要求被告赔偿其 90000 多美元的差价损失。

问题:

1. 本案属于英美法系上什么类型的代理?

2. 原告与被告的买卖合同有效吗? 理由是什么? (请依据中国法回答。)

3. 代理人对被代理人具有什么义务?

4. 本案原告的行为是否违反诚信义务?

通常情况下,代理包括两种法律关系: 本人与代理人的内部关系; 本人、代理人和第三人的关系,一般称为外部关系。在这两种法律关系之中,前者是代理关系的基础,因为有前者的存在,才产生后者。

一、代理的内部关系

对于代理的内部关系,即本人与代理人之间的关系,各国都通过国内法来确定,在通常情况下,本人和代理人之间的权利义务通过代理合同来加以确认。对上述问题,《代理公约》没有作具体的规定,大陆法系国家的成文法规定和英美法系国家的判例法所形成的法律原则基本相同。

(一)代理人的义务

1.执行的义务

代理人的首要任务就是为所代理的本人执行代理义务,只有在本人所委托的义务违法的情况下,代理人才可以拒绝执行代理。代理人在履行其代理义务时,应当以适当的谨慎与技巧,勤勉地履行代理职责。凡书面明确代理人任务的,代理人只需依书面行事。书面规定不够明确的,代理人应力争调和他所得到的指示和他认为对本人有利的事。否则,因代理人过失造成损失的,要向本人负赔偿责任。同时,代理人不得另行指定代理人。代理关系是一种信任关系,所以一般代理人不得把本人授与的代理权转授他人,让他人来代为履行代理义务。除非在某些例外情况下,可以变通,如遇到紧急情况。

2.服从的义务

接受本人委托的代理人应当在本人有所指示时,服从指示,且没有酌情处理的权利。在没有本人的指示或没有及时地接到本人的指示的情况下,代理人才有酌情处理的权利。

3.诚信忠实的义务

(1)代理人必须向本人公开他所掌握的有关客户的一切必要情况,以供本人考虑决定是否同意与该客户订立合同。

(2)代理人不得以本人的名义同代理人自己订立合同,除非事先征得本人同意。代理人不经过本人特别许可,也不能兼为第三人的代理人,两边收取佣金。

(3)代理人不得密牟私利。即代理人不得牟取超出本人付给的佣金或酬金以外的任何私利;如果代理人受了贿赂,本人有权向代理人索还,并有权不事先通知代理人而解除代理关系;代理人不得与第三人串通,损害本人的利益。

(4)代理人不得泄露商业秘密。代理人不得泄露在他的代理业务中所获取的保密情报和资料。代理人在代理协议有效期间或代理协议终止之后,都不得把代理过程中所获取的保密情报和资料向第三人泄露。

(5)代理人须向本人申报账目。由于代理人的自由活动权十分广泛,为了使本人方便地了解情况,迫使代理人诚实行事,代理人有义务对一切代理交易保持正确的账目,并根据代理合同的规定或本人提出的要求,向本人申报账目。代理人为本人收取的一切款项应交给本人。

(二)本人的义务

1.支付佣金

在本人和代理人之间签有代理协议的情况下,按照代理协议中关于佣金条款的规定,本人向代理人支付佣金是本人最基本的义务。在代理人与本人之间没有代理协议时,本人对代理人有补偿的义务,一般来说,这种补偿是完全的补偿,对于无偿代理人的补偿费也是一样。

2. 偿还代理人因履行代理义务而产生的额外费用

除合同规定之外,代理人履行代理义务所开支的费用,是不能向本人要求偿还的,因为这属于正常的业务开支。但是,如果他因执行本人指示的任务,而支出了额外的费用或遭受了损失,则有权要求本人进行赔偿。例如,代理人根据本人的指示,在当地法院进行诉讼所遭受的损失和所支付的费用,本人必须进行补偿。另外,代理人在进行代理义务时所为的侵权行为,本人也要承担责任。这一原则又被称为替代责任原则。例如,一名百货商场的职员在商场里打伤了与之争论的顾客,商场对此侵权行为就要承担责任。

3. 本人有义务让代理人检查核对其账目

这是大陆法系的一项规定,代理人有权检查对本人的账目,以便核对本人付给他的佣金是否准确无误。

二、代理的外部关系

代理的外部法律关系是指代理人、本人和第三人的关系。代理人代替本人与第三人签订合同或作其他法律行为时,原则上合同一经签订,代理人便退出合同,而由本人来承担由此而产生的权利义务。但在实践中,由于各国法律的规定各不相同,有时第三人很难分清楚自己究竟和谁签订合同,因此使代理的外部关系更加复杂。

代理行为是一种双方法律行为,它必须借助第三人才能完成。代理人虽然独立地实施法律行为,但该法律行为并不当然地对他产生法律效力,代理人和第三人之间不发生权利义务关系。

(一) 大陆法系的规定

在确定第三人究竟是和代理人还是和本人签订合同时,大陆法系国家采取的标准是:代理人是以代表的身份同第三人签订合同的,还是以他自己个人的身份同第三人签订合同。如果代理人是以代表本人的身份与第三人签订合同,代理人需明示地指出本人的姓名或表示他是受某人委托来签订合同。在这种情况下,合同的权利义务就由本人来承担,由本人对第三人负责。如果代理人是以自己的身份与第三人签订合同,合同所产生的权利义务则由代理人自己来承担,本人不对合同负责。

按照大陆法系的规定,根据代理权的来源,将代理分为直接代理和间接代理。

在直接代理之中,由于代理人是以被代理人的名义,在代理权限内与第三人实施某种商业活动,如签订合同,其法律后果直接由本人承担。在这种代理关系中,代理人对第三人不承担责任,也不享受权利。

在另一种代理——间接代理中,代理人以自己的名义,为本人的计算而与第三人订立合同,日后再将其权利和义务通过另一合同转移给本人。在间接代理中,存在两个合同关系。首先,代理人以自己的名义和第三人签订合同;其次,由代理人和本人签订以前合同为基础的第二个合同。这样一来,第一个合同的权利义务,就通过第二个合同转移给本人。大陆法系强调,本人不能直接对第一个合同行使权利,不得直接对第三人主张权利。

(二) 英美法系的规定

究竟是由代理人自身来承担责任,还是由本人承担责任,英美法系在此问题上与大陆法系的规定不同,它采用所谓的义务标准。在此,必须按照代理中对本人的公开程度的分类进行进一步说明。

1. 完全公开本人的代理

代理人在订约时,已向第三人指明本人的姓名,在这种情况下,这个合同的双方当事人为本人和第三人,而代理人在合同成立之后退出合同,由本人行使合同的权利和义务。对上述问题,英美法系有例外的规定,代理人在下列已指明本人的姓名的某些情况下,仍须承担责任:一是如果代理人以自己的名义在签字蜡封式合同上签名,他就要对该合同负责;二是如果代理人以自己的名义在汇票上签名,他就要对该汇票负责。

2. 披露本人存在的代理

在这种代理之中,代理人在订约时,仅披露本人的存在但不公开其姓名、身份,代理人已表明了有代理关系存在,该合同关系的双方当事人仍然是本人和第三人。合同所产生的权利和义务仍由本人承担,而代理人既不能从合同中获取权利,也不必对合同承担义务。

3. 本人完全不公开的代理

代理人在本人的授权范围,以自己的名义同第三人订立合同,根本不披露本人的存在,不指明有代理关系存在。在这种情况下,第三人不知道自己是在同本人签订合同,而以为是和代理人订立合同。那么究竟是由代理人自己承担责任,还是由本人承担责任?在这种情况下,仅仅是代理人自己和第三人签订了合同,代理人当然成为合同的另一方当事人,承担因此而产生的权利义务。作为未披露的本人能否直接依据代理合同取得另一个合同的权利义务?是否也像大陆法系的间接代理的规定那样,须通过再签订一个合同来转移原合同的权利和义务?英美法系在这个问题上和大陆法系的规定有所不同,认为未被披露的本人原则上可以通过两种方式直接进入合同,取得权利和承担义务。

(1) 完全不公开的本人有权介入合同,并直接对第三人行使请求权,或在必要时,对第三人起诉。如果本人行使了介入权,他就要对第三人承担义务。

(2) 第三人发现了本人之后,享有选择权。他可以从代理人或本人中任选一人作为履约的对象,也可以选择代理人或本人作为起诉的对象。但第三人一旦选定承担义务的对象之后,就不能再改变。

在英美法系中,完全不公开的本人可以直接行使介入权,无须像大陆法系的间接代理那样,通过另一个合同转移权利和义务,本人可以直接对第三人主张权利,这是英美法系代理制度的一个主要特征。

(三)《代理公约》的规定

《代理公约》没有对本人和代理人的关系加以规定,却通过代理人行为所产生的法律效力,对本人、代理人和第三人的外部关系加以规定。

1. 代理人行为约束本人和第三人

代理人在本人的授权范围,代表本人行使权利,而且第三人已经知道或理应知道代理人的身份,则本人和第三人的关系,受到代理人的行为约束。

2. 代理人的行为只约束代理人和第三人

代理人的行为对本人没有约束力,只约束代理人和第三人需符合以下两个条件:①代理人虽然在本人的授权下代表本人行事,但第三人不知道亦无从知道代理人是代理的身份;②代理人实施该行为只对自己发生约束力(例如所涉及的是行纪合同)。

但是,在上述情况下,本人可以直接介入合同,行使代理人从第三人处得到的权利,而第三人也可以对本人行使从代理人那里取得的权利。此问题应注意下述几点:

(1) 当代理人因第三人不履行义务或因其他原因而未履行、无法履行他对本人的义务时,本人可以行使代理人从第三人处得到的权利。此时,代理人应先将第三人的名称通知本人。值得注意的是,本人在行使这项权利时,第三人对代理人提出的任何抗辩,本人都应承担。

(2) 当代理人未履行或无法履行他对本人的义务时,第三人可对本人行使他从代理人那里取得的权利。不过第三人应承担代理人可能对第三人提出的任何抗辩,以及本人可能对代理人提出的抗辩。

(3) 本人或第三人要行使上述权利,必须事先通知代理人。

(4) 当代理人因本人未履行义务以致不能或无法履行对第三人的义务时,代理人应将本人的名称通知第三人。

(5) 当第三人不履行其对代理人的义务时,代理人应把第三人的名称通知本人。

(6) 当第三人知道本人的身份就不会订立合同时 ,本人不得对第三人行使代理人从第三人处取得的权利。

拓展阅读

从以上对大陆法系、英美法系和《代理公约》有关规定的介绍,可以看出它们之间各有异同。相同之处是,它们都对代理人表明自己代理身份作了相似规定。但英美法系中完全不公开本人的代理,本人可以直接行使介入权。而按照大陆法系的间接代理,本人须通过另一个合同才可对第三人行使权利。《代理公约》在适用范围上明确规定,不适用于第三人在订约时不可能知道代理人是以代理的身份行事的情形。《代理公约》仅规定代理人无法履约时,本人可以直接进入合同对第三人行使权利,这与英美法系的规定比较相似而与大陆法系的规定是完全不同的。

第三节　中国代理法

预习思考题

1. 中国法律规定的代理类型有哪些? 中国有隐名代理吗?

2. 按照我国法律,被代理人死亡是否必然导致代理权的消灭?

3. 代理制度中的介入权指的是什么? 我国《民法典》规定需要符合哪些条件被代理人才能介入?

案例 5-4

A公司委托中国机械进出口公司(以下简称进出口公司)从德国S公司进口一套啤酒生产线,进出口公司根据A公司的要求,没有告知A公司的存在而以自己的名义与S公司签订合同后,S公司如期交货,但设备在生产中出现质量问题。

问题:

1. 根据是否以本人的名义与第三人为法律行为分类,本案属于什么类型的代理?(请依据英美法系、大陆法系、中国法回答。)

2. A公司能否向法院起诉S,要求S公司承担责任?(请依据英美法系、大陆法系、中国法回答。)

3. 假设A公司收货后不付款,S公司能否要求A公司承担违约责任?(请依据中国法回答。)

4. 假设S公司起诉A胜诉,但A已破产,于是S想起诉进出口公司,这是否可以?(请依据中国法回答。)

5. 我国当事人在进行外贸活动时如何根据代理规则进行法律救济?

一、概述

代理法制度和其他的法律制度一样,在中国立法的时间还是比较短的。1986年颁布的《民法通则》中比较具体地规定了代理制度的基本规范和原则,构成我国民事代理的基本框架。2021年1月1日颁布实施的《中华人民共和国民法典》(以下简称《民法典》)在其中第

拓展阅读

161 条至第 164 条对民事代理行为作出了一般性规定，包括代理行为的效力、代理的分类和代理权的行使等，在第 171 条至第 175 条对无权代理、表见代理及代理权的消灭作出了规定，在第 925、第 926 条对隐名代理作了规定。

二、代理的概念

按照我国《民法典》第 162 条规定，代理是指代理人在代理权限内，以被代理人的名义实施民事法律行为，被代理人对代理人的代理行为，承担民事责任。从代理的概念可见，一个合法的代理具有以下几个方面的条件：

1. 代理之中有三方当事人——被代理人（即本人）、代理人和第三人。
2. 代理人须以本人的名义向第三人实施法律行为。
3. 代理人在代理权限范围行使代理权产生的法律后果由被代理人承担。

三、代理的类型

（一）按照代理权发生的条件，代理划分为委托代理与法定代理

我国《民法典》第 163 条规定："代理包括委托代理和法定代理。委托代理人按照被代理人的委托行使代理权。法定代理人依照法律的规定行使代理权。"

1. 委托代理

委托代理是基于本人授予代理权而产生的代理。《民法典》第 165 条规定，"委托代理授权采用书面形式的，授权委托书应当载明代理人的姓名或者名称、代理事项、权限和期限，并由被代理人签名或者盖章。"

2. 法定代理

法定代理是因法律规定的身份或资格而取得代理权的代理。《民法典》第 23 条规定："无民事行为能力人、限制民事行为能力人的监护人是他的法定代理人。"

（二）代理行为依其是否以被代理人名义实施，分为显名代理和隐名代理

1. 显名代理

显名代理是以被代理人名义实施的代理。《民法典》在代理的一般规定中，第 162 条规定，代理人在代理权限内，以被代理人名义实施的民事法律行为，对被代理人发生效力。因此，可以看出，我国《民法典》除了单独规定了隐名代理的条款（第 925 条、第 926 条）外，其他都是对显名代理的规定。

2. 隐名代理

隐名代理是指不以被代理人名义实施、但依其他情形第三人知道他是代理而成立的代

理。例如：《民法典》第925条规定："受托人以自己的名义，在委托人的授权范围内与第三人订立的合同，第三人在订立合同时知道受托人与委托人之间的代理关系的，该合同直接约束委托人和第三人，但有确切证据证明该合同只约束受托人和第三人的除外。"第926条规定："受托人以自己的名义与第三人订立合同时，第三人不知道受托人与委托人之间的代理关系的，受托人因第三人的原因对委托人不履行义务，受托人应当向委托人披露第三人，委托人因此可以行使受托人对第三人的权利，但第三人与受托人订立合同时如果知道该委托人就不会订立合同的除外。受托人因委托人的原因对第三人不履行义务，受托人应当向第三人披露委托人，第三人因此可以选择受托人或者委托人作为相对人主张其权利，但第三人不得变更选定的相对人。委托人行使受托人对第三人的权利的，第三人可以向委托人主张其对受托人的抗辩。第三人选定委托人作为其相对人的，委托人可以向第三人主张其对受托人的抗辩以及受托人对第三人的抗辩。"上述就是对隐名代理的规定。

（三）按照代理人的选任人是被代理人还是代理人，将代理分为本代理和复代理

1. 本代理

本代理是代理人由被代理人选任或依照法律规定而产生的代理。《民法典》第161条规定，民事主体可以通过代理人实施民事法律行为。依照法律规定、当事人约定或者民事法律行为的性质，应当由本人亲自实施的民事法律行为，不得代理。

2. 复代理

复代理是代理人基于复任权而选任的代理人所实施的代理。《民法典》第169条规定："代理人需要转委托第三人代理的，应当取得被代理人的同意或者追认。"《民法典》第923条规定："受托人应当亲自处理委托事务。经委托人同意，受托人可以转委托。转委托经同意或者追认的，委托人可以就委托事务直接指示转委托的第三人，受托人仅就第三人的选任及其对第三人的指示承担责任。转委托未经同意或者追认的，受托人应当对转委托的第三人的行为承担责任；但是，在紧急情况下受托人为了维护委托人的利益需要转委托第三人的除外。"这两条规定就是对复代理的规定。

四、代理权

（一）代理权的发生

（1）法定代理权可以因法律规定而产生。例如，监护人为未成年人的法定代理人。也可以因主管部门指定而产生；还可以因为法院选定而产生。《民法典》第163条规定，法定代理人依照法律的规定行使代理权。

（2）委托代理权经被代理人的授权行为而产生。《民法典》第163条规定，委托代理人按照被代理人的委托行使代理权。这种授权行为是被代理人的单方面的意思表示就可成

立的。按照我国《民法典》第 135 条、第 165 条的规定，授权行为不限于书面形式，但对书面形式具有更多要求。

（二）代理权的消灭

代理权的消灭在《民法典》第 173 条、第 174 条和第 175 条分别作了规定。根据《民法典》第 173 条规定，有下列情形之一的，委托代理终止：

(1) 代理期限届满或者代理事务完成；

(2) 被代理人取消委托或者代理人辞去委托；

(3) 代理人丧失民事行为能力；

(4) 代理人或者被代理人死亡；

(5) 作为代理人或者被代理人的法人、非法人组织终止。

根据《民法典》第 175 条的规定，有下列情形之一的，法定代理终止：

(1) 被代理人取得或者恢复完全民事行为能力；

(2) 代理人丧失民事行为能力；

(3) 代理人或者被代理人死亡；

(4) 法律规定的其他情形。

此外，《民法典》第 174 条还规定了，被代理人死亡后，有下列情形之一的，委托代理人实施的代理行为有效：

(1) 代理人不知道且不应当知道被代理人死亡；

(2) 被代理人的继承人予以承认；

(3) 授权中明确代理权在代理事务完成时终止；

(4) 被代理人死亡前已经实施，为了被代理人的继承人的利益继续代理。作为被代理人的法人、非法人组织终止的，参照适用前款规定。

五、无权代理与表见代理

无权代理和前面介绍的西方国家的规定基本是一样的，也把无权代理分为狭义的无权代理与表见代理。

《民法典》第 171 条规定了无权代理的法律后果："行为人没有代理权、超越代理权或者代理权终止后，仍然实施代理行为，未经被代理人追认的，对被代理人不发生效力。相对人可以催告被代理人自收到通知之日起三十日内予以追认。被代理人未作表示的，视为拒绝追认。行为人实施的行为被追认前，善意相对人有撤销的权利。撤销应当以通知的方式作出。行为人实施的行为未被追认的，善意相对人有权请求行为人履行债务或者就其受到的损害请求行为人赔偿。但是，赔偿的范围不得超过被代理人追认时相对人所能获得的利益。相对人知道或者应当知道行为人无权代理的，相对人和行为人按照各自的过错承担责任"。

《民法典》第172条规定了表见代理的法律效果,即行为人没有代理权、超越代理权或者代理权终止后,仍然实施代理行为,相对人有理由相信行为人有代理权的,代理行为有效。

六、代理的法律关系

代理的法律关系包括代理的内部关系和代理的外部关系。前者指代理人与被代理人之间的法律关系;后者包括代理人和第三人及被代理人和第三人的法律关系。

(一)代理的内部关系

《民法典》第921条至第924条和第168条对委托人与受托人的义务作出了规定。第921条规定:"委托人应当预付处理委托事务的费用。受托人为处理委托事务垫付的必要费用,委托人应当偿还该费用并支付利息。"代理人则必须谨慎、勤勉、忠实地行使代理权,应履行报告义务。具体包括以下规定。

(1)代理人不得以被代理人名义与自己或自己同时代理的其他人为民事行为。《民法典》第168条规定:"代理人不得以被代理人的名义与自己实施民事法律行为,但是被代理人同意或者追认的除外。代理人不得以被代理人的名义与自己同时代理的其他人实施民事法律行为,但是被代理的双方同意或者追认的除外。"

(2)按照委托人指示处理委托事务。《民法典》第922条规定:"受托人应当按照委托人的指示处理委托事务。需要变更委托人指示的,应当经委托人同意;因情况紧急,难以和委托人取得联系的,受托人应当妥善处理委托事务,但是事后应当将该情况及时报告委托人。"

(3)代理人应亲自处理委托事务。《民法典》第923条规定:"受托人应当亲自处理委托事务。经委托人同意,受托人可以转委托。转委托经同意或者追认的,委托人可以就委托事务直接指示转委托的第三人,受托人仅就第三人的选任及其对第三人的指示承担责任。转委托未经同意或者追认的,受托人应当对转委托的第三人的行为承担责任;但是,在紧急情况下受托人为了维护委托人的利益需要转委托第三人的除外。"

(4)受托人应当按照委托人的要求,报告委托事务的处理情况。《民法典》第924条规定:"受托人应当按照委托人的要求,报告委托事务的处理情况。委托合同终止时,受托人应当报告委托事务的结果。"

《民法典》第164条规定:"代理人不履行或者不完全履行职责,造成被代理人损害的,应当承担民事责任。代理人和相对人恶意串通,损害被代理人合法权益的,代理人和相对人应当承担连带责任。"

由此可见,代理人承担责任主要有两个方面的构成要件:其一,代理人责任的承担须以违反义务为前提;其二,代理行为损害了被代理人合法权益。这里既包括了损害事实要件,也包括了因果关系要件,并且在对象上只能是损害被代理人利益。而第三人承担损害赔偿责任须有代理人和第三人之间的恶意串通和损害被代理人合法权益两个条件。

(二)代理的外部关系

《民法典》第 925 条规定:"受托人以自己的名义,在委托人的授权范围内与第三人订立的合同,第三人在订立合同时知道受托人与委托人之间的代理关系的,该合同直接约束委托人和第三人;但是,有确切证据证明该合同只约束受托人和第三人的除外。"

那么,如果第三人在订立合同时不知道委托人,委托人是否可以介入合同关系呢?委托人的介入权指的是在受托人与第三人的合同关系中,委托人取代受托人的地位,介入原本是受托人与第三人的合同关系中。按照我国《民法典》第 926 条的规定,委托人行使介入权需具备以下条件:

第一,受托人以自己的名义与第三人订立合同,第三人不知道受托人与委托人之间的代理关系。也就是说,受托人与第三人是该合同的当事人,该合同对受托人与第三人具有约束力。

第二,当第三人不履行合同义务时,受托人应当向委托人披露第三人。

第三,因受托人的披露,委托人可以行使介入权。委托人行使介入权的,应当通知受托人与第三人。第三人接到通知后,除第三人与受托人订立合同时如果知道该委托人就不会订立合同的以外,委托人取代受托人的地位,该合同对委托人与第三人具有约束力。

第四,因受托人的披露,委托人也可以不行使介入权,仍然由受托人处理因第三人违约而产生的问题。

这两个权利行使的条件和《代理公约》及《欧洲合同法原则》的规定基本是一致的。

代理法是调整代理人、被代理人和第三人之间关系的法律规范的总称。目前世界各国的规定各不相同,《代理公约》参加的国家并不多,但是随着国际贸易的不断加深,因代理而产生的国际纠纷不断,代理法律制度将越来越被人们重视。

案例分析

即练即测

第 六 章

商事组织法

 **学习目标**

通过学习欧美国家及中国商事组织法的相关规定,并结合案例分析,能够运用合伙企业法、公司法等知识,正确处理我国在对外开放过程中发生的国际商事组织设立、经营、治理相关法律冲突与纠纷,培养学习者运用相关知识维护企业股东、债权人合法利益和做好风险防范工作的法律意识。

引导案例

曹德旺与美国工会的博弈

赴美建厂的曹德旺,在美国俄亥俄州花了10亿美元,将通用汽车的一个废弃工厂加以改造,建起了美国工厂。对于曹德旺的福耀玻璃工业集团股份有限公司(以下简称福耀集团)来说,在考虑了区位因素、燃料原料和生产成本之后,却没想到因为对美国法规、商业环境的不熟悉,造成了巨大的损失。福耀集团与美国员工因劳资关系、工作安全条件、带薪休假等问题,频繁陷入官司缠身的窘境。福耀集团的前员工被解雇后向福耀集团和曹德旺提起诉讼,罪名包括欺诈、违约、诽谤和歧视;11名福耀集团的工人向美国联邦职业安全与卫生署(Occupational Safety and Health Administration,OSHA)递交联名信,称工厂的工作环境不安全;全美汽车工人联合会(United Autonaobile Workers,UAW)以福耀集团在规则的执行上相当随意为由也对福耀集团发起激烈的工会运动。

2016年11月,OSHA以发现福耀集团存在违规经营的行为对福耀集团处以逾22.5万美元的罚款。福耀集团在2017年3月达成协议,投资约700万美元改善工厂的安全相关问题后罚金降至10万美元。

(资料来源:每日经济新闻.10亿美元换来控诉、罚单 跑美国的曹德旺摊上事了?[EB/OL]. https://news.china.com/domestic/945/20170618/30762544_1.html.2017-06-18.)

几点思考:

1. 国内企业在进行海外投资时,必须充分了解不同国家在商事组织的组织形式、法律地位等方面存在的法律冲突与风险,制定合理的发展战略和应对风险的策略,保障企业平稳发展。

2. 企业应正确处理商事组织有关纠纷，具备运用相关的商事组织法知识维护商事组织、股东及债权人利益的法律意识和能力。

3. 企业在面临当地政治或商业组织不合理的管控举措时，应在当地政策法规允许的条件下及时地寻求有效的申诉或补救方式，寻找可利用的法律空间，合理规避风险、降低企业损耗。

 导言

改革开放以来，我国通过积极引进外商投资企业吸纳国外的资金和先进的技术、管理经验来发展自己，取得了很大成绩。我国经济实力的增强和经济全球化的加速发展，要求我们必须不失时机地大胆"走出去"，充分利用好国际国内两种资源、两个市场。只有这样，才能弥补国内资源和市场的不足，才能把技术、设备、产品和服务带出去，使我国更有条件引进新的技术、发展新的产业，并逐步形成自己的跨国公司，更好地参与经济全球化竞争。在实施"引进来""走出去"战略的过程中，必然会产生商事组织设立、经营方面的各种法律冲突。本章通过阐述欧美国家及我国商事组织法的有关规定，使学习者充分认识到不同国家在商事组织的组织形式、法律地位、经营等制度方面存在的法律冲突，为我国企业在开展国际投资业务时选择合适的商事组织形式、防范法律风险做好准备。

第一节　商事组织法概述

预习思考题

1. 什么是商事组织？

2. 商事组织通常包括哪些形式？

3. 什么是个人独资企业？个人独资企业有什么特点？

4. 在选择商事组织形式时，应注意哪些事项？

商事组织又称商事企业，指的是依法成立，能够以自己的名义从事营利性活动，具有一定规模的经济组织。商事组织在国民经济中具有重要地位，是国民经济运行的主体和基本细胞。为适应现代商业活动和投资的需要，各国允许在实践中采用不同的商事组织形式。不同类型的商事组织在法律地位、设立程序、投资者责任、组织机构设置、融资能力、存续期限、税收等方面均有所不同，投资者应根据自己的投资目标和商业目的，选择不同的商事组织形式。

一般来说，商事组织的形式主要有个人独资企业、合伙企业和公司三种。

一、个人独资企业

个人独资企业(individual proprietorship)又称个人企业,是指由一个投资者出资,财产为投资者所有,投资者以其个人财产对企业债务承担无限责任的企业。个人独资企业通常不具有法人的地位,出资人既是企业的经营者又是企业的所有者。1999 年 8 月 30 日我国颁布了《中华人民共和国个人独资企业法》。根据该法第 8 条,设立个人独资企业,应具备以下条件:①投资人为一个自然人;②有合法的企业名称;③有投资人申报的出资;④有固定的生产经营场所和必要的生产经营条件;⑤有必要的从业人员。

个人独资企业设立程序简单,法律不对个人独资企业的设立设置严格条件,设立成本低;企业主既是企业的出资者,又是企业的经营者,独享企业的利润;企业主可以采取灵活的方式经营,是否设立内部机构完全由投资者自由掌握,企业运行效率高;个人独资企业税负较轻,无须缴纳企业所得税,企业主仅须缴纳个人所得税。但个人独资企业的投资人以其个人财产对企业债务承担无限责任,风险较大;个人独资企业的资金源于投资人的出资,融资能力有限;个人独资企业的存续往往受到限制,投资人死亡通常会导致个人独资企业解散。因此,个人独资企业虽然数量众多,但大多属于中小型企业,对国民经济不起主要作用。

二、合伙企业

合伙企业(partnership)是由两个或两个以上的合伙人为共同目标,共同出资、共同经营、共享利润、共担风险所组成的企业。大多数国家法律规定,合伙企业不具有法人资格。但有些国家,如法国、荷兰、比利时的法律,则承认合伙企业的法人地位,美国 1997 年修订《统一合伙法》时亦承认合伙企业的独立法人地位,而不再将其视为人的集合。

合伙企业的设立比较简单,费用较少;每个合伙人都有权参与合伙企业的管理;合伙企业通常也无须缴纳企业所得税,税收负担轻;合伙企业的组织管理灵活,无须设立专门的组织机构,经营具有较大的自由性。但合伙企业的合伙人对合伙企业的债务承担无限连带责任,投资风险大;合伙企业的融资能力有限,规模有限;合伙企业的存续并不稳定,一旦合伙人的死亡或退出,合伙企业就有可能解散。因此,合伙企业的经济实力和影响有限。

三、公司

公司(corporation)是依法设立的,以盈利为目的的法人组织。公司是现代国家普遍采用的一种最重要的、最富有生命力的商事组织形式。公司是国民经济的主要支柱,尤其是股份有限公司,其经济实力和影响是其他商事组织所无法比拟的。公司具有独立的法律人格和独立的财产权,能够以自己的名义享有权利和承担义务。股东是公司的出资人,但公司的管理权通常集中在公司管理层手中。公司股东承担有限责任，投资风险大大降低；公司股权可以自由转让，公司可以长期存在，其存续不受股东死亡或退出的影响；公司可以通过发行股票和债券募集资本，融资能力强。但公司设立的程序往往比较复杂，设立成本高；公司的组织机构往往比较复杂，运行的成本高、效率低；公司除股东缴纳个人所得税外，公司本身还须缴纳企业所得税，税收负担较重。

第二节　合伙企业法

预习思考题

1. 什么是合伙企业？合伙企业有哪些特征？

2. 合伙企业可以分为哪些类型？各自的特点是什么？

3. 如何判断事实上的合伙？

4. 合伙人的权利和义务有哪些？

案例 6-1

　　柴肯、斯崇柴拉和斯皮策签订了一份经营酒店的合伙协议。根据协议规定，柴肯以房屋、酒店用品和经营许可证出资，其余两人提供经营所需的厨师劳务。经营所得的毛利润按一定比例在三人之间分配，有关酒店的所有事项均由柴肯决定。协议还规定了斯崇柴拉和斯皮策的工作和休息时间。特拉华州就业保障委员会认为斯崇柴拉和斯皮策并非酒店的合伙人，而是柴肯的雇员。而柴肯认为三人之间是合伙关系，所以自己并不需要缴纳失业补偿金。

　　法官查明，在本案中，酒店由柴肯一人管理，其余两人并没有管理权；协议规定了另外两名厨师的工作和休息时间；协议也没有规定酒店解散后另外两名厨师剩余财产分配权；更为重要的是，协议规定在三人之间分配的是经营所得的毛收入，而非净利润。

　　问题：

　　1. 从事实来看，本案是否存在合伙关系？

　　2. 改变以上案情，假设三方约定柴肯负责销售，后柴肯擅自购买了一批牛肉，送至酒店时，斯崇柴拉和斯皮策拒收，说柴肯只负责销售，斯崇柴拉和斯皮策的做法是否正确？此事应如何处理？

　　3. 假设酒店因经营管理不善，企业发生亏损，欠外债及银行贷款 200 万元。同时柴肯个人欠外债 20 万元，经查明，三人的出资份额是柴肯 50%，另外两人分别出资 25%，柴肯有汽车存款等共 25 万元。债权人要求柴肯清偿合伙企业全部债务，柴肯提出自己的出资份额只有 50%，因此只应偿还 50% 的债务，柴肯的说法有道理吗？柴肯的个人财产应优先偿还合伙企业债务还是个人债务？

4．如何通过运用国际商法知识，助力中方投资者在涉外经济贸易活动中应对类似的企业与合伙人间法律纠纷风险？

一、合伙企业概述

（一）合伙企业的概念与特征

合伙企业是由二个或二个以上的合伙人为共同目标，共同出资、共同经营、共享利润、共担风险所组成的企业。一般而言，合伙企业具有以下法律特征：

1．合伙是基于合伙协议产生的。合伙人之间的关系是一种契约关系，合伙协议规定了合伙人的权利和义务。

2．合伙人共同出资、共同经营。合伙人的出资是合伙企业经营的物质条件，合伙人既是企业的出资者，也是企业的经营者，每一个合伙人都有权参与合伙事务的管理。

3．在普通合伙中，合伙人对合伙企业的债务承担无限连带责任，合伙人以其个人的全部财产作为合伙企业债务的担保。合伙企业财产不足以清偿合伙企业债务时，任何一个合伙人都应向合伙企业债权人履行全部清偿的义务，合伙人不得以其出资或盈利分配的比例为由拒绝清偿。但是在普通的特殊合伙企业和有限合伙中，合伙人承担的责任有所不同。《中华人民共和国合伙企业法》规定，以专业知识和专门技能为客户提供有偿服务的专业服务机构，可以设立为特殊的普通合伙企业。特殊的普通合伙企业的合伙人在执业活动中因故意或者重大过失造成合伙企业债务的，应当承担无限责任或者无限连带责任，其他合伙人以其在合伙企业中的财产份额为限承担责任。合伙人在执业活动中非因故意或者重大过失造成的合伙企业债务及合伙企业的其他债务，由全体合伙人承担无限连带责任。在有限合伙中，普通合伙人对企业债务承担无限连带责任，有限合伙人则以认缴的出资额为限对企业债务承担责任。

（4）合伙人与合伙企业关系密切。合伙企业是合伙人的联合，合伙人的死亡、退出或破产都会影响合伙企业的存续。

（二）合伙的分类

1．普通合伙与有限合伙

普通合伙企业由普通合伙人组成，合伙人对合伙企业债务承担无限连带责任。有限合伙企业由普通合伙人和有限合伙人组成，普通合伙人对合伙企业债务承担无限连带责任，有限合伙人以其认缴的出资额为限对合伙企业债务承担责任。

2．显名合伙与隐名合伙

显名合伙是指各合伙人公开其身份和姓名，并具体参与合伙经营事务的合伙。隐名合伙是指当事人通过契约约定，一方对于他方所经营的事业出资，不参与经营但分享营业利益，并以出资额为限分担营业损失。出资一方即为隐名合伙人，经营一方为显名合伙人。

3．民事合伙与商事合伙

民事合伙是指不以盈利为目的的合伙和虽以盈利为目的，但未达到一定规模的合伙。商事合伙是指以盈利为目的并且达到一定经营规模的合伙。民事合伙和商事合伙是大陆法系国家的传统分类，分别适用民法典和商法典的相关规定。

(三) 各国有关合伙的法律规定

合伙是一种古老的商事组织形式，其历史可追溯至古巴比伦、古希腊及罗马帝国时期。早在《汉谟拉比法典》中就有记载："倘自由民以银与自由民合伙，则彼等应在神前均分其利益。"现代大陆法系国家有关合伙的规定主要在民法典和商法典中。《德国民法典》第二编第十六节第 705 条至第 740 条规定了民事合伙；《德国商法典》第二编第 105 条至第 160 条则规定了商事合伙。《法国民法典》第三卷第九编规定了民事合伙，而《法国商法典》有关商事合伙的规定则被后来的《商事企业法》取代。

英美法系的合伙法大多采用单行法的形式。英国于 1890 年即制定了合伙法，迄今为止仍然有效。美国的合伙法为州法，各州的差异较大。为了消除各州之间的差异，美国 NCCUSL 1914 年制定了《统一合伙法》(*Uniform Partnership Act*)供各州采纳，《统一合伙法》推出后，又经过了多次修订。

中国有关合伙的规定主要体现在《民法典》和《合伙企业法》中。《民法典》有关合伙的规定置于第四章"非法人组织"和第二十七章"合伙合同"中，其中第二十七章对合伙合同作出了一般性规定，包括合伙合同的定义、合伙人出资义务、合伙财产范围、合伙事务的执行、合伙利润分配、合伙人责任、合伙合同的终止等规定。《合伙企业法》于 1997 年通过，2006 年进行了修订，对合伙企业的设立、合伙企业财产、合伙企业的事务执行、合伙企业与第三人关系、入伙、退伙、合伙企业的解散与清算、法律责任等方面进行了较为全面的规定，并增加了有限合伙和特殊的普通合伙两种合伙企业类型，完善了我国合伙企业法律制度。《民法典》关于合伙合同的规定主要调整民事合伙，《合伙企业法》则作为特别法主要调整商事合伙，对商事合伙而言优先适用；但《民法典》有关合伙合同的一般性规定，同时也是调整商事合伙的补充法。[①]

二、合伙企业的设立条件

1．二个或二个以上合伙人

合伙企业至少要有二个或二个以上的合伙人。无论是大陆法系，还是英美法系，大多不禁止法人担任合伙人。我国《合伙企业法》亦未把法人排除在合伙人之外，但禁止国有独

---

① 王利明.论民法典对合伙协议与合伙组织体的规范[J].甘肃社会科学,2019(3):27-35.

资公司、国有企业、上市公司及公益性的事业单位、社会团体担任普通合伙人。

2. 合伙协议

合伙的设立通常以合伙人达成合意为前提,合伙人之间的合意就体现在合伙协议之中。合伙协议是全部合伙法律关系的核心和基础,是规定合伙人之间、合伙人与合伙企业之间法律关系的法律文件,对每一合伙人均具有约束力。大陆法系国家通常要求合伙的设立必须有明确的协议存在。而英美法系国家认为,即使合伙人之间并未订立明确的合伙协议,如果符合一定的条件,合伙人之间也存在合伙关系。这种合伙通常被称为事实上的合伙。法院在认定是否存在事实上的合伙时,通常考虑以下事实:①企业是否以盈利为目的;②当事人是否共享利润和共担风险;③当事人是否均参与经营管理。反之,当事人即使签订了合伙协议,如果不满足以上条件,当事人之间也不存在合伙关系。

中国《合伙企业法》第14条规定,设立合伙企业,合伙人应签订书面合伙协议。合伙协议应当包括以下主要内容:①合伙企业的名称和主要经营场所的地点;②合伙目的和合伙企业的经营范围;③合伙人的姓名及其住所;④合伙人出资的方式、数额和缴付出资的期限;⑤利润分配和亏损分担办法;⑥合伙企业事务的执行;⑦入伙与退伙;⑧争议解决办法;⑨合伙企业的解散与清算;⑩违约责任。

3. 合伙人出资

各国法律通常不对合伙人的出资形式进行限制。合伙人可以用货币、实物、知识产权、土地使用权或者其他财产权利出资,也可以用劳务出资。

4. 合伙企业的设立登记

合伙企业的设立手续通常比较简便,有些国家要求履行申请登记手续,有些国家则不要求。大陆法系的国家大多要求商事合伙企业必须在商业登记册上注册登记,方能成立。英美法系的国家对普通合伙一般不要求政府批准登记。美国法则对律师业、医师业等少数行业的合伙组织要求须向主管部门申领开业执照后才能正式从业。中国《合伙企业法》规定,申请合伙企业设立登记,应当向企业登记机关提交申请书、合伙协议书、合伙人身份证明等文件。合伙企业的营业执照签发日期,为合伙企业成立日期。

三、合伙企业的内部关系

合伙企业内部关系指合伙人之间的关系。合伙人的权利义务通常由合伙协议予以规定,所以合伙人之间存在契约关系。

(一) 合伙人的权利

1. 分享利润的权利

合伙人有权根据合伙协议规定的比例分享企业所得利润。如果协议中没有规定,则按合伙法规定分配。美国《统一合伙法》和《德国民法典》规定在合伙协议没有约定时,合伙人之间平均分配利润。《法国民法典》则规定根据合伙人的出资额决定分配比例。中国《合伙企业法》与《法国民法典》类似,前者的第 32 条规定:"合伙协议未约定或者约定不明确的,由合伙人协商决定;协商不成的,由合伙人按照实缴出资比例分配;无法确定出资比例的,由合伙人平均分配。"

2. 参与经营管理的权利

合伙人作为企业的出资人,均有权参与合伙企业的经营管理。但在实践中,合伙协议通常约定由某一位或某几位合伙人负责合伙企业的日常经营管理。

3. 监督和检查账目的权利

每一合伙人均有权了解合伙企业的经营情况,不参加合伙事务执行的合伙人有权监督执行事务的合伙人,检查其执行合伙企业事务的情况。合伙人为了解合伙企业的经营状况和财务状况,有权查阅合伙企业会计账簿等财务资料,合伙协议不得不合理地限制合伙人的此项权利。

4. 对合伙事务的表决权

对合伙企业有关事项通过表决作出决议时,合伙人通常有参与表决的权利。表决办法由合伙协议作出规定,在合伙协议没有约定时,通常实行合伙人一人一票并经全体合伙人过半数通过的表决办法。但中国《合伙企业法》规定,除合伙协议另有约定外,合伙企业的下列事项应当经全体合伙人一致同意:①改变合伙企业的名称;②改变合伙企业的经营范围、主要经营场所的地点;③处分合伙企业的不动产;④转让或者处分合伙企业的知识产权和其他财产权利;⑤以合伙企业名义为他人提供担保;⑥聘任合伙人以外的人担任合伙企业的经营管理人员。

(二) 合伙人的义务

1. 缴纳出资的义务

合伙人应按照合伙协议规定的时间、数额和方式履行出资义务。未履行出资义务的合伙人,应对其他合伙人承担违约责任。

2. 信义义务

合伙人对合伙企业和其他合伙人负有信义义务(fiduciary duty),即合伙人应负最大诚信、绝对忠诚的义务。合伙人不得密牟私利,不得与合伙企业相竞争,不得损害合伙企业的利益。此项义务是绝对的,合伙协议不能免除合伙人的此项义务。法院在认定合伙人是否违反了信义义务时通常十分严格。例如,在梅恩赫尔德诉萨蒙案中,法院就依据该义务作出了判决。1902 年 4 月,被告萨蒙与出租人盖利订立一份房产租赁合同,欲将该房产改建为商店和办公室,租期 20 年。与此同时,被告与原告梅恩赫尔德订立一份合伙协议,约定由原告提供该物业重建、改建、管理及运营所需要的半数资金,该物业的管理、租出、转租及运营由被告全权处理,原告在租期的前 5 年内每年可获得 40％的净利润,之后则每年可获得50％的净利润。1922 年 1 月,即租约快到期时,该房产的新主人找到被告,与被告所拥有、控制的房地产公司签订了一份新租约。此事被告对原告只字未提。后来原告听说此事,要求被告将此租约作为合伙企业的信托资产,并提出分担担保的相关个人义务,但被拒绝。因此原告提起诉讼,法官认为被告作为负责经营管理的合伙人获得新租约,却事先未告诉其他合伙人,是未尽绝对忠诚之责,违反了信义义务。故判原告胜诉。

在查理诉克莱门特案中,查理和克莱门特兄弟设立了一合伙企业,企业的账目由克莱门特保管。1994 年查理发现他的哥哥利用企业资金进行了几笔重大的私人投资,于是提起了诉讼。法院认为,合伙人之间存在信义关系,在交易过程中互相负有信义义务,不得擅自利用企业财产为自己牟取利益,负有向其他合伙人正确披露一切重大事实的义务。合伙人如果把合伙企业财产和个人财产混淆,就有义务证明他没有违反信义义务,没有损害合伙企业利益。克莱门特用自己的名义进行了几笔重大投资,但并不能解释清楚他的投资资金从何而来。因此,克莱门特违反了信义义务,查理有权要求赔偿。

合伙人的信义义务还要求合伙人在执行合伙事务的过程中,尽谨慎和注意之责。如果合伙人有重大过失、轻率或故意的行为,或者故意违反法律规定,给合伙企业造成损失的,其他合伙人有权请求赔偿。合伙人的此项义务亦不能通过合伙协议免除。但美国合伙法允许合伙人通过合伙协议适当减轻此项义务或者设定更高的义务履行标准。

3. 服从的义务

合伙人应按照合伙协议的规定和合伙企业的决议执行合伙事务。如果合伙人违反了此项义务,应对其他合伙人承担赔偿责任。

四、合伙的外部关系

合伙的外部关系指合伙企业与第三人的关系。合伙企业与第三人的关系具有以下特点。

(1) 合伙人相互代理原则。根据这一原则,每个合伙人都是其他合伙人和合伙企业的代理人,在通常营业过程中的行为对其他合伙人和合伙企业均具有约束力。如果合伙人的行为并非发生在通常营业过程中,除非经其他合伙人授权,否则不对合伙企业产生约束力。

(2) 合伙企业对合伙人执行合伙事务及对外代表合伙企业权利的限制,不得对抗善意第三人。也就是说,如果第三人对合伙人权利受限并不知情,该合伙人与第三人之间的交易对合伙企业具有约束力。但如果第三人在同该合伙人进行交易时,知道该合伙人的权利受到限制,该合伙人的行为就不能约束合伙企业和其他合伙人。

(3) 合伙人在执行合伙事务过程中,因过错或疏忽给第三人造成损失的,由合伙企业承担责任。合伙企业承担责任后,有权向该合伙人追偿。

(4) 禁反言合伙(partnership by estoppel)。禁反言合伙是英美法系的一项重要制度。根据美国《统一合伙法》第 308 节,某人虽然不是合伙人,但以言辞或行为表明他是合伙人,或者同意他人表明他是合伙人,从而使第三人对这种表述产生信赖并与合伙企业进行了交易,则此人应对第三人承担与其他合伙人同样的责任。《英国合伙法》第 14 条亦有类似规定。在建筑公司诉杰弗瑞和卡芬尼案中,被告杰弗瑞是 J 建筑公司的客户。杰弗瑞带卡芬尼到原告处,当着卡芬尼的面介绍说:"这是我的新合伙人,我们准备做生意,以前的账户不用了,改用 Perry Masonry,卡芬尼将有很多钱投入这笔生意。"卡芬尼没有说话。于是原告开立了以 Perry Masonry 为付款人的汇票并开始交付货物。当原告未能收到货款时,原告的财务经理找到卡芬尼要求付款,卡芬尼拒绝支付,否认自己是合伙人。于是原告提起诉讼。法官认为,在同原告交谈时,卡芬尼默不作声。杰弗瑞说卡芬尼是合伙人并将投入许多钱给 Perry Masonry,卡芬尼完全明白杰弗瑞表述的含义。此时,如果卡芬尼拒绝做他的合伙人,卡芬尼有义务向原告做一个否认的表示以避免原告误信其为合伙人,卡芬尼没有这样做,因此,卡芬尼应当被看成一个禁反言合伙人对原告承担责任。

(5) 合伙企业应先以其全部财产清偿企业债务,不足以清偿的,合伙人承担无限连带责任。合伙人不得以合伙人内部有关债务承担份额的约定对抗合伙企业的债权人。如果合伙人清偿的数额超过其应承担的比例,合伙人在清偿后可向其他合伙人追偿。

五、入伙与退伙

(一) 入伙

入伙指的是在合伙企业存续期间,原来不具有合伙人身份的自然人、法人或其他组织加入合伙企业,取得合伙人身份的法律行为。新合伙人入伙时,是否须经其他合伙人同意?对此,英国、美国和德国的合伙法均未明确规定,但《法国民法典》规定,合伙人未经其他合伙人同意,不得使第三人为合伙企业的合伙人。中国《合伙企业法》第 44 条规定:"新合伙人入伙时,应当经全体合伙人同意,并依法订立书面入伙协议。"对于新合伙人对在其入伙前合伙所负债务的承担,各国合伙法的规定有分歧。英美法系国家合伙法认为新合伙人不需承担责任,德国和我国则要求新合伙人和其他合伙人一样,承担无限连带责任。而有的国家法律未作明确规定,如日本、瑞士等。

(二) 退伙

退伙是在合伙企业存续期间,合伙人身份因一定事由的发生而消灭的法律行为。根据退伙的事由,退伙可分为协议退伙、声明退伙、当然退伙和除名退伙。

1. 协议退伙

协议退伙指合伙协议约定合伙期限的,合伙人依据一定的事由退出合伙企业的行为。

《法国民法典》在合伙协议约定经营期限时,要求合伙人退伙是有正当理由的,并把正当理由的认定交由法院决定。中国《合伙企业法》第 45 条则规定,合伙协议约定合伙期限的,有下列情形之一时,合伙人可以退伙:①合伙协议约定的退伙事由出现;②经全体合伙人同意退伙;③发生合伙人难于继续参加合伙企业的事由;④其他合伙人严重违反合伙协议约定的义务。

2. 声明退伙

声明退伙是一种单方法律行为,指依合伙人的单方意思表示退出合伙企业的行为。有的国家,如德国,退伙人声明只需告知其他合伙人;有的国家,如法国,则主张退伙人应将退伙事由通知其他合伙人,并且善意、适时宜。英国合伙法则规定,在没有约定经营期限时,合伙人可以随时通知其他合伙人表示退伙。中国《合伙企业法》的声明退伙适用前提是合伙协议未约定合伙期限。此时合伙人在不给合伙企业事务执行造成不利影响的情况下,提前 30 天通知其他合伙人,即可退伙。

3. 当然退伙

当然退伙是指不基于合伙人的意思,而依法律规定的事由而当然发生的退伙。例如,《日本民法典》第 679 条规定,法定退伙事由有:①死亡;②破产;③禁治产;④除名。中国《合伙企业法》第 48 条也规定,合伙人有下列情形之一的,当然退伙:①死亡或者被依法宣告死亡;②个人丧失偿债能力;③作为合伙人的法人或者其他组织依法被吊销营业执照、责令关闭、撤销,或者被宣告破产;④法律规定或者合伙协议约定合伙人必须具有相关资格而丧失该资格;⑤被人民法院强制执行在合伙企业中的全部财产份额。

4. 除名退伙

除名退伙指合伙企业根据某种正当理由,将某一合伙人从合伙企业中除名而使该合伙人退伙。《德国商法典》规定,如果合伙人因故意或重大过失违反其根据合伙协议应承担的重大义务,或因故意或重大过失致使该义务履行不能,则其余合伙人可以申请法院开除该名合伙人。中国《合伙企业法》第 49 条规定,合伙人有未履行出资义务,因故意或者重大过失给合伙企业造成损失,执行合伙企业事务时有不正当行为或合伙协议约定的其他事由的,经其他合伙人一致同意,可以决议将其除名。

六、合伙企业的解散

合伙企业的解散分为协议解散和依法解散。协议解散指的是合伙企业依合伙人之间的协议而解散。当合伙协议规定了经营期限或约定以完成某一事项为存续期限,合伙期限届满或该事项实现时,则合伙企业宣告解散。如果没有约定经营期限,合伙人亦可事后达成协议宣告解散合伙企业。

依法解散指根据合伙法的规定解散或根据法院的命令解散。合伙法规定的解散情形通常有：①合伙人死亡或破产；②合伙企业破产；③合伙经营事项违法或合伙人的经营行为违法；④合伙人退出未规定经营期限的合伙企业。合伙人可以请求法院解散合伙企业的情形包括：①法院确认合伙人精神永久不正常或合伙人有其他不能再履行合伙协议约定义务的情形；②合伙人被法院判决有罪的行为与合伙营业相关；③合伙人故意、持续地违反合伙协议，或者其他合伙人认为其行为不合理；④合伙企业只能亏损运行。

中国《合伙企业法》规定合伙企业有下列情形之一的，应当解散：①合伙期限届满，合伙人决定不再经营；②合伙协议约定的解散事由出现；③全体合伙人决定解散；④合伙人已不具备法定人数满 30 天；⑤合伙协议约定的合伙目的已经实现或者无法实现；⑥依法被吊销营业执照、责令关闭或者被撤销；⑦法律、行政法规规定的其他原因。但中国合伙法未规定合伙人请求法院解散合伙的权利。

合伙企业解散后，就要对合伙企业财产进行清算。清算由合伙人全体或由其选任的人进行。如果清偿完企业债务后，企业尚有剩余财产，合伙人有权参与分配。如果企业财产不足以清偿债务，则合伙人负无限连带责任。

七、有限合伙

(一) 有限合伙(Limited Partnership，LP)概述

LP 由普通合伙人和有限合伙人组成，普通合伙人对企业债务承担无限连带责任，有限合伙人以认缴的出资额为限对企业债务承担责任。

第一部现代意义的有限合伙法是英国 1907 年的《有限合伙法》，该法一直沿用至今。美国的有限合伙法为州法。最早制定有限合伙法的是纽约州和肯塔基州，随后很多州纷纷仿效制定了各自的有限合伙法。为了促进该法的统一，1916 年美国 NCCUSL 制定了《统一有限合伙法》(*Uniform Limited Partnership Act*) 供各州采纳。1976 年、1985 年、2001 年多次对该法进行修订。截至 2021 年 10 月，2001 年的《统一有限合伙法》已有 24 个州通过立法采纳。[①]

拓展阅读

(二) LP 的设立

设立普通合伙通常不需要特别的程序，但是 LP 的设立需要满足有限合伙法的规定。如果没有采取相应的程序设立，有限合伙人不能享有有限责任。美国有限合伙法要求设立 LP 须到州务卿处注册以获取证书，设立提交的文件要包含以下信息：有限合伙人的姓名或名称、有限合伙企业的住所、普通合伙人的姓名或名称及营业地址，以及其他普通合伙人认为应包含在证书中的事项。英国的有限合伙法还要求包含有限合伙人的出资信息。

---

① https://www.uniformlaws.org/committees/community-home? CommunityKey = d9036976-6c90-4951-ba81-1046c90da035.

中国的《合伙企业法》对 LP 的要求更为复杂一些,主要体现在有限合伙企业设立提交的书面合伙协议应包含的内容上。根据中国《合伙企业法》第三章"有限合伙企业"的规定,合伙协议除载明普通合伙协议应载明的内容外,还应当载明下列事项:①普通合伙人和有限合伙人的姓名或者名称、住所;②执行事务合伙人应具备的条件和选择程序;③执行事务合伙人权限与违约处理办法;④执行事务合伙人的除名条件和更换程序;⑤有限合伙人入伙、退伙的条件、程序及相关责任;⑥有限合伙人和普通合伙人相互转变程序。此外,我国还把有限合伙企业的人数限制在 2 人以上 50 人以下。

(三)有限合伙人的权利和义务

1. 有限合伙人有权参与企业的经营管理

早期的有限合伙法认为,有限合伙人参与了企业的经营管理,就要对企业的债务承担责任。但后来的有限合伙法允许有限合伙人有限度地参与企业的控制,并用列举的方式规定了有限合伙人可以进行的"安全港(safe harbor)"行为。2001 年的《统一有限合伙法》彻底废除了对有限合伙人参与经营控制企业的限制。但中国《合伙企业法》第 68 条规定,有限合伙人不执行合伙事务,不得对外代表有限合伙企业。

2. 有限合伙人的知情权

有限合伙人有权自行或者委托代理人查阅合伙企业会议记录、财务会计报表及其他经营管理资料,从而了解和监督有限合伙的经营状况。

3. 有限合伙人的表决权

合伙协议可以赋予有限合伙人对一定事务的表决权。有限合伙人有权决定普通合伙人入伙、退伙,有权参与选择承办有限合伙企业审计业务的会计师事务所,等等。

4. 有限合伙人的利润分享权

有限合伙人有权根据合伙协议的规定分享企业利润。如果合伙协议没有规定,则根据出资比例分享。

5. 有限合伙人通常不用承担信义义务

有限合伙人可以同本有限合伙企业进行交易;可以自营或者同他人合作经营与本有限合伙企业相竞争的业务。

6. 有限合伙人的赔偿责任

中国《合伙企业法》规定,有限合伙人未经授权以有限合伙企业名义与他人进行交易,给有限合伙企业或者其他合伙人造成损失的,该有限合伙人应当承担赔偿责任。

八、有限责任合伙

有限责任合伙(limited liability partnership,LLP)是在普通合伙基础上发展起来的,

LLP 中的合伙人对合伙企业的债务不再承担无限连带责任。1991 年得克萨斯州在合伙法中首先提出了有限责任合伙的概念,其他各州随后纷纷仿效。早期的 LLP 立法中,合伙人仅对其他合伙人的疏忽行为不承担连带责任,但就其他原因引起的合伙企业债务仍须承担无限连带责任。中期的立法则扩张了合伙人有限责任的范围,合伙人对其他合伙人疏忽、渎职、不当行为或错误行为引起的合伙企业侵权或契约责任,不再承担连带责任;但如果通常的契约责任,如对供应商的债务,合伙人仍需承担无限连带责任。1994 年,明尼苏达州的有限责任合伙法率先对 LLP 的合伙人提供"全面的有限责任保护",即有限责任保护不仅适用于侵权债务,还适用于违约债务。1996 年美国 NCCUSL 在修行《统一合伙法》时,增加了 LLP 的规定,也同时接纳了"全面的有限责任保护"原则。[①] 但各州的有限责任合伙法规定了一些例外情形,要求合伙人对合伙企业的债务承担无限责任。具体来说,大概有以下情形:第一,因合伙人自身的过错行为引起的对他人债务或对第三人的侵权责任,该合伙人应承担无限责任;第二,合伙人明知另一个合伙人的失职行为却未采取合理的预防或补救措施,该合伙人对该行为造成的债务不受有限责任保护;第三,合伙人对受自己监督(supervision)人员的失职行为所造成的债务承担无限责任。

LLP 在美国的盛行也影响了英国,英国于 2000 年通过了《有限责任合伙法》。与美国不同的是,美国把 LLP 视为普通合伙的一种变形,而英国则在第 1 条就直接规定,LLP 是独立的法人(body corporate)。

美国的 LLP,首先应具备普通合伙的形式,才可以根据合伙法的规定向州务卿申请注册为 LLP。大部分州的有限责任合伙法要求大部分合伙人同意注册为 LLP,少部分州则要求所有的合伙人一致同意。英国的《有限责任合伙法》则允许直接设立 LLP。

中国的《合伙企业法》则规定,以专业知识和专门技能为客户提供有偿服务的专业服务机构,可以设立为特殊的普通合伙企业。特殊的普通合伙企业的合伙人在执业活动中因故意或者重大过失造成合伙企业债务的,应当承担无限责任或者无限连带责任,其他合伙人

拓展阅读

以其在合伙企业中的财产份额为限承担责任。合伙人在执业活动中非因故意或者重大过失造成的合伙企业债务及合伙企业的其他债务,由全体合伙人承担无限连带责任。从我国法律的规定来看,在特殊的普通合伙企业中,有限责任保护范围较为狭窄,即合伙人的有限责任保护范围限于其他合伙人在执业中因重大过错造成的债务。

第三节 公 司 法

预习思考题

1. 什么是公司? 公司具有哪些法律特征?

---

① 刘庆飞.有限责任合伙中的有限责任保护范围[J].社会科学,2009(5):92-96.

2. 何谓"揭开公司面纱"原则？试举例说明。

3. 什么是有限责任公司？什么是股份有限公司？两者有何区别？

4. 什么是公司章程？大陆法系的公司章程与英美法系的公司章程有何差异？

5. 什么是公司资本？各国公司法对公司资本有哪些原则规定？

6. 什么是公司治理？公司治理的重要意义是什么？

7. 担任董事有什么要求？董事的义务有哪些？

8. 什么是派生诉讼？派生诉讼的要件有哪些？

9. 什么是公司的司法解散？公司的司法解散有哪些原因？

案例 6-2

福特公司是一家封闭持股公司。亨利·福特(Herry Ford)拥有 58.5％的股票,是支配人物,道奇兄弟拥有 10％的股票。公司运营极为成功,它每年的利润大约有 6000 万美元,去掉负债后,盈余为 112000 万美元,声明资本仅为 2000 万美元。它每年一直支付 120 万美元的固定股息和大约 1000 万美元的特别股息(红利)。但是福特让公司停止支付特别股息,道奇兄弟感到不满,遂提起诉讼。福特对停止支付特别股息的解释是:公司需要资金扩展业务建造一家工厂,而福特不想公司从将来的销售收入(虽然很容易办到)中获得扩展业务所需要的资金,因为他想降低汽车的价格而服务于社会和有利于他人。但福特并不认为降低汽车价格所提高的销售额能够提高公司的利润,也就是说,降低价格的政策将损害公司的利润。福特的观点是股东赚的钱绰绰有余,美国的消费者和工人应得到价格下降的好处,因为一味追求利润并不光彩。密歇根州最高法院不赞同福特的这种"社会福利"观点:慷慨大方在道德上是好的,但是请对你自己的钱慷慨大方,而不要对他人的钱慷慨大方。福特假定的股东对普通公众负有的义务与法律上他和他的董事对中小股东负有的义务之间不应当发生混淆。商业公司的组建和存续主要是为了股东的利益。董事权力的行使应当围绕这个目的进行。董事支配权的行使应当在能够达到这个目的的方法中进行选择,而不能扩展到改变这种目的本身,不能为了服务于其他目的而导致股东的利润减少或者不分配利润。[①]

问题:

1. 从公司资本和股东权利的角度看,本案中道奇兄弟是否有权请求公司分配红利？本案中道奇兄弟是否可以通过起诉请求法院强制分配红利,这会造成什么影响？

2. 道奇兄弟若提起请求强制分配红利之诉,被告是福特公司还是自然人股东亨利·福特？

3. 什么是公司的社会责任？你是否同意本案法官的意见？

4. 如何通过运用国际商法知识,助力中国企业在涉外经济贸易活动中应对类似的

---

① Dodge v. Ford Motor Co. 204 Mich. 459.

公司股东法律纠纷风险?

一、公司与公司法概述

(一)公司的概念与特征

公司是依法设立的、以盈利为目的的法人组织。公司具有以下特征。

1. 公司以盈利为目的

投资者设立公司的目的就是获取利润。所以公司存在的主要目标就是追求利润的最大化,以最大限度满足股东投资公司的回报要求。公司的营利性意味着公司通过事业的经营把获得的收益分配给公司的投资者,即股东。如果法人的最终目的不是分配收益,而是为了互助或公益,则即使法人采取了盈利的手段,也不视为具有营利性。公司的这一特征使之与公益社团法人、国家机关法人等区别开来。

公司的营利性近年来随着公司社会责任(corporate social responsibility)理论和实践的发展受到了一定程度的冲击。公司社会责任要求公司在追求利润最大化的同时,也要兼顾其他利益相关者(stakeholders)的利益。利益相关者包括雇员、消费者、政府、供应商、利益团体(如环境保护组织),以及公司经营会对其造成影响的其他利益相关者。ALI《公司治理指南》第 2.01 条指出以下几点。

(1)除非法律另有规定,公司的经营活动应当以增强公司利润和股东收益为目标。

(2)即使公司利润和股东收益没有得到增强,公司在其经营活动中依然:①有义务像自然人一样在法律的界限内实施行为;②可以从事合理的非营利性伦理目的的事业;③可以进行合理的公益、人权、教育和慈善捐赠。[①]《中华人民共和国公司法》(以下简称《公司法》)则在第 5 条明确规定:公司从事经营活动,必须遵守法律、行政法规,遵守社会公德、商业道德,诚实守信,接受政府和社会公众的监督,承担社会责任。

2. 公司是独立的法人

公司具有独立的人格。公司的独立人格意味着[②]:首先,在理论上,公司可以永久存续,不受自然人寿命有限的约束。股东、董事、高级管理人员的死亡、退出或增加都不会影响公司的存在。其次,公司取得了法律上的主体资格,即以自己的名义参加诉讼、处分财产和债权债务及独立地对外承担责任的资格。最后,集中管理和决策。公司由股东选出的董事会进行管理,公司的管理权掌握在董事及高级管理人员手中。尤其是在大型公司中,作为公司出资人的股东往往并不参与企业的经营管理。

3. 公司股权可以自由转让

与合伙企业不同,公司股权转让要相对容易很多。尤其是存在自由转让股份的市场,

---

① 施天涛.公司法论[M].4 版.北京:法律出版社,2018:55.
② 邓峰.普通公司法[M].北京:中国人民大学出版社,2009:106-110.

公众公司的股东可以在这个市场上自由地买卖股份。这一点是其他企业无法比拟的。股权的自由转让为股东提供了灵活的退出机制。通过股权的转让,股份的价值也可以得到提高,最大限度地反映财产的价值。

4．有限责任

有限责任指的是股东仅以出资额为限承担有限责任。股东有限责任制度是现代公司制度的核心,被誉为"当代伟大的独一无二的发明"。有限责任制度具有分散投资风险、刺激投资者积极性、扩大经营规模、降低公司成本等方面的优势,其出现大大推动了经济的迅速发展。

（二）公司分类

1．无限公司、两合公司、有限责任公司和股份有限公司

按照股东对公司债务所负责任的不同,可以把公司分为无限公司、两合公司、有限责任公司和股份有限公司。其中有限责任公司和股份有限公司是最普遍存在的公司类型。我国公司法仅允许设立有限责任公司和股份有限公司。

（1）无限公司

无限公司又称无限责任公司,指的是由二个以上的股东组成的,股东对公司债务负无限连带责任的公司。无限公司股东对公司的债务以自己的全部财产作为公司债务的担保,当公司资产不足以清偿公司债务时,股东须以自己的个人财产来清偿。公司债权人可以要求任何一位或几位股东予以偿还全部债务,股东不得以其出资或盈利分配的多少为由来拒绝清偿。无限公司是典型的人合公司,其信用来自股东本身而不是资本。无限公司在许多方面的特点与合伙企业相似,但有的国家承认无限公司的法人地位。在现代西方国家中,无限公司数量较少,不是一种重要的公司组织形式。

（2）两合公司

两合公司是指由承担有限责任的股东和承担无限责任的股东组成的公司。负无限责任的股东对公司债务承担无限连带责任,在公司中占主导地位,享有代表和管理公司的权利。负有限责任的股东对公司债务仅以出资额为限,无权代表和管理公司。两合公司是大陆法系国家的商事组织形式,为数不多。

（3）有限责任公司

有限责任公司由一个或一个以上的股东组成,股东以其认购的出资额为限对公司承担责任。有限责任公司数量众多,许多中小企业往往采用这种组织形式。有限责任公司首创于 19 世纪末的德国。1892 年德国颁布了《德国有限责任公司法》,随后欧洲各国相继仿效。大陆法系国家大多颁布了单行的有限责任公司法,而英美法系国家大多没有进行单独立法。

有限责任公司具有以下法律特征。

第一,有限责任公司具有封闭性。具体表现为:公司设立时,股东人数有一定限制;不得向社会公开募集股份,不得发行股票;股东对外转让出资,须经其他股东同意,同等条件下,其他股东有优先购买权;公司账目无须向社会公开。

第二,有限责任公司设立简单,组织机构设置灵活。有限责任公司设立方式简单,法律通常不过多限制;人数较少、规模较小的有限责任公司可以不设董事会和监事会,设立执行董事和监事即可,公司法对此干预较少。

第三,有限责任公司兼具人合性。有限责任公司对外承担责任的基础是公司资本,具有资合性,但通常有限责任公司股东之间彼此联系紧密,大多参与公司的经营管理。当股东对外转让出资时,要受到一定限制。这又体现了有限责任公司的人合性特征。

美国公司法上有一种公司组织形式叫有限责任企业(limited liability company,LLC)。LLC 与传统的有限责任公司既有相同点,也有不同点。LLC 具有法人地位,股东承担有限责任,股份可以转让,也具有永久存续性。但是 LLC 可以和合伙企业一样,只需缴纳个人所得税;LLC 的出资者不称为股东而称为成员(member),所有的成员都有权参与企业的经营管理,成员的权利义务及公司的运行由所有成员签署的经营协议(operating agreement)决定;LLC 不一定以盈利为目的。美国各州都有关于 LLC 的立法。为了统一各州立法,1995年美国 NCCUSL 制定了《统一有限责任企业法》(*Uniform Limited Liability Company Act*),2006 年又进行了修订。截至 2021 年 10 月,已有 22 个州通过了 2006 年《统一有限责任企业法》。[①]

(4)股份有限公司

股份有限公司是指资本分为等额股份,股东以其认购的股份为限对公司承担责任的公司。股份有限公司数量虽然不多,却是现代国家作用最大、地位最重要的一种公司形式。

股份有限公司具有以下特征。

第一,公司资本分为等额股份。股份有限公司全部资本分为等额股份,股份是公司资本的基本单位。股份有限公司的股份采用股票的形式表示,股东根据持有的股票数享有股东权益。

第二,股份可以公开发行、自由流通。股份有限公司可以通过发行股票的方式向社会公开募集资本,社会公众只要支付股金,就可以成为公司的股东。股份有限公司的股票可以自由转让和交易。

第三,所有权与管理权相分离。股份有限公司的管理权集中在董事会和管理层手中,股东作为公司的出资人,不再直接参与管理企业。

第四,设立条件严格。各国公司法通常都对股份有限公司的设立规定了严格的条件,尤其是采用募集方式设立的股份有限公司,其设立程序比有限责任公司复杂得多。

---

① https://www. uniformlaws. org/committees/community-home? CommunityKey = bbea059c-6853-4f45-b69b-7ca2e49cf740.

第五，账目公开。股份有限公司的经营状况不但要向股东公开，还要向社会公众公开，以保护股东、债权人和社会公众的利益。各国公司法通常规定，股份有限公司必须在每个会计年度终了时将公司的年度报告、公司损益表、资产负债表等公开。

2. 封闭式公司和开放式公司

根据公司资本筹集方式的不同，可以把公司分为封闭式公司(private company or closely held corporation)与开放式公司(public company or publicly held corporation)。这是英美法系对公司的基本分类。

封闭式公司通常具有以下特征。

第一，封闭式公司的股东人数较少，股东之间关系密切，通常是亲戚或朋友。

第二，封闭式公司的股东通常都参与公司的经营管理。

第三，封闭式公司通常对股份的对外转让进行限制，以防止外部人(outsiders)入侵。

第四，封闭式公司不对外公开发行股份，也不存在为封闭式公司提供交易的公开市场。封闭式公司在英美法系国家的数量众多，但大多规模较小，对国民经济的影响也较小。开放式公司的股份则广泛地为公众所持有，股票在公开市场上可以自由地交易。

3. 人合公司、资合公司、人合兼资合公司

根据公司信用基础的不同，可以把公司分为人合公司、资合公司和人合兼资合公司。这种分类是大陆法系国家对公司的一种学理分类。

人合公司是指以股东个人信用作为公司信用基础的公司。人合公司对外活动的基础在于股东个人的信用，而不在于公司资本的多少。无限公司是典型的人合公司。

资合公司以公司资本的集合作为公司信用基础，股东并不对公司的债务负责，公司对外展开活动的基础是公司的资产。股份有限公司是典型的资合公司。

人合兼资合公司以股东个人信用和公司资本共同作为公司的信用基础。两合公司即典型的人合兼资合公司。

4. 母公司和子公司

根据公司之间的控制与依附关系，可以把公司分为母公司与子公司。母公司指拥有其他公司的股份并能支配控制其他公司的公司，受支配控制的公司则是子公司。母公司和子公司之间存在控制与依附的关系，但母公司和子公司都是具有独立法人地位的公司，各自独自承担民事责任。

5. 总公司与分公司

根据公司内部的管辖关系，可以把公司分为总公司与分公司。总公司又称为本公司，是管辖公司全部组织机构的总机构。总公司首先设立，是决定公司经营活动、资金调度和人事安排的中心机构，具有独立的法律人格。分公司是受总公司管辖的分支机构，不具有法人资格。分公司不能以自己的名义对外行事，其民事责任由总公司承担。

6．本国公司与外国公司

根据公司的国籍，可以把公司分为本国公司与外国公司。各国公司法对公司的国籍认定采用不同的标准。凡根据一国公司法设立，具有该国国籍的公司即为本国公司，国籍隶属于外国的公司即为外国公司。中国对公司国籍的认定采取设立准据法和设立行为地法双重标准，即凡依据中国公司法在中国境内登记设立的公司，均为本国公司。

（三）各国公司立法概况

大陆法系早期的公司法，主要规定在民商法典中。随着公司影响力的扩大及公司问题的日趋复杂与特殊，很多大陆法系国家纷纷制定了单行的公司法。比如，德国就分别制定了《股份公司法》和《有限责任公司法》。此外，欧共体委员会发布了一系列"关于欧共体公司法的指令"，要求各成员国通过制定或修改相应的国内法，使指令的内容转化为国内法。这样指令的内容也成为欧盟各国公司法的一部分。

英美法系关于公司的规定一般都采取单行法的形式。英国于 19 世纪初就开始进行公司立法，目前英国的公司法是 2006 年修订的。美国的公司法则是州法，并无统一适用于全国的公司法。在美国各州的公司法中，尤以特拉华州公司法及其判例影响力最大，很多州在制定公司法时都会参照或借鉴。此外，美国律师协会（American Bar Association，ABA）于 1946 年起草了《标准商事公司法》（*Model Business Corporation Act*，MBCA），随后又多次进行了修订，目前的版本是 2016 年修订的。MBCA 本身没有法律约束力，只供美国各州在立法时参考。但很多州也采用了 MBCA 的规定。

中国《公司法》亦采用单行法的形式，于 1993 年制定。此后，全国人民代表大会常务委员会分别于 1999 年、2005 年、2013 年和 2018 年进行了四次修正。

二、有限责任的否定：揭开公司面纱制度

（一）概述

股东的有限责任也有其弊端，具体表现为：第一，对债权人有失公正。由于股东仅以出资额为限对公司承担责任，当公司经营失败无法清偿债权人债务时，实际上就是让债权人承担了一部分本应由股东承担的投资风险损失。第二，为股东和管理层滥用公司有限责任提供了机会。股东尤其是控股股东和管理层在现实商业活动中，有可能利用有限责任的保护做出有损债权人利益或规避法律的行为。第三，成为规避侵权责任的工具。比如，公司产品缺陷致人损害，当公司财产不足以赔偿受害者遭受的损失时，受害者却无法让公司背后的股东承担责任。有限责任从而成为股东规避侵权责任的工具。随着公司制度的发展，公司有限责任制度的上述缺陷日益突出，需要有一个相应的制度来平衡公司股东和债权人的利益，维护社会利益。在此背景下，揭开公司面纱制度便应运而生。

"揭开公司面纱"(lifting the corporate veil)或"刺破公司面纱"(piercing the corporate veil),指在具体法律关系中,基于特定事由,否认股东的有限责任,使股东对公司债权人或公共利益直接负责的一种法律制度。揭开公司面纱原则产生于英美法系国家的判例法中,后为大陆法系国家所接受。中国《公司法》第 20 条第 3 款也规定了该制度:"公司股东滥用公司法人独立地位和股东有限责任,逃避债务,严重损害公司债权人利益的,应当对公司债务承担连带责任。"由此,该制度在我国又通常被称为公司法人人格否认(disregard of corporate personality)。

(二)适用条件

揭开公司面纱原则是对失衡的公司利益的一种事后补救,通过修补有限制度在某些情形下表现出来的不合理性,来补充和完善有限责任制度。该原则并没有动摇公司有限责任这一根本特征,并非对有限责任制度的否定,仅仅是一种例外,只有在有限责任被用于损害债权人或社会公共利益、从事不法行为、保护欺诈或规避法律的时候,才揭开公司面纱。各国在司法实践中对揭开公司面纱原则的适用都采取极其谨慎的态度,但总的来说,该原则通常适用于下列情形。

1. 公司资本显著不足

公司资本显著不足并非指公司资本未达到法定最低限额,而是指股东实际投入公司的资本不足以满足公司合理预期需要。判断公司资本显著不足需要根据公司具体从事的业务、该业务隐含的风险来判断。例如,公司从事房地产经营,但设立时公司仅有名义上的资本或者根本没有资本。当公司经营失败欠下巨额债务时,债权人却因股东有限责任的原因只能请求公司清偿,这实际上是把公司经营的风险和损失转嫁给了债权人。此时应揭开公司面纱,让股东对债权人承担责任。判断公司资本与公司需要是否相称,需要具体情况具体分析,具有一定的模糊性和不确定性,故法院在适用这一标准时都会结合其他因素谨慎考虑。

2. 利用公司规避法律规定的强制性义务

何为利用公司规避法律规定的强制性义务? 例如,人为改变强制性法律规范的适用前提,从而规避义务人应当履行的义务,或者为了逃避税收、洗钱等而成立公司,都属于滥用有限责任的行为,有损社会公共利益,应当揭开公司面纱。

3. 利用公司规避契约义务或侵权债务

公司如果被股东用作逃避契约义务的工具,则对契约相对方十分不利。在股东利用公司规避契约义务的场合,公司的面纱也经常被揭开。这主要有以下两种情形:①负有竞业禁止等契约上不作为义务的主体,设立新公司来实施这些行为,以规避自己的不作为义务;②通过设立新公司逃避债务,主要是将公司资产转移到新公司,使原公司空壳化,从而逃避原公司债务。

利用公司法人人格规避侵权债务的情形主要也有两种：一种是类似于上述利用公司法人人格规避契约义务的第二种情形，负有侵权之债的公司股东将原公司解散，设立一个新公司，将原公司财产转移于新设公司，以达到逃避侵权债务的目的；另一种是一些经营高风险业务的公司，为了分散风险而将一家公司分割成数家公司，以逃避可能发生的侵权债务。

4. 利用公司进行欺诈

股东利用公司法人人格欺诈债权人的行为有违诚信，损害了债权人利益，因而也是揭开公司面纱原则通常考虑的因素之一。比如：股东对公司财务状况进行虚假陈述，从而取得债权人信任与公司交易；股东虚假承诺公司债权人，在公司不履行债务的情形下，将会由股东本人履行。

5. 公司法人人格形骸化

公司法人人格形骸化指的是公司与股东人格混同，公司仅仅是股东的另一个自我（alter ego）。公司法人人格形骸化在一人公司和母子公司场合最为常见，通常表现为：①公司资产与股东个人财产混同，公司盈利与股东收益之间难以区分；②公司账目与股东个人账目混淆，比如股东和公司共用同一个银行账号；③股东与公司业务混淆。比如，以股东本人名义签订的合同却由公司来履行；④股东与公司之间机构混同，比如，母子公司组织机构严重交叉、重叠；⑤股东与公司之间管理混同，比如，母子公司的管理层人员交叉任职，子公司的经营管理完全听命于母公司。

6. 未能遵守公司形式

英美法系国家的法院在考虑是否揭开公司面纱时，还会考虑一个重要因素，即是否遵守了公司形式（observe corporate formalities）。如果公司在设立、运行和管理上不遵守法律规定的形式，债权人的利益就难以保障，法院可能会认为公司沦为了股东的工具或成为股东的另一个自我。比如：公司尚未完成组建或在发行股份而未收到对价前就开始营业；公司不召开董事会；公司资金被用于股东支出而没有履行适当的会计手续，或者公司没有保有完整的公司记录和财务账簿。

三、公司的设立

公司设立是发起人为组建公司，使公司获得法人资格而进行的一系列法律行为的总称。公司设立与公司成立是两个不同的概念，公司成立指公司经过设立程序，符合了法律规定的条件，经核准登记取得法人资格的一种状态或事实。设立发生在先，是成立的前提；成立发生在后，是设立的后果。

（一）公司设立的原则

公司设立的原则体现了法律对公司设立基本方式的要求。公司设立的原则随着时代

的变迁和公司的发展而变化,概括而言,其经过了以下发展阶段:

1. 自由主义

自由主义又称放任主义,指公司的设立完全由当事人自由为之,法律不加干预或限制。自由主义产生于公司制度发展的早期阶段。当时设立公司,既不需要符合法定条件,也不需要遵循法定程序。一方面,法律既不承认公司的法人地位,也不主动对公司进行干预。在自由主义原则下,公司的设立极为简单。但另一方面,自由主义却很容易造成公司泛滥,危及债权人利益,从而破坏交易安全,国家也难以有效控制公司。所以这一原则已被其他的原则取代。

2. 特许主义

特许主义指公司的设立须王室或议会颁布专门的法令予以许可,公司方能设立。特许主义起源于13—15世纪,盛行于17—18世纪的英国、法国等国家。著名的东印度公司就是由英国女皇伊丽莎白一世特许设立的。特许主义是王权与资本结合的产物,具有浓厚的封建特权色彩,阻碍了公司的自由发展,已被各国废除。

3. 核准主义

核准主义又称许可主义或审批主义,指公司的设立除必须具备法律规定的条件外,还须经行政主管机关的审查批准。核准主义创设于法国,后为德国等国家所采用。核准主义与特许主义虽然形式不同,但本质并无差别,均加大了公司设立的难度,阻碍了公司的自由发展,故核准主义也逐步退出了历史舞台。

4. 准则主义

准则主义指公司的设立无须行政主管机关审批,只要具备法律规定的条件即可。准则主义最先由英国公司法创设,后为大多数西方国家所采用。准则主义简化了公司设立程序,减少了行政机关的干预,但和自由主义一样,容易造成公司的滥设。因此,20世纪以后,准则主义进一步演化为严格准则主义。严格准则主义增加了两方面内容:一是加重发起人的责任,防止发起人利用公司损害债权人和公众利益;二是要求符合设立条件的公司必须经设立登记,取得营业执照,才能成立,从而加强国家对公司的有效控制。严格准则主义适应了现代公司制度发展的要求,为大多数国家公司立法所普遍采用。中国《公司法》第6条规定:"设立公司,应当依法向公司登记机关申请设立登记。符合本法规定的设立条件的,由公司登记机关分别登记为有限责任公司或者股份有限公司;不符合本法规定的设立条件的,不得登记为有限责任公司或者股份有限公司。"由此可见,我国也采用了准则主义。

(二)公司设立的方式

1. 发起设立

发起设立又称共同设立或单纯设立,指发起人认购公司发行的全部股份而设立公司。

发起设立的认股在发起人中进行,不向社会公众发行股票。发起设立的优点是设立程序简单,其资本的筹集直接来自发起人,设立所需时间短、成本低,是各种企业设立普遍采用的方式。但发起设立对发起人的资本要求高,发起人的出资责任较重,不太适合资金需求量很大的大型股份有限公司。

2. 募集设立

募集设立又称渐次设立或复杂设立,指由发起人认购公司应发行股份的一部分,其余部分向社会公开募集或向特定对象募集而设立公司。募集设立具有较强的筹集资金能力,尤其适合规模较大的公司设立。但募集设立程序复杂,耗时长,对社会影响较大。为了保护投资者的利益,防止发起人利用设立公司进行欺诈活动,公司法通常都对募集设立规定了严格的程序和限制条件。例如,中国《公司法》第 84 条亦规定:"以募集设立方式设立股份有限公司的,发起人认购的股份不得少于公司股份总数的百分之三十五。"

(三)发起人

发起人是创设公司之人,公司的设立离不开发起人组建公司的活动。发起人设立公司的活动对投资者、将来成立的公司都有直接影响。因此各国公司法对发起人人数、资格、义务和责任都进行了规定。

1. 发起人人数和资格

对于发起人人数,各国规定不同。对于有限责任公司,除一人公司外,发起人通常为 2 人以上。对于股份有限公司,有的国家,如法国,要求发起人为 7 人以上;有的国家,如德国,则要求 5 人以上;美国公司法则没有对发起人的人数进行限制。中国《公司法》则规定股份有限公司发起人必须是 2 人以上,但不能超过 200 人。

考虑到公司国际化和自由化的趋势,各国通常不对发起人的国籍和住所进行限制。我国对发起人的国籍亦没有限制,但要求股份有限公司的发起人须有半数以上在中国境内有住所。

2. 发起人的义务和责任

(1)发起人的信义义务

发起人相互之间是一种合伙关系,应当相互承担信义义务,并对将来成立的公司承担信义义务,不得密谋私利。公司成立后,发起人应对公司的董事会承担善意、公平交易和完全披露的义务,如果公司没有设立董事会,则对所有股东承担信义义务。

(2)发起人的资本充实责任

发起人应保证公司在登记时,其财产的实际价值不低于公司章程所规定的资本额。如果公司登记时的财产价值低于章程规定的数额,发起人有连带补缴责任。这种责任又称为差额填补责任或瑕疵担保责任,由德国公司法所确立。发起人的资本充实责任关系到债权人利益和交易安全,属于无过错责任。发起人不论是否有过错,均应承担责任。此项责任亦不能通过股东会议决议免除。

（3）发起人的损害赔偿责任

在公司设立过程中,由于发起人的过失致使公司利益受损的,发起人应当对公司承担损害赔偿责任。发起人的损害赔偿责任属于过错责任,即发起人只对因自己的过错行为造成的公司损失承担责任。

（4）公司不能成立时,发起人的连带责任

如果公司不能成立,对于设立公司过程中产生的债务和费用,发起人承担连带赔偿责任。同时,对于认股人已经缴纳的股款,发起人负返还的连带责任。

四、公司章程

公司章程指公司成立必备的,规范公司组织和公司行为基本规则的书面文件,对公司及其成员都具有约束力。公司章程体现了股东的意志,由股东根据公司的具体情况制定,是一种自治性规则。公司章程还是公司在运营过程中处理内外关系的基本依据,素有"公司宪法"之称。

大陆法系国家的公司章程由单一文件组成,通常记载公司的名称、宗旨、资本总额、组织机构等重要事项。但在美国和英国等国家,公司章程则由两个文件组成:一是公司的组织大纲,二是章程细则。组织大纲,英国习惯称之为 memorandum of association,美国则称之为 articles of incorporation 或 certificate of incorporation,是规范公司对外关系的法律文件,通常规定公司的名称、住址、宗旨等事项。章程细则,英国通常称之为 articles of association,美国称之为 bylaws,是处理公司内部事务的法律文件,是对公司组织大纲的补充。章程细则通常关注的是公司内部管理,主要包括公司机构的设置、人员安排、业务执行等内容。章程细则不必对外公布,也不必提交登记,故不能对抗善意第三人。如果章程细则与组织大纲发生冲突,以组织大纲为准。

（一）公司章程的记载内容

大陆法系通常把公司章程的记载事项分为绝对必要记载事项、相对必要记载事项和任意记载事项。绝对必要记载事项是法律规定必须记载的事项,如不记载,章程无效。比如,德国《有限责任公司法》就要求有限责任公司的章程应记载:公司名称、公司住址、公司经营范围、股份数额、股东出资额、公司是否有存续期限、股东与管理层的关系及会计准则。相对必要记载事项是指法律列举规定的、由章程制定人自主决定是否载入公司章程的事项。比如,发起人所得的特别利益事项、现物出资事项、有关财产受让的事项等。这些事项如果载入公司章程,也可发生法律效力。任意记载事项是法律并未规定的,由章程制定人根据实际需要自由记载的事项。这些事项只要不违反强行法的规定,不违反公共秩序和善良风俗,载入章程即可发生效力。

英美法系并不像大陆法系那样区分章程记载事项,但英国和美国的公司法对公司章程都规定了必须记载的事项和可以记载的事项。英国公司法要求组织大纲应载明:公司名称、公司住址、公司资本,以及股东承担有限责任的简单声明,如果是公众公司,也应在组织大纲中写明。特拉华州《普通公司法》(*General Corporation Law*)规定,组织大纲应载明的内容包括:公司名称、公司住址、业务经营的性质或公司目的、公司资本、发起人的姓名或名称及住址。可以载入的事项包括:优先认购权条款、表决比例条款、公司存续期限条款、股东个人责任条款、董事限制责任条款,以及公司经营管理和事务处理条款、董事和股东权力条款等。公司法允许在章程细则中载明的事项,也可以转而载入章程大纲。

中国《公司法》也规定了章程的绝对必要记载事项。相比而言,中国《公司法》要求章程必须记载的事项较多。根据中国《公司法》第 25 条,有限责任公司章程应载明下列事项:公司的名称和住所,经营范围,注册资本,股东的姓名或者名称,股东的出资方式、出资额和出资时间,公司机构及其产生办法、职权、议事规则,法定代表人等。根据其第 81 条,股份有限公司章程应当载明公司的名称和住所,经营范围,设立方式,股份总数、每股金额和注册资本,发起人的姓名或者名称、认购的股份数、出资方式和出资时间,董事会的组成、职权和议事规则,法定代表人,监事会的组成、职权和议事规则,利润分配办法,解散事由与清算办法,通知和公告办法等事项。

（二）公司章程的变更

公司章程生效后,应保持其内容的稳定性,不得随意变更。如果因为情况的变化需要加以修订,须根据公司法规定的程序变更。大多数国家公司法把变更公司章程的权力赋予股东会议,且须经特别程序变更。我国亦规定公司章程的变更由股东会议决定:有限责任公司须经 2/3 以上表决权股东通过,股份有限公司须经出席会议的股东所持表决权的 2/3 以上通过。而美国各州公司法大多将章程细则的变更权交由董事会。例如,特拉华州公司法第 109 条就规定,公司章程细则,可由董事会修订或废除。

五、公司资本制度

资本是公司运营的物质基础,是公司赖以生存的"血液"。对公司来说,组建和运行都需要筹集资本。公司筹集资本的渠道主要有两种:一是通过向投资者募集股权资本,投资者通过出资成为公司的股东;二是通过向其他人借款募集资本,借款人即成为公司的债权人。公司向社会公众发行债券募集资金所产生的债务就是公司债。公司与债券持有人形成债权债务关系。

（一）公司资本

1. 公司资本的概念与特征

公司资本是在公司成立时由公司章程所确定并载明的股东出资总额。公司资本具有以下法律特征：

（1）公司资本来源于股东出资。公司资本是股东投资于公司的股份财产的总和。公司资本与公司资产不同，公司资产是公司实际拥有的全部财产。例如，公司经营积累形成的财产，属于公司的资产，但不计入公司资本。

（2）公司资本是股东对公司的永久性投资。任何人只要投资成为公司的股东后，就不能要求退股抽回股金，假若他想退出公司，只能把股份转让给他人。

（3）公司资本是由章程载明的确定数额。公司章程中通常都要记载公司资本的数额。以后公司要增加或减少资本时，需要对章程进行变更。公司资本是一个确定的数额，原则上不得随意变更。公司的盈利或亏损会导致公司资产数额增加或减少，但并不改变公司资本数额。

2. 公司资本三原则

为了保护债权人的利益不因股东的有限责任而受到损害，维护交易安全，大陆法系国家公司法确立了公司资本的三项基本原则，即资本确定原则、资本维持原则和资本不变原则。大陆法系国家公司法很多规定都体现了这三项基本原则的基本精神。

（1）资本确定原则

又称资本法定原则，是指公司在设立时，必须在章程中对公司的资本总额作出明确规定，并由股东全部认足，否则公司不能成立。这一原则的初衷是为了保证公司的资本真实、可靠，防止利用公司进行欺诈和投机行为的发生。但该原则也会增加公司设立的负担，给公司的设立带来很多困难。

（2）资本维持原则

此原则又称为资本充实原则，指公司在其存续过程中，应经常保持与其资本额相当的财产。资本维持原则有利于防止因公司资本的减少而危害债权人的利益，有利于维持公司的偿债能力，确保公司本身业务活动的正常开展。这一原则具体表现为如下规定：

① 亏损必先弥补。公司缴纳所得税后的利润，必须先用于弥补公司的亏损，公司弥补了亏损后仍有盈余的，才允许分配股利。

② 无利润不得分配股利。在公司无利润的情况下，股东不得分配股利，以免造成公司资本总额的减少。

③ 股东不得抽回资本。为确保公司资本的真实可靠，股东不能抽回出资。

④ 股票的发行价格不得低于股票的面值。股份有限公司的股份表现为股票，如果公司以低于票面值的价格发行股份，会影响公司资本的实际财产价值。

⑤ 禁止公司回购本公司股份。公司回购自己的股份就相当于股东退股,会导致公司资本不真实。所以除某些法定情形外,公司不得收购本公司的股票。

(3) 资本不变原则

此原则是指公司的资本一经确定,即不得随意改变,如需增加或减少资本,必须严格依法定程序进行。公司资本不变,并非绝对不能改变,而是指不得随意改变。公司成立后,如果情况发生变化而需要改变公司资本,只要依照法定程序办理有关手续,仍然可以改变。资本不变原则与资本维持原则都是为了防止因公司资本总额的减少而导致公司责任能力的减弱。

公司资本三原则是大陆法系学者对公司法有关公司资本规定的一种抽象性概括,其主要价值在于在股东与债权人之间实行利益平衡。但这种抽象性的理论概括也有其缺陷。首先,对于债权人来说,真正能起到债权担保作用的是公司实际拥有的资产,而不是章程所载明的一个不变的抽象数字。资本三原则所规范的仅仅是章程上的抽象资本,并不一定能真正起到保护债权人的作用。其次,资本三原则要求资本从形成、维持到退出都要严格遵守法律的规定,限制了投资者和公司的自由意志。最后,资本三原则有违商事交易的效率要求。资本确定原则增加了公司设立的难度,资本维持原则和资本不变原则的严格要求增加了交易成本。所以,传统的资本三原则在逐步修正之中。

3. 公司资本制度类型

根据西方国家公司法律规定,公司资本制度有三种:法定资本制、授权资本制和折中资本制。

(1) 法定资本制

法定资本制是指公司章程中所载明的公司资本额,在公司设立时必须全部由股东认购完毕,否则公司不得成立。法定资本制曾为传统的大陆法系国家所采用。法定资本制有以下特征:

① 公司设立时,章程中应明确规定资本总额。大陆法系国家公司法通常还规定了最低的注册资本限额,公司章程中的资本总额不能低于法定的最低限额。英美法系国家对最低资本额则基本没要求。20世纪60年代以前,美国大多数州公司法要求公司最低资本额达到1000美元方可开业。由于不同类型公司营业所需资本不同,且最低资本额并不能为债权人提供有效的保护,1969年的《标准商事公司法》取消了最低资本额的限制,此后各州纷纷仿效。目前绝大部分州都已废除最低资本额的要求。

② 公司设立时,股份一次性发行,一次性认足。这是法定资本制的核心要求。股东认足股份后,缴纳股款的方式可以是一次性缴纳,也可以分期缴纳。

③ 公司如增加资本必须经股东大会作出决议,变更公司章程中的资本数额,并办理相应的变更登记手续。

（2）授权资本制

授权资本制是指公司必须在公司章程中载明公司资本总额，在公司设立时，不必全部发行，可以先发行一部分，其余则留待以后根据公司业务发展的需要决定是否发行。授权资本制的特点为：①公司章程中应载明资本总额，但不必在公司设立时全部发行，可以只发行一部分；②股东只需认购发行的股份并缴纳该部分股款即可；③公司如增加资本，只需由董事会决议，在授权资本的范围发行新股即可。无须经股东会决议，也无须变更公司章程。

（3）折中资本制

折中资本制又称认可资本制，是介于法定资本制和授权资本制之间的一种新的公司资本制度。它是指公司设立时，股东不必将全部资本认足，可以授权董事会在一定期限内随时发行，但发行必须在法定期间内进行，且首次发行股份不能少于法定最低限额。自 20 世纪 50 年代以来，一些大陆法系国家相继修改公司法，采用折中资本制，如德国、法国、日本。

中国《公司法》在第 26 条和第 80 条确立了中国的公司资本制度。第 26 条规定："有限责任公司的注册资本为在公司登记机关登记的全体股东认缴的出资额。法律、行政法规以及国务院决定对有限责任公司注册资本实缴、注册资本最低限额另有规定的，从其规定。"第 80 条规定："股份有限公司采取发起设立方式设立的，注册资本为在公司登记机关登记的全体发起人认购的股本总额。在发起人认购的股份缴足前，不得向他人募集股份。股份有限公司采取募集方式设立的，注册资本为在公司登记机关登记的实收股本总额。法律、行政法规以及国务院决定对股份有限公司注册资本实缴、注册资本最低限额另有规定的，从其规定。"

拓展阅读

4. 公司资本的形成

公司资本虽然在章程中表现为一定的货币数额，但公司资本毕竟是由股东出资形成的，股东出资的形式却不一定以货币为限。根据各国公司法规定，股东出资的形式可以包括以下几个方面：

（1）货币。这是最常见的出资形式。货币出资无须评估作价，且使用方便。为了保证公司运营有足够的资金，有的国家公司法通常对货币出资应占公司资本的比例作出要求。

（2）实物。实物包括厂房、机器设备等物质，也是常见的股东出资形式。

（3）知识产权属于无形资产，包括著作权、专利权、商标权、发现权等。对于高科技公司来说，知识产权出资具有重要意义。

（4）土地。土地作为重要的不动产，也可以作为出资的形式。需要注意，在我国私人不允许拥有土地所有权，所以在我国只能用土地使用权出资。

（5）股权。股权出资实际上是股东把对另一公司享有的股权转让给新设立的公司。股权出资的难点在于股权价值总是在变动之中,评估较难。

（6）债权。股东可以其对第三人享有的债权出资,相当于把对第三人的债权转让给公司。债权出资的难点在于债权风险的评估和价值的判定,所以部分国家（如意大利）公司法要求股东对用来出资的债权提供担保。

（7）劳务。劳务既包括简单的体力劳动,也包括复杂或高级的技术或管理性的工作。劳务具有人身依附性,且价值也难以估算,所以有的国家公司法不允许用劳务出资。中国《公司法》也禁止劳务出资。但英美法系国家并不限制劳务出资。

（8）信用或商誉。股东的信用或商誉也属于无形资产。我国公司法禁止用信用或商誉出资。

5．公司资本的变动

（1）公司资本的增加

公司资本的增加,简称增资,是指公司成立后,依照法定条件和程序增加公司的资本总额。

公司增资必须依法定程序进行。由于资本的增加可以增强公司的实力,提高公司的信用,不会对债权人和社会公众的利益造成威胁,所以公司法对增资限制较少。但资本的增加会牵涉到股东的利益,有可能会稀释股东的股权或导致公司股权结构的调整,所以公司增资须经股东大会决议,并变更公司章程,然后向公司登记机关办理变更登记手续。中国《公司法》就规定,公司增加资本的,须经股东会议作出决议,且须经代表2/3以上表决权股东通过。

（2）公司资本的减少

公司资本的减少,简称减资,是指公司成立后,依照法定条件和程序减少公司的资本总额。如果公司减资有违资本不变原则,会直接影响到债权人利益。因此,公司一般不得随意减资。但如果公司资本过剩导致资本凝固或公司亏损严重,致使公司资本额与真实的资产差额过于悬殊时,反而失去了资本原有的标示公司信用状况的作用,所以,公司法也允许公司严格地按照法律规定的程序减资。例如,德国《有限责任公司法》第58条规定,公司减少资本时不仅要有股东会的特别决议,而且关于减资的决议应在规定的报纸上公告3次,同时催告公司的债权人向公司申报债权。如已向公司申报的债权人不同意减资,公司应对其债权予以清偿或提供担保。

中国《公司法》亦规定了公司减资的条件和程序。根据第43条和第103条的规定,有限责任公司股东会会议作出减少注册资本的决议必须经代表2/3以上表决权的股东通过。股份有限公司减少注册资本的决议,必须经出席股东大会的股东所持表决权的2/3以上通过。第177条规定:"公司需要减少注册资本时,必须编制资产负债表及财产清单。公司应当自作出减少注册资本决议之日起十日内通知债权人,并于三十日内在报纸上公告。债权人自接到通知书之日起三十日内,未接到通知书的自公告之日起四十五日内,有权要求公司清偿债务或者提供相应的担保。"

(二)股份

1.股份的概念与分类

股份有限公司资本分为等额股份,股份是股份有限公司资本的基本组成单位。股份由发起人、认股人认购。发起人、认股人认购股份即成为公司股东,每一股份就代表一份股东权。所以,股份还是表示股东权利义务大小的基本单位,股东权利义务的大小取决于股东拥有的股份数量的多少。股份具有以下法律特征:①股份具有不可分性。股份有限公司资本分为等额股份,股份是公司资本的最小构成单位,不可再分。②股份具有可转让性。股份有限公司股份可以通过股票交易的方式自由转让和流通,且手续简便。③股份具有等额性。股份所代表的资本额均等,把股份有限公司的资本划分为均等的股份,方便计算。④股份具有平等性。同一种类的股份所代表的股东权利义务相同,股东行使权利依据的是其持有的股份数量,体现了资本多数决原则。

根据不同的标准,可以对股份有限公司的股份进行不同的分类。概括起来,主要有以下分类。

(1)普通股和特别股。根据股东承担的风险和享有的权益大小,可以把股份分为普通股和特别股。普通股指对公司权利一律平等,无特别待遇的股份,是股份有限公司最基本的股份。普通股具有以下特征:第一,普通股股东通常都享有表决权,有权参与公司的决策。第二,普通股股息不固定。普通股股息多少取决于公司有无利润及公司利润的多少,且只有在公司债的利息和优先股的股息分配后,才可以获得分配。第三,公司清算时,普通股股东的剩余财产分配权排列在公司债权人和优先股股东之后。

(2)记名股和无记名股。根据股票上是否记载股东姓名或名称,可以把股份分为记名股和无记名股。记名股是将股东的姓名或名称记载于股票上的股份。记名股的转让由股东以背书的方式进行。无记名股则在股票上不记载股东的姓名或名称,交付即可以转让。记名股便于公司掌握股东的情况,无记名股则便于流通。

(3)额面股和无额面股。以股票是否记载有票面金额为标准,可以把股份分为额面股和无额面股。额面股是指在股票票面上标明了一定金额的股份。有的大陆法系国家对额面股的最低面值进行了规定。例如,日本要求最低面额为500日元。额面股的发行价格可以高于票面金额,即可以溢价发行,但不得低于股票面额折价发行。无额面股又称比例股或部分股,即股票票面不表示一定金额,只表示其占公司资产一定比例的股份。无额面股的股份价值会随着公司资产的变化而变化,经常处于不确定的状态中,增加了股份转让和股份交易的难度。

(4)表决权股和无表决权股。根据股份是否有表决权,可将股份分为表决权股和无表决权股。表决权股,顾名思义,是指享有表决权的股份。无表决权股是指不享有表决权的股份,如优先股。

2. 股票

股票与股份的关系形同表里。股票是股份的外在表现形式,股份是股票的实质内容。股票具有以下特征:①股票是有价证券,代表的权利具有财产价值;②股票是证权证券,是证明股东与公司之间股权关系的法律凭证;③股票是要式证券,它的制作和记载必须按照法律规定的方式进行;④股票是风险证券,股权投资是具有风险的投资方式;⑤股票是永久性证券,没有固定期限,持有者可以转让股票,但不能要求到期还本付息。

3. 股利

股利是股东获得收益的重要方式,是公司从盈余中分配给股东,作为股东投资回报的一种报酬。公司分配股利需要符合法律规定的条件。各国公司法对公司分配股利都设定了严格的条件,主要有以下四个条件。

（1）无盈不分。为了贯彻资本充实原则,各国公司法规定,原则上只有当公司有盈余时,才能分配股利。所谓公司盈余是指公司当年的利润减去了应缴纳的税款和费用,弥补了以前的亏损和提取了法定公积金后的剩余利润。

（2）分配前应留足公积金。公积金（reserve funds）又称储备金或准备金,是指公司依法律和章程规定,从公司利润中提取的,不作为股利分配,保留在公司内部备用的资金。公积金主要是用来弥补亏损、扩充资本或扩大公司的生产经营。公积金可以分为法定公积金和任意公积金。法定公积金是法律规定必须提取的公积金。法定公积金依其来源,又可分为法定盈余公积金和法定资本公积金。法定盈余公积金是指公司在弥补亏损后,分配股利前,按法定比例从纯利润中提取的公积金。关于提取的比例,各国规定有所不同。例如,法国、德国规定为 5%,中国规定为 10%。这种公积金达到一定数额时一般都不再提取。例如,法国、德国规定为 10%,中国规定为 50%。法定资本公积金是指直接由资本或其他原因所形成的公积金。其来源主要有:股票溢价发行所得的净溢价额;资产评估增值所获得的估价溢额;处分资产的溢价收入;吸收合并其他公司所承受的资产余额;接受赠与财产的所得;等等。我国公司法禁止将法定资本公积金用于弥补亏损。任意公积金是公司根据章程和股东会决议在法定公积金之外提取的公积金。任意公积金是否提取及提取的比例,由公司视具体情况而定,法律不作强制性规定。

（3）股利分配方案经决议方可生效。美国《标准商事公司法》和特拉华州的公司法都规定,股利分配由董事会决议。而中国《公司法》则规定,股利分配方案由股东会议审查批准,董事会仅负责制定分配方案。

（4）股利分配方式应遵守公司章程的规定。原则上,股利应按照股东所持股份的比例分配,同股同利。股利分配一般采取现金支付方式,这是最普遍的股利分配方式,也最受股东欢迎。公司也可以采取股份分配、财产分配或负债分配的方式。公司必须依法进行股利分配,公司股东大会或者董事会如果违反法律规定向股东分配利润的,股东必须将违反规定分配的利润退还公司。特拉华州《普通公司法》还规定了违法分配股利的董事责任:董事在支付非法股利后 6 年之内的任何时间,应当向公司承担连带责任。公司清算或无力偿债时,董事还应当向债权人承担连带责任。责任范围及于非法支付的全部股利,并加上自责任产生之日起计算的利息。

(三)公司债

1.公司债的概念与特征

公司债(debentures bonds)指的是公司依法发行、约定在一定期限还本付息的有价证券。发行公司债亦是公司筹措资金的途径之一。发行公司债,可以增加公司资金;对于投资者而言,公司债的安全性较高,能够较好地吸引投资者。与股份相比,公司债具有以下特征:

(1) 公司债的持有人享有的是债权,与公司是债权债务关系,无权参与公司的经营管理。股份的持有人为公司的股东,股东享有股权,有权参加股东大会,是公司组织机构的构成成员。

(2) 公司债有固定的利息率,无论公司是否盈利,公司债的持有人都有权要求公司支付利息。股份一般没有固定的股利率,只有在公司有盈余时,才能获得股利,且股利的多少取决于公司盈余的多少。

(3) 公司债是有一定期限的,到期后公司必须向公司债持有人偿还本金。股份是永久性投资,股东一旦认购股份,缴纳股款之后就不能要求公司退还股金。

(4) 当公司解散分配剩余财产时,公司债有权得到优先清偿。股东只有在公司债务清偿之后,才有权请求分配剩余财产。

2.公司债的种类

(1) 根据公司是否对其发行的债权提供担保为标准,可以分为担保公司债(secured bonds)与无担保公司债(unsecured bonds or debentures)。担保公司债是指公司以其全部或部分财产作为偿还本息的担保而发行的公司债券。无担保公司债是指公司仅凭其信用而未提供任何担保所发行的公司债券。这种公司债既无财产抵押,又无他人作保,一旦到期公司无力清偿债务,债券持有人只能以公司普通债权人的身份,要求公司清算偿还。

(2) 根据公司债是否记载持有人姓名或名称,可以分为记名公司债与无记名公司债。记名公司债是指在公司债券上记载债权人姓名或名称的公司债券。无记名公司债是指不在公司债券上记载债权人姓名或名称的公司债券。中国《公司法》第 156 条规定,公司债券可分为记名债券和无记名债券。

(3) 以是否可以转化为公司的股票为标准,公司债可以分为转换公司债(convertible bonds)与非转换公司债(inconvertible bonds)。转换公司债是指可以转换为公司股份的公司债。转换公司债的持有人在持券后的一段时间内可以选择将债券转换为公司的股票，从而变成公司的股东。非转换公司债是不得转换为公司股份的公司债。可见两类公司债的债权人所享有的权利不同。转换公司债为英美法系首创，对于债券持有人而言，转换公司债具有下列优点：如果股价下跌，可转换公司债的本金和利息都不受影响；如果股价上涨，又可以选择转换为股票从而获取更多的收益。显然转换公司债对投资者更具有吸引力。对公司而言，股价下跌时，转换公司债仍可以吸引投资者；股价上涨时，债券持有人往往选择转换为公司股票，公司可以免除还本付息的义务。由于转换公司债的上述优势，法国、德国等大陆法系国家也纷纷采用转换公司债。我国亦允许公司发行转换公司债，《公司法》第 161 条规定："上市公司经股东大会决议可以发行可转换为股票的公司债券，并在公司债券募集办法中规定具体的转换办法。上市公司发行可转换为股票的公司债券，应当报国务院证券监督管理机构核准。"

（4）以债权人所享有的收益不同，可分为普通公司债、参与公司债和收益公司债。普通公司债是指有一定偿还期和固定利息率的公司债，不管公司盈余多少，都按原定利率支付利息。大多数公司债都采取普通公司债这种形式。参与公司债（participating bonds）是指当公司盈利较多，股票股利的分配比例超过债券利息率时，债权人还可以分到公司对债券增加的一定比例的利息。这种债券的利息已接近于股票的分红，具有不确定性。收益公司债（income bonds）指公司债的收益取决于公司的盈利情况，公司无盈余则无利息。

3. 公司债的发行与转让

（1）公司债发行主体。股份有限公司是发行公司债的主要公司类型。许多国家将公司债的发行主体限定于股份有限公司。因为公司债涉及社会公众利益，为保障社会秩序稳定，需要限定只有规模大、偿还能力强的公司，才能发行公司债。但我国的股份有限公司和有限责任公司均有权发行公司债。我国的有限责任公司有的是从国有企业改制而来，实力雄厚，故《公司法》根据我国国情实际规定，股份有限公司、有限责任公司可以依照《公司法》发行公司债券。美国《标准商事公司法》亦规定所有的公司类型都有权发行债券。

（2）公司债发行条件。公司债直接影响到投资者利益，涉及公众利益的保护和证券市场的有序运行，所以为了维护交易安全，保障证券市场的健康发展，防止公司债泛滥，各国法律通常都对公司债的发行规定了严格的条件。在我国，公开发行公司债券必须符合下列条件：①具备健全且运行良好的组织机构；②最近三年平均可分配利润足以支付公司债券一年的利息；③国务院规定的其他条件。

（3）公司债的转让。公司债券作为有价证券，原则上可以在证券市场上自由转让。中国《公司法》规定，记名公司债券由债券持有人以背书的方式或者法律、行政法规规定的其他方式转让，并由公司将受让人的姓名或者名称及住所记载于公司债券存根簿。无记名债券则由债券持有人以将该债券交付给受让人的方式转让。

六、公司股东

股东指持有公司股份并对公司享有权利和承担义务的人。凡对公司出资或基于其他合法原因持有公司股份的人均可以成为公司股东。根据股东资格取得的方式不同,股东可以分为原始股东和继受股东。原始股东通过创办公司或认购公司首次发行的股份而取得股东地位,主要包括公司的发起人、在募集设立的股份有限公司中认购公司股份的人,也包括公司增资出资人及公司发行新股认股人。继受股东则通过转让、继承、税收、公司合并等方式取得股东地位,包括原始股东股份的受让人及其他原因继受他人股份的人。比如,自然人股东死亡后,其合法继承人可以继承其股东资格,该继承人即为继受股东。

(一)股东权利的概念与分类

股东权利简称股权,是股东基于股东地位而享有的权利。在学理上,股权可以做如下分类。

(1)根据股权行使的目的,可以分为自益权和共益权。自益权是股东为了自己的利益而行使的权利,主要体现为从公司取得经济利益的权利,如利润分配请求权、新股认购权、股份收购请求权、剩余财产分配请求权等。股东既为自己的利益又为公司的利益而行使的权利,即为共益权。共益权主要体现为股东参与公司经营管理的权利,如表决权、提案权、股东会议召集请求权、股东会议撤销请求权、派生诉讼提起权、查阅账簿请求权、解散公司请求权等。

(2)根据股权行使方式,可以分为单独股东权和少数股东权。单独股东权指股东可以一人单独行使的权利。单独股东权的行使,与股东持有股份的多少并无关系。自益权均为单独股东权,共益权中的表决权、股东会议撤销请求权也属于单独股东权。少数股东权指股东须拥有公司已发行股份数的一定比例方可行使的权利。少数股东权可由一人行使,也可由多人行使,只要达到法律规定的持股比例即可。法律创设少数股东权的目的在于防止大股东专制,但为了防止小股东滥用权利,又要求股东持有一定比例股份。共益权中的股东会议召集请求权、解散公司请求权、派生诉讼请求权等属于少数股东权。

(3)以股权能否被剥夺为标准,可分为固有权和非固有权。不得以公司章程或股东会议决议予以剥夺或限制的权利属于固有权。反之,如果可以通过章程或股东会议决议予以剥夺或限制的权利即属于非固有权。固有权设置的目的在于划清股东会多数决之界限,借以保护股东应有的利益。[①] 一般而言,共益权大多属于固有权,自益权则多属于非固有权,但也有例外。比如,共益权中的特别股股东表决权属于非固有权,而自益权中的股份收购请求权、新股认购权则属于固有权。

---

① 柯芳枝.公司法论[M].台北:三民书局出版社,2009:160.

(二) 股权的内容

各国公司法通常不会对股权进行明确列举,有关股东的权利都散见于公司法的条文中。概括而言,股东通常享有以下权利。

(1) 利润分配请求权

利润分配请求权,又可以称为分红权,是股权的核心。股东对公司投资的主要目的之一就是获取收益,因此利润分配请求权是股东实现投资目的的保障。公司只有盈利,才有可能向股东分配股利,故股东这一权利的实现取决于公司经营能否盈利。各国公司法都有关于股东利润分配请求权的规定,但决议机关有所不同。有的国家(如美国)由董事会决议,而我国则规定由股东会议决议。当股东的利润分配请求权受到侵害时,公司法也会给予股东相应的救济。英美国家公司法判例允许股东在利润分配请求权受到侵害时,提起强制分配股利之诉。如果公司有盈利而董事会不分配股利,股东有权请求法院强制公司分红。强制分配股利之诉能够直接实现股东投资收益的目标,有效保护股东投资受益的权利。但法院通常不愿意用法院的判决来代替公司董事会作出的商业决策,所以法院的态度是勉强的。只有在法院认为董事会存在滥用权力的事实时,才有可能支持股东的诉讼请求。通常情形下,法院会考虑以下因素:公司是否盈利及盈利持续时间长短;公司提取公积金是否合理、已经提取的公积金比例与公司发展相比是否过高;是否存在有恶意、欺压、排挤少数股东或罔顾少数股东利益的明显不公平的事实。比如,公司控制者一方面给股东支付很少的股利或不支付股利,另一方面却通过担任董事获取大量的薪酬。

我国《最高人民法院关于适用〈中华人民共和国公司法〉若干问题的规定(四)》第 15 条规定,"股东未提交载明具体分配方案的股东会或者股东大会决议,请求公司分配利润的,人民法院应当驳回其诉讼请求,但违反法律规定滥用股权导致公司不分配利润,给其他股东造成损失的除外。"也就是说,原则上只有在股东会作出分配利润的决议而公司违反决议没有分配的情形下,股东才有权请求法院判决公司分配利润,除非存在滥用股权的情形。

(2) 表决权

股东表决权指股东有权就股东会议的决议事项参与表决的权利。股东表决权是股东的重要权利,是股东参与公司重大决策的体现,通常情形下不得被剥夺。股东行使表决权的原则是股权平等原则,股东依其持有的股份数而享有与其股份数额相同的表决权,即一股一票表决权。形成决议的规则是资本多数决,即决议的通过须多数股份出席,并经多数股份通过。一般事项只需简单多数通过即可,但涉及特别事项,公司法或公司章程有可能要求绝对多数股份通过。特别事项的范围,各国(或地区)公司法规定略有不同,一般而言,在涉及公司章程修改、公司合并、分立、解散及公司财产的重要变更等特殊事项时,往往需要多数股份的通过。例如,中国台湾地区公司法规定:特别决议应有代表已发行股份总数 2/3 以上股东出席,且出席股东表决权过半数之同意通过;公开发行股票之公司,如果出席股东之股份表决总数不足 2/3,则代表已发行股份总数过半数股东之出席,且出席股东表决权 2/3 以上同意,决议亦得通过。中国《公司法》则规定,修改章程、增加或减少注册资本、公司合并或分立、变更公司形式等特别决议,须经出席会议的股东所持表决权的 2/3 以上通过。

（3）知情权

股东知情权是指股东了解公司信息的权利,是股东了解公司经营现状、参与公司重大事情决策的重要前提,能够有效地解决小股东和大股东、管理层之间信息不对称的问题。股东了解公司信息,主要是通过查阅公司有关记录实现的,所以知情权主要体现为股东的查阅权。

① 股东有权查阅的文件。各国公司法往往采用列举式的立法例,表明股东有权查阅的文件类型,列举的范围各有不同。总体来说,股东有权查阅公司章程、股东名册、公司董事和管理层的名单、股东会会议记录、董事会会议纪要、监事会会议纪要、公司账簿等文件。

② 股东行使查阅权的条件。各国公司法在赋予股东查阅权的同时,为了防止股东滥用权利,泄露公司商业秘密,又对股东的此项权利进行了限制:要求股东应具有正当目的(proper purpose)。公司法通常把股东有权查阅的文件分为两类:一类股东查阅并没有限制,只要具有股东身份即可;另一类则要求股东查阅时具有正当目的。美国《标准商事公司法》规定,股东有权查阅下列文件,只要股东提前 5 个工作日在正常营业时间向公司提出:组织大纲及其修改记录、章程细则及其修改记录、董事会设置不同类型股份的决议及关于这些股份的相关权利、优先权和限制的决议、股东会会议记录,以及过去三年未召开股东会议就采取行动的记录,过去的三年里发给股东的所有书面信息记录,公司现任董事和高级职员的姓名和办公地址及提交给州务卿的最新年度报告。但是如果股东想要查阅下列文件,就要满足法律规定的限制性条件:董事会会议记录摘要,董事会下属委员会代表公司行事时的行动记录,公司会计记录(accounting records)及股东名册。股东如果要查阅上述文件,应具有善意的、合理的目的,并向公司提出书面请求,合理具体地陈述自己的目的和想要检查的记录。此外,股东所要检查的记录和其目的要有直接的联系,股东才可行使查阅权。

中国《公司法》第 33 条规定,有限责任公司"股东有权查阅、复制公司章程、股东会议记录、董事会会议决议、监事会会议决议和财务会计报告。""股东要求查阅会计账簿的,应向公司提出说明请求,并说明目的。"由此可见,我国公司法仅要求股东在查阅会计账簿时须具有正当目的。股份有限公司股东有权查阅的文件类型与有限责任公司大体相同,但我国公司法未明确规定股份有限公司股东查阅会计账簿的权利。

（4）股份转让权

根据资本维持原则,法律不允许股东抽回出资,但是股东为了收回本金或转移投资风险,可以把股份转让,从而退出公司。股份有限公司是典型的资合公司,公司对外承担责任的基础是公司的资本,故法律对股份转让的限制较少。有限责任公司具有封闭性的特征,股东人数较少,股东之间的联系紧密,法律对股东的股份转让权进行了一定限制。

① 对内转让。大多数国家包括我国在内规定,有限责任公司股东之间相互转让股权时,无须其他股东同意,股东之间可以自由转让股权。但有少数公司法,如我国台湾地区公司法,出于对股权稀释或股权结构变更的考虑,规定即使是股东之间转让股权,亦须经其他股东过半数同意。

② 对外转让。股东向股东以外的第三人转让股份时,各国公司法大多有限制。法国《商事公司法》规定,经持有公司一半股份以上股东同意,股东可以对外转让出资。日本公司法规定,须经股东会同意方可转让。我国《公司法》则规定,须经其他股东过半数同意。德国《有限责任公司法》没有明文限制股权转让条件,但授权章程规定股权转让须经公司同意。英美法系公司法则没有进行具体规定,而是授权公司、股东协议对股权的转让进行限制。

(5) 评估权

评估权(appraisal right),又称异议股东股份回购请求权,指当公司作出对股东利益有实质影响的决议时,对该决议持反对意见的股东,有权要求公司以公平价格回购其股份从而退出公司的权利。评估权制度起源于美国,各国公司法随后纷纷仿效,原因在于这一制度具有保护少数股权、提高公司效率的功能。一方面,现行公司法奉行资本多数决原则,股东会被控股股东操纵时,中小股东的意志几乎被忽略,基本没有表达自己意见的机会。为了保护中小股东的利益,公司法应允许中小股东在特定情形下要求公司回购股份并退出公司。另一方面,公司在运行过程中,股东之间难免会产生分歧,这些分歧如果长期存在,就会影响公司决策效率。允许异议股东退出公司,可以减少中小股东和大股东之间的对立情形,提高股东会决议的效率。此外,相对于撤销股东会决议、解散公司诉讼等救济方式而言,评估权更为经济、便捷。但公司回购股东股份,无疑减少了公司的资本,有违资本维持原则,会损及债权人利益。所以各国公司法通常都对评估权的适用范围进行限制。美国《标准商事公司法》是宽泛主义立法例的代表,其列举了八项适用评估权的情形,分别为:①公司合并;②公司股票交换;③资产处置;④组织大纲作出减少股东持有股份数量的修订计划;⑤组织大纲、章程细则或董事会作出的其他与上述四项有关的决议;⑥外州公司本土化;⑦公司变更为非营利性组织;⑧公司变更为非法人组织。而美国特拉华州公司法则采用狭窄主义立法例。特拉华州公司法仅允许在发生合并、兼并时允许股东行使评估权,但公司组织大纲可以规定其他适用评估权的情形。日本公司法则区分有限责任公司和股份有限公司规定了不同的适用情形,前者的评估权适用情形较宽,而后者的评估权适用情形较窄。

中国《公司法》与日本公司法类似,就有限责任公司和股份有限公司分别作出了规定。根据中国《公司法》第 74 条规定,有下列情形之一的,对股东会该项决议投反对票的股东可以请求公司按照合理的价格收购其股权:①公司连续五年不向股东分配利润,而公司该五年连续盈利,并且符合本法规定的分配利润条件的;②公司合并、分立、转让主要财产的;

③公司章程规定的营业期限届满或者章程规定的其他解散事由出现，股东会会议通过决议修改章程使公司存续的。第 142 条仅允许股份有限公司的异议股东在公司合并、分立时，请求公司收购股份。

（6）提案权

提案权指股东向股东会议提出议案的权利。现代公司多由董事会进行经营决策，股东会议上的议案都由董事会事先准备，股东参与股东会议决议时，就显得很被动。法律赋予股东提案权，股东就可以化被动为积极，主动参与公司管理。但是如果每个股东都提出议案，甚至不止提出一个，难免会大大增加公司的决议事项，导致公司决议难度加大，效率降低，运行成本增加。所以各国（或地区）公司法通常对股东提案权进行一定限制，大致有以下几个方面限制：

① 提案股东资格限制。即对股东的持股数量和持股时间作出规定。例如：美国要求股东持股数量达到 1% 以上或市价达 2000 美元以上，且持股时间超过一年；日本要求持股达到 1% 以上或 300 股以上，且持续持股时间超过六个月。中国台湾地区公司法仅要求持股数量为 1% 以上。中国《公司法》第 102 条规定了股份有限公司股东的提案权，要求股东持有公司 3% 以上股份，但未规定持股时间的限制。

② 提案数量和字数。提案数量通常为一个，字数也不宜过多。这样有助于减少公司在股东提案方面所耗费的费用及改善提案的质量和审议的效率。中国台湾地区公司法规定字数不得超过 300 字，美国则以 500 字为限。

③ 提案程序。股东提案应以书面形式提出，且应在法律规定的时限内提交。中国《公司法》规定应在股东大会召开 10 日前提交。

④ 提案排除事由。为了防止股东滥用权利，各国公司法通常规定，如果股东的提案不属于股东大会可决议事项范围或者股东提案不适当，公司可以否决股东的提案。由于股东大会通常由董事会召集和主持，所以否决权由董事会行使。各国（或地区）公司法通常用列举的方式排除股东提案，美国的模式比较复杂，[①]而日本公司法的规定较为简单，仅列举了两项排除事项：所提议案违反法令或章程；或同一议案曾向股东会提交，但没有获得 1/10 以上的表决权支持，并且未逾三年。

（7）质询权

质询权是指股东享有的、请求相应的义务主体就一定范围的公司事项进行解释说明的权利。股东质询权由德国首创，目的在于保护中小股东的利益，解决中小股东和管理层之间信息不对称问题，促进公司经营决策的合理化。法国、日本等大陆法系国家随后也都仿效德国，在公司法中规定了股东的质询权。

① 股东质询权的主体。股东质询权一般为单独股东权，单个股东即可行使。股东质询

---

① 美国证券交易委员会有关股东提案的规则中，列举了多达 13 项排除事由。参见肖和保：《股东提案权制度：美国法的经验与中国法的完善》，载《比较法学》2009 年第 3 期。

权的义务主体范围则有不同的立法例。德国公司法规定义务主体为董事会,日本公司法则规定为个别董事或监事,法国公司法则规定董事会或监事会为接受质询的主体。中国《公司法》的范围更广一些,除了董事会、监事会外,还包括高级管理人员。

② 行使质询权的时间。通常是在股东大会进行期间。

③ 质询的事项范围。如果允许股东就任何事项质询,有可能会影响公司管理层的决策,减缓公司运行效率。所以通常来说,股东就只能就特定事项质询,且这些事项往往要与股东大会的议题相关。

④ 股东行使质询权的限制。股东大会的议题广泛,如果允许股东一一进行质询,显然会损害公司利益。因此,股东行使质询权时,应有正当目的,即其目的与维护基于股东地位而享有的利益具有直接联系。

英美法系公司法并没有规定质询权,主要原因在于质询权的执行问题,如果股东的质询权无法实现,如何救济? 显然公司法难以解决这一问题。

(8) 股东会议召集和主持权

当有重大情形出现,会对公司利益造成实质影响时,持有一定比例股份的股东有权请求公司召开临时股东会议。股东会议的召集权通常属于董事会,公司法赋予股东会议召集权,可以打破董事会对股东会议召集的垄断,维护股东自身的权益。为了防止股东滥用权利,干扰公司的正常经营,法律对股东的召集权进行限制,通常要求一定的持股比例。日本和中国台湾地区要求持股比例 3% 以上,德国要求 5% 以上,英国、美国、法国和我国大陆则要求 10%。如果董事会没有及时召开股东会议,股东还有权自行召集和主持股东会议。

(9) 股东诉权

股东诉权即股东享有的向法院提起诉讼的权利。股东诉权有利于切实保护股东和公司的利益,各国公司法通常都予以确认。股东诉讼可以分为直接诉讼和派生诉讼。直接诉讼是指股东本人的个体权利受到侵害时所提起的诉讼。派生诉讼则是公司利益受到侵害时,股东代表公司对侵害公司利益的人提起的诉讼。

此外,股东还有优先认股权,即当公司新增资本或发行新股时,股东有权按出资比例或持股比例优先认购;剩余财产分配权,即公司清算时,股东有权就公司的剩余财产请求分配。

七、公司治理

公司治理(corporate governance)是公司法最热门的词汇之一,是公司法领域的研究重点。何谓公司治理,并无统一的概念。根据经济合作与发展组织(Organization for Economic Co-operation and Development,OECD)1999 年发布的《公司治理原则》(*Principles of Corporate Governance*),公司治理指规范企业、企业管理层、董事会、股东与其他利害关系人(如劳工、债权人、社区与政府)之间关系的框架,并可通过这种机制实现公司的营运目标、落实该目标的达成及经营绩效的监测。公司治理包含公司的组织机构及其运行机制两个方面。组织机构是由股东会、董事会、监事会等组成的管理系统,而运行机制则是组织机构在公司运行过程中的激励、监督和制衡机制。[①]

公司治理是一种指导、管理公司的制度安排,通过这种制度安排,落实公司管理层的责任,并保障股东的合法权益及兼顾其他利害关系人的利益。良好的公司治理具有促使董事会及管理层以符合公司与全体股东最大利益的方式达成营运目标的正当诱因,协助企业管理结构之转型,以及提供有效的监督机制,以激励企业善用资源、提升效率,进而提升竞争力,促进全民之社会福祉。

(一)公司治理模式

各国由于历史传统、经济环境、政治制度等方面存在差异,反映在公司治理模式上,各有不同的选择。

1.单轨制

单轨制或称单层制,最典型的代表是美国,英国等其他英美法系国家也采用单轨制。在这种模式下,公司组织机构由股东会和董事会组成,没有监事会这样的机构设置。董事由股东会选举产生,董事会负责公司的业务经营和事务管理。董事会内部可能会设立若干委员会,如审计委员会、薪酬委员会、提名委员会等,这些委员会多由独立董事组成,承担了对执行董事监督和制约的职能。

2.双轨制

双轨制也称为双层制,典型的代表国家是德国。在这种模式下,公司组织机构包括股东会、董事会和监事会。监事会由股东会选举产生并向股东会负责。董事会成员则由监事会任免,董事会负责公司经营决策和业务执行。

3.并列制

中国采用这种模式。在这种模式下,股东会选举产生董事会和监事会。董事会和监事会并列存在,董事会负责经营,而监事会拥有监督权。

4.选择制

法国是这种模式的代表。此模式允许公司自由选择采用单轨制还是双轨制。公司如选择单轨制,则不设立监事会;选择双轨制,则和德国模式相似。

(二)股东会

1.股东会权限

股东会是由全体股东组成的公司权力机构。具有股东资格即可以成为股东会的成员,

---

① 范健.商法[M].北京:高等教育出版社,2011:179.

出席股东会议。公司是一种法人组织体,与自然人不同,本身没有主观意识来表达自己的意思并实施行为。所以公司需要专门的机构来表达意志。公司同时又是由股东组成的法人组织,因此在表达公司意志的机构中应当有一个机构来表达股东的意愿,这个机构即是股东会。股东会有权决定与公司有关的重要事项。各国公司法通常都规定了股东会的职权,但随着股东会中心主义向董事会中心主义的转变,股东会职权范围在逐步缩小。通常来说,各国公司法大多认可股东会的下列职权:①修改公司章程;②选举和更换董事、监事;③增加或减少资本;④决定公司的合并、分立或解散;⑤章程规定的其他职权。

中国《公司法》规定,股东会行使下列职权:①决定公司的经营方针和投资计划;②选举和更换非由职工代表担任的董事、监事,决定有关董事、监事的报酬事项;③审议批准董事会的报告;④审议批准监事会或者监事的报告;⑤审议批准公司的年度财务预算方案、决算方案;⑥审议批准公司的利润分配方案和弥补亏损方案;⑦对公司增加或者减少注册资本作出决议;⑧对发行公司债券作出决议;⑨对公司合并、分立、解散、清算或者变更公司形式作出决议;⑩修改公司章程;⑪公司章程规定的其他职权。

2. 股东会议的类型

根据股东会议召开的原因、时间和召集方式的不同,股东会议可分为定期会议和临时会议。

定期会议又称普通会议、股东年会,指公司按照法律或章程的规定召开的会议。大多数国家公司法规定定期会议至少每年召开一次,美国《标准商事公司法》则授权章程细则对定期会议召开时间作出规定。

临时会议又称特别会议,是公司在定期会议之外于必要时召开的股东会议。公司应召开临时股东会议的情形通常有以下几种:

(1) 董事会或监事会认为有必要时。各国公司法通常还会列举一些事项,在这些事项出现时,规定董事会应当召开股东会议。比如,董事人数空缺较多时,公司严重亏损时,董事会都应召开股东大会。

(2) 持有公司一定比例股份股东请求召开时。为了防止股东重复召开会议或召开不必要的会议,在股东提议召开时,有的公司法(如《标准商事公司法》)还赋予董事会一定自由裁量权,以决定在股东提议时是否需要召开股东会议。

中国《公司法》第 39 条规定,有限责任公司经代表 1/10 以上表决权股东提议,经 1/3 以上董事提议及监事会提议,都应召开临时会议。第 100 条规定,股份有限公司在下列情形下应召开临时会议:①董事人数不足法定人数或章程所定人数 2/3 时;②持股 10% 以上股东请求时;③公司未弥补的亏损额达股本总额 1/3 时;④董事会认为必要时;⑤监事会认为必要时。

3. 股东会的召集

由于股份有限公司股东人数众多,组织召集股东大会非常困难。在这种情形下,少数股东就有可能未能参加股东大会,从而失去行使股东权力的机会。为此,公司法尤其针对股份有限公司设置了严密、细致的程序性规则,确保股东大会得以顺利召开,并确保股东的利益。

(1) 召集权人

通常情形下,股东会议由董事会召集。如果董事会不召开或不能召开股东会议,则持有一定比例股份的股东可以自行召集,监事会在必要时也可以召集。必要时,法院亦可下令召集股东会议。例如,中国台湾地区公司法规定,连续持股一年以上,持有已发行股份总数 3% 以上股东,可以请求法院选派检查人,检查公司业务账目及财产情形。当法院对检查人之报告认为必要时,可以命监察人召集股东会。德国《股份有限公司法》亦规定,必要时可以通过法院判决,强制召开股东大会。

(2) 召集程序

① 通知。股东会议的召开应提前一定期限以书面方式通知股东。通知的内容一般应包括召开的时间、地点、股东会决议的事项,尤其是临时股东会议,通知应载明召集股东会的事由和议题,以方便股东事先准备。

② 出席要求。股东会作为全体股东组成的公司权力机构,应当反映大多数股东的共同意愿,这就须要出席股东会的股东达到一定的数量,股东会议才能合法召开,通过的决议才有效。有的要求出席会议股东达到一定人数,有的要求出席会议股东的股份数量达到一定比例。比如:英国公司法规定,出席会议股东人数至少为 2 人;美国特拉华州公司法规定,公司章程可以对出席人数另作规定,但最低不能少于有权在会议上参加表决的股份数的1/3;《日本商法典》和我国台湾地区公司法规定,股东大会的决议应有代表已发行股份总数过半数的股东出席;德国《股份有限公司法》则规定由章程对法定人数作出规定。

4. 股东会决议

(1) 决议种类

根据决议的内容和决议通过的标准,股东会决议可以分为普通决议和特别决议。普通决议是指以简单多数通过即可生效的决议,即出席会议的 1/2 表决权通过决议即可生效。大部分决议简单多数通过即可。特别决议则须绝对多数通过。关于特别决议,各国和地区公司法要求不同。例如,德国《股份公司法》规定,修改章程的协议和其他重大基本协议,股东大会必须以 3/4 以上表决权通过。英国公司法亦规定特别决议,例如修改章程等重大事项,须经 75% 以上表决权通过。

(2) 股东会议表决方式

股东大会投票通常采取的是直接投票(straight voting)的方式,即一股一投票权,针对一项议题,股东只能就其表决票数一次性直接投票。直接投票制体现了资本多数决的精神,拥有多数股的股东投票权显然更大。但直接投票制有可能造成大股东欺压小股东的现象,在公司决策时,小股东的意志无法体现,利益难以保障。在这种情形下,累积投票(cumulative voting)应运而生。累积投票指股东大会选举董事或监事时,每一股份拥有与应选董事或监事人数相同的投票权,股东拥有的表决权可以集中使用。比如,如果公司董事会要选出 7 名董事,股东甲拥有 10 股,他就拥有 $10\times7=70$（票）。股东甲可以把这 70 票投到任何一个他想要选为董事的人名下。适用累积投票制时,股东要成功选出一名董事所需的最低股份数,可以通过下列公式计算得出:$X=ac\div(b+1)+1$,其中 X 即选举董事所需的最低股份数,a 表示进行表决的股份总数,b 表示待选董事总数,c 表示股东自身想要选任的董事人数。例如,某公司出席股东大会的股份总数为 5000 股,即 $a=5000$。股东甲希望选举自己属意的一人入主董事会,则 $c=1$。公司拟选任 7 名董事,即 $b=7$。则股东甲要达到自己的目的,最少需要的股份数为 $X=5000\times1\div(7+1)+1=625+1=626$（股）。也就是说,如果股东甲把这 626 股全部投给他想要选任的董事,这名董事就能进入董事会。

累积投票制于 19 世纪后期出现于美国伊利诺伊州公司法中,随后各州纷纷仿效。加拿大、日本、中国大陆及台湾地区公司法也引入了累积投票制。但美国和日本的累积投票制仅适用于选举董事,而中国大陆及台湾地区无论选举董事还是监事都可以适用。累积投票制的立法例有两种方式:一是强制主义,即公司法要求股份有限公司必须采用累积投票;二是许可主义,即法律并不强制要求公司必须采用累积投票制,由公司根据自己的实际情况选择是否采用累积投票制。美国《标准商事公司法》采用的是许可主义。加拿大、日本、中国大陆及台湾地区公司法亦采取许可主义。中国《公司法》第 105 条规定:"股东大会选举董事、监事,可以根据公司章程的规定或者股东大会的决议,实行累积投票制。"累积投票制有利于保护少数股东的利益,但其弊端也很明显:第一,累积投票制增加了表决权成本。股东为了在董事选举中如愿以偿,势必会花费大量的物力、财力招揽表决权代理;第二,累积投票制有可能造成董事会内部对峙,降低公司决策效率,甚至有可能导致代表利益对立集团的董事入选董事会,造成董事会内部的分裂;第三,累积投票制会削弱投资热情,它削弱了大股东对董事人选的控制力,与大股东的持股比例不符,有违风险利益相一致原则。

（3）股东表决权行使方式

表决权是股东的固有权,股东可以亲自出席股东会议进行投票,也可以委托他人代为投票,即表决权的代理行使。表决权代理（proxy voting）,指享有表决权的股东授权他人代为投票,行使表决权。对股份有限公司来说,表决权代理具有十分重要的意义。股份有限公司股东人数众多,要求所有的股东都亲自出席股东会议是不现实的。表决权代理制度正好可以解决这一问题,股东不用出席股东大会,也可以通过代理人表达自己的意志。股东委托代理人出席股东大会,应出具授权委托书,委托书应记载有效期及代理人权限。

拓展阅读

（三）董事会

1. 董事会权限

董事会由全体董事组成,享有公司的管理权,是法定的、常设的集体业务执行机关。公司尤其是股份有限公司股东人数众多、分散,不可能都参与公司的经营管理,股东只能把经营管理权交给专门的机构负责。于是所有权与管理权逐渐分立,随着经济的发展,社会分工越来越精细,公司董事会的权限日益增强,而股东大会的职能在逐步削弱。董事会通常具有下列权限:①经营管理权。董事会有权决定企业的经营策略和经营方向,采取具体的经营措施,独立地进行经营管理。②人事任免权,即有权选任和解聘公司高级职员。③监察权。公司具体的业务执行是由董事、高级职员完成的,董事会有权进行内部监察(internal audit)。④对外代表公司的权利。董事有权对外代表公司,其行为对公司具有约束力。⑤法律和章程规定的其他权利。

中国《公司法》对董事会的权限采用列举的方式明确进行了规定。我国公司董事会主要行使下列职权:①召集股东会会议,并向股东会报告工作;②执行股东会的决议;③决定公司的经营计划和投资方案;④制订公司的年度财务预算方案、决算方案;⑤制订公司的利润分配方案和弥补亏损方案;⑥制订公司增加或者减少注册资本及发行公司债券的方案;⑦制订公司合并、分立、解散或者变更公司形式的方案;⑧决定公司内部管理机构的设置;⑨决定聘任或者解聘公司经理及其报酬事项,并根据经理的提名决定聘任或者解聘公司副经理、财务负责人及其报酬事项;⑩制定公司的基本管理制度;⑪公司章程规定的其他职权。

拓展阅读

2. 董事

(1) 董事的分类

根据董事在公司中的作用不同,可以把董事分为执行董事、非执行董事。执行董事指的是在公司中担任经营管理职务的董事,是受薪的全职董事。非执行董事在担任公司董事职务的同时不再担任其他管理职务,没有管理公司的职能,往往是兼职的,通常由其他公司的经理层、社会知名人士等担任。从董事会构成来看,董事还可以分为内部董事和外部董事,内部董事即由公司内部人员,如股东和管理人员担任的董事,外部董事则由外部人(outsiders)担任。一般来说,执行董事即内部董事,非执行董事即外部董事,二者内涵相同。

外部董事又可以进一步分为灰色董事和独立董事。灰色董事与公司具有经济或商业上的利益联系,如公司的法律顾问、客户代表。独立董事则与公司不存在利益联系,是指不在公司担任除董事外的其他职务,并与其受聘的公司及其主要股东不存在可能妨碍其进行独立客观判断关系的董事。[①] 独立董事制度起源于英美公司法,由于英美公司法中并无监事会这样的监督机构,加之开放式公司股权分散导致股东难以控制公司经营者,独立董事的存在就起到了监督公司经营管理者以保护股东利益的作用。美国各州公司法大多没有以成文法的形式对独立董事的设立进行强制性规定,但纽约证券交易所和纳斯达克都要求上市公司中必须有独立董事,且还要有一个全部由独立董事组成的审计委员会,目的就是

---

① 中国证券监督管理委员会:《上市公司独立董事规则》2022-01-05.

对公司财务信息状况进行独立的评价和监督。此外，美国开放式公司董事会中设立的提名委员会和薪酬委员会，通常半数以上成员都是独立董事，负责对管理层进行选任、监督、考核和奖励。英美的独立董事制度对其他各国也产生了广泛影响，大陆法系国家如法国、日本、意大利等国家也纷纷借鉴和引入了独立董事制度。中国《公司法》第 122 条也明确规定，上市公司设立独立董事。

（2）董事的资格

董事的资格是指担任董事的条件。由于董事在现代公司的地位日趋重要，各国（或地区）公司法通常都对董事的资格进行一定的限制，以确保有经验、有能力的人担任董事。董事的资格分为积极资格和消极资格，前者指担任董事应具备的条件，后者指担任董事不得出现的情形。

董事的积极资格包括以下几方面：

① 年龄。通常情形下，只有完全民事行为能力人才能担任董事。英国公司法则规定，只有 16 周岁以上的人，才能担任董事。有的公司法有关于董事年龄上限的规定。比如，法国公司法就规定，年龄超过 70 岁的董事，不得超过在职董事人数的 1/3。

② 国籍。各国（或地区）公司法通常并不限制董事的国籍。

③ 身份。董事的身份问题关键在于董事是否可以由法人担任，这一点各国家（或地区）的公司法有分歧。美国、德国、日本、意大利、瑞士等国明确规定，董事应为自然人；而英国、荷兰及中国台湾地区公司法则规定，法人亦可以担任董事，但须指定一名自然人代表法人行使职权。

④ 资格股。董事是否应持有公司股份这一问题，大多数公司法顺应现代公司所有权与管理相分离的趋势，并不要求董事应同时具有股东身份。公司盈利能力如何，与董事是否持有公司股份并无直接关联，且董事的资格股过少，并不能起到让董事与公司利益攸关的作用。

关于董事的消极资格，大陆法系公司法通常会在公司法中具体规定不得担任董事的情形。德国公司法规定，因为破产犯罪行为被判刑的人、被司法判决或行政命令禁止在工商企业中就职的人，不得担任董事，监事亦不得兼任董事。中国《公司法》则详细列举了不得担任董事的情形，包括以下几种：

① 无民事行为能力或者限制民事行为能力；

② 因贪污、贿赂、侵占财产、挪用财产或者破坏社会主义市场经济秩序，被判处刑罚，执行期满未逾五年，或者因犯罪被剥夺政治权利，执行期满未逾五年；

③ 担任破产清算的公司、企业的董事或者厂长、经理，对该公司、企业的破产负有个人责任的，自该公司、企业破产清算完结之日起未逾三年；

④ 担任因违法被吊销营业执照、责令关闭的公司、企业的法定代表人，并负有个人责任的，自该公司、企业被吊销营业执照之日起未逾三年；

⑤ 个人所负数额较大的债务到期未清偿。

此外，中国《公司法》亦规定，董事、高级管理人员不得兼任监事。

（3）董事的选任

董事一般由股东会选任，但有的国家（如德国）是由监事会选任。在我国，董事还有可能由职工代表大会选举产生。中国《公司法》规定，国有独资公司董事会成员中应当有公司职工代表，董事会成员中的职工代表由公司职工代表大会选举产生。在特殊情形下，董事有可能由法院任命。例如，美国特拉华州公司法规定，如果封闭公司董事在公司业务和公司事务管理方面分歧严重，无法达到董事会采取行为所要求的表决，导致公司业务和事务不能按照符合股东普遍利益的方式进行的，衡平法法院可以为封闭公司委任临时董事。德国《股份有限公司法》亦有法院任命应急董事的规定。根据该法，如果董事提前辞职，或者监事会没有及时选聘董事，公司因而缺乏必要董事，有关当事人在此紧急情形下可以请求法院代为任命一名董事。该董事的任期截至紧急任命的原因消失时。

（4）董事人数与任期

董事的人数与任期一般由公司章程规定。也有的国家或地区公司法对董事的人数和任期进行了明确规定。中国大陆及台湾地区公司法规定，董事会任期每届不得超过三年，可以连选连任。法国公司法则规定：股份有限公司董事如果由股东大会任命，任期不得超过六年；如果由章程任命，任期不得超过三年。至于人数，中国台湾地区公司法仅规定了最低限额：不得少于3人，已发行股票之公司董事会则不得少于5人。中国《公司法》则规定，股份有限公司董事会由5～19人组成，有限责任公司由3～13人组成，股东人数较少或者规模较小的有限责任公司，可以设一名执行董事，不设董事会。

（5）董事的解聘

董事的解聘指的是在董事任期内，解除董事的职务。股东会（在德国则是监事会）有权选任董事，也应有权解聘董事。对于解聘董事时是否需要说明理由这一问题，各国（或地区）公司法有不同的规定。德国《股份公司法》规定，董事的解聘应有违法、违反董事的义务、没有正常的管理能力、股东大会宣布不信任等重大原因。而英国、美国和中国台湾地区公司法则规定解聘董事不需要说明理由。这样的规定对董事有一定的约束作用，能够促使其更加尽职地为公司工作。同时为了保护董事的利益，公司法还规定了解聘董事要遵循的程序。比如，英国公司法规定，公司在决议作出后应立即向被罢免的董事发出通知，该董事收到通知后，有权向公司提出书面陈述（representation）。中国台湾地区公司法则规定，解任董事的决议应由股东大会以特别决议的方式作出，且如果解任没有正当理由，应赔偿董事因此遭受的损害。

在特定情形下，法院也有权罢免董事。中国台湾地区公司法第200条规定："董事执行业务，有重大损害公司之行为或违反法令或章程之重大事项，股东会未为决议将其解任时，得由持有已发行股份总数3％以上股份之股东，于股东会后30日内，诉请法院裁判之。"在公司股东会被大股东操纵的情形下，董事即使有重大损害公司的行为，或有违反法令、章程的重大事项的行为，股东会亦有可能作出不解聘董事的决议，此时赋予股东权利诉请法院解聘董事，显然有利于保护公司和中小股东的利益。

为了保护公众利益,同时威慑董事,英国法还允许国务大臣(Secretary of State)、官方破产管理人(Official Receiver)等部门向法院申请董事资格取消法令(director disqualification order)。如果董事具有资格取消事由,如从事欺诈性交易、不适任(unfit)、违反竞争法等,法院将取消董事任职资格,期限为 2～15 年。

3. 董事会会议

（1）董事会会议种类

董事会是集体执行公司业务的机关,其决策通常都是通过会议的形式整体作出。董事会会议也分为定期会议和临时会议。定期会议按照公司章程的规定在固定的时间召开,临时会议于必要时才召开,是不定期的。例如,法国公司法规定,如果董事会超过 2 个月以上的时间没有召开,至少 1/3 以上的董事可以请求董事长按议事日程召集董事会会议。总经理也可以请求董事长按照确定的日程召集董事会会议。中国《公司法》规定了股份有限公司董事会应召开临时会议的情形,代表 1/10 以上表决权的股东、1/3 以上董事或者监事会有权提议召开董事会会议。

（2）董事会会议的召集

公司法通常规定,由公司章程规定董事会召集的程序和规则。也有公司法直接规定董事会会议由董事长召集和主持,如中国大陆及台湾地区公司法。董事会由全体董事组成,所以会议召开之前,应通知全体董事。而在设立监事会或监察人的国家或地区,监事会或监察人有列席董事会的权利,故召开董事会会议,也应通知监事或监察人。中国《公司法》第 110 条规定,股份有限公司董事会会议应当于会议召开 10 日前通知全体董事和监事。

（3）董事会会议决议

董事会作为集体决策机关,是通过召开会议形成决议的,因而董事会会议决议的形成应满足一定的条件。通常情形下,公司法有两方面的要求:一是出席会议的董事人数。通常情形下,应有一半以上的董事出席,董事会会议方可举行。即使中途有董事退出,也不影响会议的有效性。二是达成决议所需的票数。董事会作出决议,通常应有出席会议的过半数董事通过。但中国《公司法》第 111 条规定,股份有限公司董事会决议应由全体董事的过半数通过。如果董事与待表决事项有利害关系,则不得参与投票表决。鉴于董事对公司的重要性,董事应出席董事会会议。如果无法出席的,董事可以委托他人出席。但我国《公司法》规定董事只能委托其他董事代为出席。

董事会的决议对全体董事都有约束力,即使有的董事没有出席或者投反对票。为避免发生争议,有明确的依据贯彻董事会会议的决议,董事会应对决议的事项作成会议记录。出席会议的董事应在会议记录上签名。如果董事对决议持反对意见,应在会议记录上记载,否则将推定董事赞成决议。会议记录应在会后及时分发给全体董事,让董事知晓决议情况。会议记录应妥善保存,日本公司法规定,会议记录自决议作出之日起,应保存 10 年。中国台湾地区公司法则规定,会议记录在公司存续期间,应永久保存。会议记录同时还是董事承担责任或免除责任的重要依据。中国《公司法》第112条就规定,如果董事会决议违法、违反公司章程或股东大会决议,致使公司遭受严重损失的,参与决议的董事应对公司承担赔偿责任。如果董事在表决时曾表明异议并记载于会议记录之上的,董事方可免除责任。

4. 董事的义务

董事是公司的经营决策者和业务执行者,控制着公司的运营,公司的利益能否得到保障,股东投资收益的目标能否实现,与董事有直接关系。但是董事并非公司的所有者,作为独立的个体,董事也有自己独立的利益,有可能与公司和股东产生利益冲突。有鉴于此,公司法通常都会规定董事的义务,主要包含两方面内容:董事的忠实义务与董事的注意义务。在学理上二者通常合称为董事的信义义务(fiduciary duty)。

(1) 董事的忠实义务

董事的忠实义务(duty of loyalty),指董事应以最大可能促进公司成功的方式行事,把公司利益置于首位,不得利用职权牟取私利。董事的这一义务主要涉及以下方面:

第一,避免利益冲突的义务。主要表现为以下三点:

① 竞业禁止义务。董事在职期间不得擅自经营与其任职的公司具有竞争性质的业务。董事如果自营或者为他人经营与所任职公司具有竞争性质的业务,就会与所任职的公司处于长期利益冲突之中,难以忠诚地为公司利益最大化服务。董事的这一义务并非绝对的,因为董事与公司竞争并不一定会损害公司利益,且董事亦有营业自由权,所以如果经股东会同意,董事可以免除此项义务。

② 不得篡夺公司机会。公司机会原则(corporate opportunity doctrine)是英美法系公司法规范董事行为的重要原则之一,该原则禁止董事把属于公司的商业机会据为己有。公司作为商业活动的主体,商业机会对其尤为重要,在竞争激烈的商业社会中,把握商业机会是企业成功的关键。而董事作为公司经营管理者,其职务为其提供了接触和了解公司商业机会的便利条件。在此情形下,董事应把公司利益置于首位,不得篡夺公司机会以自用,损害公司利益。但法律并不绝对禁止董事利用公司商业机会。如果公司由于自身原因无法利用或者公司决定放弃机会,法律仍然禁止董事利用公司无法或不愿利用的机会,无疑剥夺了董事获取利益的机会,对董事有失公允,且有可能造成商业机会的浪费,违反市场经济的效率原则。

③ 禁止自相交易。自相交易指的是董事与公司订立合同或者进行交易。由于交易双方经济利益往往存在冲突,董事作为订约的一方,很有可能将个人利益凌驾于公司利益至上,违反忠诚义务。但自我交易并非都对公司不公平。例如,在公司难以从其他地方获得贷款的情形下,董事向公司提供贷款,这样的交易反而对公司有利,不应被禁止。因此,各国公司法规定董事和公司的交易在一定条件下有效。例如,特拉华州公司法规定,有下列情形之一的,自相交易有效:董事把利益冲突和有关交易的重要事实向董事会或董事会设

立的委员会披露,经无利害关系董事过半数同意,董事会或该委员会善意地批准了交易;董事把利益冲突和有关交易的重要事实向有权表决的股东披露,且有权表决的股东善意地批准了交易;董事会、委员会或股东授权或批准交易时,交易对公司是公平的。日本公司法则规定董事应向股东会披露有关交易的重要事实,并取得股东会的批准。中国《公司法》规定的条件则为获得章程或股东会议的同意。董事违反上述义务所得收入,归公司所有。

第二,不得侵占和损害公司财产的义务。董事在执行业务过程中应以公司利益为重,不得为个人谋取私利。董事在执行业务过程中所收取的钱财应交付给公司,所取得的权利也应转移给公司。董事作为公司业务的执行者,还应当合法使用公司财产,保障公司的利益。董事不得挪用公司资金,不得将公司资金私自借贷给他人或私自以公司财产为他人债务提供担保。

第三,服从的义务。董事执行业务,应遵守法律和章程的规定,服从股东会议的决议。董事违反法律、章程或股东会决议给公司造成损失的,应对公司负赔偿责任。日本公司法还规定了在此种情形下,持有 3% 以上表决权股东有权请求法院任命检查人(inspector)调查业务执行情况和公司财务状况。

第四,报告的义务。如果董事发现公司有可能遭受重大损害,应立即报告。董事作为公司的管理者,最为了解公司的情况,当董事发现有可能造成公司重大损害的事实存在时,应立即进行报告,让公司的有关机构及时了解到公司的状况,以便采取行动。日本公司法规定董事应立即向股东会报告,如果公司设有监事会,则向监事会报告。中国台湾地区公司法亦规定董事应立即向监察人报告,如果股份有限公司设有审计委员会,则向审计委员会的独立董事报告。

(2) 董事的注意义务

董事的注意义务,大陆法系也称董事的善管义务,是指董事应以一个勤勉谨慎并具有相当技能、经验之人在处理类似事务时所应具有的谨慎和注意来处理公司事务。忠实义务强调董事对公司的忠诚无欺,要求董事以公司利益为上,不得利用职务之便为个人或他人牟利。注意义务则聚焦于董事的能力及素质,要求董事在执行业务时应合理注意。如果董事欠缺此种注意,并因此导致公司损失的,董事应就此损失向公司承担损害赔偿责任。董事的注意义务主要体现在以下两个方面。

第一,董事应合理谨慎地执行公司业务。董事应以合理谨慎的态度和方式来处理公司事务。美国《标准商事公司法》第 8.30 节为此设立的标准是:董事应善意(good faith)行事,且董事有合理理由相信其行为的方式对公司是最有利的。作为判例法发展起来的商业判断规则,迄今都没有统一的界定。经常被援引的是美国法律协会制定的《公司治理准则》(*Principles of Corporate Governance*)所确立的标准。根据《公司治理准则》第 4.01 条规定,满足下列条件即认为董事履行了自己的注意义务:①董事善意地进行商业决策;②董事与商业决策事项无利害关系;③董事对所进行的商业决策事项是了解的,并合理地相信在该种情形下,该决策是适当的;④董事理智地(rationally)相信其商业决策符合公司的最佳利益。如果董事在进行商业决策时满足了上列要求，即可认为决议有效，公司不能因该决议对公司产生了不利影响而要求董事承担责任。德国法以此为蓝本，在《股份公司法》中规定，如果董事在作出一项经营决策时理智地认为，其是基于合理信息为了公司利益行事的，则不存在义务违反。这一规定可视为德国法上的商业判断规则，作为判断董事是否要为错误经营决策承担责任的标准。

第二，董事应勤勉履行职责。勤勉义务要求董事应当以一种积极进取的工作态度履行职责，而不能消极惰怠。董事如果根本不履行职责，对公司事务漠不关心，同样构成对注意义务的违反。勤勉义务的要求主要包括：①董事应尽可能地参加公司的董事会会议；②对于公司事务保持长期的关注，而不是仅仅充当装饰门面的董事；③在决策公司事务时，积极地参与了解而不是仅仅作为挂名董事或傀儡董事等。

拓展阅读

5. 高级职员

高级职员（officers），指由董事会推选或任命的负责公司日常经营的人员，如首席执行官（chief executive officer，CEO）、总裁、秘书及司库（treasurer）。高级职员通常由董事会选任，美国公司法规定也可由章程细则规定选任方式和任期。至于高级职员的设置、头衔和责任，由公司在章程或章程细则中自主规定。但也有公司法要求特定类型的公司应设立专门的高级职员。比如，英国公司法就规定，开放式公司必须设有秘书。中国《公司法》第123条亦规定，上市公司设董事会秘书。高级职员对内负责公司日常经营，对外则有权代表公司，其义务和责任与董事相同。高级职员在中国《公司法》中则称为高级管理人员，包括公司的经理、副经理、财务负责人、上市公司董事会秘书和公司章程规定的其他人员。

（四）监事会

1. 概述

英美法系国家实行单轨制，并不设监事会。监事会主要为大陆法系国家（或地区）所采用，有的称之为监事会，有的称之为监察委员会或监察人，但实质上相同，都是对公司经营管理进行监督和检查的机构。大陆法系公司法对监事会的设置要求不尽相同。一般而言，在有限责任公司中，公司法对监事会的设置干预较少，对于人数较少或者规模较小的有限责任公司，可以不设监事会，设监事即可。但在股份有限公司中，监事会往往是必设机构。不过，也有公司法规定，股份有限公司设监察人即可，如中国台湾地区的公司法。

2. 监事会权限

关于监事会的职权，各国规定也不相同。有的国家监事会权限较大，如德国。德国的监事会通常有以下权限：

① 人事权。监事会有权选聘董事，有权代表公司确定董事会的职责范围、决定董事的薪金、与董事签订聘用合同。

② 监督权。监事会有权监督企业的经营和管理,监督已经开展的业务和董事会的工作,监督企业的经营决策,有权就股东大会的议事日程提出相应的建议,等等。

③ 审查权。这既是监事会的权利,也是监事会的义务。监事会有权也必须对董事会编制的年终报表、状况报告及公司盈余分配方案进行审查。

④ 同意保留权。公司章程或监事会可以规定,某些特定类型的业务必须事先得到监事会的同意,才能展开。

⑤ 经营管理权。在某些情形下,监事会有独立的经营管理权,主要包括:代表公司对董事提起诉讼,颁布董事会议事守则,在章程有授权时规定董事会的代表权,公司发行授权资本进行增资时有共同决定权,等等。①

有的国家监事会则职权有限,如日本。日本的监事会设置模式颇具特色,由全体监察人组成的监察人委员会只负责准备监查报告、任命和罢免监察人、决定监察方针、决定调查公司运营状况和财务状况的方法,以及决定有关董事执行业务状况的监察事项。履行具体监督检查职责的却是监察人(company auditors)。日本公司监察人的职权主要为:①财务监督权和业务监督权;②要求董事、高级职员提交报告的权利;③对子公司的调查权;④出席董事会会议及意见陈述权;⑤当董事从事或即将从事越权行为、违反法令及章程的行为,将给公司带来实质性损害时,要求董事停止该行为的权利;⑥代表公司对董事提起诉讼的权利;⑦调查董事会根据法务省规定向股东会提交的议案、文书和其他事项的权利。

中国《公司法》第 53 条、第 54 条和第 118 条规定的监事会职权则包括:①检查公司财务;②对董事、高级管理人员执行公司职务的行为进行监督,对违反法律、行政法规、公司章程或者股东会决议的董事、高级管理人员提出罢免的建议;③当董事、高级管理人员的行为损害公司的利益时,要求董事、高级管理人员予以纠正;④提议召开临时股东会会议,在董事会不履行《公司法》规定的召集和主持股东会会议职责时召集和主持股东会会议;⑤向股东会会议提出提案;⑥依法对董事、高级管理人员提起诉讼;⑦列席董事会会议,并对董事会决议事项提出质询或者建议;⑧公司章程规定的其他职权。

3. 监事会的规模、组成和任期

监事会的大小与公司的类型和规模有关。例如,中国《公司法》规定,股东人数较少和规模较小的有限责任公司可以不设立监事会,仅设 1~2 名监事。股份有限公司监事会人数通常在 3 人以上。

关于监事会的构成,各国(或地区)公司法并不相同。日本的监察人会由全体监察人组成。德国的监事会在通常情形下应包括职工代表。我国的监事会构成与德国法类似,要求监事会中的职工代表比例不得低于 1/3。

关于监事会的任期,各国(或地区)公司法规定也不相同。依德国公司法的规定,监事会任期不超过 5 年。中国台湾地区则规定监察人任期不超过 3 年。法国公司法则规定:如

---

① 莱塞尔,法伊尔.德国资合公司[M].高旭军,等,译.北京:法律出版社,2004:175-179.

果是由股东大会选任监事,监事会成员任期不超过 6 年;如果由章程任命监事会,则任期不超过 3 年。中国大陆监事会的任期则为 3 年,可以连选连任。

4. 监事会会议

德国和我国公司法均规定,股份有限公司监事会至少每半年应召开一次会议,德国法还要求上市公司每半年至少召开两次。监事可以提议召开监事会会议,监事会会议通常由监事会主席召集和主持。监事会决议则应由半数以上监事通过。

5. 监事的选任和罢免

除职工监事外,监事一般都由股东会选举产生。担任监事需要具备一定的资格,与董事的基本相同。为了保证监事会能够独立地行使权利,各国公司法都规定,董事和高级职员不得兼任监事。监事通常由其选任机构进行罢免。在特定情形下,监事会或持有一定比例股份的股东也可以向法院申请罢免监事。

6. 监事的义务

公司法对监事义务的规定基本与董事相同。根据我国公司法,监事也和董事、高级管理人员一样,应承担忠实义务和注意义务。

(五)派生诉讼

1. 派生诉讼的概念

派生诉讼(derivative action or derivative litigation)又称股东代表诉讼(representative suits)、代位诉讼、衍生诉讼,指当公司利益遭受侵害而公司怠于提起诉讼追究侵害人责任时,符合法定条件的股东为公司的利益以自己的名义提起的追究侵害人责任的诉讼。派生诉讼由英国衡平法创设,在英美法系国家尤其是美国得到了长足发展,并影响到了大陆法系国家或地区。德国、法国、日本及中国台湾地区都相继引入该制度,我国《公司法》于 2005 年修订时,也正式确立了派生诉讼制度。当公司利益受损时,公司本应追究侵害人的责任,但公司如果被大股东或董事控制,就很有可能作出不起诉追究侵害人责任的决定,尤其当侵害人是公司的大股东、董事、监事或高级管理人员时,公司往往就会放弃追究其责任。法律赋予股东提起诉讼追究侵害人责任的权利,就可以有效保护公司和中小股东的利益。同时,派生诉讼也能对公司的控股股东、董事等人员起到一定的威慑作用,督促这些人员认真履行忠实义务和注意义务。否则,违反义务给公司造成损失的,即使公司不提起诉讼,符合法定条件的股东也有权起诉予以责任追究。此外,由于派生诉讼的结果直接归属于公司,因此公司获得的赔偿可以用于清偿公司债权人的债务。从此意义上说,派生诉讼也有利于保护债权人的利益。

2. 派生诉讼与直接诉讼的区别

直接诉讼(direct suits)与派生诉讼不同,直接诉讼是股东基于股份所有者身份向公司或他人提起的诉讼。比如,股东的请求分配红利之诉,请求查阅公司账簿之诉,等等,都是基于其股东身份,在其股东权益受损时提起的诉讼。两者的区别有如下几个方面。

(1)诉因不同。直接诉讼的诉因是股东本身的权利直接遭受侵害,而派生诉讼的诉因是因为公司的利益遭受损害,由于公司不提起诉讼追究侵害人责任,间接地侵害了股东的利益。

(2)诉讼目的不同。直接诉讼原告股东是为了维护自身的股东权益,故股东的此项权利属于自益权。而派生诉讼股东提起诉讼是为了公司的利益,但又间接地保护了股东的利益,所以应属于共益权。

(3)当事人不同。公司法通常对提起派生诉讼的股东进行持股比例和持股时间的限制,这些限制并不适用于直接诉讼的股东。派生诉讼的被告和直接诉讼的被告也不完全相同,有的国家公司法派生诉讼的被告是侵害公司权益的人,并非公司。但如果公司侵害了股东的权利,股东可以公司为被告对公司提起诉讼。

(4)诉讼结果归属不同。由于派生诉讼是为了公司利益提起的,所以派生诉讼胜诉所获得的利益归属于公司,而直接诉讼胜诉获得的利益归股东本人享有。

(5)诉讼程序不同。公司法为派生诉讼的诉讼程序设置了特别的要求。例如,要求股东提起诉讼前穷尽内部救济。直接诉讼则无此类要求,按诉讼的一般程序进行即可。

3. 派生诉讼的当事人

(1)派生诉讼的原告

由于派生诉讼有一定的负面作用,如果缺少限制可能会导致滥诉,所以各国公司法通常会对提起诉讼的原告的资格进行一定的限制。主要有以下几方面的限制。

① 持股时间限制。以《标准商事公司法》为代表的美国多数州的公司法要求,股东在诉因产生时就是公司的股东,并一直持续到派生诉讼结束。英国公司法并没有采纳美国公司法的这一限制。德国公司法中有类似的规定,要求提起派生诉讼的股东在其起诉的不正当行为被公开之前已经持有公司股份。

② 持股数量限制。此限制大多见于大陆法系国家或地区的公司法,目的是防止少数股东滥用派生诉讼这项权利损害公司的利益。例如,德国《股份有限公司法》就规定,总计持有公司 1% 股本或持股达 10 万欧元的股东即可向法院请求提起派生诉讼。而法国公司法考虑到公司规模不同,同一持股数量要求对股东来说难度并不一致,所以根据公司资本的大小,对持股比例的要求逐额递减。中国《公司法》仅对股份有限公司作出了持股数量 1% 以上的规定,有限责任公司则无此要求。

③ 主观方面的限制。这一限制主要见于英美法系国家公司法。美国《标准商事公司法》要求股东应公正且充分地(fairly and adequately)代表公司利益。如果股东与被追究的交易有利益冲突,或者股东也参与了该交易,就很难被认定为公正地代表了公司利益。英国公司法则要求股东是善意的(in good faith)。主观方面的限制可以有效地保障股东提起

诉讼是为了公司的利益而不是为了个人私利。但主观方面的认定颇为困难,具有较大的不确定性。大陆法系国家大多没有仿效。

(2)派生诉讼的被告。这一问题有狭窄式和宽泛式两种立法例。狭窄式立法例的代表是日本和中国台湾地区的公司法。日本派生诉讼的被告仅限于公司的内部人,包括董事、监事、高级职员和清算人等。中国台湾地区的范围更窄,仅包括公司董事。宽泛式立法例的代表则属美国,根据美国公司法,凡对公司实施了不当行为的人都有可能成为被告。中国《公司法》采用了后一种方式,董事、监事、高级管理人员和第三人给公司造成损害的,股东均有权根据公司法的规定对其提起诉讼。

4.派生诉讼的法律后果

(1)原告胜诉时的法律后果

派生诉讼是为了公司的利益提起的,所以原告胜诉获得利益应归属公司。但是如果利益归公司所有,高昂的诉讼费用却由原告负担,对原告股东有失公平,也会打击股东提起派生诉讼的积极性。因此,各国公司法在规定诉讼成果归公司所有的同时,又规定对原告的费用进行一定的补偿。例如,美国《标准商事公司法》规定,当派生诉讼使公司获得实质利益(substantial benefit)时,公司应当支付原告包括律师费在内的合理费用。德国《股份公司法》规定,由败诉方承担诉讼费用,并偿还对方当事人产生的费用。

(2)原告败诉时的法律后果

股东提起派生诉讼是为了公司的利益,但如果股东败诉,却要自行承担派生诉讼带来的巨额成本支出,将不利于激励股东提起诉讼。所以即使股东败诉,也可以请求公司支付其合理费用。但派生诉讼也可能成为股东谋取不正当利益的手段,所以为了防止股东滥用此项权利,公司法亦规定了败诉股东在一定条件下应承担法律责任。美国《标准商事公司法》第7.46条规定,如果法院认为派生诉讼的提起和继续缺乏合理的诉因或出于非正当的目的,或股东所提交的诉状和其他书面文件没有事实依据、不为现行法所支持等,可以命令原告对被告所支出的诉讼费用及其他有关费用,予以合理的补偿。这样的规定一方面可以保护善意的、有合理依据的原告,另一方面可有效地阻止私谋诉讼。德国公司法则区分了不同的情形:如果法院没有批准派生诉讼许可程序,则股东自行承担申请该项程序的费用;如果法院批准了,但股东提起的派生诉讼被驳回,公司要补偿申请人因此承担的费用,除非股东是基于故意或者有重大过失的错误陈述而获得的诉讼许可。中国台湾地区公司法则规定,当股东提起诉讼所依据的事实显属虚构时,股东应对被告董事负损害赔偿责任。但如果股东败诉,就要对公司负损害赔偿责任。这显然对股东不利。

八、公司的合并、分立与解散

(一)合并

公司的合并(merger)是指二个以上的公司,依法达成合并协议,依照法律规定的程序归并为一个公司的行为。公司合并有两种方式：吸收合并和新设合并。吸收合并是指二个或二个以上公司合并,其中一个公司吸收其他公司,被吸收的公司解散。新设合并指二个或二个以上公司合并,参与合并的公司全部解散,重新设立一个新的公司。

公司合并的程序,首先是由合并各方在自愿平等的基础上订立合并协议,然后由各公司召开股东会作出合并的决议。大多数国家公司法要求合并协议须经股东会绝大多数通过。股东会通过后,公司应编制资产负债表和财产清单,并根据法律的规定即时向债权人分别通知和公告。债权人提出异议的,公司应当清偿债务或提供偿债的担保。各国法律还规定,反对合并的股东有权要求公司以公平的价格收购其所持有的股份。公司合并后,应在法律规定的期限内向公司登记机关办理登记手续,并进行公告。

公司合并将产生以下效力：

① 公司消灭。吸收合并中,被吸收的公司人格消灭;新设合并中,所有合并的公司人格都消灭。

② 公司的变更或新生。在吸收合并中,存续公司虽继续存续,但公司资本、股权结构、负债情况等已发生改变,所以公司的章程等事项也应进行变更登记;在新设合并中,所有参与合并的公司消灭而新的公司产生,新公司应办理设立登记。

③ 权利义务的概括承受。合并后消灭的公司的权利义务,由存续公司或新设公司概括承受。

(二) 分立

公司的分立是指一个公司依据法定条件和程序分为二个或二个以上公司的法律行为。

公司的分立可以采取新设分立和派生分立两种形式。新设分立又称解散分立,是指一个公司分解成为二个或二个以上的公司,原公司消灭;派生分立又称存续分立,是指将原公司的部分财产、人员和营业分离出去建立一个新的公司,原公司存续。

公司分立的程序一般如下：首先由公司的股东会作出决议,此项决议通常也应由股东会绝大多数通过,然后分立各方签订分立协议、编制资产负债表和财产清单,并及时通知债权人。公司分立后,应办理分立登记手续。

(三) 公司的解散与清算

1. 公司的解散

(1) 公司解散的概念

公司解散(dissolution)是指因一定事由的发生,公司停止业务活动,并终止其法律人格的行为和程序。

(2) 公司解散的事由

公司解散可以分为自愿解散与强制解散。自愿解散,又称任意解散,指公司基于自己的意思而解散。强制解散指非出于公司的意志而解散公司。导致公司被迫解散的情形如下：

① 法定解散。指基于法律的规定而解散公司。法律规定的解散事由通常包括：公司所追求的目的不能达到，股东人数不足法定最低人数，公司休眠[①]、破产、与其他公司合并或分立，公司所经营的事业已经成就或不能成就等。

② 行政解散。指基于行政主管机关的意思而解散公司。当公司的行为违反法律、行政管理规定或社会公共利益时，行政主管机关可依法解散公司。

③ 司法解散。指法院在特定情形下，根据相关当事人申请而裁判解散公司。主要包括：公司危害社会公共利益，公司或股东遭受不公平损害，公司陷于僵局。公司僵局指"一个或多个派系的股东或董事由于在公司政策的重要方面存在分歧而导致的公司停滞"。[②]各国公司法都把公司僵局列为公司解散的事由之一。美国《标准商事公司法》14.30 节所规定的公司僵局表现为：董事在经营公司事务时陷于僵局，股东无法打破这种僵局，且由于僵局公司面临无法弥补的损害威胁或者正在遭受该损害，或者公司的经营和事务无法再以有利于股东利益的方式运作；股东在行使投票权时处于僵局，在包括至少连续二次年会召开的一段时期内，不能为任期已满的董事选出继任人。

公司解散关系到公司的生死存亡，为防止股东滥用此项权利，有的公司法对股东的资格进行了限制。中国《公司法》第 182 条也进行了相应的规定："公司经营管理发生严重困难，继续存续会使股东利益受到重大损失，通过其他途径不能解决的，持有公司全部股东表决权百分之十以上的股东，可以请求人民法院解散公司。"

拓展阅读

2．公司清算

公司解散后，应对公司的财产进行清算(liquidation)。清算指公司解散后，处理公司财产、终结公司法律关系，并最终消灭公司法人资格的程序。清算由清算人(liquidator)来主持。清算人的选任大致有三种做法：一是由公司董事担任。例如，《日本公司法》第 478 条规定，公司的清算人由董事担任，但章程可以另外规定或股东也可另选他人。二是由股东会选任。例如，中国《公司法》规定，股份有限公司的清算组由董事会或股东大会确定其人选。三是由法院指定。只有在一定条件下，并根据股东或债权人的请求，法院才有权指定清算人。例如，公司因僵局而解散时，股东可申请法院指定清算人。逾期不成立清算组进行清算的，债权人可以申请法院指定有关人员组成清算组，进行清算。清算人在清算过程中所担负的职权主要有：清理公司财产，编制资产负债表和财产目录；以公告方式通知公司债权人申报债权；了结公司业务；收取公司债权，偿还公司债务；处理公司剩余财产；代

---

① 参见《日本公司法》第 472 条。根据该条规定，对于已经达到一定年限(自最后登记之日起已满 12 年)的休眠公司，法务大臣将会发布公告，要求该休眠公司通知其本部所在地的登记所，其并没有停止营业。如果两个月期满，休眠公司没有进行通知，也没有进行有效的登记活动，则视为解散。《英国公司法》第 1000 条也有类似规定。

② Bryan N. Black's Law Dictionary[M]. 9th ed. Minessota：Thomson West，2009：456.

表公司进行民事诉讼活动。清算人须在一定期限内完成公司的清算工作,履行职务时必须遵守法律、公司章程的规定及股东会的决议。清算人应忠于职守,勤勉尽责。中国《公司法》第189条规定,清算组成员因故意或重大过失给公司或债权人造成损失的,应当承担赔偿责任。公司清算终结后,清算组应当制作清算报告,报股东会或法院确认,并报送公司登记机关,申请注销公司登记,并公告公司终止。

案例分析

即练即测

第七章

国际商事争议解决

 学习目标

通过学习国际商事争议解决的方式,能够了解各种商事争议解决方式的特点,重点掌握国际商事仲裁的特点、国际商事仲裁协议、国际商事仲裁程序和国际商事仲裁裁决的承认与执行、国际民事诉讼管辖权、司法协助、外国法院判决的承认与执行等知识,培养学习者正确处理国际商事纠纷的专业素养及遇到商事争议时高效解决争议的能力,强化在订立合同争议解决条款时的风险防范意识,增强法律服务工作中运用适当的争议解决方式化解纠纷、维护当事人合法权益的法律意识。

引导案例

湖北葛洲坝三联公司向美国法院申请执行中国法院就
美国罗宾逊公司所供直升机产品责任损害判决案

1994 年,湖北葛洲坝三联实业公司(以下简称三联实业公司)向购买了一架由罗宾逊直升机公司(Robinson Helicopter Company,Inc.,以下简称罗宾逊公司)设计并制造的 R-44 直升机。在初次使用该直升机时,发生了坠毁事故,导致机上 3 名游客遇难身亡。1995 年 3 月,三联实业公司向罗宾逊公司所在的美国加利福尼亚州洛杉矶法院提起诉讼,要求罗宾逊公司赔偿损失。罗宾逊公司被诉后立即提出动议,根据"不方便管辖原则"要求法院终止或驳回该诉讼,认为中国拥有独立的司法主权,中国法院对此案具有更为适当的管辖权。同时保证:"如果案件由中国法院审告将放弃诉讼时效的抗辩,并保证履行中国法院的判决。"同年 11 月,洛杉矶法院以"不方便法院"原则,裁定中止诉讼。

2001 年 1 月 14 日,湖北省高级人民法院受理了三联实业公司对罗宾逊公司的起诉。由于中美两国均为《关于向国外送达民事或商事诉讼文书海牙公约》(以下简称《海牙送达公约》)缔约国,因此在该案传票、诉状及出庭通知等相关文件送达过程中,湖北省高院得到美国司法部的司法协助。2004 年 12 月,湖北省高院作出判决,支持三联实业公司的大部分诉讼请求,罗宾逊公司缺席了在中国的审判。由于罗宾逊公司在中国没有可供执行的财产,为实现判决,三联实业公司遂向美国法院申请执行。加州联邦地区法院对罗宾逊公司"中国法院审理时已过诉讼时效"的抗辩予以支持,三联实业公司随即向美国联邦第九巡回

上诉法院提起上诉,举证证明了罗宾逊公司曾经作出过放弃时效的承诺。上诉法院认为罗宾逊公司此前曾作出放弃抗辩承诺,该公司拒绝执行败诉结果,违反了"禁止反言"原则,认定三联公司在中国向罗宾逊公司提起的诉讼没有违反诉讼时效。2009 年 7 月,加州联邦地区法院开庭重审,法院支持了三联实业公司的请求,承认湖北省高院对本案的判决效力;罗宾逊公司不服,于当年 10 月向美国联邦第九巡回法院提起上诉;2011 年 3 月,美国联邦第九巡回上诉法院驳回了罗宾逊公司的上诉请求。2011 年 6 月底,在美国法院裁判的支持下,湖北省高院的判决得以执行,三联实业公司获得了总额约 650 万美元的赔偿及相应利息。至此,长达 17 年的艰难跨国维权行动最终取得了圆满的结果,成为借助外力打赢官司的经典案例。

几点思考:

在上述案例中,中国企业充分利用国际商事争议解决机制,维护了自身利益。上述案例中中国企业的做法,给中国企业在订立国际商事合同的过程中提供了以下启示和借鉴经验:

1. 在订立合同时,应当尽可能约定有利于自己的争议解决方式。以往许多中国企业没有在合同中约定有利于自己的争议解决方式的意识,只是简单地同意外方提出的争议解决条款,结果只能在自身不了解、不熟悉的外国法环境下解决争议,陷于不利境地。因此,国际商事合同的当事人必须未雨绸缪,在订立合同时,充分考虑各种争议解决方式的利弊,拟定能够保护自身利益的争议解决条款。

2. 在争议发生后,应积极通过国际商事争议解决机制,利用法律武器,维护自身的权益。国际商事交易具有规模大、内容复杂的特点,容易引发国际商事争议。在我国企业"走出去"的初期,由于法律意识相对淡薄,在发生争议时往往选择和解妥协。今天的中国企业已不同以往,不论是交易经验还是法律意识都有所增强。不少企业经过十几年的历练,已经成为国际商事交易中有胆略、有经验的佼佼者。在争议发生后,中国企业应当不单纯追求"以和为贵",首先应当及时掌握相关的国内外法律规则,研判自身的法律风险,积极通过各种国际商事争议解决机制,维护各方合法权益。

3. 在通过诉讼方式解决国际商事争议时,国际民商事司法协助是解决国际民商事争议的一项重要制度,中国企业需要懂得借力外国法院的司法协助,有效化解涉外法律风险,最大限度地维护自身的合法利益。

(资料来源:龚柏华,张小磊.湖北葛洲坝三联公司向美国法院申请执行中国法院就美国罗宾逊公司所供直升机产品责任损害判决案评析[J].国际商务研究,2009,30(5):23-30.

中工网.湖北高院一涉外民事判决书效力在美获承认. http://right. workercn. cn/c/2011/07/28/110728111642022212580. html.)

 导言

随着我国"一带一路"倡议的实施、对外开放的进一步扩大,我国的国际商事交易日益频繁,国际商事纠纷亦呈现增多和复杂化的趋势。如何选择不同的国际商事争议解决途径解决纠纷,已成为国际商事交易中必须重点关注的问题。本章阐述了国际商事争议解决的不同方式和特点,详细介绍了国际商事仲裁与国际商事诉讼的国内、国际法律规则,使学习者能够充分了解国际商事争议解决机制,培养解决国际商事纠纷的能力,增强风险防范和维护我国当事人合法权益的意识,并深入思考如何在我国建立高效、多元运作、共享共赢的多元化纠纷解决机制,为国际商事争议解决贡献更多的中国智慧。

第一节　国际商事争议的解决概述

预习思考题

1. 国际商事争议的解决主要有哪几种方式? 分别有什么特点?

2. 仲裁与诉讼有何区别?

3. 在选择国际商事争议解决方式时应考虑哪些因素?

案例 7-1

　　四川 B 公司是 1993 年 8 月 18 日由美国 A 公司与四川省广播电视实业开发公司通过签署四川 B 公司合作经营企业合同而设立的中外合作经营企业。1994 年 2 月 25 日,美国 A 公司与四川 B 公司签订了商标许可合同和浓缩液供应协议。协议中的争议解决条款规定:"本合同的解决(解释)或执行(履行)而产生的争议,双方应尝试首先通过友好协商解决此项争议。如展开协商后 45 天内不能以上述方法解决争议,任何一方皆可将争议呈交 CIETAC 或 SCC,根据该委员会或仲裁院的仲裁程序进行仲裁,另一方应同意在该委员会或仲裁院进行仲裁。"后双方当事人在履行合同中发生争议,美国 A 公司将此案提交 SCC,该院受理了此案,仲裁庭于 2005 年 1 月 26 日裁决四川 B 公司败诉。由于后者未能自动履行裁决,美国 A 公司向成都市中级人民法院申请执行此裁决。

　　问题:

　　1. 在仲裁协议中约定应当首先通过协商的方法解决当事人之间争议的情况下,如果当事人未能通过协商程序,仲裁协议项下的仲裁机构能否取得对协议项下争议的管辖权?

　　2. 应当如何拟定国际商事合同中的争议解决条款?

　　3. 美国 A 公司可以向成都市中级人民法院申请执行此裁决吗? 该裁决会得到法院执行吗?

一、国际商事争议概述

　　在国际商事交往中,由于交易主体的利益需求各不相同,加之交易主体往往来自不同的国家,受到不同的文化传统、价值观念、政治、经济及法律的影响,导致国际商事交易较为复杂,经常会产生各种各样的纠纷、争议。国际商事争议即是指商事主体在国际商事交易的过程中所发生的争议。

相较于国际争端和国内商事争议,国际商事争议具有以下特点。

1. 争议具有国际性

国际商事争议具有国际性,即是指国际商事争议所涉及的法律关系具有涉外因素。2022 年 3 月第二次修正通过的《最高人民法院关于适用〈中华人民共和国民事诉讼法〉的解释》中第 520 条规定:"有下列情形之一,人民法院可以认定为涉外民事诉讼:(一)当事人一方或者双方是外国人、无国籍人、外国企业或者组织的;(二)当事人一方或者双方的经常居住地在中华人民共和国领域外的;(三)标的物在中华人民共和国领域外的;(四)产生、变更或者消灭民事关系的法律事实发生在中华人民共和国领域外的;(五)可以认定为涉外民事案件的其他情形。"可见,我国现有的法律规范从法律关系的主体、标的物及引起产生、变更或消灭的法律事实 3 个方面界定"涉外"性。因此,我们可将国际商事争议的"国际"性理解为:

① 商事争议的主体位于不同的国家。

② 商事争议所涉及的法律关系的客体具有涉外因素。例如,标的物处于外国或者合同规定的行为需要在国外或者跨国完成。

③ 产生、变更或者消灭法律关系的法律事实发生在国外。例如,双方当事人订立合同的地点位于国外。一般而言,只要具有以上其中一项因素的商事争议就可以构成国际商事争议。

需要注意,不同的国际商事活动,根据不同的国际商事规范,对于"国际"的界定标准并不相同。例如,1980 年 CISG 第 1 条规定:

"本公约适用于营业地在不同国家的当事人之间所订立的货物销售合同:

(a) 如果这些国家是缔约国;或

(b) 如果国际私法规则导致使用某一缔约国的法律。"

由此可见,CISG 在界定"国际"时,仅将当事人的营业地分处于不同国家作为主要标准。1985 年《国际商事仲裁示范法》第 1 条第 3 款规定:

"仲裁如有下列情况即为国际仲裁:

(A) 仲裁协议的当事各方在缔结协议时,他们的营业地点位于不同的国家;或

(B) 下列地点之一位于当事各方营业地点所在国以外;

(a) 仲裁协议中确定的或根据仲裁协议而确定的仲裁地点;

(b) 履行商事关系的大部分义务的任何地点或与争议标的关系最密切的地点;或

(C) 当事各方明确地同意,仲裁协议的标的与一个以上的国家有关。"

《国际商事仲裁示范法》中对于"国际"的界定,除了考虑当事人的营业地外,还考虑仲裁地、义务履行地及与标的物联系最密切的国家等因素,以界定商事争议的国际性。从以

上例子可见,在分析具体的商事争议是否构成国际商事争议时,还应考虑该商事活动所应适用的法律规范中的特殊规定。

2.争议具有商事性

对于"商事"含义的界定,各国大多主张采取广义的解释。随着国际经济贸易的扩大发展和商事交易的多样化、复杂化,目前的商事法律关系几乎涵盖了所有契约性或非契约性的商事法律关系。例如,1985年的《国际商事仲裁示范法》中对"商事"一词以列举的方式作出了注释,根据该示范法第1条脚注的规定,商事性质的关系包括但不限于以下交易:供应或交换货物或服务的任何贸易交易;销售协议;商事代表或代理;租赁;建造工厂;咨询;工程;设计;许可证;投资;银行;融资;保险;开发协议或特许权;合营或其他形式的工业或商业合作;货物或旅客的航空、海上、铁路或公路的运输。一般而言,在上述商事交易过程中所发生的具有国际性的争议即属国际商事争议。

二、国际商事争议的解决途径

从目前国际社会的有关立法和实践来看,国际商事争议的解决方法可以分为两大类:司法解决方法和非司法解决方法。司法解决方法主要是指争议当事人通过在法院提起诉讼的方式解决争议。非司法解决方式是指诉讼之外的解决方式,包括协商、调解和仲裁,也就是所谓的替代性争议解决(alternative dispute resolution,ADR)。

(一)协商

协商是指在争议发生之后,当事人在自愿互谅的基础上进行澄清事实、阐明立场、消除误会并明确彼此责任的磋商谈判,以自行解决争议的一种方式。协商作为争议发生后当事人往往优先选择采用的争议解决方法,具有以下特点。

拓展阅读

(1)协商只能在争议当事人自愿的基础上进行,且当事人在协商的过程中处于平等的法律地位。是否采用协商的方式解决争议,完全由双方当事人决定,任何第三人不得强制干预。在协商过程中,当事人地位平等,通过协商达成争议解决协议,任何一方不得强迫另外一方接受不合理的片面要求。因此,协商往往在友好合作的气氛中解决争议,这有助于维持争议当事人的商事合作关系。

(2)协商无须第三人的介入。不同于其他争议解决方式,争议不需要调解人、仲裁机构或者法院等第三人的介入,可完全由当事人自行解决争议,这也在一定程度上减少了争议解决的成本。

(3)协商不受固定的法定程序的约束,程序简单,形式灵活。协商不需要遵从严格的法律程序,协商程序可以根据各方当事人达成的合意进行。协商也不需要遵从特定的形式,口头协商方式和书面协商方式均可。

（二）调解

调解是指发生争议的当事人在无利害关系的第三方的主持下,通过说服引导,促成争议当事人达成谅解协议的争议解决方式。调解有法庭调解与民间调解之分。法庭调解又

拓展阅读

称诉讼中调解,是人民法院和当事人进行的诉讼行为,其调解协议经法院确认,即具有法律上的效力。民间调解是指在民间调解机构或者自然人的主持下进行的调解活动,是一种非诉讼活动,所达成的协议只能依靠当事人自觉履行,如果任何一方当事人拒绝履行调解协议,可以向有管辖权的法院提起诉讼。本节所讲的调解是指民间调解。

调解具有以下特点。

（1）调解与协商一样,也是建立在争议当事人共同自愿的基础上。调解程序的开始和进行都必须是在争议当事人自觉自愿、充分协商的基础上进行的。即便是主持程序的调解人,也无权将一项争议的解决方案强加给一方或各方当事人。

（2）调解需要第三方的参与。与协商方法不同的是,调解程序是由当事人之外的第三方主持的。调解人由争议当事人选任,往往由精通法律或者在相关商事领域具有丰富经验的人士担任。调解人必须与所解决的争议无利害关系,本着独立与公正的原则协助当事人解决争议。

（3）调解的程序较为简单灵活。调解程序无须遵从严格的法定程序,可由争议当事人协商进行,或授权调解人决定程序。在调解的进行过程中,任何一方当事人有权利拒绝或中止调解。

目前,世界各国的有关立法都对调解方式做了不同程度的规定,一些国际组织还专门制定了调解规则,例如,联合国国际贸易法委员会于 1980 年通过了《联合国国际贸易法委员会调解规则》,2002 年通过了《联合国国际贸易法委员会国际商事调解示范法》。

（三）仲裁

仲裁是指争议当事人通过协议方式将争议提交给仲裁机构,通过仲裁机构裁决解决争议的方式。与其他争议解决方式相比较,仲裁具有以下特点。

（1）仲裁具有自愿性。与协商方式和调解方式相同,仲裁也必须建立在当事人共同自愿的基础上。争议当事人通过在合同中的仲裁条款、单独的仲裁协议或者争议发生后的仲裁协议,表示同意将争议提交给仲裁机构。

（2）当事人在仲裁程序中具有高度的自治性。当事人在选择以仲裁方式解决争议的同时,还可选择仲裁机构、仲裁程序所适用的规则、仲裁地点、仲裁庭的组成等。

（3）仲裁具有专业性和公正性。争议当事人可以从常设仲裁机构的仲裁员名单中选择仲裁员,或者自行选择仲裁员组成临时仲裁机构。在国际商事仲裁中,当事人选择的仲裁员往往来自不同的国家,因此,相较于将争议提交给某一国的法庭,尤其是某方当事人所属

国的法庭而言,仲裁程序更能保证公正性。另外,当事人可以自主选择与争议相关领域的专家作为仲裁员,这也保证了仲裁程序的专业性。

(4)仲裁裁决具有终局性。仲裁实行一裁终局制度,仲裁裁决作出后,当事人不得就同一纠纷再次申请仲裁或者起诉至法院。也正因为仲裁一裁终局的机制,仲裁相较于诉讼而言,在一定程度上减少了争议解决的成本和时间。

(5)仲裁程序具有保密性。仲裁程序采取不公开的方式进行,这也是多数商事争议倾向于选择仲裁方式解决的原因,仲裁程序相较于往往采取公开方式进行的诉讼程序而言,更有利于保护当事人的商业秘密。

(6)仲裁裁决具有可强制执行性。各方当事人必须执行仲裁裁决,如有一方当事人不履行仲裁裁决,另一方当事人有权申请法院强制执行。在外国仲裁裁决的承认与执行的问题上,由于越来越多的国家和地区加入了《承认及执行外国仲裁裁决公约》(以下简称《纽约公约》),保障了外国仲裁裁决的承认与执行,使得越来越多的国际商事争议采用仲裁的方式解决。

(四)诉讼

争议当事人不愿协商、调解,也没有达成仲裁协议的,可将争议提交给一国法院。诉讼具有以下特点。

(1)诉讼必须遵从严格的法律程序。各国法律都对本国法院审理案件的程序作出了明确规定,因此,争议当事人必须遵从法院的管辖、审判组织、证据规则等相关规定。

(2)诉讼具有公开性。除少数涉及国家机密或个人隐私的案件采取不公开审理以外,大多数案件由法院公开审理。

(3)诉讼通常是两审终审。一方如对法院作出的判决不服,可以向上一级法院提起诉讼。

相较于其他的争议解决方式,以诉讼方式解决国际商事争议往往耗时较长,且法院的判决在外国执行也较为困难。因此,国际商事争议的当事人较少采用诉讼的方式。

拓展阅读

第二节　国际商事仲裁

预习思考题

1. 临时仲裁机构与常设仲裁机构有哪些区别?

2. 目前国际性常设仲裁机构有哪些?

3. 仲裁协议中一般需规定哪些内容?

4. 根据 1958 年《纽约公约》的规定,对于外国的仲裁裁决,在哪些情况下不予承认与执行?

案例 7-2

2000 年 12 月 22 日,德国 S 国际工程有限责任公司(以下简称 S 公司)与中国无锡 W 有限公司(以下简称 W 公司)签署了由 S 公司总承包 W 公司位于无锡新区的新厂房(一期)工程承包合同。本案合同采用的是国际咨询工程师联合会(Fédération Internationale Des Ingénieurs Conseils,FIDIC)示范合同文本,合同附件中规定通过仲裁解决争议的条款所使用的语言是:"Arbitration:15. 3 ICC Rules,Shanghai shall apply",即"仲裁:15.3 国际商会规则,在上海进行"。双方在合同的履行中就最终的结算工程款问题发生了争议,2002 年 10 月 10 日,W 公司就其与 S 公司之间的工程承包合同纠纷向无锡市高新技术开发区人民法院(以下简称开发区法院)起诉。在举证期限届满前,W 公司将违约之诉变更为侵权之诉。S 公司认为,双方合同中含有仲裁条款,因双方履行工程承发包合同而产生的争端,包括与合同有关的侵权争议,均应通过国际商会仲裁裁决,法院不具有司法管辖权。W 公司则认为,双方没有签署合同附件,且附件中的仲裁条款只约定了仲裁规则和仲裁地点,未约定仲裁机构,故该条款属于无效仲裁条款。

问题:

1. 该仲裁条款的效力应该适用什么法律解决?

2. "Arbitration:15. 3ICC Rules,Shanghai shall apply",这样的仲裁条款依据我国的相关规定是否有效?

3. 在发生争议后,S 公司向国际商会(The International Chamber of Commerce,ICC)仲裁院提出仲裁申请,国际商会仲裁院在上海仲裁并作出了裁决,当事人向我国法院申请执行,我国法院是否可以适用《纽约公约》的规定来执行?

4. 在涉外合同争议选择仲裁方式解决的情况下,如何避免仲裁协议无效?

5. 在涉外合同争议解决中如何避免仲裁裁决被拒绝执行的法律风险?

案例 7-3

2019 年 3 月,中国 A 公司与美国 B 公司订立了一份货物买卖合同。合同中约定:与本合同有关或执行本合同中的一切争议应通过友好协商解决;如无法达成协议,则争议问题应提交美国仲裁协会(American Arbitration Association,AAA)仲裁;仲裁裁决是终局的,对双方均具有约束力。2020 年 4 月,双方又签订了一份修改上述合同的更改书。该更改书包含了货物的价格和交货条件。后来,因合同履行中发生了一些争议,A 公司向 AAA 提交了仲裁申请。但是 B 公司认为,2019 年 3 月签订的合同已经被后来签订的更改书取代,更改书中无仲裁条款,因此不能仲裁。但仲裁机构驳回了 B 公司的申请。于是,双方当事人各自选择了一名仲裁员,并共同选择了一名仲裁员为首席仲裁员,组成仲裁庭审理此案。经过仲裁庭的审理,最后于 2020 年 12 月作出裁决,由 B 公司于 2021 年 2 月 20 日前履行交货义务,A 公司于 2021 年 3 月 1 日前支付全部货款。但 B 公司未按时交货,A 公司向美国法院申请强制执行,却发现 B 公司在美国已经没有可供执行的财产,但调查到 B 公司在我国广州市某仓库中存有一批货物,于是 A 公司于 2021 年 5 月向广州市中级人民法院提出执行仲裁裁决的申请。

问题:

1. A 公司与 B 公司之间的仲裁协议有效吗?

2. B 公司认为合同已经变更,新合同中没有仲裁条款,因此不能仲裁,有道理吗?

3. A 公司向我国法院提出的强制执行申请能否获得法院的支持? 为什么?

一、国际商事仲裁概述

仲裁,亦称公断,是指争议当事人通过协议自愿将他们之间的争议提交给第三方作出裁决,并受到该裁决约束的争议解决方式。依据仲裁制度所适用的领域不同,可将仲裁分为三种: 国际仲裁、国内仲裁和国际商事仲裁。国际仲裁是指国家间将某一国际公法上的争端提请第三方解决的仲裁。国内仲裁是指国内当事人将民商事争议提交给国内第三方解决的仲裁。国际商事仲裁是指在国际商事活动中,当事人依协议将争议提交给某一常设仲裁机构或某一临时仲裁庭,由其按一定程序进行审理并作出裁决的一种争议解决方式。

国际商事仲裁是随着国际商事关系的发展而不断地发展起来的。在中世纪,来自不同港口的商人们在进行商事交易时,将他们之间发生的商业贸易纠纷提交给商事法院解决。这些商事法院并非现代严格意义上的法院,而是由商人们自行设立的,具有现代调解或仲裁庭性质的机构。商事法院依据商人习惯法即商事惯例作出裁决。这种商事法院及其适用的习惯法就是现代国际商事仲裁与国际商事仲裁法的雏形。19 世纪末 20 世纪初,仲裁作为一种解决国际商事纠纷的方法被越来越广泛地采用。20 世纪后,随着国际经济贸易的迅速发展,仲裁制度普及于世界各国,许多国家陆续修改或制定有关法律,专门规定国际商事仲裁的有关问题,并设立仲裁机构,受理国际商事纠纷案件。而在此过程中,一些国际组织也开始进行统一国际仲裁的立法活动,以协调各国仲裁规范之间的冲突。

二、国际商事仲裁机构

国际商事仲裁通过仲裁机构实施。国际商事仲裁机构是由国际商事关系中的当事人自主选择,用以解决国际商事纠纷的民间机构。依据国际商事仲裁机构组织形式的不同,可将国际商事仲裁机构分为临时仲裁机构和常设仲裁机构。

(一)临时仲裁机构

临时仲裁机构也称为特设仲裁机构,它是根据当事人之间的仲裁协议,在争议发生后为解决争议而由双方当事人推荐的仲裁员临时组成,并在审理终结作出裁决后随即解散的仲裁机构。临时仲裁机构出现在常设机构之前,在常设仲裁机构产生之后,临时仲裁机构发挥的作用在逐渐减少,但仍占有重要地位。

与常设仲裁机构相比较,临时仲裁机构具有以下优势。

(1) 临时仲裁机构具有较大的灵活性。由于临时仲裁机构是为审理特定争议案件而临时设立的,故而没有固定的办公地点、章程和规则,仲裁程序的每一个环节均由当事人共同控制。当事人不但可以决定仲裁的地点和程序,还可以决定仲裁员的产生办法及仲裁庭的权力。在实践中,关于仲裁的程序,争议当事人可以共同协商确定,也可以选择现有的某一仲裁机构或国际组织制定的仲裁规则。

(2) 临时仲裁机构可在一定条件下减少开支。临时仲裁机构没有固定的仲裁收费标准,费用可由争议双方与仲裁员协商约定,而选择常设机构的费用往往较高,且常设仲裁机构须额外收取一定的管理费用。

(3) 临时仲裁机构的审理速度较快。由于临时仲裁机构的程序由争议当事人决定,因此无须严格受仲裁规则中关于期间的限制,有些案件可以在几天或几周内解决。

临时仲裁机构的劣势在于如果争议当事人没有全面地规定仲裁程序,在一些特殊情况出现而争议当事人又无法达成一致时,仲裁程序就会陷入僵局。例如,当事人在首席仲裁员的人选上无法达成一致,而当事人又未在先确定此种情况如何处理,则仲裁程序将无法继续进行。

但需要注意,从目前的相关法律规定来看,我国并不承认临时仲裁的协议的有效性。根据我国《中华人民共和国仲裁法》(以下简称《仲裁法》)第 18 条规定:"仲裁协议对仲裁事项或者仲裁委员会没有约定或者约定不明确的,当事人可以补充协议;达不成补充协议的,仲裁协议无效。"根据该条规定,临时仲裁协议由于未约定仲裁机构,应被视为无效的仲裁协议。然而在实践中,我国有承认临时仲裁协议效力的案例。这一方面是顺应国际商事仲裁发展的需要,另一方面也是我国履行 1958 年《纽约公约》成员国义务的体现。

(二) 常设仲裁机构

常设仲裁机构是指依据国际公约或一国国内立法所成立的,有固定的名称、地址、组织形式、组织章程、仲裁规则和仲裁员名单,并具有完整的办事机构和健全的行政管理制度,用于处理国际商事争议的仲裁机构。常设仲裁机构并非为了解决某一特定的争议而设立,而是专门性、长久性的仲裁组织。常设仲裁机构属于民间性组织,并非政府或国家的司法机关。

1. 常设仲裁机构的类型

依据不同的分类标准,常设仲裁机构可以分类如下。

(1) 国际性常设仲裁机构、区域性常设仲裁机构和全国性常设仲裁机构

国际性常设仲裁机构是指依据某个国际组织决议或者某个国际公约而成立的,用以解

决国际商事争议的常设性仲裁机构。例如,1923 年成立设在法国巴黎的国际商会仲裁院
(ICCICA)和根据 1965 年《关于解决国家与他国国民之间投资争端公约》设立的投资争端解
决中心(International Center for Settlement of Investment Disputes,ICSID)。区域性常设
机构是基于区域性的国际组织的决定或区域性的国际公约而成立的,主要处理各成员国之
间的国际商事案件。例如,1939 年设立的美洲国家间商事仲裁委员会。全国性常设仲裁机
构是指设立在一个国家内的常设性仲裁机构。如:1892 年在英国设立的伦敦国际仲裁院
(London Court of International Arbitration,LCIA),1911 年在瑞士设立的苏黎士商会仲裁
院,1917 年在瑞典设立的 SCC,1922 年成立的 AAA,等等。

(2) 综合性常设仲裁机构和专业性常设仲裁机构

综合性常设机构可以受理不同行业的商事仲裁案件。专业性常设仲裁机构是专门受
理某行业内案件的仲裁机构,如英国海事仲裁协会、中国海事仲裁委员会等。

2. 常设仲裁机构的特点

相较于临时仲裁机构,常设仲裁机构具有以下优势:

(1) 常设仲裁机构一般都订有较完善的仲裁规则。常设仲裁机构大多备有自己的仲裁
规则,且翻译成多种语言文本,以供当事人选择,因而当事人在订立仲裁协议时可以直接引
用或写明按照该机构的仲裁规则进行仲裁,而不必自己规定仲裁程序规则。

(2) 常设仲裁机构一般都备有通过精选产生的仲裁员名单。这些仲裁员通常都是贸
易、法律、相关技术领域的专家,这就为当事人选任仲裁员解决其争议提供了方便。同时,
在当事人自己指定仲裁员发生困难时,常设仲裁机构还可以从自己的仲裁员名册中帮助当
事人指定仲裁员。

(3) 常设仲裁机构一般都具备专业化管理。常设仲裁机构设有秘书处或类似机构,提
供与仲裁有关的管理和服务。例如,收转仲裁申请书和答辩书,组织安排开庭,提供记录、
翻译等方面的服务,负责收取仲裁费,等等。这不仅为仲裁员提供了工作上的方便,也保证
了仲裁程序的顺利进行。

(4) 常设仲裁机构可以进行缺席审理并作出缺席裁决,而在临时仲裁机构中,如果双方
当事人没有就该问题达成一致协议,则无法进行缺席审理并作出缺席判决。

总之,常设仲裁机构能在诸多方面为当事人和仲裁员提供服务和便利。在国际商事仲
裁实践中,大多数仲裁案件都是在常设仲裁机构仲裁的。但是常设仲裁机构也有劣势,主
要在于程序较为复杂,当事人除了需要负担仲裁员的费用外,还需额外向仲裁机构缴纳特
定金额的管理费。

3. 外国主要国际商事仲裁机构

(1) 国际商会仲裁院(Arbitration Court of International Chamber of Commerce,简称
ICC Court of Arbitration)

国际商会仲裁院成立于 1923 年,是 ICC 下设的一个国际性常设仲裁机构,总部设在法

国巴黎。其宗旨是通过依照其仲裁规则的规定,以仲裁的方式处理国际商事法律争议,促进国际合作与发展。国际商会仲裁院的委员会的成员由40多个国家和地区各自推选一名法律或解决商事争议的专家,然后由ICC大会决定,委员任期为3年。国际商会仲裁院在国际上具有广泛的影响,其完整的国际商事仲裁程序规则也经常被国际商事争议当事人采用。

（2）英国LCIA

英国LCIA成立于1892年,是国际社会成立最早的常设仲裁机构之一。其成立之初被称为伦敦仲裁会,1903年更名为仲裁院,1981年改为英国LCIA。英国LCIA由伦敦市政府、伦敦商会和皇家仲裁员协会共同组成管理委员会管理。仲裁员的日常工作由皇家特许仲裁员协会负责,该协会会长兼任仲裁院执行主席和秘书长。LCIA的职能是为解决国际商事争议提供服务,它可以受理当事人依据仲裁协议提交的任何性质的国际争议。该仲裁院在组成仲裁庭方面确定了一项重要的原则,即在涉及不同国籍的双方当事人的商事争议中,独任仲裁员和首席仲裁员必须由1名中立国籍的人士担任。《伦敦国际仲裁院规则》赋予了当事人较大的灵活性,在仲裁庭组成后,一般应当按照LCIA的仲裁规则进行仲裁程序,但同时,也允许当事人约定按《联合国国际贸易法委员会仲裁规则》规定的程序仲裁。LCIA是目前英国最主要的国际商事仲裁机构,在国际社会也享有较高的声望,尤其擅长国际海事案件的审理。中国是一个海运大国,参与国际海事海商关系的大部分当事人都选择了英国LCIA作为解决国际海商海事争议的仲裁机构。

（3）瑞典SCC

瑞典SCC成立于1917年,是瑞典最重要的常设仲裁机构,由于瑞典的仲裁历史悠久,加之瑞典在政治上处于中立地位,因此SCC成为受理国际经济争端的一个重要场所。瑞典SCC虽然附设于斯德哥尔摩商会,但在职能上是独立的。仲裁院在设立之初,主要从事国内仲裁。1970年,正处于冷战的美国和苏联虽然政治上对立,军事上对抗,法律和文化上的差异较大,但经济上仍然存在往来和纠纷,于是美国和苏联一致推荐设立在政治上保持中立的瑞典SCC,以处理两大阵营的经济纠纷。此后,SCC即走上了国际化的道路,并逐渐成为在国际社会中广受认可的国际仲裁机构。此外,SCC有一套完整的仲裁规则和一批精通国际商事仲裁理论与仲裁实践的专家,且该仲裁院具有较高的仲裁效率,因此,在国际商事仲裁中,SCC具有较高的声誉。目前,SCC可以受理世界上任何国家当事人所提交的商事争议。仲裁庭在进行仲裁时,可以适用该仲裁院的仲裁规则,也可以适用当事人选定的其他仲裁规则,仲裁庭对争议案件经过审理后作出的仲裁裁决具有终局效力。同时,该仲裁院也允许当事人约定按《联合国国际贸易法委员会仲裁规则》规定的程序仲裁。另外,瑞典加入了有关仲裁方面的多个国际公约。例如,1927年在日内瓦缔结的《关于执行外国仲裁裁决的公约》和1958年《纽约公约》。因此,SCC作出的裁决也能得到世界上很多国家与地区的承认和执行。

值得关注的是,SCC没有统一的仲裁员名单,当事人可自由指定任何国家、任何身份的人作为仲裁员。双方当事人可以在仲裁协议中自行确定仲裁员的人数。此举提高了仲裁的速度和效率,也便于在各个国家执行。通常当事双方各自选择一名仲裁员,并共同选择第三名仲裁员,组成三人仲裁庭。如果双方当事人对此没有作出规定,则由三名仲裁员组成仲裁庭,由双方当事人各指定一名,另一名须由仲裁院制定,并担任仲裁庭的主席。如果双方当事人在事先约定由一名独任仲裁员进行审理,则该独任仲裁员亦须由仲裁院指定。随着我国对外开放的不断深入,许多涉外合同当事人选择 SCC 作为解决其争议的仲裁机构。最有名的例子是 2007 年达能向 SCC 提出的娃哈哈集团与法国达能集团纠纷的仲裁申请。

（4）AAA

AAA 成立于 1926 年,是一个民间性的、独立的、非营利性的解决争议服务机构,其总部设在纽约,并在美国各主要城市设有分支机构。协会适用《美国仲裁协会国际仲裁规则》,也允许当事人约定适用《联合国国际贸易法委员会仲裁规则》。协会受理的仲裁案件主要是货物买卖合同、代理合同、工业产权、公司的成立与解散,以及投资等方面的争议。该协会设有仲裁员名单,供当事人选定。AAA 受理的国际商事仲裁案件,在裁决上实行终局裁决制。根据美国联邦仲裁法规定,法院对仲裁的干预较少,只有在仲裁员被指控有受贿、欺诈、明显偏袒一方的情况时,法院才可以撤销仲裁裁决。法院对仲裁员在仲裁中有关事实和法律适用上是否错误不予过问,体现很强的仲裁独立性。随着中美当事人之间商事交往的日益频繁,有关的商事法律争议也越来越多,其中有很多争议提交给 AAA 解决。

（5）新加坡国际仲裁中心（Singapore International Arbitration Centre,SIAC）

SIAC 于 1990 年 3 月成立。SIAC 可以受理来自国际和国内的商事法律争议,但主要解决建筑工程、航运、银行、保险方面的争议。仲裁庭在仲裁过程中适用《新加坡国际仲裁中心仲裁规则》,该规则以《联合国国际贸易法委员会国际商事仲裁示范法》和《伦敦国际仲裁院仲裁规则》为模本制定,赋予了仲裁当事人很大的自主权。双方当事人可以约定仲裁程序,如果没有约定,或该规则也没有规定,则由仲裁庭在适用的法律允许的范围内决定。SIAC 还协助当事人登记仲裁,以便该仲裁裁决能够在 1958 年《纽约公约》缔约国之间得到承认和执行。

4．中国国际仲裁机构

（1）中国国际经济贸易仲裁委员会（China Imternational Economic and Trade Arbitration Commission,CIETAC）

CIETAC,简称贸仲委,是中国国际贸易促进委员会下属的一个民间性的全国性的常设仲裁机构,其前身是 1954 年成立的对外贸易仲裁委员会,1980 年曾改名为对外经济贸易仲裁委员会,又于 1988 年改名为中国国际经济贸易仲裁委员会。2000 年,中国贸仲委同时启用中国国际商会仲裁院的名称。贸仲委设在北京,并在深圳、上海、天津和重庆分别设有贸仲委华南分会、上海分会、天津国际经济金融仲裁中心（天津分会）和西南分会。贸仲委在中国香港特别行政区设立贸仲委香港仲裁中心。贸仲委及其分会是统一的仲裁委员会,适用同一《仲裁规则》和同一个《仲裁员名册》。1993 年贸仲委《章程》即规定,分会是贸仲委的派出机构,此后历部《章程》均延续此规定。贸仲委先后在全国多地设立了仲裁办事处,作为仲裁专业联络和宣传机构,从事仲裁宣传和仲裁协议的推广和咨询工作,但不能受理仲裁案件。为满足当事人的行业仲裁需要,贸仲委还为不同行业的当事人提供适合其行业需要的仲裁法律服务,如粮食行业争议、商业行业争议、工程建设争议、金融争议等。此外,贸仲委设立域名争议解决中心和亚洲域名争议解决中心,负责解决各种域名争议。域名争议解决中心于 2005 年 7 月 5 日起同时启用"中国国际经济贸易仲裁委员会网上争议解决中心"名称。为适应快速解决电子商务纠纷及其他经济贸易争议的需要,贸仲委于 2009 年 5 月 1 日推出《网上仲裁规则》。该规则在"普通程序"之外根据案件争议金额大小分别规定了"简易程序"和"快速程序",以适应在网上快速解决经济纠纷的需要。

(2) 中国海事仲裁委员会(China Maritime Arbitration Commission,CMAC)

中国海事仲裁委员会成立于 1959 年 1 月,成立之初名为"中国国际贸易促进委员会海事仲裁委员会",1988 年改为现在的名称。该仲裁委员会是我国受理国际或涉外海事争议的一个民间性、独立的和专门的常设仲裁机构,总部设在北京,并先后在大连、上海、广州和宁波设立办事处,作为仲裁委员会的联络和宣传机构,在上海的办事处于 2003 年更改为上海分会,可以独立受理和审理案件。根据中国海事仲裁委员会现行的仲裁规则,其受案范围包括以下 8 个方面:

① 租船合同、多式联运合同或者提单、运单等运输单证所涉及的海上货物运输、水上货物运输、旅客运输争议。

② 船舶、其他海上移动式装置的买卖、建造、修理、租赁、融资、拖带、碰撞、救助、打捞,或集装箱的买卖、建造、租赁、融资等业务所发生的争议。

③ 海上保险、共同海损及船舶保赔业务所发生的争议。

④ 船上物料及燃油供应、担保争议,船舶代理、船员劳务、港口作业所发生的争议。

⑤ 海洋资源开发利用、海洋环境污染所发生的争议。

⑥ 货运代理,无船承运,公路、铁路、航空运输,集装箱的运输,拼箱和拆箱,快递,仓储,加工,配送,仓储分拨,物流信息管理,运输工具,搬运装卸工具、仓储设施、物流中心、配送中心的建造、买卖或租赁,物流方案设计与咨询,与物流有关的保险,与物流有关的侵权争议,以及其他与物流有关的争议。

拓展阅读

⑦ 渔业生产、捕捞等所发生的争议。

⑧ 双方当事人协议仲裁的其他争议。

三、仲裁协议

(一)仲裁协议的概念及表现形式

仲裁协议是指合同当事人对他们之间将来可能发生或业已发生的争议交付仲裁解决

的一种书面协议。由于仲裁的自愿性特点,当事人自愿达成仲裁协议是国际商事仲裁程序得以进行的前提和基础。

在当今大多数国家的仲裁法及相关仲裁机构的仲裁规则中,规定了仲裁协议必须采用书面方式。一般而言,仲裁协议可以通过三种形式订立。

1. 仲裁条款

仲裁条款是在争议发生之前由双方当事人在合同中达成的自愿将未来可能发生的争议提交仲裁的条款。仲裁条款是仲裁协议最基本和最常见的形式。需要注意,仲裁条款可与主合同分离,即仲裁条款的独立性,是指仲裁条款的效力不因合同的无效而无效。例如,《国际商事仲裁示范法》规定:仲裁条款独立于合同其他条款,仲裁庭作出的合同无效的决定不应在法律上导致仲裁条款的无效。我国《仲裁法》也有相类似的规定:仲裁协议独立存在,合同的变更、解除、终止或无效,不影响仲裁协议的效力。

2. 仲裁协议书

仲裁协议书是双方当事人在争议发生之后订立的,表示同意把已经发生的争议提交给仲裁机构解决的协议。仲裁协议书是独立于合同存在的一份单独的协议。若争议当事人在合同中未订立仲裁条款,则在争议发生后,双方可以进一步协商决定将争议提交给某个仲裁机构解决,并订立一份专门的仲裁协议。

3. 其他书面中包含的仲裁意思表示

在国际商事交往中,当事人在往来的信函、电报、电传、传真或其他书面材料中可能包含当事人同意将已经发生或将来可能发生的争议提交仲裁的约定。这种往来函电也可被视为一种仲裁协议。

(二)仲裁协议的效力

一份有效的仲裁协议对当事人、仲裁庭、法院具有法律效力,具体有如下几个方面。

1. 对当事人的法律效力

仲裁协议对争议当事人最直接的法律效力体现在,当事人一旦订立了有效的仲裁协议,在发生争议后,任何一方都有权将争议按照协议提交给约定的仲裁机构。但如果一方当事人就协议规定范围内的事项向法院提起诉讼,另一方当事人有权依据仲裁协议要求法院终止司法诉讼程序,并将争议提交给仲裁机构解决。也就是说,一份有效的仲裁协议排除了当事人将争议提交给法院解决的权利。

2. 对仲裁机构的法律效力

有效的仲裁协议是仲裁机构受理争议案件的法律依据。仲裁协议规定了仲裁事项的范围,即仲裁机构可以进行仲裁的事项范围。仲裁机构在对当事人提交的争议进行审理并作出裁决时,必须以仲裁协议中规定的仲裁事项范围为限,对当事人没有规定在仲裁协议范围的争议事项不能作出裁决。如果仲裁机构对仲裁协议中规定的仲裁范围之外的事项作出了裁决,法院可以基于一方当事人的申请拒绝承认和执行该裁决。

3. 对法院的效力

仲裁协议对法院的法律效力主要体现在两个方面。

(1) 有效的仲裁协议排除了法院的司法管辖权。如果一方当事人在争议发生后违反双方的仲裁协议,将争议诉诸法院,法院应因无管辖权要求当事人交由仲裁解决。

(2) 有效的仲裁协议是法院执行仲裁裁决的依据。在仲裁机构作出仲裁裁决后,如果一方当事人拒不履行仲裁裁决,另一方当事人可向有关国家法院提交有效的仲裁协议和裁决书,申请强制执行该裁决。反之,如果当事人之间并没有达成有效的仲裁协议,则有关国家法院可以以此为理由拒绝承认和执行该仲裁裁决。

(三) 仲裁协议有效的条件

一份有效的仲裁协议应当具备哪些条件,各国仲裁立法的规定有所不同。一般而言,一份有效的仲裁协议应当符合法律关于仲裁的形式要件和实质要件的规定。形式要件是指仲裁协议是否必须采用书面形式,实质要件是指仲裁协议内容方面要符合法律规定。实质要件具体包括仲裁意愿、仲裁事项、仲裁机构、仲裁地点、仲裁规则和裁决的效力等方面的内容。仲裁协议的内容由双方当事人共同商定,但必须符合有关国家的强制性法律规定。

1. 仲裁协议的形式要件

瑞士的《瑞士联邦国际私法》第 178 条规定:"仲裁协议,如果其形式为书面,且经过当事人签字,或者在双方当事人来往的信函、电报、电传中对其内容作了规定,即为有效。一切仲裁协议,如果其内容符合当事人各方所选择的法律,或符合调整纠纷的法律,尤其是符合调整主要合同的法律或瑞士法律,即为有效。"

《纽约公约》第 2 条第 1 款对"书面协议"进行了规定:"'书面协议'包括当事人所签署的或者来往书信、电报中所包含的合同中的仲裁条款和仲裁协议。"

《国际商事仲裁示范法》第 7 条对仲裁协议的形式进行了规定,其中第 2 款写明"仲裁协议应为书面形式",第 3 款规定:"仲裁协议的内容以任何形式记录下来的,即为书面形式,无论该仲裁协议或合同是以口头方式、行为方式还是其他方式订立的。"但是书面协议还包括以下几种形式,其中第 4 款规定"电子通信所含信息可以调取以备日后查用的,即满足了仲裁协议的书面形式要求",第 5 款规定"另外,仲裁协议如载于相互往来的索赔声明和抗辩声明中,且一方当事人声称有协议而另一方当事人不予否认的,即为书面协议",以及第 6 款规定"在合同中提及载有仲裁条款的任何文件的,只要此种提及可使该仲裁条款成为该合同一部分,即构成书面形式的仲裁协议"。

《英国仲裁法》第 5 条,"(1)本编之规定仅适用于仲裁协议为书面形式的情形;本编之规定也仅对当事人之间就任何事项达成的书面协议有效。关于'协议','同意'或'达成一致的'之表述应作相应解释。(2)下列为书面协议:(a)协议以书面形式达成(无论当事人签署与否),(b)协议以交换书面通讯达成,或(c)协议有书面证据证实。(3)如当事人非以书面形式同意援引某书面条款,则其达成书面协议。(4)如非以书面达成之协议由协议当事人授权的一方当事人或第三方予以记录,该协议被证明具备书面形式。(5)仲裁或诉讼程序之文件交换中,一方当事人宣称存在非书面形式的协议,且对方当事人在其答复中不作反对,该文件交换构成具有所宣称效力的书面协议。(6)本编所指之书面或书写形式包括其得以记录之任何方式。"该条款对仲裁协议的书面形式作出了具体规定。

我国《仲裁法》第16条明确规定:"仲裁协议包括合同中订立的仲裁条款和以其他书面方式在纠纷发生前或者纠纷发生后达成的请求仲裁的协议。"《最高人民法院关于适用〈中华人民共和国仲裁法〉若干问题的解释》第1条明确了仲裁法第16条规定的"其他书面形式"的仲裁协议,包括以合同书、信件和数据电文(包括电报、电传、传真、电子数据交换和电子邮件)等形式达成的请求仲裁的协议。

由此可见,各国都要求仲裁协议必须采取书面形式,并对于"书面形式"采取较为宽松的规定。

2. 仲裁协议的实质要件

《瑞士联邦国际私法》第178条规定:"一切仲裁协议,如果其内容符合当事人各方所选择的法律,或符合调整纠纷的法律,尤其是符合调整主要合同的法律或瑞士法律的,即为有效。"该条规定了认定仲裁协议效力实质要件准据法,但是对实质要件必须具备什么内容没有作出规定。

我国《仲裁法》第16条和第17条分别从正、反两方面规定了仲裁协议实质有效的要求与无效的情形。第16条规定:"仲裁协议应当具有下列内容:(一)请求仲裁的意思表示;(二)仲裁事项;(三)选定的仲裁委员会。"

总的来说,一份有效的仲裁协议应符合以下实质要件。

(1)仲裁意愿

仲裁意愿即请求仲裁的意思表示。此处的意思表示必须以一种明确的方式做出。实践中,当事人一方起草了含有仲裁条款的合同,并将其以书信、电报或传真等方式送达另一方当事人,对方当事人未置可否,而是以行动履行了该合同,此时并不构成该方对仲裁的默示接受。这是因为虽然合同可以因该方当事人实际履行的行为而宣告成立,但从当事人对主合同的默示的意思表示之中并不能明确推知其对仲裁条款的肯定。这与前文中对"书面形式"的阐述也并不矛盾,书面的底线是明示同意,默示则从根本上违背了国际商事仲裁协议的书面性要求。此外,基于仲裁条款的独立性,仲裁条款的效力与主合同的效力是分离的,并不能因为主合同的默示成立而当然具有效力。事实上,从世界各国实践来看,除了极少数国家外,大多数国家不承认仲裁条款可以通过合同的默示成立而达成。

我国《仲裁法》第十六条明确规定："仲裁协议包括合同中订立的仲裁条款和以其他书面方式在纠纷发生前或者纠纷发生后达成的请求仲裁的协议。"《最高人民法院关于适用〈中华人民共和国仲裁法〉若干问题的解释》第一条明确了仲裁法第十六条规定的"其他书面形式"的仲裁协议,包括以合同书、信件和数据电文(包括电报、电传、传真、电子数据交换和电子邮件)等形式达成的请求仲裁的协议。可见,我国认为请求仲裁的意思表示是有效的仲裁协议必须具备的要件。

（2）约定的仲裁事项必须符合法律规定

仲裁协议应当明确可提交仲裁解决的争议事项。在商事仲裁协议中,当事人可以约定将有关合同的全部争议提交给仲裁,也可约定仅将一定范围的争议提交给仲裁。仲裁协议中约定的仲裁事项是仲裁庭行使仲裁管辖权的重要依据之一,也是当事人申请有关国家法院承认和执行仲裁裁决时必备的重要条件。仲裁机构只能审理仲裁事项内的争议,并作出裁决,若超出了仲裁协议中的仲裁事项范围,可能会导致该裁决被有关国家法院撤销或被拒绝承认和执行。需要注意,约定的仲裁事项必须是仲裁地国家和仲裁裁决执行国家法律允许以仲裁方式处理的事项。

美国《统一仲裁法》第 6 条规定："法院应决定仲裁协议是否存在或某争议是否属于仲裁协议的范围。"

我国规定当事人提交仲裁解决的事项必须具有可仲裁性。《仲裁法》第 2 条明确了可以提交仲裁的事项,即"平等主体的公民、法人和其他组织之间发生的合同纠纷和其他财产权益纠纷"。由此推知,此处的可仲裁事项是指与人身关系无关的财产性权益争议,包括契约性与非契约性的争议,如买卖合同、产品责任引起的争议,但不包括第 3 条从反面规定的不能通过仲裁解决的事项,具体有:"(一)婚姻、收养、监护、扶养、继承纠纷;(二)依法应由行政机关处理的行政争议。"此条规定的第 1 项因是与人身关系有密切的联系,当事人不能自由处分,故不能纳入仲裁解决的范围。第 2 项规定的不可仲裁事项则是因行政争议的解决涉及行政权的行使,若允许将其纳入仲裁解决范围,既是对国家主权的践踏,又会导致公共秩序无法得到切实维护,有悖于"公共秩序保留"之国际私法准则。

（3）仲裁机构

当事人应在仲裁协议中约定仲裁机构。在国际商事仲裁中,当事人可以选择常设仲裁机构,也可以选择临时仲裁机构。如果当事人约定提交常设仲裁机构的,应当在仲裁协议中明确仲裁机构的名称。如果当事人选择临时仲裁机构,必须在仲裁协议中约定仲裁庭的组成方式。

《瑞士联邦国际私法》第 176 条规定："仲裁当事人、当事人选择的仲裁机构或仲裁员,共同协商确定仲裁庭的所在地。"表明仲裁人必须协议选择仲裁机构。

《英国仲裁法》第 3 条"本编所称'仲裁地'指通过下述方式之一确定的仲裁审理地点:……或(b)经全体当事人授权确定仲裁地之仲裁机构、其他机构或个人确定……"也表明了仲裁机构的选定由全体当事人来决定。

我国《仲裁法》第16条第2款第3项规定有效的仲裁协议必须有选定的仲裁委员会,其第18条规定:"仲裁协议对仲裁事项或者仲裁委员会没有约定或者约定不明确的,当事人可以补充协议,达不成补充协议的,仲裁协议无效。"我国《最高人民法院关于适用〈中华人民共和国仲裁法〉若干问题的解释》第4条还规定:"仲裁协议仅约定纠纷适用的仲裁规则的,视为未约定仲裁机构,但当事人达成补充协议或者按照约定的仲裁规则能够确定仲裁机构的除外。"如果双方当事人在仲裁协议中约定将可能发生的争议提交2个或2个以上的仲裁机构仲裁,或指定的仲裁机构不存在,或指定的仲裁机构的名称不准确等,应当认为这类有缺陷的仲裁协议是可以补正的。只要当事人在补充协议中选择向其中一个机构提请仲裁,仲裁协议仍应当是有效的。

(4) 仲裁地点

仲裁地点是进行仲裁程序、作出仲裁裁决的所在地。在国际商事仲裁中,确定仲裁地点十分重要,因为仲裁地点与仲裁所适用的程序法,以及按哪一国的冲突规则来确定合同的实体法都有密切关系。一般来说,仲裁程序适用当事人选择的仲裁规则,但若当事人未约定仲裁规则或选定的仲裁规则对于仲裁程序中某个问题缺乏规定或规定模糊时,仲裁程序的进行就需要使用仲裁地所在国的仲裁法律。如果当事人未确定解决争议的实体法,则仲裁庭一般会根据国际惯例,按照仲裁地国家国际私法规则中的冲突规范来确定所应适用的法律,或直接适用仲裁地国家的实体法。甚至仲裁协议的效力在当事人没有约定时也要按照仲裁地法律确定。如我国《最高人民法院关于适用〈中华人民共和国仲裁法〉若干问题的解释》第16条规定:"对涉外仲裁协议的效力审查,适用当事人约定的法律;当事人没有约定适用的法律但约定了仲裁地的,适用仲裁地法律;没有约定适用的法律也没有约定仲裁地或者仲裁地约定不明的,适用法院地法律。"

《瑞士联邦国际私法》第176条规定:"仲裁当事人、当事人选择的仲裁机构或仲裁员,共同协商确定仲裁庭的所在地。"《瑞士国际仲裁规则》第1条第2款规定:"当事人自主指定瑞士的任何地点作为仲裁地。"第16条第1款规定:"如果当事人各方并未指定仲裁地,或者,如果该等指定不清楚或不完整,特别委员会应该在综合考虑所有相关情形后确定仲裁地,或应该要求仲裁庭确定仲裁地。"第16条第2款规定:"在不影响确定仲裁地的前提下,仲裁庭可以决定进行仲裁审理的地点。尤其在考虑仲裁的具体情形后,仲裁庭可以选择自己认为合理的任何地点听取证人证言及举行仲裁员内部会议。"《英国仲裁法》对于仲裁地的规定更为详细,其中第3条规定,"本编所称'仲裁地'指通过下述方式之一确定的仲裁审理地点:(a)仲裁协议的当事人选定;或(b)经全体当事人授权确定仲裁地之仲裁机构、其他机构或个人确定;或(c)经当事人授权的仲裁庭确定。"

以上规定表明,仲裁协议可以选择仲裁地,如果选择了就应当以当事人选择优先,如果没有选择也不会影响仲裁协议的效力,在当事人未明确选择的前提下,可以由特别委员会或者仲裁庭来确定仲裁地。

由此可见,瑞士法和英国法对于仲裁协议没有约定仲裁地的,并不认为无效,而可以由委员会、仲裁庭或当事人授权的机构来确定仲裁地。

我国《仲裁法》未对约定仲裁地作出要求，因此仲裁协议没有选择仲裁地不影响协议的效力。

（5）仲裁规则

仲裁规则是指仲裁审理的程序规则，包括仲裁申请的提出及答辩方式、仲裁员的指定、仲裁庭的组成、仲裁的审理、仲裁裁决的作出及仲裁的效力等。当事人可以在仲裁协议中约定以上程序事项，也可以直接采用一套既定的规则。一般而言，常设仲裁机构都设有自己的仲裁规则，如果当事人在协议中约定适用其他机构的仲裁规则，则该仲裁机构的仲裁规则即被排除适用。

《瑞士联邦国际司法》第 179 条规定："当事人可以通过协议方式，指定、撤销或更换仲裁人员。当事人没有达成协议的，由仲裁庭所在地的法官类推适用该州有关仲裁员的指定、撤销、更换的法律规程决定有关事项。"第 182 条规定："当事人可以依照仲裁机构的规则或者直接协商决定所适用的仲裁程序。如果当事人没有选择仲裁程序的，则由仲裁庭来决定。"由此可以看出，对于仲裁有关规则的选择，仲裁协议可以约定，也可以不约定，如果选择了仲裁规则，则应当以当事人协议为先，其后才是仲裁机构来决定。

我国《仲裁法》没有规定选择仲裁规则为仲裁协议有效的要件。根据贸仲委提供的示范仲裁条文："凡因本合同引起的或与本合同有关的任何争议，均应提交中国国际经济贸易仲裁委员会，按照申请仲裁时该会现行有效的仲裁规则进行仲裁。仲裁裁决是终局的，对双方均有约束力。"说明我国认为仲裁规则应按照当事人选择的仲裁机构的仲裁规则，不能由当事人另行选择。

（6）裁决的效力

仲裁的效力是指仲裁机构的裁决是否具有终局性，对当事人是否具有约束力，当事人是否有权向法院提起诉讼请求变更或撤销裁决的效力。一般而言，仲裁具有终局性，一旦作出即具有法律约束力，当事人不得向法院上诉。多数国家的仲裁立法及仲裁机构制定的仲裁规则皆规定仲裁具有终局性，但同时也有少数国家法律允许当事人在不服仲裁裁决时，可以向法院提起上诉。因此，当事人在签订仲裁协议时应该明确规定仲裁裁决的效力问题。特别是在双方当事人决定将其争议提交某临时仲裁机构仲裁和决定自行约定仲裁程序规则时，应明确仲裁裁决的效力。

目前多数常设仲裁机构都为拟选择该仲裁机构的当事人提供了示范性的仲裁条文。例如，贸仲委提供的示范仲裁条文："凡因本合同引起的或与本合同有关的任何争议，均应提交中国国际经济贸易仲裁委员会，按照申请仲裁时该会现行有效的仲裁规则进行仲裁。仲裁裁决是终局的，对双方均有约束力。"这说明我国认为仲裁是一裁终局的，当事人不能约定仲裁的效力。

由于此问题存在不同规定，因此，如果当事人约定选择某常也都设仲裁机构进行仲裁，则可以参照该常设机构的示范仲裁条款来正确拟定合同中的仲裁条款。

3. 无效仲裁协议的立法规定

美国《仲裁法》没有直接规定仲裁协议无效的情形,但是对仲裁协议有效性的认定作出了规定,其中第 6 条规定:"(a)包含在记录上的将已发生或随后发生的当事人之间的争议提交仲裁的协议是有效、可执行且不可撤销的,除非根据法律或公平,存在可以撤销合同的理由。(b)法院应决定仲裁协议是否存在或某争议是否属于仲裁协议的范围。(c)仲裁员应决定可仲裁性的前提条件是否已经具备,且包含有效仲裁协议的合同是否可以执行。(d)如司法程序的当事人对仲裁协议的存在提出异议,或认为某争议不属于仲裁协议的范围,则在法院对该问题作出最终解决之前,仲裁程序可继续进行,除非法院另有决定。"我国《仲裁法》第 17 条规定了属于无效仲裁协议的情形,即:"(一)约定的仲裁事项超出法律规定的仲裁范围的;(二)无民事行为能力或限制民事行为能力人订立的仲裁协议;(三)一方采取胁迫手段,迫使对方订立仲裁协议的。"其中:第一种情形直接违反了仲裁协议有效要件之一的仲裁事项可仲裁性;第二种情形不符合对当事人行为能力的要求;第三种情形则将国际商事仲裁协议置于虚假的意思表示之下,未体现双方当事人请求仲裁的真实意思表示,因而都属无效。

我国立法同时还规定了仲裁协议的独立性,即无效的仲裁协议并不影响主合同的效力。《仲裁法》第 19 条第 1 款规定:"仲裁协议独立存在,合同的变更、解除、终止或者无效,不影响仲裁协议的效力。"

《瑞士国际仲裁规则》第 21 条第 2 款规定:"仲裁庭有权对包含仲裁条款之合同的存在或效力作出决定。为本规则第 21 条之目的,规定仲裁采用本规则并构成该合同组成部分的仲裁条款应被视为独立于合同其他条款的一项协议。仲裁庭作出该合同无效的决定并不使仲裁条款当然归于无效。"

《英国仲裁法》中也突出规定了仲裁条款的独立性,第 7 条规定:"除非当事人另有约定,构成或旨在构成其他协议(无论是否为书面)一部分的仲裁协议不得因其他协议无效、不存在或失效而相应无效、不存在或失效。为此目的,仲裁协议应视为不同的协议。"

《国际商会标准仲裁条款》第 6 条第 4 款规定:"除非有相反约定,只要仲裁庭认为仲裁协议有效,仲裁庭将不会因为合同无效或合同不存在的主张,而停止对案件行使管辖权。即使合同不存在或者无效,仲裁庭仍应继续行使管辖权,以决定当事人各自的权利并对其请求和主张作出裁决。"合同的有效和无效不影响仲裁条款的有效性,但是仲裁条款是否有效由仲裁庭来判断。

可见,仲裁协议有效性独立于规定实体权利义务的合同的效力。

四、仲裁裁决的承认与执行

(一)仲裁裁决的承认与执行的含义

在国际商事仲裁中,裁决的作出并不能最终解决争议,更重要的是裁决的执行。而仲裁机构一般没有法院具有的查封、扣押的权力，并不能强制当事人执行裁决，因此，仲裁裁决的强制执行仍然需要依赖于法院的执行权。由于国际商事仲裁所涉及的法律关系通常属于国际商事关系，涉及外国的当事人或外国的财产，因此仲裁的执行不仅有在仲裁地国执行的问题，还通常涉及在外国的承认和执行的问题。当仲裁机构作出的国际商事仲裁裁决，需要在本国境内申请强制执行时，一般都依据本国的国内立法，与该国国内仲裁裁决的强制执行程序是一致的。但若仲裁机构作出的国际商事仲裁裁决需要在仲裁地国境之外的国家申请强制执行，则涉及外国国家对该国际商事仲裁裁决的承认和执行的问题。承认是指认可在外国仲裁机构作出的国际商事仲裁裁决的法律效力，赋予其可强制执行的效力；执行是指在承认外国仲裁机构裁决效力的基础上，依照本国法律规定执行程序予以强制执行。承认裁决是执行裁决的前提条件，一国法院只有在承认了外国仲裁机构作出的仲裁裁决的法律效力之后才能够进一步采取执行的措施。

（二）承认与执行外国仲裁裁决的国际公约

一国承认与执行外国仲裁裁决的法律渊源主要是国际条约及国内立法，为了解决各国在承认与执行外国仲裁裁决问题上所存在的分歧，国际上曾先后缔结过三个有关承认和执行外国仲裁裁决的国际公约。第一个公约是 1923 年在国际联盟倡导下制定的《关于承认与执行仲裁条款的日内瓦议定书》，该议定书要求各缔约国在当事人处于缔约国管辖范围的情况下，承认在其中任何一个缔约国境内所签订的仲裁协议。第二个公约是 1927 年由国际商会倡议、国际联盟主持制定的《关于执行外国仲裁裁决的公约》，公约规定了缔约国间相互承认与执行仲裁裁决及拒绝承认与执行外国仲裁裁决的条件。第三个公约是 1958 年在联合国主持下，在纽约缔结的《承认和执行外国仲裁裁决的公约》，即《纽约公约》。在这 3 个公约中，目前最重要、参加国家最多、影响最广泛的是《纽约公约》。在《纽约公约》订立后，前两个日内瓦公约逐渐被取代，相对于前两个公约来说，《纽约公约》扩大了承认和执行外国仲裁裁决的范围，放宽了承认和执行外国仲裁裁决的条件，简化了承认和执行外国仲裁裁决的程序，从而大大便利了外国仲裁裁决的承认和执行。中国于 1986 年参加了该公约。截至 2021 年 3 月，已有 168 个国家加入了《纽约公约》。

拓展阅读

《纽约公约》的主要内容包括以下几个方面。

（1）缔约国应该相互承认和执行对方国家所作出的仲裁裁决，并规定在承认和执行对方国家的仲裁裁决时，不应该提出比承认和执行本国的仲裁裁决更为麻烦的条件或征收更高的费用。

（2）公约将"外国仲裁裁决"定义为在被申请承认与执行地国以外国家领土内作出的裁决；在被申请承认与执行地所在国领土内作出的裁决，但该国不认为是本国裁决的裁决。

（3）公约采取排除的方法规定了拒绝承认与执行外国仲裁裁决的条件。

（4）申请承认和执行裁决的一方当事人，应提供经过适当证明的仲裁裁决的正本或副本，以及仲裁协议的正本或经过适当证明的副本，必要时还应附具译本。

（5）允许各缔约国在参加该公约时发表声明，提出若干保留条件。例如：声明在承认和执行外国仲裁裁决时，须以互惠为条件，即只承认和执行缔约国所作出的裁决，对非缔约国所作出的裁决可不按公约的规定办理；并可声明仅对根据本国法律属于商事关系所引起的争议适用该公约的规定，对于非商事争议的裁决则不在此限。1986 年 12 月 2 日发布的《全国人民代表大会常务委员会关于我国加入〈承认及执行外国仲裁裁决公约〉的决定》声明："中华人民共和国只在互惠的基础上对在另一缔约国领土内作出的仲裁裁决的承认和执行适用该公约。"并仅对契约性和非契约性商事关系所引起的争议适用该公约。

（三）承认与执行外国仲裁裁决的条件

对于承认与执行外国仲裁裁决的条件，《纽约公约》作出了规定并被多数国家采用。《纽约公约》以排除的方式加以规定，即规定法院可以拒绝承认与执行一项外国仲裁裁决的理由和条件，具体包括两类：一是需由作为裁决执行对象当事人提出并举证证明的事由；二是法院依职权主动审查而拒绝承认与执行的理由。

拓展阅读

1. 需由作为裁决执行对象的当事人提出并举证证明的事由

（1）仲裁协议的当事人无行为能力，或根据仲裁协议选定的准据法，或根据作出裁决国家的法律，该项仲裁协议是无效的。该事由分为两层含义：一是针对当事人的行为能力，如果仲裁协议的当事人为无行为能力人，则基于该仲裁协议所作出的仲裁裁决可以被缔约国法院拒绝承认执行；二是针对仲裁协议的有效性，有效的仲裁协议是仲裁机构具有管辖权并有权作出裁决的基础，若根据仲裁协议选定的准据法，或根据作出裁决国家的法律，仲裁协议是无效的，则法院有权拒绝承认和执行仲裁裁决。

（2）当事人没有得到关于指定仲裁员或进行仲裁程序的适当通知，或者由于其他原因而不能对案件提出意见。该条款的目的是确保仲裁程序的公正性，若作为裁决执行对象的当事人未曾给予指定仲裁员或进行仲裁程序的适当通知，或者由于其他原因而不能对案件提出意见，则可据此向相关法院申请拒绝承认与执行裁决。但当事人未能在仲裁过程中提出申辩，必须是处于当事人自身过失以外的原因导致的，如果当事人在被适当通知后因自身原因缺席仲裁，则不得以本条事由申请法院拒绝承认和执行。

（3）裁决的事项超出仲裁协议所规定的范围。仲裁机构进行仲裁的权限来源于当事人授权，对于当事人授权范围以外的事项，仲裁机构不具有仲裁权。若仲裁裁决中所处理事项涉及仲裁协议中未提到的，或者仲裁裁决有超出仲裁协议规定范围的仲裁内容，则当事人可依此请求相关法院拒绝承认和执行仲裁裁决。

（4）仲裁庭的组成或仲裁程序与双方当事人的协议不相符，或者在双方当事人无协议时，与仲裁地国家的法律不相符合。仲裁庭的组成及仲裁程序必须符合当事人的约定及仲裁地法律，且二者存在先后顺序，以当事人之间的协议为主，在当事人未就仲裁庭组成及仲裁程序达成协议时，则以仲裁地法律为准。

（5）仲裁裁决对当事人尚未发生拘束力，或者裁决已被仲裁地国家撤销或停止执行。所谓裁决对当事人尚未发生拘束力，是指裁决尚能提起异议或上诉，或正在对裁决的有效性进行诉讼。若仲裁裁决尚未发生效力或者已被仲裁地国家撤销或停止执行，则执行地国法院应当拒绝承认与执行该判决。

2. 法院主动审查的情形

根据《纽约公约》第 5 条第 2 款，如果被请求承认与执行外国仲裁裁决法院认为按照该国法律，有下列情形之一的，可以主动予以拒绝承认与执行，而不需要作为裁决执行对象的当事人提出。

（1）仲裁裁决所涉及的争议事项不具有可仲裁性。争议事项是否具有可仲裁性，是指根据相关法律，该争议是否可以通过仲裁方式解决，如果可以，则该争议具有可仲裁性，反之，该争议不具有可仲裁性。各个国家基于公共政策的考虑，皆规定一些争议不可采取仲裁的方式解决。针对这些争议，即便仲裁裁决作出地国允许通过仲裁解决，若根据被申请承认执行国家的法律，该争议不具有可仲裁性，则该仲裁裁决也可能被拒绝承认和执行。

（2）仲裁裁决违背了被申请承认与执行国的公共政策。如果仲裁裁决违背了被申请承认与执行国的重大利益、基本政策、基本道德观念或法律基本原则，则该仲裁裁决被视为违背了被申请承认与执行国的公共政策。

（四）我国承认与执行国际商事仲裁裁决的立法

我国承认与执行外国仲裁裁决的依据是我国的《民事诉讼法》及我国缔结和参加的双边和多边的国际公约。我国于 1987 年 1 月 22 日加入《纽约公约》，成为《纽约公约》的缔约国，因此，针对《纽约公约》缔约国作出的仲裁裁决，我国只能依照该公约规定条件执行。针对非公约缔约国作出的裁决，按照我国《民事诉讼法》中的相关规定，根据互惠原则予以承认与执行。

根据我国《民事诉讼法》第 281 条的规定，我国法院拒绝执行涉外仲裁裁决的主要理由包括以下几点：

（1）当事人在合同中没有订立仲裁条款或者事后没有达成书面仲裁协议的；

（2）被申请人没有得到指定仲裁员或者进行仲裁程序的通知，或者由于其他不属于被申请人负责的原因未能陈述意见的；

（3）仲裁庭的组成或者仲裁的程序与仲裁规则不符的；

（4）裁决的事项不属于仲裁协议的范围或者仲裁机构无权仲裁的。

人民法院认定执行该裁决违背社会公共利益的，裁定不予执行。

仲裁裁决被人民法院裁定不予执行的,当事人可以根据双方达成的书面仲裁协议重新申请仲裁,也可以向人民法院起诉。对依法设立的仲裁机构的裁决,一方当事人不履行的,对方当事人可以向有管辖权的人民法院申请执行。受申请的人民法院应当执行。

拓展阅读

第三节　国际商事争议的诉讼机制

预习思考题

1. 确立国际商事诉讼管辖权时可依据哪些原则?

2. 向国外送达司法文书一般可采取哪些方式?

3. 根据现行有关的国际条约和双边司法协助条约的规定,承认与执行外国法院判决有哪些条件?

4. 我国确定民事诉讼管辖权的规则有哪些?

案例 7-4

　　1997 年 8 月 26 日,上海昌平进出口贸易(集团)公司(以下简称昌平公司)与中国香港巨盛纺织原料有限公司(以下简称巨盛公司)在上海签订货物购销合同一份,约定由巨盛公司向昌平公司供应 800 吨苏丹产优质棉花。货物联系备妥后,巨盛公司向中国香港锦华船舶运输有限公司(以下简称锦华公司)租船。由锦华公司承运这批货物,并负责按期将货物从苏丹港运抵上海港。锦华公司于 10 月 15 日签发正本提单 1 份交昌平公司。但昌平公司 10 月 20 日前往锦华公司上海办事处提货时,却被告知货物已被另一家公司提走,而此时国际市场上棉花价格已上涨 10%。于是,昌平公司便以巨盛公司和锦华公司侵犯其对提单下所涉货物的所有权为由,向上海海事法院提起诉讼,请求判令两公司按约定交付所有货物,并赔偿由于棉花价格上涨所造成的经济损失。但巨盛公司和锦华公司提出管辖权异议,理由是:在提单背面清楚地印制有"由本提单证明或包含的合同受中国香港法律约束,任何由本提单产生或与本提单相关的索赔或纠纷由中国香港法院解决。"

　　问题:

　　1. 确定国际商事诉讼案件的管辖权有几种做法?

　　2. 根据我国法律,当事人协议管辖法律是否只能选择我国的人民法院? 本案中中国香港法院是否具有管辖权?

　　3. 我国企业应如何签订协议管辖条款?

案例 7-5

　　申请人五味晃因与日本日中物产有限公司(法定代表人宇佐邦夫)借贷纠纷一案,

向中华人民共和国辽宁省大连市中级人民法院提出申请,要求承认日本横滨地方法院小田原分院所作判决和日本熊本地方法院玉名分院所作债权扣押命令及债权转让命令在中国领域内的法律效力,并予执行。大连市中级人民法院审查了五味晃的申请。

查明:申请人五味晃系日本公民,因与日本日中物产有限公司(法定代表人宇佐邦夫)存在借贷纠纷,经日本横滨地方法院小田原分院判决,由宇佐邦夫及其公司向债权人五味晃偿还借款 1.4 亿日元。由于宇佐邦夫在本国无力偿还该项借款,日本熊本地方法院玉名分院又下达扣押令和债权转让命令,追加宇佐邦夫在中国投资的中日合资企业大连发日海产食品有限公司为第三人,要求第三人将宇佐邦夫在该公司的投资款人民币 485 万元扣押,并转让给五味晃。上述判决及扣押令、债权转让命令经日本有关法院依据国际《海牙送达公约》委托我国司法部向大连发日海产食品有限公司送达后,该公司认为日本有关法院的判决对中国法人不应产生法律效力,故拒绝履行。为此,五味晃向大连市中级人民法院提出申请,要求承认并执行日本有关法院的判决及扣押令、债权转让命令。

问题:

1. 根据我国法律规定,申请人是否可以向大连市中级人民法院请求执行外国法院判决?

2. 大连市中级人民法院是否应当执行本案中日本有关法院的判决及扣押令、债权转让命令? 为什么?

一、国际商事诉讼概述

国际商事诉讼是指法院和其他诉讼参与人就国际商事争议依法进行的诉讼活动。在国际商事交往中,当事人发生争议,若双方不能以协商方式解决,也未达成调解或者仲裁的协议,那么就可以通过在法院进行诉讼的方式解决。目前各国一般没有专门处理国际商事纠纷的诉讼法,而是把它纳入民事诉讼法的调整范围,因而当发生国际商事争议需由诉讼解决时,都是由一个具有管辖权的某一个国家的法院,依照该国的民事诉讼法进行审理。

国际商事诉讼具有以下特点。

(1)国际商事诉讼是具有涉外因素的诉讼。涉外因素是指国际商事诉讼的主体、客体或者引起商事关系发生的法律事实中,至少有 1 个或者 1 个以上具有外国因素。

(2)受理法院的内国性。虽然国际商事诉讼具有涉外性,但是世界上没有专门审理国际商事诉讼的国际法院。因此,国际商事诉讼只能依据一国国内的民事诉讼法在国内法院进行。

(3)涉及法律的复杂性。国际商事诉讼一般会涉及不同国家的实体法和程序法,既可能是国内法,也可能是外国法或者国际条约、国际惯例。

(4)涉及程序的复杂性。国际商事诉讼的完成,一般都需要国际司法协助、外国法院判决的承认和执行等,所涉及的内容比国内诉讼要复杂得多。

二、国际商事诉讼的管辖权

(一)国际商事诉讼管辖权的含义

国际商事诉讼管辖权是一国法院受理国际商事案件并行使审判权的权利和资格。它所涉及的主要问题是,法院应根据什么原则或标准,来确定它是否有权审理某一国际商事案件。国际商事诉讼管辖权是国家主权的体现,各个主权国家都可依据本国的相关立法对国际商事诉讼案件享有管辖权,同时,国际商事诉讼管辖权的确定也是国际商事诉讼程序的首要问题,只有在确定了由哪个法院受理案件后,才能够开始其他诉讼程序。一般而言,国际商事诉讼的管辖权存在两个层面的问题:首先是确定国际商事诉讼管辖权的问题,即是由哪个国家的法院来受理并审理某国际商事纠纷;其次是确定国内民事诉讼管辖权问题,也就是具体由某国的哪一个法院来进行管辖的问题。前者往往适用国内立法或国际条约来确定,后者仅依据国内立法。本节所述的国际商事管辖权仅指第一个层面的管辖权。

(二)国际商事诉讼管辖权确立的一般原则

各个国家对于国际商事诉讼管辖权的确定取决于它所采用的管辖依据。对于此问题,各国法律规定不一,总结各国立法及司法实践,确定国际商事诉讼管辖权的原则主要包括以下 4 点。

1. 属地管辖原则

属地管辖原则又称领土管辖原则,是指国际商事诉讼的管辖权以一定的地域为连结因素,由该地域的所属国法院行使管辖权。与地域有关的联结因素包括:当事人的住所、居所、惯常居所、诉讼标的物所在地、被告财产所在地、法律关系或法律事实发生地(如合同签订地、合同履行地)等。如果上述因素中的其中一个存在于某国境内或发生于某国境内,则该国就可以因此主张对该案件的管辖权。

2. 属人管辖原则

属人管辖原则是以国际商事诉讼当事人的国籍作为确定管辖权的标志或根据的原则。只要诉讼当事人一方为某国国籍,该国法院就可以主张对该案的管辖权,而不论该当事人是原告还是被告,居住地在哪个国家。属人管辖原则是国家主权的体现,其目的在于保护本国当事人的利益。但在现代社会,由于全球一体化进程带动了更为频繁地流动,国籍的现实影响力正在削弱,尤其在国籍存在积极冲突和消极冲突的情况下,以国籍确定国际商事诉讼管辖权就显得不尽合理。因此,许多国家改变了原来单纯依据国籍确定管辖权的做法,而更多地考虑住所等联结因素。

3. 专属管辖原则

专属管辖是指依照国际条约或国内立法，规定某些案件只能由特定国家的内国法院具有独占的管辖权，任何个人、组织或者其他国家都不能任意排除或者剥夺该国对于这类案件所享有的管辖权。专属管辖往往针对与国家及其国民的根本利益、国家重要的政治和经济问题联系密切的案件，一般包括：法人破产案件，涉及本国财政和行政管理的案件，涉及位于内国境内的财产和执行的案件，侵犯内国专利权和其他知识产权的案件，国际租赁案件，涉及内国不动产的案件，等等。

4. 协议管辖原则

协议管辖原则，又称合意管辖原则，是指允许争议当事人约定或者协议指定由某国的法院行使管辖权的制度。协议管辖是"意思自治"原则的体现，各国立法和实践普遍承认该原则，但对于该原则往往有一定的限制，具体体现在以下几个方面。

（1）各国法律一般都规定，凡属专属管辖的案件，不得以当事人的协议变更管辖。

（2）一些国家，例如法国、墨西哥、中国，规定当事人协议选择的法院必须与争议案件有实际联系。

（3）目前多数国家要求管辖协议必须采取书面形式订立或以书面形式证明，诸如电传、电报、影印和电子邮件等都可以被认定为有效的管辖协议。

（三）我国关于国际民事诉讼管辖权的规定

我国关于国际民事诉讼管辖权的法律渊源主要是国内立法和国际条约。在国际条约方面，我国是众多涉及国际民事案件管辖权问题的条约参与国，因此我国人民法院管辖权的确定应受条约规定的约束。在国内立法方面，我国目前调整国际民事诉讼管辖权的立法主要有《民事诉讼法》《最高人民法院关于适用〈中华人民共和国民事诉讼法〉司法解释》及《中华人民共和国海事诉讼特别程序法》。

我国关于国际民事诉讼管辖权的一般规定见于《民事诉讼法》第四编，同时，根据《民事诉讼法》第四编第 266 条的规定："在中华人民共和国领域内进行涉外民事诉讼，适用本编规定。本编没有规定的，适用本法其他有关规定。"《最高人民法院关于适用〈中华人民共和国民事诉讼法〉的解释》（2020 修正）中的第 551 条规定："人民法院审理涉及香港、澳门特别行政区和台湾地区的民事诉讼案件，可以参照适用涉外民事诉讼程序的特别规定。"所以，法院在处理涉外民事案件及涉港澳台的民事诉讼案件时，首先适用《民事诉讼法》第四编的规定，若案件属于《民事诉讼法》第四编对管辖规定以外的情形，则适用《民事诉讼法》第一编第二章的规定。

总结起来，我国对涉外民事案件行使管辖权时适用以下几个原则。

1. 属地管辖

属地管辖原则被世界多数国家普遍采用作为确定诉讼管辖权的根据之一，我国也采用该原则作为确定涉外民事管辖权的主要依据,我国的属地管辖原则又分为一般地域管辖和特殊地域管辖两类。

（1）一般地域管辖

一般地域管辖,指的是以当事人的所在地与人民法院的隶属关系来确定诉讼管辖。一般地域管辖,以"原告就被告"为适用的原则。根据《民事诉讼法》第22条和相关司法解释,对公民提起的民事诉讼,由被告住所地人民法院管辖;被告住所地与经常居住地不一致的,由经常居住地人民法院管辖。对法人或者其他组织提起的民事诉讼,由被告住所地人民法院管辖。同一诉讼的几个被告住所地、经常居住地在两个以上人民法院辖区的,各该人民法院都有管辖权。

（2）特殊地域管辖

特殊地域管辖是指除普通地域管辖以外的、通常以诉讼标的物所在地或者引起民事法律关系发生、变更、消灭的法律事实所在地等因素为标准来确定法院管辖权。

《民事诉讼法》第24条至第33条对特殊的地域管辖作出了一般规定。

因合同纠纷提起的诉讼,由被告住所地或者合同履行地人民法院管辖。

因保险合同纠纷提起的诉讼,由被告住所地或者保险标的物所在地人民法院管辖。

因票据纠纷提起的诉讼,由票据支付地或者被告住所地人民法院管辖。

因公司设立、确认股东资格、分配利润、解散等纠纷提起的诉讼,由公司住所地人民法院管辖。

因铁路、公路、水上、航空运输和联合运输合同纠纷提起的诉讼,由运输始发地、目的地或者被告住所地人民法院管辖。

因侵权行为提起的诉讼,由侵权行为地或者被告住所地人民法院管辖。

因铁路、公路、水上和航空事故请求损害赔偿提起的诉讼,由事故发生地或者车辆、船舶最先到达地、航空器最先降落地或者被告住所地人民法院管辖。

因船舶碰撞或者其他海事损害事故请求损害赔偿提起的诉讼,由碰撞发生地、碰撞船舶最先到达地、加害船舶被扣留地或者被告住所地人民法院管辖。

因海难救助费用提起的诉讼,由救助地或者被救助船舶最先到达地人民法院管辖。

因共同海损提起的诉讼,由船舶最先到达地、共同海损理算地或者航程终止地的人民法院管辖。

处理涉外案件时,法院优先判断是否符合适用涉外编特别地域管辖的条件,符合则适用涉外编特别地域管辖,不符合适用一般规定中特殊地域管辖的规定。《民事诉讼法》第272条属于涉外编特殊地域管辖的规定,该条规定:"因合同纠纷或者其他财产权益纠纷,对在中华人民共和国领域内没有住所的被告提起的诉讼,如果合同在中华人民共和国领域内签订或者履行,或者诉讼标的物在中华人民共和国领域内,或者被告在中华人民共和国领域内有可供扣押的财产,或者被告在中华人民共和国领域内设有代表机构,可以由合同签订地、合同履行地、诉讼标的物所在地、可供扣押财产所在地、侵权行为地或者代表机构住所地人民法院管辖。"

此外，《民事诉讼法》第 23 条还规定了对不在中华人民共和国境内居住的人提起的有关身份关系的诉讼可以由原告住所地或经常居所地法院管辖。

2. 专属管辖

各国为了保护本国当事人的利益，一般都把与国家的公共政策及重要政治、经济利益密切相关的那些法律关系列入自己的专属管辖范围。我国对此也作出了规定。

我国《民事诉讼法》第 34 条和第 273 条确定了四种诉讼的专属管辖。首先，我国《民事诉讼法》第 34 条确定了其中三种类型的专属管辖，即"因不动产纠纷提起的诉讼，由不动产所在地人民法院管辖；因港口作业中发生纠纷提起的诉讼，由港口所在地人民法院管辖；因继承遗产纠纷提起的诉讼，由被继承人死亡时住所地或者主要遗产所在地人民法院管辖"；其次，我国《民事诉讼法》的第 273 条规定："因在中华人民共和国履行中外合资经营企业合同、中外合作经营企业合同、中外合作勘探开发自然资源合同发生纠纷提起的诉讼，由中华人民共和国人民法院管辖。"

根据《最高人民法院关于适用〈中华人民共和国民事诉讼法〉的解释》第 529 的规定，属于中华人民共和国人民法院专属管辖的案件，当事人不得协议选择外国法院管辖，但协议选择仲裁的除外。

3. 协议管辖

针对协议管辖问题，我国最新立法不再采取区分国内、国际的双规制，《民事诉讼法》第四编中已无协议管辖的规定。因此涉外民事诉讼协议管辖与国内民事诉讼管辖一样适用《民事诉讼法》第 35 条"合同或者其他财产权益纠纷的当事人可以书面协议选择被告住所地、合同履行地、合同签订地、原告住所地、标的物所在地等与争议有实际联系的地点的人民法院管辖"的规定和《最高人民法院关于适用〈中华人民共和国民事诉讼法〉的解释》（2020 修正）中的第 29 条至第 34 条的规定。根据这些规定，我国的协议管辖应该按照以下几个方面进行确定。

（1）协议管辖条款应该采取书面形式。《最高人民法院关于适用〈中华人民共和国民事诉讼法〉的解释》（2020 修正）第 29 条规定："书面协议，包括书面合同中的协议管辖条款或者诉讼前以书面形式达成的选择管辖的协议。"

（2）对协议管辖选择法院的限制。《民事诉讼法》第 35 条规定："合同或者其他财产权益纠纷的当事人可以书面协议选择被告住所地、合同履行地、合同签订地、原告住所地、标的物所在地等与争议有实际联系的地点的人民法院管辖。"

那么当事人是否只能选择有实际联系的人民法院即我国法院管辖？《最高人民法院关于适用〈中华人民共和国民事诉讼法〉的解释》（2022 年修正）第 529 条明确规定："涉外合同或者其他财产权益纠纷的当事人，可以书面协议选择被告住所地、合同履行地、合同签订地、原告住所地、标的物所在地、侵权行为地等与争议有实际联系地点的外国法院管辖。根据《民事诉讼法》第 34 条和第 273 条规定,属于中华人民共和国法院专属管辖的案件,当事人不得协议选择外国法院管辖,但协议选择仲裁的除外。"由此可见,针对涉外民事诉讼只涉及财产损害的情形,根据当事人协议的不同可分为两种情况。

第一,约定的法院处于中华人民共和国境内,我国允许当事人同与争议有实际联系的地点的人民法院管辖进行协商,确定管辖法院,只要不违反我国对级别管辖和专属管辖的规定即可。

第二,约定的法院是与争议有实际联系地点的外国法院,可以由其进行管辖。但案件若属于中华人民共和国法院专属管辖,则不可由约定的外国法院管辖。

因此,当事人有协议管辖且符合协议管辖条件的,适用协议管辖原则。协议管辖虽优于地域管辖和其他管辖,但是不能违反专属管辖。但如果不是财产权益纠纷而涉及人身损害赔偿,则当事人不能协议管辖法院。这里的人民法院并未特指我国的人民法院。

对于法院的确定,应满足《最高人民法院关于适用〈中华人民共和国民事诉讼法〉的解释(2020 修正)》第 30 条:"根据管辖协议,起诉时能够确定管辖法院的,从其约定;不能确定的,依照民事诉讼法的相关规定确定管辖。管辖协议约定两个以上与争议有实际联系的地点的人民法院管辖,原告可以向其中一个人民法院起诉。"

4. 级别管辖

最高人民法院在 2022 年 8 月 16 日通过了《关于涉外民商事案件管辖若干问题的规定》,根据该规定,基层人民法院管辖第一审涉外民商事案件。中级人民法院管辖争议标的额大的涉外民商事案件,案情复杂或者一方当事人人数众多的涉外民商事案件,以及其他在本辖区有重大影响的涉外民商事案件。高级人民法院管辖诉讼标的额人民币 50 亿元以上(包含本数)或者其他在本辖区有重大影响的第一审涉外民商事案件。高级人民法院根据本辖区的实际情况,认为确有必要的,经报最高人民法院批准,可以指定一个或数个基层人民法院、中级人民法院分别对第一审涉外民商事案件实行跨区域集中管辖。实行跨区域集中管辖的,高级人民法院应及时向社会公布该基层人民法院、中级人民法院相应的管辖区域。涉外民商事案件由专门的审判庭或合议庭审理。涉外海事海商纠纷案件、涉外知识产权纠纷案件、涉外生态环境损害赔偿纠纷案件以及涉外环境民事公益诉讼案件,不适用该规定。

此外,为服务和保障"一带一路"建设,最高人民法院审判委员会于 2018 年 6 月 25 日通过了《最高人民法院关于设立国际商事法庭若干问题的规定》(以下简称《规定》),设立了最高人民法院国际商事法庭。国际商事法庭是最高人民法院设立的专门处理国际商事纠纷的常设审判机构,案件审理由三名或者三名以上法官组成合议庭进行。国际商事法庭实行一审终审制,作出的判决、裁定是发生法律效力的判决、裁定。并规定了国际商事法庭受理第一审国际商事案件的管辖标准。

国际商事法庭管辖的一审案件应为标的大或有重大影响的案件。根据《规定》,国际商事法庭受理的案件范围包括以下几方面：

（1）当事人依照《民事诉讼法》第 34 条的规定协议选择最高人民法院管辖且目标的额为人民币 3 亿元以上的第一审国际商事案件；

（2）高级人民法院对其所管辖的第一审国际商事案件，认为需要由最高人民法院审理并获准许的；

（3）在全国有重大影响的第一审国际商事案件；

（4）依照本《规定》第 14 条申请仲裁保全、申请撤销或者执行国际商事仲裁裁决的。

拓展阅读

三、国际商事司法协助

（一）国际商事司法协助概述

在一国法院审理国际商事案件的过程中，经常会发生诸如需要将文书送达处于国外的当事人，或者需要在某外国取证的情况，如果不借助外国的合作和协助，很难保证诉讼程序的正常进行，因此产生了司法协助制度。国际商事司法协助是指在国际商事案件中，一国法院或其他主管单位，根据另一国法院或其他主管机关的请求，代为或协助进行送达文书、传询当事人或证人、调查取证及执行法院判决或仲裁裁决等诉讼行为。司法协助有狭义和广义之分，狭义的司法协助仅仅包括司法文书的送送、传询当事人或证人和域外取证，并不包括对外国法院判决和仲裁裁决的承认与执行。而广义的司法协助包括了对外国法院判决和仲裁裁决的承认与执行。

（二）国际商事司法协助的依据

一般情况下，一国法院或其他主管机关在办理司法协助时的主要依据有以下几点。

（1）国内立法。多数国家在其民事诉讼法中对实施司法协助作出了明确的规定，例如，我国《民事诉讼法》第二十七章对国际司法协助问题做了专章规定。此外，一些国家为执行民事司法协助条约还制定了关于司法协助的专门立法。

（2）国际条约。在国际实践中，由于各国关于司法协助的相关法律差异较大，因此，国际社会也制定了相关的国际条约，以最大限度地简化和统一司法协助程序，如 1965 年《海牙送达公约》、1970 年《关于从国外调取民事或商事证据的公约》等。除国际条约外，许多国家通过签订双边司法协助协定的方式进行司法协助。

（3）互惠原则。在实践中，由于一些国家法律制度差异较大，难以对条约条款取得一致，或者有些国家间司法交往数量有限，没有订立条约的必要，因此民事司法协助双方未订立任何条约的情况也很常见，这些国家需要以互惠原则作为互相提供司法协助的依据。即有关国家在进行民事司法协助时，存在一项谅解：提供协助的一方今后在同类案件中也将会得到请求一方的类似协助。

(三) 域外送达

域外送达是指一国司法机关根据国际条约、国内立法或者按照互惠原则将司法文书和司法外文书送交给居住在国外的诉讼当事人或其他诉讼参与人的行为。域外送达是司法协助中的一项重要内容。根据各国关于域外送达的方式,可将域外送达分为直接送达和间接送达。

1. 直接送达

直接送达是指一国法院依据本国法律或国际条约通过一定的方式向境外的当事人直接送达文书的方式。主要包括以下几种。

(1) 外交代表或领事送达。即由一国法院将需要送达的司法文书或司法外文书委托给本国驻被送达国的外交代表或领事代为送达的方式。这种方式也为国际社会所普遍认可和采用。1965 年《海牙送达公约》也规定了这种途径,但允许缔约国声明,外国外交代表或领事在驻在国领土上直接送达文件,以送达给该外国本国人为限。目前,中国、比利时、埃及、法国、德国等多数国家作出了该项声明。我国《民事诉讼法》第 284 条第 2 款规定了外国驻中华人民共和国使领馆可以向该国公民送达文书和调查取证,但不得违反中华人民共和国法律,并不得采取强制措施。

(2) 邮寄送达。邮寄送达是一国法院通过邮寄方式将需要送达的文书直接寄给国外当事人或其他诉讼参与人的方式。许多国家法律允许通过这种方式对外送达有关司法文书或司法外文书,但受送达人所在国家法律不允许的除外。我国《民事诉讼法》第 284 条第 3 款规定,除前款外途径外,未经中华人民共和国主管机关准许,任何外国机关或者个人不得在中华人民共和国领域内送达文书、调查取证。

(3) 个人送达。即一国法院将司法文书或司法外文书交给具有一定身份的个人代为送达。这种个人既可以是当事人的诉讼代理人,也可以是当事人选定的人或者与其关系密切的人。个人送达方式一般为普通法系各国所承认和采用。

(4) 公告送达。即一国法院将需要送达的文书通过登报、广告、广播等方式告知当事人或其他诉讼参与人,自公告之日起一定期限届满时即视为送达。许多国家法律允许在受送达人的地址不明或其他送达方式都不能实现时采用公告送达方式。

(5) 按当事人协商的方式送达。即法院依据双方当事人协议的方法将有关司法文书或司法外文书送达给当事人或其他诉讼参与人。这是英美法系国家所采用的一种送达方式。例如,依美国法规定,对外国国家的代理人或代理处,或对外国国家或外国的正式实体的送达,可以依诉讼双方当事人间特别协商的方法进行。我国对此没有作出规定。

2. 间接送达

间接送达是指一国法院在审理国际民事案件时通过国际司法协助的方式所进行的送

达。国际司法协助中的送达是指一国法院在审理某一国际民事案件以后及审理该案件时，将需要送达到国外的司法文书和司法外文书委托给有关国家的司法机关或其他有关机构，并由该外国司法机关或其他有权机构代为送交给居住在该国境内的诉讼当事人或其他诉讼参与人的行为，包括国际司法委托和国际司法协助两个部分。

四、承认与执行外国法院判决

(一) 承认与执行外国法院判决的含义

承认与执行外国法院判决，是指一国法院根据其本国立法或有关的国际条约，承认有关外国法院的民商事判决在本国境内具有同等的法律效力，并依照本国的法定程序予以强制执行。一国法院针对特定商事案件所做的判决，其效力仅限于其本国境内，没有域外效力。然而，要彻底解决国际商事争议，一些情况下需要国家之间相互承认和执行对方的民商事判决。因此，各国都在一定条件下承认外国民商事判决在本国具有与本国法院判决同等的法律效力，并在必要时按本国的有关规定予以强制执行。

(二) 承认与执行外国法院判决的条件

依照现行有关的国际条约和双边司法协助条约的规定，以及结合国际社会成员有关国际司法协助的实践，承认与执行外国法院判决需符合以下条件：

(1) 作出判决的外国法院具有适格的管辖权；

(2) 外国判决是终局生效的判决；

(3) 外国判决作出的诉讼程序公正，例如，德国《民事诉讼法》规定，如果被告在原判决程序中没有应诉，且诉讼文书没有按规定被及时送达，以至于他不能为自己进行辩护的，外国法院的判决也不能被承认和执行；

(4) 外国法院判决必须是合法取得的，大多数国家的立法和司法实践都规定，运用欺诈手段获得的外国法院判决不能在内国境内得到承认与执行；

(5) 作出判决的外国法院适用了适当的准据法；

(6) 承认与执行外国法院判决不得违背内国的公共秩序；

(7) 外国法院判决不能与其他有关的法院判决相冲突。即外国法院的判决要在内国受到承认与执行，不得与某一内国法院就同一争议所作出的判决相冲突，或者不得与内国法院已经承认的第三国法院就同一争议作出的判决相冲突。

我国国内关于外国判决在我国的承认与执行的现行立法主要在《民事诉讼法》中。根据《民事诉讼法》第 288 条及第 289 条规定，外国法院作出的发生法律效力的判决、裁定，需要中华人民共和国人民法院承认和执行的，可以由当事人直接向中华人民共和国有管辖权的中级人民法院申请承认和执行，也可以由外国法院依照该国与中华人民共和国缔结或者参加的国际条约的规定,或者按照互惠原则,请求人民法院承认和执行。人民法院对申请或者请求承认和执行的外国法院作出的发生法律效力的判决、裁定,依照中华人民共和国缔结或者参加的国际条约,或者按照互惠原则进行审查后,认为不违反中华人民共和国法律的基本原则或者国家主权、安全、社会公共利益的,裁定承认其效力,需要执行的,发出执行令,依照本法的有关规定执行。违反中华人民共和国法律的基本原则或者国家主权、安全、社会公共利益的,不予承认和执行。

(三)承认与执行外国法院判决的程序

在承认与执行外国法院判决时,各个国家的法院往往是按照内国诉讼法所规定的程序进行。根据各国不同的立法规定,大致可以分为如下几种。

1. 执行令程序

执行令程序是指,被请求国法院对申请承认与执行的外国法院判决进行审查,认为符合本国法律或相关国际条约规定的,即发给执行令,并按被请求国法律规定的程序执行,法国、德国和俄罗斯等国家采用该程序。在这种程序中,有关的内国法院在受理了当事人提出的承认和执行外国法院判决的请求后,先对有关判决进行审查,根据被请求国对外国法院判决审查范围的不同,又可将执行令方式分为形式审查执行令方式和实质执行令方式。

2. 登记程序和重新审理程序

登记程序是被请求国法院在收到当事人提交的执行申请以后,在查明外国判决符合被请求国法律规定的条件后予以登记,并像执行内国法院判决一样执行外国法院判决。重新审理程序是指被请求国法院要求申请执行的当事人以该外国判决为依据,在被请求国法院重新提起诉讼,由被申请国法院进行审查,如果该外国判决与内国立法不相抵触,由被请求国法院作出一个内容与外国法院判决相同或类似的判决,然后根据内国一般程序交付执行。以英国、美国为代表的普通法系国家一般采此程序。采取该程序的国家根据判决的类型或者所属国分别采用登记程序或重新审理程序。例如,英国法院一般对于英联邦国家和欧盟各国法院所作出的判决适用登记程序,而对于其他国家适用重新审理程序。

我国国内关于外国判决在我国的承认与执行的现行立法主要在《民事诉讼法》中。根据《民事诉讼法》第288条及第289条规定,外国法院作出的发生法律效力的判决、裁定,需要中华人民共和国人民法院承认和执行的,可以由当事人直接向中华人民共和国有管辖权的中级人民法院申请承认和执行,也可以由外国法院依照该国与中华人民共和国缔结或者参加的国际条约的规定,或者按照互惠原则,请求人民法院承认和执行。人民法院对申请或者请求承认和执行的外国法院作出的发生法律效力的判决、裁定,依照中华人民共和国缔结或者参加的国际条约,或者按照互惠原则进行审查后,认为不违反中华人民共和国法律的基本原则或者国家主权、安全、社会公共利益的,裁定承认其效力,需要执行的,发出执行令,依照本法的有关规定执行。由此可见,我国采取的是执行令程序。

（四）承认与执行外国法院判决的效力

承认与执行外国法院判决的效力在于：该外国法院判决即具有与内国法院判决同等的效力，该外国法院判决所确定的当事人之间的权利义务关系在内国得以肯定，如果在内国境内他人就跟外国判决相同的事项提出与该判决内容不同的请求，即可以用该外国判决作为对抗他人的理由，而且，如果被执行人拒绝履行该外国判决确认的义务，另一方当事人即有权请求内国法院强制执行。

案例分析　　　　　　　　　　　　　　　　　　即练即测

教师服务

感谢您选用清华大学出版社的教材！为了更好地服务教学，我们为授课教师提供本书的教学辅助资源，以及本学科重点教材信息。请您扫码获取。

➤➤ 教辅获取

本书教辅资源，授课教师扫码获取

➤➤ 样书赠送

国际经济与贸易类重点教材，教师扫码获取样书

 清华大学出版社

E-mail: tupfuwu@163.com
电话：010-83470332 / 83470142
地址：北京市海淀区双清路学研大厦 B 座 509

网址：https://www.tup.com.cn/
传真：8610-83470107
邮编：100084